U0139939

次经导论

信息、语境和意义

〔美〕大卫·A.德席尔瓦 著

梁工 吴珊 等译

商务印书馆
The Commercial Press
创于1897

目　录

序　言

在《次经》面前屈下心灵之膝：犹太神学的至高点

　　我在杜克大学有一个共处过二十多年的亲密同事，是那里附属教堂的主任詹姆斯·克莱兰（James Cleland）博士。克莱兰博士喜爱翻阅《玛拿西祷词》，思索他本人是个基督徒犹太人呢，还是个犹太裔基督徒。他常讲一个南方浸信会牧师的故事，说那位牧师打开布道坛上的圣经，从中选出那段早期犹太祷词宣读。会众们对那段祷词的"基督教"性质甚为惊异，事后告诉他那是他们曾经听到过的最具远见卓识、最有意义的祷词之一。然而他们坦言道，无法从自己的圣经中找到那篇文献。他告诉他们，它就在他们布道坛上的圣经中。

　　克莱兰和那些基督徒抓住了要领，《玛拿西祷词》的确是有史以来最伟大的忏悔祷词之一。一次萨缪尔·赛德迈尔（Samuel Sandmel）对我说，它应当被"正典化"，收进赎罪日（Yom Kippur）的公祷书中。公元 70 年以前耶路撒冷圣殿的赎罪日仪式由大祭司和利未人操持，那时流行的公祷书内容我们一无所知，但可以设想，《玛拿西祷词》很可能在每年的那个时刻诵读——不仅在私人场合，也在犹太会堂的公开场合诵读，不仅在巴勒斯坦，也在流散之地诵读。或许有人在圣殿里诵读它，一面呼求上帝，一面忏悔其罪孽而恳求宽恕。

　　那些毕生致力于钻研祈祷文的人士常说，最深刻的属灵祈祷文是早期犹太人的作品。继而，我经常听说《玛拿西祷词》被人引用。有一次,正当我觉得对话者对早期犹太祈祷文一知半解之际,惊奇地听到下面的回答:"噢,我不记得你们学者给那些祈祷文取了什么名字,我只对祈祷文的属灵内容感兴趣。"接着,那人仅凭记忆就对《玛拿西祷词》出口成章:

> 可是现在呀,在深深的谦恭中,
>
> 我屈膝祷告,祈求你的怜悯。
>
> 我犯过罪呀,主啊,我犯过罪;
>
> 我忏悔往昔的罪行。
>
> 主啊,我求求你,
>
> 宽恕我吧,宽恕我吧!

(《玛拿西祷词》第11—13节)

尽管布道时痛心疾首,著述时也信誓旦旦,耶稣时代的犹太人并不承认他们的罪过,也不因其罪孽而忏悔。事实上,他们在圣殿中设立了每年一度的礼拜仪式,专门用以忏悔罪过并祈求上帝的宽恕。在那赎罪日的仪式上,就连大祭司也浸入用来洁净的水中,然后穿上考究而华贵的外袍,公开检讨其罪过。直到数百年后犹太人仍记得他的言词:

> 主啊,我干过不法的事,冒犯了你;我和我的家族都在你面前犯了罪。
>
> 主啊,宽恕那不法、冒犯和诸般罪行吧,那是我所犯下的;我和我的家族都在你面前干过不法的事,冒犯了你,犯下诸般罪行。

(《密西拿·尤玛》3.8)

玛拿西是古代以色列最邪恶的国王,《玛拿西祷词》设想了他意识到并承认其罪孽的情景。然而学者们大多认为,那篇祷词出自一个耶稣之前不久的犹太人之手,而被置于玛拿西的口中。于是,那篇作品便兼有"次经"(未见于由《希伯来圣经》体现的正典中)和"伪经"(据信由某个古代以色列人或犹太人写成)的性质。所以《玛拿西祷词》就既被收进《旧约次经》的文集中，也被收入得名"旧约伪经"的更大规模的早期犹太宗教文献汇编中。随着知识视野的拓宽，我们得知《玛拿西祷词》既然获得了第二正典的地位，便被收入《希腊正教圣经》和《斯拉夫正教圣经》中，自然，也被罗马天主教所广泛应用。我们沉思默想经卷中含有圣言之正典文献的边界时，听到了发自人类心灵深处的呼喊，那喊声念诵着《玛拿西祷词》，在异乎寻常的心境中期待着上帝的疗救和宽恕，乃至屈下其心灵之膝。

渴望追寻其古代根底的犹太人和基督徒有必要了解——确切地说是阅读那些所谓的次经卷籍。实际上，《旧约次经》的所有卷籍目前皆见于《新标准修订版圣经》。另一些著作，连同其他许多犹太宗教文献，则被收入《旧约伪经》（两卷本，锚圣经资料文库，纽约花园城：双日出版社，1983—1985 年版）之中，能够方便地查找到。

大卫·德席尔瓦的《次经导论》对这批古代著作进行了最佳的评介。一些教授肤浅地断言《旧约次经》是一批补入《七十子希腊文译本》的卷籍，德席尔瓦对此说予以明智的否认。此说的失察之处在于，它未指出该书目是随着《七十子希腊文译本》之古代手抄本内容的不同而变化的。德席尔瓦因而采纳了涵盖各版本的次经定义。他帮助感兴趣的读者去理解那批古犹太著作的信息、语境和重要意义。他用鲜活而富有魅力的散文著书立说，以博学多闻和远见卓识引领读者走进一批伟大犹太心灵的精神世界，那些心灵曾被由上面传来的启示所浇灌。正如德席尔瓦所阐明的，《次经》对于信仰而言绝非某种威胁，相反，"对于信仰，尤其对于生活在公元前 3 世纪至公元 1 世纪之间的犹太民众的信仰而言"，它们本是"不可或缺的见证"。

德席尔瓦的《次经导论》有哪些独到之处和重要性？我发现它有以下特别适用的特色：

- 它阐明了《死海古卷》的重要性，尤其叙述了诸如《便西拉智训》和《多比传》等一批文献的传播过程；
- 借助于将社会科学和社会修辞学的方法论及洞察力融会

贯通,它丰富了我们对《次经》的理解;

- 它揭示了申命派对恶人亨通、义人受苦原因之解释的普通适用性,即,它乃是对神义论之富于活力的阐释,特别是在民族灾难的背景下;

- 它显示出那批文献何以成为神圣经典的评注之作;

- 它有助于我们理解《新约》的作者们何以更注重改写那些形成于他们那个时代、直接充满了上帝持续启示的作品,而非古代文献;

- 它揭示出耶稣的教诲深深植根于早期犹太神学土壤的事实。

许多犹太人和不止个别早期基督徒都从《次经》的话语中领悟上帝之言。在耶稣时代,汇聚神圣著作的正典尚未封闭,其边界尚无明确的限定。人们不仅能把《次经》想象为古代圣卷的次要著作,而且能想象为古代圣卷之主要著作的一部分。一系列天才人物熟悉《次经》,将其推崇为上帝圣言的宝库,其中包括早期教会的英才德尔图良、奥利金、优西比乌斯、哲罗姆和奥古斯丁。他们的阅读方式通向灵性的养育,能使人更好地理解自身的归属。

上帝听到恶王玛拿西的祷告了吗?确如所有早期的犹太祷言一样,那篇祷言也证实了上帝总会答复真诚悔罪的祈祷者。请注意《玛拿西祷词》的结束语,它见证了上帝"赦免悔罪的人",继而以如下语词终篇:

> 你将宽恕怜悯赐给我,
> 尽管我愧对于此,
> 　　你还是出于仁慈拯救我。
> 由于你的拯救,我要永远赞美你,
> 　　此生此世不停息。
> 全体天军唱颂歌,齐声赞美你,

称颂你的荣耀万古长存。

（《玛拿西祷词》第 14—15 节）

德席尔瓦教授正确地强调道：《玛拿西祷词》"表现了上帝无穷无尽的宽恕"。

詹姆斯·H. 查尔斯沃思
于普林斯顿神学院

前　言

　　我还是一个十三岁的孩子时就开始了陪伴《次经》的旅行，那次我在一个不大吸引人的布道会上翻看《公祷书》，发现几篇用于特定时日的经卷读物，它们摘自几部我不熟悉的圣经卷籍。后来我从教会的"信仰条例"中得知那些卷籍被列在《次经》中，推荐为用以训导的文献。于是我从那个教会的图书室借出一本《修订标准译本》的《次经》，浏览了《所罗门智训》和《便西拉智训》。我知道我正在阅读一些非同寻常的著作，即使它们未被收进我的《圣经》里。我暗自下了决心，有朝一日一定要认真地重温那部文集。二十年以后，我有了机会。

　　本书的读者应在手头预备一部《次经》，将本书用为阅读那些原初文献的辅助性读物。当本书提到《次经》的某个章节时，读者应当相应地打开那些章节来阅读。虽然这样做会放慢阅读现有文本的速度，它却能使人在漫长的行程中得到更多的回报。

　　我愿对支持我写作这本书、为我提供了极大便利的人们表示谢意。一批优异的导师使我酷爱两约之间的犹太文学，其中对我影响最大的是 J. H. 查尔斯沃思和 C. R. 霍拉迪。吉姆·韦弗宽厚地接纳了我的著书提案，并向我传达出版方对出版该选题的承诺。他在贝克学术出版社的继任者吉姆·金尼仁慈大度地支持了一个承继而非选择的课题。当然，他的编辑助手及其出版流程中的工作人员也应得到高度赞誉，由于他们的勤奋工作，这部书稿才得以转换成精美的著作。阿什兰德神学院学术委员会和校长允许我休假一个学期,以便投入此课题的写作,他们的支持与我所有的学术努力同等重要,在此谨对他们表示诚挚的谢忱。我的研究助手杰弗里·范德霍夫牧师付出大量时间协助我搜集所需要的图书和论文,并编出参考书目。最后还要感谢我的妻子多娜·简和三个儿子,他们允许我把平常的许多时光用于这本书的写作。晚间当然属于休闲娱乐!*

---

* 此句的原文是 The evenings, of course, belonged to light-saber duels, dinosaurs, and LEGO! 其中 light-saber duel 指美国电影《星球大战》中人物使用的光剑,dinosaur 指有关恐龙的电影,比如《侏罗纪公园》之类,LEGO 指一种儿童玩具,用塑料块组成各种形状,类似积木又不同于积木。作者是说,白天进行紧张的写作,晚上的时间当然属于这类休闲活动。

缩略语对照表

General　普通术语

AB(Anchor Bible)　《锚圣经》

b.(*Babylonian Talmud*)　《巴比伦塔木德》

Bib(*Biblica*)　《(拉丁文本)圣经》

CBQ(*Catholic Biblical Quarterly*)　《天主教圣经季刊》

JB(Jerusalem Bible)　《耶路撒冷圣经》

JBL(*Journal of Biblical Literature*)　《圣经文学杂志》

JSHRZ(*Judische Schriften aus Hellenistisch-romischer Zeit*)　《希腊罗马时期的犹太作品》

JSJ(*Journal for the Study of Judaism in the Persian*,*Hellenistic*,*and Roman Periods*)　《波斯、希腊和罗马时期的犹太教研究期刊》

JTS(*Journal of Theological Studies*)　《神学研究杂志》

KJV(King James Version)　《詹姆士王译本》《钦定译本》

LXX(Septuagint)　七十子希腊文译本

m.(*Mishnah*)　《密西拿》

MT(Masoretic Text)　马索拉经文

NEB(New English Bible)　《新英文圣经》

NJB(New Jerusalem Bible)　《新耶路撒冷圣经》

NRSV(New Revised Standard Version) 《新标准修订版》

RSV(Revised Standard Version) 《标准修订版》

t.(*Tosefta*) 《托塞夫塔》

TEV(Today's English Version) 《今日英文译本》

Apocrypha《次经》

Tob.(Tobit) 《多比传》

Jdt.(Judith) 《犹滴传》

Add.Esth.(Additions to Esther) 《以斯帖补篇》

Wis.(Wisdom of Solomon) 《所罗门智训》

Sir.(Wisdom of Ben Sira) 《便西拉智训》

Bar.(Baruch) 《巴录书》

Let.Jer.(Letter of Jeremiah) 《耶利米书信》

Add.Dan.(Additions to Daniel) 《但以理补篇》

Pr.Azar.(Prayer of Azariah) 《亚撒利雅祷词》

Sg.Three.(Song of the Three Young Men) 《三童歌》

Sus.(Susanna) 《苏撒拿传》

Bel.(Bel and the Dragon) 《彼勒与大龙》

1 Macc.(1 Maccabees) 《马加比传上》

2 Macc.(2 Maccabees) 《马加比传下》

1 Esd.(1 Esdras) 《以斯拉上》

Pr.Man.(The Prayer of Mansseh) 《玛拿西祷词》

Ps.151(Psalm 151) 《诗篇·151篇》

3 Macc.(3 Maccabees) 《马加比传三书》

2 Esd.(2 Esdras) 《以斯拉下》

4 Macc.(4 Maccabees) 《马加比传四书》

导论

1

《次经》的价值

为什么研究《次经》？对于许多基督徒来说，这个问题的答案似乎暗昧不明。说到底，这批作品不是未被犹太人收入其视为神圣的正典中吗？它们不是也未被新教改革者收入其认可的经典中吗？新教改革者主张唯独圣经含有上帝对其救赎之道的启示，所以小心翼翼地清除了那些处于边缘地带的卷籍。就许多其他基督徒而言，这个问题同样难以理解——只不过出于某种大相径庭的理由罢了。天主教或东正教信徒可能会说："归根结底，它们难道不是圣经的构成部分吗？两千年来，它们难道不是一直被体现了我们传统的顶级人物阅读、应用并予以崇高评价吗？"①或许正是那些构成基督肢体的重大教派之间的相互纷争，造成许多新教基督徒对《次经》的误用、忽略和最终的质疑，同时又导致罗马天主教徒对那些文献的相当果断的提升。这本书的著

---

① 天主教和东正教基督徒不以"次经"（apocrypha）谈论这批著作。取而代之，他们用"第二正典"（deutercannoical）一词将这组增补"正典"经卷之书与《旧约》的"第一正典"（protocannoical）经卷相区别。天主教和东正教基督徒倾向于将"次经"一词用为"伪经"（pseudepigrapha），那是一大批约略形成于公元前 200 年至公元 200 年之间的犹太文学作品，甚至位于扩展后的正典外部。其中包括《以诺一书》、《十二族长遗训》、《禧年书》、《巴录二书》，以及其他许多篇目。"伪经"一词意谓"签署虚伪作者名字之作"，其真实作者假设自己是某个著名的《旧约》人物，例如以诺、亚伯拉罕或巴录，并用他的名字写作。这种做法虽不普遍，却是这批著作的常见特征，而且不限于非正典之作。《传道书》肯定不是大卫之子所罗门的手笔；耶路撒冷的以赛亚似亦未写出所有被收入《以赛亚书》的预言。

述目的之一,就是引导读者从过去把《次经》视为某种造成基督徒社团分裂之物,转而按照其本来面目观察它们,并在此基础上对其作出评价。

何谓《旧约·次经》?

在许多人尤其是新教基督徒看来,《次经》是一批被禁之书或异端之书的汇集,应当小心谨慎地避免与其接触。该词本身意谓“隐藏之物”(*apocrypha*,亦作 *apocryphon*,一般译为“次经”),而形容词“隐藏的”略带贬义,指“由于某种意图而藏匿的”、“可疑的”、“异端邪说的”。然而,这种评价更多地来自数百年间对其实际文本的缺乏了解,而非对其文献意义和价值的均衡估量。

《旧约·次经》远非对信仰的威胁,而是对信仰不可或缺的见证——对那些生活于公元前 3 世纪至公元 1 世纪的犹太人信仰来说尤其如此。那些面貌互异的作品形成于巴勒斯坦、亚历山大(埃及)、安提阿(叙利亚),可能还包括波斯(成书于被尼布甲尼撒逐离家园后散居在巴比伦的庞大的犹太社群中)。其中一些最初用希腊文写成,那是公元前 3 世纪以后流行于地中海世界的共同语,其余的用希伯来文或阿拉米文写成。

这批著作见证了在一个喧嚣动荡的历史时期对以色列的上帝持守信仰意味着什么。那是一个政治激变的年代,一系列大帝国争霸天下;对犹太教本身来说则是一个危机四伏的时期,希腊文化的诱惑使许多人不再坚守摩西之约(《托拉》),其强劲的诱惑致使不少犹太人顺从了希腊主义的风俗和文化(“希腊生活方式”)。《次经》见证了诚信的犹太人在一个混乱不堪(通常充满敌意)的世界里如何过一种忠实于上帝的生活。如果说一种纵贯整个文集的共同主题尚难以辨认,那么,这批文献中许多作品的主要关注便涉及犹太人如何回应希腊主义的挑战,如何作为一种弱势文化在希腊世界中顽强地生存。或许正是《次经》的这一点最能将我引向这批文献,因为类似的问题依然面对着信众:上帝的当代子民正面临着种种犯罪的挑战和威胁,我们应当怎样在自身的世界找到对上帝的诚信回应?

次经卷籍肯定回答了当时人们的关注,激励了当年的犹太人,因为它们曾经广为流传,并被保存给子孙后代。较之对巴勒斯坦犹太人,这批卷籍对大流散中的犹太人显示出更大的重要性,虽然源于巴勒斯坦的几部著作仍然为人们阅读,甚至被人们引用(如《便西拉智训》),其中(如《犹滴传》和《马加比传上、下》中)的故事也被完整地传诵到拉比时期,尽管它们并不具备"正典"的资格。或许这是因为,那些生活在犹太祖先家园外部的犹太人更强烈地感受到持守信仰所遇到的挑战,虽然希腊主义在巴勒斯坦也逐步呈现出推进之势。

早期基督教会亦将这批文献接纳为有益的著作。它们对《新约》及早期教父们的影响将使那些惯于视《次经》一文不值或危险可怕的人们惊奇不已。它们的适用范围也能从其被收入旧约希腊文译本(称为七十子希腊文译本,缩写为 LXX)的某些重要抄本中得到证实。七十子希腊文译本的译事始于公元前 250 年左右将圣经的首五卷即《托拉》翻译成希腊文。由于大流散中的犹太人懂希伯来文者越来越少,先知书和作品集的翻译也在所难免。这批译文最终覆盖了《希伯来圣经》的所有卷籍,但也陆续收入几部两约之间的著作。② 罗马天主教和希腊正教的《旧约》正典基本上体现了七十子希腊文译本的原貌,而新教的《旧约》则返回早期拉比犹太教,与其对圣经范围的界定保持一致。

17

---

② 但是,我们无法确定使用七十子希腊文译本的犹太社群应当对这种创新负责,因为我们仅有的手抄本证据来自公元四五世纪的基督教社群。事实上,公元 2 世纪犹太人从传统中排除了其经卷的七十子希腊文译本,而赞成较为晚近的、由诸如阿奎拉和提奥多田一类犹太学者执笔的更被官方认可的译本,那些译本只收录见于希伯来正典的著作,以致不涉及次经各卷(虽然提奥多田的《但以理书》确实收入了几个补篇)。欲知对七十子希腊文译本之成书过程的精细述评,参见乔布斯、德席尔瓦(deSilva 2000:23—104)的论述。

《次经》究竟包含哪些著作？

《次经》是一部形成于两约之间的犹太文学的精美汇集。首先，这部文集中含有该时期的历史文稿，提供了犹太教形成阶段及早期教会成长时期的实质性资料。《以斯拉上》重述了正典《以斯拉记》和《尼希米记》中的事件，谈到犹太人从巴比伦囚居地回乡，重建耶路撒冷圣殿。正典经卷提出的种族净化问题在《以斯拉上》中也得以强调。《马加比传上、下》讲述了公元前 175—前 167 年希腊化国家统治者企图消解犹太人的民族身份，使犹太地区"如同（希腊化世界的）列国一般"之事，以及由犹大·马加比及其兄弟们率领的成功的抵抗运动。这一伤痕累累的时期留给犹太人的印象，足以和当年尼布甲尼撒将他们逐往巴比伦相比拟。《马加比传三书》（其虚构性胜于历史性）描述了降临于亚历山大犹太人身上的一场类似的磨难，恰如那些处于一个敌对环境中的犹太人为持守对其上帝和传统的忠诚而进行同样的抗争。这三卷以"马加比"命名的书都谈到犹太人面对时而诱惑时而高压的希腊文化时，对于真正保持其犹太本色的关注。

这部文集中还有几卷智慧文学作品，如同正典中的《箴言》、《传道书》，以及《诗篇》中的几首诗（如《诗篇》第 1、19、119 篇，它们皆赞美"敬畏主"和《托拉》）。《便西拉智训》（亦称《西拉克》或《传道经》）是一部长篇诗集，收入一位耶路撒冷哲人的训诲，作于公元前 2 世纪初期，仅早于马加比文学产生的希腊化危机数十年。《所罗门智训》由一个大流散中的犹太人用希腊文写成，虽然与希腊思想联系密切，却不愿放弃犹太价值观以及对《托拉》的忠诚。不同于《箴言》的是，其中没有短小格言的汇编，而有大量高水平的论辩语和训诲词。这两卷书（连同《马加比传下》第 6—7 章）对教会最初六七个世纪的基督徒作家发生了非常广泛的影响，进而使次经各卷对基督教神学诠释产生了重大影响。《巴录书》收录了一篇智慧诗（及一系列忏悔祷词和一首救赎预言）。在这所有三部书中,智慧都从根本上等同于《托拉》的知识和对《托拉》的恪守。这里再次显示出对于持守犹太身份的浓厚兴趣,以及对世界唯一之神的忠诚——这个世界到处是背离犹太祖宗人生方式的有力诱惑。

这部文集中还包括几卷或许能称为"历史传奇"的著作(本书在"训导性故事"的古老含义上使用"传奇"一语)。《多比传》讲述了一个大流散时期的犹太义人之事,述及上帝对人生秩序的安排,甚至包括如何处理婚姻一类的家庭事务。《犹滴传》叙述了一个军事女英雄的故事,她利用一个异族将军的道德缺陷,巧设计谋拯救了自己的人民。它还是一个强调祷告与禁食功效的故事,宣扬上帝必定关照其处于沮丧时刻的子民。《以斯帖记》和《但以理书》的希腊文译本中均含有不少未见于希伯来经文的插叙。《以斯帖记》的希腊文增补提供了一种希伯来(正典)原文所缺乏的神学和宗教维度。《但以理书》的补编包括两篇增补正典前6章的断案故事:但以理借助于揭露一个阴谋(《苏撒拿传》),以及两次展示异族君王所推测存在之神的虚妄(《彼勒与大龙》),表现出上帝赋予的智慧。

《次经》还收入几篇用于礼拜仪式的诗章。其中有对《但以理书》的进一步增补,即《亚撒利雅祷词》和《三童歌》,前者是一首忏悔诗,坦言以色列的罪过,乞求上帝的宽恕和复兴;后者是一首赞美和救赎之诗。二者都被插在正典《但以理书》第3章主人公被投进火炉里试罪的叙事中。见于《次经》的另一首忏悔诗是《玛拿西祷词》,表达了上帝浩瀚无边的宽恕。最后,《诗篇·151篇》是一首仪式性的反思诗,述及上帝越过大卫的六个兄弟而拣选了大卫,并略提一笔大卫击败非利士仇敌歌利亚。

另外两部书与专题短论较为接近。《耶利米书信》论述了异族宗教的愚妄,聚焦于破除偶像崇拜的议题。《马加比传四书》专注于公元前167年—前166年间九位犹太殉道者的坚定意志(他们的事迹亦载于《马加比传下》第6—7章)。这些抵制希腊主义诱惑的模范人物为年轻一代树立起楷模,激励他们严格地遵守摩西律法,将其作为体现甚至连

19

希腊人也称道的美德和理想人格的方式。

　　收入这部文集的最后一卷书是得名《以斯拉下》(其中第 3—14 章等同于《以斯拉四书》)的启示著作。该书与《启示录》约略同时竣稿(成于公元 95—96 年间),试图弄清耶路撒冷被罗马帝国一群渎神之民摧毁的寓意。该书对于理解启示文学如何表达神义论(寻求上帝在种种不义之事背后的正义)具有极高的示范价值;它为那种神秘的文学样式提供了另一个范本(《但以理书》第 7—12 章和《启示录》是该样式在正典中充分发展后的仅存例证),还表达了犹太教对圣殿被毁的理解,亦即对重释《托拉》的兴趣。

　　写到这里应当承认,这种论述次经文集的方式显得有些矫揉造作。的确,界定"次经"止于何处、"古犹太文学"始于何处总会遇到种种问题。早在《五经》的三部用安瑟尔字体写成的重要抄本——公元 4 世纪的西奈抄本、公元 4 世纪的梵蒂冈抄本和公元 5 世纪的亚历山大抄本——中,这一问题就表现出来。这三部抄本中都有与《旧约》其他卷籍交相浑融的《次经》,但每部抄本收录的文献各呈千秋。"亚历山大抄本"甚至溢出文集,将《所罗门诗篇》列为附录(尽管该附录现已删除)。与此类似,今天,五花八门的基督教社团将各不相同的局限性赋予这部(被新教和犹太人)称为《次经》的文集。罗马天主教的正典含有除《马加比传三书》、四书》、《以斯拉上、下》、《玛拿西祷词》和《诗篇·151 篇》以外的上述各书。希腊正教的圣经只排除《以斯拉下》和《马加比传四书》(但将其列为附录)。斯拉夫派的圣经收入除《马加比传四书》以外的所有各卷。出于三种理由,本书对《次经》采纳了最宽泛的描述:首先,这本书应被有效地用为《新标准修订版圣经》所录"次经/第二正典书卷"的辅助性读物。其次,在新千年的转折之际它应与全基督教范围的圣经学术研究保持一致。再次,遗漏某些较为边缘化文本提供的信息会令人蒙羞,尤其在如下处境中:我们的初衷是尽可能丰富地获得两约之间犹太教世界和早期基督教策源地的专门知识。

研究《次经》的价值

不论人们怎样理解正典的构成，次经书卷都能以某些重要方式充分地回报读者。天主教和东正教读者会对那些作为圣经的文献发生兴趣，而其他读者也会通过对那批文献的细读发现诸多价值。它们提供了种种窗口，使人看到现代犹太教和基督教形成时期的历史生活，且作为一种虔诚的文学，迄今仍为信仰之众输送着信息。

促使我们钻研这批卷籍的首要原因，是它们展示了自公元前200年至公元100年间有关犹太教的较为充实可靠的画卷。这一时期巴勒斯坦犹太人和外部世界的犹太人依然存在着冲突，这方面的争端是《希伯来圣经》中类似争端的延续，但每每表现出较晚发展阶段的特征，且常常对古老文学中的记载作出某些重要的更改。次经卷籍弥补了这一裂缝。作为更深入了解犹太教的文献资料，其本身的价值是无可估量的：耶稣正是在这时的犹太教中履行了他的使命，而早期教会也是在这时的犹太教中成长起来，不但在巴勒斯坦，而且在整个地中海世界。先看《马加比传上、下》，它们中肯地提供了有关该时期历史发展的报道，特别是希腊化危机和马加比战争，二者在犹太人的意识和观念形态上都留下不可磨灭的印记。次经文献还见证了《托拉》受到的尊重，对于恪守其律法条文的勉励（以及这样做的动因）。当读到犹太人遭遇接连不断的压力，被要求松开《托拉》的束缚，允许与异邦人进行更自由的交往时，犹太人（和犹太裔基督徒！）对保罗传教的抵制就变得不难理解了。在许多人眼中，保罗看上去更像个背教者和希腊主义者，而不是向往弥赛亚时代的忠实犹太人。此外，这些文献还提供了观察犹太神学和意识形态重大演变的眼光，使读者预习了他们在《新约》中将会遇到的思想，例如在哈斯蒙尼人执政时期（犹大·马加比的家庭和后代治理以色列时期），一种将弥赛亚理解成军事征服者的观念渐趋成熟，它导致那些自命追随耶稣之人及其对手们对耶稣的使命频频发生误解。代人赎罪的观念、对个人来世生命的担保(肉体能否复活或灵魂是否不朽)、有关天使和魔鬼的思考,以及智慧的人格化(它为早期教会提供了言说圣子与圣父关系和圣子道成肉身之事的话语),都在这批文学中极大地发展起来并得以提纯,表明源于《希伯来圣经》的种种概念如何在嬗变中传给早期的教会。最后,这批文献还向我们展示了大流散中犹太人的某些生活资料,它们对理解基督教的活动非常重要,而《希伯来圣经》对其又鲜有记载。《次经》打开了一个窗口,使人看到当年犹太人的祈祷和宗教仪式,看到他们如何履行一种敬虔的人生,及其以何种方式利用希腊世界的文学、概念和修辞形式,仅仅用以强化犹太信仰和价值观,强化那些在基督教文学中得以延续的因素。犹太人的次经文学因此成为一种重要媒介,将希腊的思想和修辞引进基督教文化。

　　研究这批文献的第二个雄辩理由,是《新约》的作者们本身显示出了各种迹象,表明他们对这批作品非常熟悉。虽然《次经》从未被明确地当作圣经引用,在许多地方,《新约》文本和《次经》文本的关系却超越重复或平行而进入交感。伊莱亚斯·奥康诺摩斯在一篇论文中(Oikonomos 1991:17)或许言过其实地论及这一关系:

　　　　耶稣本人,使徒彼得、保罗、雅各,以及《启示录》,都以类似于犹太作家著述的方式运用过第二正典之作。他们在《新约》中的引语表明,第二正典之作也以与"原始正典"相同的方式被使用着。

　　为了支持其论断,奥康诺摩斯在一个脚注中为读者列出表格,指出见于若干希腊文新约研究性版本中的一批引语和转述;它们确能给人留下的深刻印象:其中的许多资料与《次经》相关联。然而,他并未在实际引语和其他种类的互文性资料——诸如语境重构、摹仿和暗示——之间进行足够的区分。一位学者论及一处引语时指出,人们在将别处的某段话引入一个新的语境时,通常会借助诸如"如其所言"、"如圣灵所说"、"如圣经所论"或只是"由于……"一类公式,就此意义而言,新约作者们从未按照他们引用希伯来正典的方式引用过次经书卷。③ 他们在这方面的沉默寡言使奥康诺摩斯所谓他们"以对待原始正典的方式对待第二正典"之论遭到极大的质疑。

但仍然有人对这两部文献的关系作出保守的陈述。有人认为《新约》的作者们只在不多几处暗示过次经卷籍,或其只承认二者存在"偶然的思想吻合"(Beckwith 1985:378),④这些人所谈论得更多的是新约作者对次经观念形态的确认,而非对它的实际引用或所受它的切实影响;事实上,引用和影响乃是相当实质性地发生过之事。虽然次经卷籍确实未以这种方式被引用过,或者被鉴定出与新约卷籍具有同一性,语境重构和结构性重组现象却大量存在。也就是说,新约作者从《次经》中摘取各种语词和论说之言,经过再度创作后编入他们的新文本;他们还暗中化用了那些文献中的事件和故事。"意译"一词常被用来描述二者之间的适当关系。

这种情况的发生已达到如下程度:某人可以下结论道,《新约》的作者们对其评价如此之高,以致他们都是从那批原始资料中学成的。(还能再加上一句:在不少富含意义之处,耶稣的言论酷似《便西拉智训》和伪经《十二族长遗训》的回响。)但由于释义和暗指的性质,常常无法证明某位新约作者从哪卷次经作品本身直接取材。在许多情况下,可以断言的是某段次经文本的思想已进入犹太文化之中,继而间接地渗入

---

③　斯图尔迈彻(Stuhlmacher 1991:2)声称发现了几处引文,如《便西拉智训》4:1 被《马可福音》10:19 引用,《便西拉智训》17:26 被《提摩太后书》2:19 引用。在前一例中,"不可亏负人"之语似乎取自《便西拉智训》4:1,收入了对一些诫命的概括。但这也许不能表明直接有意的借用,因为这条禁令("不可亏负人")已成为对《托拉》进行伦理归纳所得出的准则之一,是一种非常便捷的公式化表述,能用一句话抓住《申命记》对经济行为之公平正直的兴趣。在后一例中,作者似乎从他所知七十子译本的《约珥书》3:5 和《便西拉智训》17:26 中创造了自己的"圣经"。而结果与原著如此风马牛不相及,以致较之于——比如人们从《希伯来书》第 1 章中所能发现的对《诗篇》的引用,很难从中看到"引文"的明确标记。但是,斯图尔迈彻关于《次经》和"伪经"对理解《新约》及其基督论之重要性的强调,还是无懈可击的。

④　例如,柏克威斯(Bechwith 1985:388)断言,《马加比传四书》甚至从未被《新约》或任何公元二三世纪的基督徒作者参考过。但他遗漏或忽略了许多对应之处(尤其《马加比传四书》、《希伯来书》和奥利金著作之间的对应处;参见 deSilva 1998;第 7 章)。

某位作者的内心世界。这时至少能够得出结论,该作者尊重那段亦见于较早犹太文本中的内涵,虽然声称他(或她)对那段文本特别偏爱可能显得言过其实。我将举出一些实例,对上述类型的用法和影响予以阐明。

《马太福音》和《雅各书》的作者对《便西拉智训》似乎有所了解。对于那些倾向于认为《马太福音》中的耶稣传说具有历史真实性的人来说,这意味着耶稣本人讲道时曾经从便西拉的言论中取材。由于便西拉是居住在耶路撒冷的犹太智者,他的著作在公元1、2世纪的拉比中广为人知,那些在巴勒斯坦的背景中传教布道者对这部智慧诗集表现出某种程度的熟悉,并不令人奇怪。耶稣在"主祷词"中强调,我们要饶恕别人对我们的过犯,恰如上帝饶恕我们对上帝的过犯(《马太福音》6:12,14—15)。此意未见于犹太教圣经,却在《便西拉智训》中得到引人瞩目的强调:

> 如果你宽恕得罪过你的邻人,
>
> 　　你的罪过就会在祷告中得到宽恕。
>
> 如果某人怨恨别人,
>
> 　　他怎能指望得到主的医治?
>
> 如果某人对别人不像对自己一样仁慈,
>
> 　　他怎能乞求主宽恕他自己的罪过?
>
> 　　　　　　　　　　(《便西拉智训》28:2—4)

进而,当耶稣发出下面的邀请时——"凡劳苦担重担的人,可以到我这里来,我就使你们得安息。……你们当负我的轭,学我的样式,这样,你们心里就必得享安息。因为我的轭是容易的,我的担子是轻省的。"(《马太福音》11:28—30)——他便运用了与早期智慧教师相似的语言和文学形式:

> 到我这儿来吧,你们这些未受过教育的人,
>
> 　　到我的学堂里来学习吧……。

把你的颈项置于轭下,

让你的灵魂接受教诲;

在附近就能发现机会。

用你自己的双眼看吧,我只付出少许劳苦,

就为自己找到许多安详。

(《便西拉智训》51:23,26—27)

耶稣之所以使用类似的语言,或许是想让听众把他视为一个智慧教师和《托拉》的阐释者,把门徒的追随视为在智慧学堂的学习。

耶稣言论与《次经》之间另一值得注意的对应涉及某人自视为智慧授予者的方式。在《多比传》中,年迈的多比将伦理训诲讲给他的儿子多比雅:

你拥有的越多,你施舍的也该越多。即使你的钱很少,也一定要有所施舍。这样做的好处不亚于存钱。有朝一日当你遇上麻烦的时候,你会因此得到报偿。……谨遵是言,你便会摆脱黑暗的死荫而获得平安。

(《多比传》4:8—10)

与此相仿,耶稣也勉励门徒把财产施予需要的人,藉此为自己积攒财富:"你们要变卖所有的周济人,为自己预备永不坏的钱囊、用不尽的财宝在天上,就是贼不能近、虫不能蛀的地方。"(《路加福音》12:33;参见18:22)声称施舍实际上是最佳的储蓄。这种似非而是之说的组合揭示出一种得自人类终极经验(在《多比传》中是死亡的威胁,在《路加福音》中是对死后余生的忧虑)的原理,表明耶稣对施舍的倡导不仅取材于圣经,而且得益于多比的观念逻辑(不论他是否亲自阅读过《多比传》,还是聆听读过该书的老师讲起过它)。这个例子再次证明耶稣的信息何等深入地植根于他那时的伦理观念中。

由于耶稣的传道生涯大半在耶路撒冷度过,他对便西拉的言论似乎也很熟悉。这并不令人奇怪,因为较之《新约》中的其他各卷,《雅各

书》更像一部智慧文集,其作者论及上帝不可能试探人而使之犯罪时,曾引用一种相当古老的理念:

> 人被试探,不可说"我是被上帝试探",因为上帝不能被恶试探,他也不试探人。各人被试探,乃是被自己的私欲牵引、诱惑的。
>
> (《雅各书》1:13—14)

试比较:

> 不可说"是主造成我堕落",
>
> 因为他从不引起他所恨恶之事;
>
> 不可说"是主造成我误入歧途",
>
> 因为他无须靠罪人之助达到目的。
>
> (《便西拉智训》15:11—12;参见 15:20)

这两句话中的神学难题——在一个由全能和公正的上帝统治的世上为何肯定有诱惑存在——显然以相同的方式得以解决:使上帝远离任何邪恶的原因或源头,而把责任断然归之于单独的个人(参见《便西拉智训》15:14—17)。

保罗致罗马教会的书信表明,他对《所罗门智训》中的内容有深入的了解。《罗马书》1:18—32 对外邦人开门见山的指控在很大程度上再现了《所罗门智训》13:5—10,14:22—27 对外邦人无视唯一上帝的早期批评,以及对由此导致的道德混乱的描写(读者应读一下这些章节)。保罗和《所罗门智训》的作者都认为,对创造的思考理应引出对造物主的认识和崇拜,而拜偶像是外邦世界所有道德弊端的根源。二者对其罪行的罗列具有引人瞩目的照应性。与此类似,保罗在《罗马书》9:19—24 中为上帝对人类拥有的主权进行了辩护,其辩护词重复了《所罗门智训》关于被造物不可以指责创造者之说,甚至采用了陶匠能够随意制作陶罐的相同意象(《所罗门智训》12:12;15:7)。保罗还分享了那位作家有关肉体的想象:肉体乃是地上的帐棚,是造成灵魂坠落的必死之物(《哥林多后书》5:1,4;参见《所罗门智训》9:15)。

《希伯来书》的作者熟知马加比时期殉道者们的故事,他们在公元前167—前164年希腊化危机的极盛时期宁愿被处死也不触犯《托拉》。那些"忍受严刑、不肯苟且得释放、为要得着更美的复活"(《希伯来书》11:35)之人成为人们的典范,以其行为告诉人们什么是信仰(参见《马加比传下》7:9;《马加比传四书》9:13—18)。《希伯来书》还在很大程度上使用了《马加比传四书》中的概念,以类似的术语界定信仰,表达出某种对听众信奉上帝之坚定性的关注。

最后,我们还能指出,《犹大书》的作者甚至越过《次经》而从《以诺一书》中逐字引用过若干行,《以诺一书》的几个部分是写作于公元前3世纪的启示文学。或许时至公元1世纪,《犹大书》第14—15节直接引用了《以诺一书》1.9:

> 看哪,主带着他的千万圣者降临,要在众人身上行审判,证实那一切不敬虔的人所妄行一切不敬虔的事,又证实不敬虔之罪人所说顶撞他的刚愎话。

诸如此类的例子很容易成倍地发现,尤其是倘若把短语的重复、概念的共享和修辞性套语也包括在内之际。可见,即便仅仅为了了解《新约》的作者们在文学和文化方面有哪些继承,熟知《旧约·次经》的内容也很重要。就深化我们对早期基督教之理性、神学、修辞和社会背景的理解力而言,这批著作构成一座早期珍贵文献的秘密宝库。

激励我们钻研这批作品的第三个理由,是它们参与了早期基督教神学的构建,而后者是新教、天主教和东正教基督徒共享的遗产。甚至那些对这批作品是否具备圣典地位表示怀疑的早期学者,诸如奥利金和哲罗姆,也运用其文本诠释新约卷籍,讲解基督论、灵魂得救论和信仰的人生。早在《希伯来书》中我们就看到始于新约内部的这类影响,它运用《所罗门智训》描述人格化智慧的概念,详细阐释了圣子耶稣和上帝的关系:

> [上帝]就在这末世藉着他儿子晓谕我们,又早已立他为承受

万有的；也曾藉着他创造诸世界。他是上帝荣耀所发的光辉，是上帝本体的真象，常用他权能的命令托住万有。

（《希伯来书》1：2—3）

试比较：

> 塑造一切存在物的智慧是我们的老师……
>
> 她是上帝之能的一口气，一股来自全能者的纯洁而闪光的荣耀之流……
>
> 她是无限光明的一个映像，是上帝之活动与善性的一面完美无缺的镜子……
>
> 她熟知上帝的奥秘，并且帮助他决定活动日程。

（《所罗门智训》7：22，25—26；8：4）

带有着重符的句子能表明两个文本之间的对应性。《希伯来书》的作者评注了犹太文本对智慧形象的描写，将其重构为对圣子本性和工作的阐述，不但述及他在肉身里的经历，而且论到他降世之前的源头及其对道成肉身的超越。

而且，这些文本被视为合于正典的规范，适宜被世界三分之二的基督徒在礼拜仪式上公开诵读。除了敬重它们，新教基督徒还怀着一种普世兄弟姊妹休戚与共的精神适当地对待它们，对其含义至少有基本的理解，欣赏其内容，将其当作一种能适于任何宽泛阅读的敬虔文学或灵感文学，这种文学对基督教思想和文化已发生深远的影响（比如对奥古斯丁的《上帝之城》、厄·凯姆庇斯的《效法基督》，或班扬的《天路历程》）。

当次经卷籍被忽略无视时，这些益处就会难以发现。离开了《次经》，现代圣经学者对犹太教会产生曲解，而耶稣是从犹太教中诞生的，其追随者也是在犹太教中活动的。仅仅以《希伯来圣经》为参照物，我们难免将早期基督教运动置于一种相当古老的犹太教形式之中，而对犹太教在《玛拉基书》和《马太福音》之间五百年中的发展和巨变缺乏足够的了解。我们会处于一种缺乏文献资料的状态，不仅对沟通两约的思想和实践之流，而且对那时的发展变化也茫然无知。早在将近一个世纪之前，W. M. F. 皮特里（Petrie 1909:168）对这种存在问题的新约研究方法就做过敏锐的批评："正如把中世纪以来的所有变化都归因于我们自己时代的导师注定会犯错误一样，倘若把未见于先知书的所有新鲜思想都归功于基督教，也同样是错误的。"⑤总之，我们至少需要为这批著作倾注一些精力，最终实实在在地认真阅读，关注若干另外的内容，以求对早期基督教思想、社群生活和伦理道德的犹太教环境形成应有的理解。

《次经》与正典

在以上论及的所有议题中，无人提出新教基督徒或犹太人应纠正其正典的局限性。大体说来，研究《次经》的必要性并不取决于其作为经典的地位，而是基于一个事实：三百年来这批文献打开了我们的视野，使我们看到那些新教和犹太教正典经卷几乎完全沉默不语的内容。由于这种阅读，它们成为较准确地把握正在显露的拉比犹太教以及《新约》的世界所不可或缺的必读之书。

然而正典的颁布并非完全不恰当。只是由于存在接二连三的围绕着正典的争论，以及涉及正典的不同见解，我们才可能辨别哪些卷籍是卓尔不群的主体。甄选《次经》的原则，以及目前对这些特定书卷的研讨（连同对另一些就作者和理解《新约》而言都至关重要之作——诸如《以诺一书》、《所罗门诗篇》和《十二族长遗训》——的排除），也因而取决于对它们作为正典的地位、作为第二正典的次要地位，或者被排除原因的讨论。用一种笼统而过分简单化的眼光观察，可以说，若非奥古斯丁发现了它们，这批著作或许早已被教会遗弃；若非哲罗姆发现了它

27

---

⑤ 亨利·古里特先生使我注意到这段引文，特致谢意。

们，我们可能至今还未将其作为一部文集从《旧约》中分辨出来。

教会对这批卷籍的兴趣致使《次经》从写作于同一时期的其他成文资料中独立出来。当犹太社群遗忘了其中大半作品时，早期教会记住了它们，小心翼翼、认真负责地将其保存下来；而那时如此众多的其他犹太文献之所以能够流传，则更多地得之于机遇而非有意为之。在此过程中教会将它们与非正典的犹太文学相区别，作为对门徒极有价值乃至权威性的文献。这一历史事实引起我们的注意，致使我们理直气壮地将其与"伪经"、《死海古卷》中的教派文件，甚至斐洛和约瑟福斯留下的大部分文学作品相互区分开来。

早期犹太教和早期基督教对次经卷籍之正典资格的探讨举步维艰。这里首先应当指出的，是将得自"正典"一词的术语"正典的"用于指称一组书卷，本是公元 4 世纪基督教的创新（Eissfeldt 1964：560）。在此之前，人们能看到诸如"神圣作品"、"圣典"、"染手"之书（指那些能向触摸它们的手传去神圣力量的书，这种力量需经清洗才能去除）一类语词。从公元 1 世纪下半叶和 2 世纪的拉比中可以发现有关某些著作（诸如《以斯帖记》、《传道书》和《便西拉智训》）是否"染手之书"的讨论，即其是否以其他卷籍不具备的方式显示出神圣性。所以考察那些早期社团时，正是使用"正典的"这一术语已然造成了人们的困惑，尽管此事不可避免。

其次，许多人错误地猜测，某作者引用一部作品时，意味着该作者及其读者都把那部作品尊为正典。[⑥] 仅仅由于《犹大书》的作者引用了《以诺一书》，（以及似乎承认它确系远古之作，出自以诺之手！）就断言他尊奉该书为正典，是一种不恰当的结论。关于犹大引用这部伪经，所能认定的是他将其当成一种有价值的资料，用以勉励和训导基督徒，并将其当成一种古代权威人物的适宜引言，用来推动其修辞意图的

---

⑥　柏克威斯（Beckwith 1985：435）对此作过有益的评论。

实现。⑦

　　再次,"正典的"和"权威性的"这两个术语之间存在着某种混淆。就某个读者群体而言,一部书未必是"正典的",或为了具有权威性而宣称受过神灵启示。的确,在早期教会和犹太会堂,也许从是否具备权威性,以及具备何种程度的权威性方面,对《次经》能做更可靠的考究。虽然早期拉比们讨论哪些书"染手"——即哪些书处于通向神圣精神的核心地带——其间的区别并不限定哪些书被视为具有权威性。作为对神圣文献的评注,《密西拿》(约成书于公元 200 年)和《塔木德》(编订于公元 6 世纪)在拉比们的犹太社群中赢得了权威性,尽管它们与圣经文献相比不可同日而语。反过来说,缺乏正典性——或者具备遭到否认或拒绝的正典性——并不意味着缺乏权威性。这种情况可见于拉比们对便西拉言论的运用,《便西拉智训》的正典性遭到否定性回答之后很久,他们依然在引用那本书。

　　再看另一个例子。我们如果转向库姆兰的犹太教派,会发现一个似乎将古典权威文献和许多其他文件加以区别的社群,其中古典文献指《旧约》各卷(但《以斯帖记》引人瞩目地未见于库姆兰古卷,该书在拉比的圈子里也存在争议),其他文件中的一部分不只被库姆兰人收藏(如《以诺一书》和《禧年书》),另一部分则为库姆兰人所专有(如《会规手册》、《感恩诗篇》和《战争书卷》)。这种区别反映在神圣文献被写在更耐用材料的方式上,反映在它们被引用的方式上,并表现为如下事实:它们已成为阐释的根基——此迹象意味着这批文献以某种方式构成了一部特殊的文集,有别于并超越于其他文件。然而《禧年书》和《会规手册》却有很高的权威性,规约了库姆兰人所守各种犹太节期和安息日的历法,还制定了社群生活之诸多方面的守则。就其功能而言,这些"圣经外的"文献发挥了与圣经本身同等重要的作用。在库姆兰社团还

---

　　⑦ 在古希腊罗马时代,从古代文献中引经据典是一种重要而基本的论辩策略。古代某个令人敬畏的声音发表的意见带有举足轻重的分量。

能发现,神的启示并不维系于人们所说的正典性。"公义教师"——一位为其教派赋予独特形式的神秘人物——在评注几部经卷时向其社群显示出特定的属灵性和权威性。他评注经卷时所使用的文体亦能证明内核文集与次要文件之间存在着差异性;次要文件乃是以某种方式从内核文集中派生而来。

这一讨论中的第四种挑战多少显得更为专业化也更富于学术性,势必遇到同一正典经卷(如其逐渐被称呼的那样)之希伯来文和希腊文形式之间的种种差异。例如,《但以理书》和《以斯帖记》就以两种形式存在着:较短的希伯来文本和较长的希腊文本。于是,倘若《但以理书》被视为神圣,它的哪种形式被如此理解呢? 有证据表明,讲希腊语的犹太人不奉诸如《马加比传上》和《便西拉智训》一类著作为神圣,或不将其尊为权威性文献之内核的组成部分,但却以这种方式看待《但以理书》的希腊文版本。从如下事实能看出这一点:公元前 1 世纪和公元 1 世纪犹太人对《但以理书》的翻译(值得注意的是,这种读法渐被归功于一个公元 1 世纪晚期讲希腊语的犹太人提奥多田)含有几段增补,而未追随我们当今所知的"马索拉经文"。此外,《巴录书》和《耶利米书信》也被视为《耶利米书》的附录,以致能被讲希腊语的犹太人轻易地尊为核心文献(正典)的构成部分(参见 Beckwith 1985:339—341)。⑧

为这一讨论增添了复杂性的第五种持久因素是圣经的"亚历山大犹太正典"概念,它比"巴勒斯坦正典"的流传范围更广泛。这是由于"七十子译本"一词的含义缺乏明确界定,可以作出基于对事实严重误解的解说(Oikonomos 1991:17;参见 Constantelos 1997:xxvii):

犹太教和基督教都始于简单地把第二正典作品用为圣经正典的组成部分。很难说这种用法始于何时,但肯定不会晚于(从公元

---

⑧ 这只是一种扩展后的版本,表现出面临现代圣经学者之《旧约》传统经文的典型问题。现代学者常常发现,《新约》的作者们都将希腊文本(七十子译本)而非希伯来文本用为圣经。《希伯来书》10:5—10 最富戏剧性地显示出这种差别,在该处作者发表一种令人震惊的神学观点,它只有在希腊文本的基础上才能得出。

前285—前247年开始的)七十子译本的翻译。因为这次由犹太
人进行的、以犹太人和外邦人为对象的翻译包括了第二正典作品。

这段引文的作者假定,从亚历山大抄本、西奈抄本和梵蒂冈抄本的文献
汇编中得出的"七十子译本"概念(或者当今适用的学术性版本中的那
一概念),就是公元前3世纪犹太社群的"七十子译本"概念。然而,这
是一种严重的失误,因为公元前3世纪在亚历山大进行的那项工作只
涉及《摩西五经》的希腊文翻译(《亚里斯提亚书信》清楚地设想了它的
范围)。而且,引文还自相矛盾地论及它的作者,而公元前3世纪的七
十子译本中应当不会含有《次经》卷籍,因为它们都写作于公元前185
年至公元100年之间(可能的例外是《多比传》,该书也许作于公元前2
世纪以前)! 这里还能指出一种驳斥"亚历山大犹太正典"之论,即在亚
历山大同样优秀的犹太注经家斐洛从未引用过《次经》(Beckwith
1985:384)。的确,他关注的焦点覆盖了全部《托拉》,而绝少涉及先知
书、《诗篇》和其他日后将以犹太正典闻名的文献。

　　上述七十子译本的抄本不能被用来证明亚历山大犹太正典中含有
《次经》。[9] 那几个抄本都出于公元四五世纪的基督徒之手,不认同那
些附加之书的范围,排编时似乎更多地出于方便查阅的考虑,而不是正
典经卷与非正典经卷相对照的准则(其中一个抄本甚至在某处收入《所
罗门诗篇》,此事能有力地证明这一点)。作为"教会之书",它们似乎寻
求收入适用的而非严格正典化的著作。然而,这些手抄本确实能见证
公元4世纪教会的用法(从一地到另一地有所不同,甚至在一个单独地
区也不相同)。次经各书是分散在旧约(其他)卷籍中的,这一事实也表
明写出了那些手抄本的社群缺乏一种与拉比正典相对应的"旧约正典
已经封闭"的意识。在作出上述思考的基础上,我们便能开始梳理早期
犹太会堂和早期教会运用和评价《次经》的历史。

　　现有清楚的证据表明,时至公元前2世纪,人们已知晓神圣的权威

---

⑨　桑德伯格(Sundberg 1964)已对此作过断然驳斥。

作品分为三组。便西拉的孙子为《便西拉智训》的希腊文译本写了前言，其中提到祖父钻研"律法书、先知书和我们祖先的其他著作"的热情，并指出"律法本身、先知预言以及其他卷籍"的希伯来文原著和希腊文翻译之间的区别。我们从《路加福音》24:44 中能看到以类似方式论述的最权威文献，耶稣在那里宣布："摩西律法、先知书和《诗篇》上所记的，凡指着我的话，都必定应验。"《马太福音》的读者会熟知被频频提到的这批核心文献中的前两种："律法（书）和先知（书）"（《马太福音》5:17;7:12;22:40)。

　　所以，似乎恰在纪元的转折到来之前，由摩西的五卷书（律法书）和先知书全集构成神圣文献核心部分的一致意见已经达成（先知书全集中可能含有"历史书"，犹太人称之为"早期[或前期]先知书"，但不包括《但以理书》)。⑩ 这些文献赋予犹太人以同一性和传统的遗产，在几个世纪的变迁之后其经典的构成找到了一个固定点。由于其重要性、其年代之远古、其得到犹太人普遍的运用和接受，有关它们在核心文献中的位置，此后再未发生过争议。

　　律法书和先知书旁边还有一组较次要的文献，被恰当地称为"其他的书"——即日后逐渐得名为"作品集"（"Kethbim"）的著作。《路加福音》第 24 章主张《诗篇》在该文集中居优先位置，为那批诗歌对全体及个体犹太人的崇拜生活赋予重要性，此事并不令人奇怪。发现于库姆兰山区的包括第 151 篇在内的《诗篇古卷》（以及散布于该诗集中的此前不为人知的另外约 14 首赞美诗）表明，我们不应推测这部诗集在公元前 1 世纪就完全形成定本。《箴言》和《约伯记》也有可能很早就赢得了高度尊崇。主要围绕着这一类型的几部著作，我们从早期拉比文学

---

　　⑩ 便西拉本人对先知书部分的形成提供了证据。他颂赞祖先时提到从约书亚到《列王纪下》中的一系列重要人物，述及以赛亚、耶利米、以西结和"十二小先知"（《便西拉智训》49:10)，表明知道那时小先知已经单独成组。他的名中缺少但以理，说明虽然但以理的宫廷故事可能流传得较早，目前形式的《但以理书》却成于马加比时期且不为便西拉所知。《但以理书》最终被置于犹太圣经第三部分"作品集"的事实也证明它的成书日期较晚，因为那时先知书的主体已取得最终形式。

中发现了讨论或争议。《密西拿》显示,甚至晚及拉比们在詹尼亚(Jamnia)研究正典的构成之际(公元 1 世纪 90 年代),依然存在着涉及《以斯帖记》、《传道书》、《雅歌》,乃至先知书《以西结书》之地位的争议——即,它们是否属于能够"染手"的神圣作品。依《密西拿》(《雅达伊》3.5)所示,有关《雅歌》和《传道书》的辨认甚至延续到公元 2 世纪末(de Lange 1978:8)。对《以斯帖记》的争议似乎持续得更久。

时至公元 1 世纪末,我们从犹太教中发现了一种"正典已经封闭"的意识。约瑟福斯(在《反驳阿皮恩》1.38 中)历数神圣卷籍为"二十二书",以及《以斯拉四书》(等同于《以斯拉下》第 3—14 章)的作者(在14:45 中)历数它们为"二十四书"时,均已表达出一种神圣卷籍有了固定数目的信念(即使对其准确数目的争论还将延续到另一个世纪)。⑪在这些统计中,十二小先知书被计为一部书(或一卷),《以斯拉记》和《尼希米记》被计为一部独立之书,《撒耳记上、下》、《列王纪上、下》和《历代志上、下》亦被各自计为一部单独的书。

在此我们或应探询《次经》卷籍在犹太教中的地位。在拉比们的工作中,唯独《便西拉智训》得到过关注,可能成为神圣文本的候选作,但我们仅有的证据是否定性的(《托塞夫塔·雅达伊》2.13)。它被拉比们阅读、引述,在其论争中持续显示出分量,但却未能获得与更古老的神圣文献相同的敬重。《巴录书》也博得不少尊敬,甚至在一些犹太会堂中被人诵读,在许多读者眼中,巴录辅佐耶利米的经历(巴录是那位先知的书记;在某些人看来他还分享了那位先知的才能)为那卷被归于他的文献赋予一种与众不同的地位,但它也未得到认可而成为一部神圣著作。

至少在巴勒斯坦,没有其他次经卷籍引起拉比们的注意,为它争取

---

⑪ 许多学者调和约瑟福斯的"二十二书说"和更常见的"二十四书说",主张约瑟福斯乃将《耶利米哀歌》当成《耶利米书》的一部分,将《路得记》当成《士师记》的一部分。这固然很有可能,同样可能的是他与其周围的人都认为作品集中几乎没有神圣著作。他区分历史/先知书和作品集的做法也不同于标准分类法,作品集中的几部书被他列在了先知书中。

神圣的地位。当然,《犹滴传》和《马加比传上》都是脍炙人口的故事,与哈努卡节(Hanukkah)的庆祝相关联。它们能在犹太文化(即使不是在正典)中保存下来,肯定与其和那个节期的联系有关。《死海古卷》中有
32 《多比传》的五个抄本、《便西拉智训》的两个残篇(此外还能加上发现于马萨达和开罗·杰尼萨的较完整的残篇)、《耶利米书信》(希腊文)的一个抄本,以及位于《诗篇古卷》结尾处的《诗篇 151 篇》。上述事实留下这批文献被运用的证据,但却没有告诉我们其地位如何。它们足以值得被誊录、研讨、保存,但写作于库姆兰的其他文件却未能暗示它们的地位(如以《会规手册》喻示出《禧年书》之连带权威性的方式暗示)。

　　人们从上述讨论中得出的印象是,《托拉》毫不含糊地屹立在池塘中央(犹如从上方投下一块石头),激起道道涟漪;先知书造成另一种涟漪;"其他的书"也带来几道涟漪——其中一些颇受尊重(如《诗篇》和《箴言》),另一些缺乏足够的尊重以致无法避免日后的论争(如《以斯帖记》和《传道书》),其余的则从中心地带游移到最远处。这最后一组或许也被阅读、研讨甚至引用,却不在社团反思其自身、其呼求、其身份的中心位置。

　　关于《次经》在巴勒斯坦无涉神圣卷籍的地位问题,不少人发表过种种见解。有人排除那些最初完全用希腊文写成的著作(比如《所罗门智训》、《马加比传三书》和《马加比传四书》),因为它们显然是大流散中的犹太人在希腊和罗马时期写成的。科亨(Cohen 1987:178)提出,当犹太人生活于后古典时代之际,高水准的犹太文学创作已成为遥远的往事,这时的关键因素是犹太人的社群意识。较之后世的模仿之作、评注性文字、衍生作品,乃至相当自然地显示为正典的作品,古典时期的犹太文学能得到人们的更大尊重。⑫

　　这种生活在一个"白银时代"的意识恰如犹太文献所表现的先知声音的中止(参见《马加比传上》4:46;9:27;14:41;约瑟福斯《反驳阿皮

---

　　⑫　科亨在其著作(Cohen 1987)第 6 章对《旧约》正典的形成进行了深入细致的探讨。

恩》1.40—41；以及直接的事实——便西拉的灵感主要得自对古典犹太
［及其他］文献的研究）。对先知的声音在阿塔薛西统治时期静默的确
信或许能解释一种倾向：只有在那时得到（或意欲得到）的文献才能被
视为正典。于是，《传道书》或《但以理书》之类便悄悄地跑来，《巴录书》
之类便博得某些思考，而《马加比传上》或《便西拉智训》之类——明显
写作于先知的声音中止之后——便不能被认定为正典。另一些无法确
认起源之作（《犹滴传》、《多比传》），或显然是派生之作（如《耶利米书
信》或《玛拿西祷词》），也同样不能博得认真思考，与律法书、先知书和
作品集并列。这就是《托塞夫塔·雅达伊》2.13 所循尺度的逻辑："便
西拉的书，以及所有在那以后写成的书，都不染手。"

33

　　此外，有关这些特定书卷何以不能赢得更多的认同和尊重，还有另
一种推测。奥林斯基（Orlinsky 1974：277）提出，在巴勒斯坦某些《次
经》无法成为圣典，是因为其中一些要素与法利赛派拉比们的《哈拉卡》
相抵触（比如《犹滴传》写到亚吉奥版依时未对他行割礼，也未对他行浸
礼；《多比传》称新娘而非新郎的父亲书写婚约）。从犹太人对希腊主
义、希腊化危机和哈斯蒙尼（马加比）王朝的反应中还能发现另一种解
释。首先，在认识到政治弥赛亚主义和反叛精神会导致圣殿被毁、所有
犹太居民都流离失所的前提下，奉承犹大·马加比的家庭必定被视为
危险之事。人们需要一种弥赛亚时代的新模式，以避免对抗异族帝国
时相当活跃却造成自我毁灭的起义。在历经公元 115—117 年流散地
区的种种反叛、西门·本·科西巴的兴起，以及公元 130 年围绕着他的
政治弥赛亚主义的革新之后，犹太教特别迫切地需要远离各种形式的
神圣而正当的造反。于是，《马加比传上、下》的意识形态对犹太教的存
活来说就很难被视为稳妥。其次，拉比犹太教寻求将自己限定在《托
拉》周围，在《托拉》的基础上思考，而非围绕着希腊化危机和马加比家族
的成功反叛（此乃多次出现于《次经》中的焦点）兜圈子，尤其不能围绕着
哈斯蒙尼王朝和希律王朝的普遍兴衰做文章。这些要素或许有效地促
成了一种转折，离开整个两约之间时期，返回犹太教古典时代的《托拉》

和先知书。

有关大流散时期犹太教的证据较难发现。我们已指出一种引起异议的猜测：通常被称为七十子希腊文译本的基督教文集实际上体现了大流散时期犹太人对圣经的理解（参见 Anderson 1970：145—149）。不论斐洛还是任何一位新约作者（其中多在大流散时期写作），都不曾明确无误地从作为圣经的《次经》中引用经文，这一事实也有力地驳斥了上述猜测。来自约瑟福斯的证据也很引人瞩目：由于了解《以斯拉上》和《马加比传上》，他列出一个正典目录，与同一时期通行于巴勒斯坦的正典目录相接近。G. W. 安德逊甚至提出，较之巴勒斯坦的同宗教信徒，亚历山大的犹太社群对正典持更加严谨的看法，把《托拉》抬举到至高无上的位置，奉为神启的圭臬，同时对先知书和作品集的评价却不甚明晰。的确，人们不难发现斐洛对《托拉》的成见（他从不关注以其寓意解经法阐释该主体以外的任何段落），从而支持了此种见解。撒玛利亚人，一个人们从新约章节中熟悉的犹太教派，持最严格的观点，主张唯独《托拉》是正典。总之，或许最持平的陈述是，再度确认《托拉》在大流散时期犹太社群中的中心位置，随后是前期和后期先知书，最后才是作品集。假如存在对《托拉》的特殊强调（以及相应地降低圣经第三部分的重要性），该现象将有助于解释其他著作怎能上升到与作品集并列的显著位置。如果说规范化的线条十分清晰地勾勒出了最核心卷籍的范围，那么，在作品集和即将得名为《次经》的著作之间，二者的差别也许更易于变得模糊不清。

论及早期教会，我们发现尽管次经卷籍不曾被《新约》当作圣经来引用，但耶稣、保罗、雅各及另一些人都表现出对《次经》许多内容，尤其对《便西拉智训》、《所罗门智训》、《多比传》、《马加比传上、下》的熟知。或许发生过这种情况：一些早期基督徒也接触过，比方说《所罗门智训》，注意到它在《新约》中的反响，这种反响会有助于该书在教会中享有某种地位。公元 1 世纪末和 2 世纪初，基督徒作家越来越多地论及这批文献，甚至赋予它们经典的地位（通常以引文形式表现出来，导以引语"如其所言")。于是,写作于公元 1 世纪转折年代的教会读本《十二使徒遗训》便意译了《多比传》4:15(《十二使徒遗训》1.2;系金箴的否定式表述),和《便西拉智训》4:31(《十二使徒遗训》4.5;一段有关施舍的教诲),将其用为约束基督徒的准则。署以假名的《巴拿巴书信》引用了"另一部先知书"《以斯拉四书》(等同于《以斯拉下》第3—14章),引文(《巴拿巴书信》12.1)是对《以斯拉四书》4:33 和 5:5 的合并,饰以一个源头无法考据的短语。在那里,相当晚近的以斯拉启示以"当血从一棵树上滴落之际"作为先知对十字架的见证,表达出直白的敬意。罗马的克雷芒于公元 96 年前后写成的《克雷芒一书》综合了《所罗门智训》2:24(《克雷芒一书》3.4)和 12:12(《克雷芒一书》27.5)。在前一段,克雷芒假设《所罗门智训》2:24 提供了有关死亡源于"邪恶"的准确报道,并以此传统阐释该隐和亚伯故事的意义。士每拿的波利卡普(在《致腓立比人书》10.2 中)学到《多比传》(4:10;12:9)关于"施舍能救人脱离死亡"的思想。伊里奈乌斯将连同补篇在内的《但以理书》(希腊文本)接纳为正典先知书(《不幸的继承者》4.26.3),一如奥利金的见解(后者还接纳了《以斯帖记》,以及附以《巴录书》和《耶利米书信》的《耶利米书》)。亚历山大的克雷芒(于公元 216 年)将《所罗门智训》和《便西拉智训》引用为圣经;《穆拉托里经目》和德尔图良都同意接受《所罗门智训》为正经。⑬

早期教会对圣经根基的扩展甚至超越我们所说的《次经》。《以诺一书》尤其得到高度关注。《巴拿巴书信》将《以诺一书》89.56 特地引为经文("因为经上说……",《巴拿巴书信》16.5),用以预言公元 70 年的圣殿被毁。德尔图良辩称《以诺一书》已被接纳为圣经(《论女性崇拜》1.3)。他的评价标准值得注意:该书可用于教诲,特别是关系到对耶稣的见证,及其被一位新约作者运用过,这些都证明了它的权威性。

---

⑬ 《穆拉托里经目(或残篇)》将《所罗门智训》列入其新约卷籍的目录中,间接表明不愿将它收入《旧约》。

他甚至提出,该书之所以未被收入犹太圣经,是因为可被用来见证耶稣。

奥利金是公元 3 世纪上半叶以后有影响的亚历山大基督徒,在其《致非洲人的信》中打开了一扇观察次经卷籍地位的窗口。非洲人对《但以理书》之希腊文本中的苏撒拿故事提出质疑(该版本中应包括《但以理书》的几个补篇:《苏撒拿传》、《彼勒与大龙》、《亚撒利雅祷词和三童歌》)。奥利金注意到那篇插叙中含有双关俏皮话,它们只在希腊文本中表现出来,在希伯来文原著(假如确有其书的话)中则说不通。于是,他分析了那个故事在《但以理书》中的位置,认为它应被删掉。这时奥利金在编纂其《六文本合参》的过程中已积累了大量经验,善于将希伯来文原著与几种流行的希腊文译本相比较。他最初的答复是,允许希腊文和希伯来文《但以理书》中存在差异,应当按其原貌引用上述各段补篇。他不仅继续以同样的方式处理《以斯帖记》(参见论述《以斯帖补篇》的有关章节),也以同样的方式处理《约伯记》、《耶利米书》、《创世记》和《出埃及记》。然而在处理后面几卷书时,他所遇到的不再是《次经》的插叙问题,而是在一个版本或其他版本中材料编排的差异性,以及若干节甚至若干段的缺失或增添。[14] 在论及一个重要问题——教会是否该追随犹太人所接纳的文本时,奥利金这样说:

> 所以,接下来,当我们注意到这类事时,难道要立即将那些在我们教会中使用的抄本排斥为伪本,不顾兄弟情谊地驱逐那些在他们中间流行的圣书吗?并哄骗犹太人,劝他们把那些不至于被窜改而成赝品的抄本给我们吗?!难道我们该猜想在神圣经卷中已供给基督之所有教会以训诲的同一个上帝,不再挂虑那些用赎价买来、基督已为之献身的人们了吗?基督虽然是他的儿子,与爱

---

⑭ 希腊文译本并非总有较长的篇幅,以致含有"非正典的"材料——对此事实,《耶利米书》提供了重要的见证。《耶利米书》的希腊文本只有希伯来文本长度的八分之七,很有可能,正是希伯来文本在某些地方经历了想象中的扩充。

等同的上帝却不救他的命,而为我们所有人舍弃了他。上帝难道不能藉着他把所有一切都随意赐给我们吗? 在所有这些事例中,想想能否牢记这句话吧:"你不可移动祖先设立的古老界标。"

(《致非洲人的信》4—5)

奥利金无法同意抛弃二百年来基督教会一直熟悉并且运用着的那些文献。他提出两种理由,主张接纳被教会了解并使用着的那种形式的文献为正典:上帝对新以色列的神圣关照,及其对教会中业已建立之常规的尊重。一种类似的逻辑为他对《多比传》的解释提供了基础:

我们应当注意,犹太人并不采纳《多比传》(还有《犹滴传》)。它们甚至未见于希伯来文《次经》,一如我们从犹太人本身所了解到的那样。然而,由于教会使用《多比传》,你们必须知道,即使在被囚禁的状态中,一些囚徒也是富足且行动自如的。

(《致非洲人的信》13)

"被教会使用"决定了《多比传》的权威性和可靠性,以致奥利金能将其作为证据,表达他想提出的特定见解:驳斥非洲人对《苏撒拿传》的批评。

奥利金的学生亚大纳西在其第 39 封"节庆信函"中将他的观点运用于整个旧约正典。他做此事所列举的作为旧约正典构成部分的经卷只有亦闻名于希伯来正典中的各卷书。其目录的令人惊异之处在于,《巴录书》和《耶利米书信》都被列为《耶利米书》的附录,以致成为正典的构成部分。从奥利金和亚大纳西可以推论,早期教会尽管了解希伯来文和希腊文文本传统之间的差异性,依然相当一致地把《但以理书》、《以斯帖记》和《耶利米书》的长篇形式当作正典圣经阅读。《多比传》、《所罗门智训》和《犹滴传》也被举荐用于训诲,但在接纳它们为权威性经卷方面,教会中尚无相同的统一做法(Beckwith 1985:394—395)。萨迪斯的美利托也公布过一个《旧约》的经卷目录,与拉比的正典篇目相吻合(只是删去了《以斯帖记》;该目录保存在优西比乌斯的《基督教

会史》4.26.7中）。关于《次经》的地位，这些声音都主张限制，[⑮]尽管另
一些发自诸如克雷芒和德尔图良的声音强化了许多这类著作的正典
地位。

由于教会中两位重要权威人物的工作，有关这些卷籍地位的争论
成为普世教会之持久传统的组成部分。一位是哲罗姆，他对拉丁文通
俗译本的大部分译文负有责任，该译本后来被西方教会使用长达一千
多年。另一位是奥古斯丁，他的神学著作成为基督教神学的基础。为
了承担翻译圣经的任务，哲罗姆献身于希伯来文的学习，拒绝仅仅依赖
《旧约》的希腊文译本。而且，他还在巴勒斯坦一位拉比的门下学习研
修。所以他能在为圣经各卷所作的前言中详尽地指出其希伯来文本和
希腊文本之间的差异，进而使诸如《但以理书》、《以斯帖记》、《耶利米
书》一类著作的增补部分一目了然，也使希伯来正典与七十子译本的区
别清晰可见。他主张把比较宽泛的旧约正典分成两类，一类是用于制
定教义和礼仪的"正典经卷"，另一类是在教会中阅读，用于训诲而非确
立教义的"教会之书"。在这方面，与他几乎同时代的鲁菲努斯也同意
其主张（参见 Rufinus，《使徒信经评注》，37—38；Sparks 1970：533—
534）。

奥古斯丁激烈地反对哲罗姆的意见而认可当时教会更流行的做
法。他主张追随七十子希腊文译本的经文，部分地由于该译本通用于
东部教会，而奥古斯丁希望与此保持一致。他还非常明确地为一种较
宽泛的《旧约》正典辩护，认为其中应收入《多比传》、《犹滴传》、《马加比
传上、下》、《所罗门智训》和《便西拉智训》（《论基督教教义》2.8.12—
13），还应接纳《以斯帖记》、《但以理书》和《耶利米书》的补篇（奥古斯丁
并未将它们单列为补篇，而是将其视为那些卷籍的天然构成部分）。然
而奥古斯丁也知道，并非所有教会都认可这个更完备的正典，所以他要

---

⑮ 但是可以推测，他们仍然追随篇幅较长者，即《但以理书》、《以斯帖记》和《耶利米书》
的希腊文本。在亚大纳西看来，后者写得更为清楚明了。

求读者为各书配置的权威性与承认其为正典的教会数量相一致，也与那些教会所受尊重的程度和权威性相吻合（比如，倘若某些较重要的教会认定某书为经典，或者大多数教会都认可那部书，那部第二正典之作就应具备很高的权威性）。而且，奥古斯丁还以相同的方式将次经文献用为另一种圣典，例如，他在论证诸如"三位一体"之类重要教义时频繁引用《所罗门智训》和《便西拉智训》，表明在他看来，它们非常适宜确立教义的要点。

奥古斯丁的权威性导致包括迦太基会议（公元397年）在内的几个教会会议对其正典的认同，亦导致更普遍的接纳这批著作为正典。但是，这种见解从未被教会一致接受。不少天主教会质疑次经各书在旧约正典中的位置，哲罗姆的立场为大格列高利、约翰·达马欣、圣维克托的于格，以及里拉的尼古拉所追随（Collins 1997a：xxxi）。其中尼古拉因影响到路德本人对《次经》的思考而为人铭记。路德的同时代人卡丁诺·西门斯和卡耶坦也推动了希伯来正典与《次经》的区别，他们主张次经卷籍可用于训导，但不便用来确立官方教义（Collins 1997a：xxxi—xxxii）。

然而，《次经》的地位问题又一次被新教改革者推向最前沿。圣经至上（sala Scripture）的原则（依据这一原则，只能把圣经而非教会传统当作所有教义的根源），以及反对罗马天主教会将次经文献用于当代的教义，都激起对这批有争议之书之正典地位的新探询。这些教义论争主要涉及《多比传》对慈善行为之救世效力的充分强调（虽然这并非阅读《多比传》4：7—11的必然结论），以及将《马加比传下》12：43—45当作弥撒用语和代表死者祷告的合法性。

这些教义之争形成持续的影响力，导致福音派新教徒的产生，特别是对《次经》的言说。只举一例："既然福音派顽强坚持其信念和教义都基于圣经，对《次经》的拒斥就会使——比如炼狱的教义——失去资格，因为在《次经》以外，该教义几乎找不到有力的支持"（Carson，xlvi）。然而，过分强调这一点也会失误。首先，《马加比传下》未必支持炼狱观

38

念,虽然它确实支持一种为死者赎罪、以便保证义人能历经复活的思想。保罗在哥林多也遇到类似的仪式,但他并未停下来纠正它(他对纠正那些教会的信念和仪式几乎不保持缄默,参见《哥林多前书》15:29)。此外,还能举出耶稣在《马太福音》25:31—46 或《路加福音》12:32—34 和 14:13—14 中的言论,它们与《多比传》第 4 章的见解有同等效力,也倾向于推动慈善工作,以实现拯救之功效。总体而言,由于对极少数段落进行了过度的阐释,《次经》遭遇了诸多磨难。不过,《新约》遇到过更为随心所欲的诠释,但却无人赞成将那个婴儿连同洗澡水一同泼掉。

在论及《次经》时,安德里亚斯·鲍登斯泰恩(他更以"卡尔施塔特"闻名,那是他出生地的地名)和路德都表现出少见的冷漠。卡尔施塔特追随哲罗姆,分出"适合用作教义基础之书",和"可资阅读以求道德训诲之书"(威克里夫在他据通俗拉丁文译本译成的圣经英文本序言中推进了哲罗姆的区分)。卡尔施塔特谈到《巴录书》、《以斯拉上、下》和《但以理补篇》时表现出尖锐的批判性,提议对其诉诸检查官的刀子;但他评价次经其他卷籍的教诲价值时,也示以相当肯定的态度(Metzger and Murphy eds. 1991:vii)。路德在其德文版圣经中将《次经》,包括《但以理书》的几补篇在内,都编成一部分,置于《旧约》和《新约》之间。他对这批作品的评价回应了哲罗姆的观点,见于他为《次经》所写的前言中:"这批著作虽不必如同对圣经般尊重,却依然是有用之书,适宜阅读。"

加尔文在拒绝考虑《次经》为正典时显得更加直截了当(尽管他依然很充分地阅读它们)。这位《威斯特敏斯特忏悔录》(1646)的作者追随其领导人,论述道:"通常被称为《次经》的著作不具备神圣的启示,不是圣经正典的构成部分;所以在上帝的教会中不拥有权威性,在别的方面也不被认可。较之其他人类的作品,它们没有更多的用途。"在接受了启示的圣经面前,这一论述将《次经》置于人类作品的层面。但是应当指出,《次经》的应用并未被禁止。确实,《威斯特敏斯特忏悔录》的陈述可被理解为赞成哲罗姆、威克里夫和路德的判断:这批文献能用为训导的文学,恰如人们阅读任何敬虔之作一样。

为了回应天主教会对正典范围所发出的无言疑问,也为了回应由那些新教改革者所促成的形势,1546年特伦托会议对所有具备正典资格的次经卷籍作出规定(其中不包括《马加比传三书、四书》、《玛拿西祷词》、《以斯拉上、下》,但后三卷书仍以附录形式出现在通俗拉丁文译本中)。此事大致终结了罗马天主教会内部的所有争议,也构成当今《次经》的现状。

新教所做的一种独特改革是印行不带《次经》的圣经——这种删除不仅是由路德作出的,也是詹姆士王英译本之最初版本的印刷商们作出的。这种做法走得太远,以致实现乃至超越了新教有关(或反对)《次经》的观点。它来得相当迅速,以致对虔诚新教徒的主张弃而不顾;只有在安立甘宗和路德宗的传统中例外,他们继续从那批著作中取材,编纂经文选辑,用于特定的礼拜仪式。

《次经》在东正教会中的地位也发生了显著变更。的确,包括特鲁兰会议(公元619年)在内的各种宗教议事会和其他会议对地方性做法似乎都表现出极大的宽容态度,不愿将有关那批文献地位的某个决定强加于人。也就是说,倘若某个教区(主教管辖的区域)把它们视为正典,其意见会得到尊重;另一个教区认为它们"可资阅读"却非正典,其见解也能被接受。现代希腊正教会倾向于把那批著作奉为正典。或许其中的出类拔萃之作是《所罗门智训》,它已如《诗篇》一般被细密地编织进希腊正教的礼拜仪式手册中(Constantelos 1997:xxvii—xxix)。

在当今的新教教会,《次经》的地位也发生了变化。在包括英国圣公会在内的安立甘宗的团契活动中,对次经选段的阅读已很常见,它们出现在"周日经文选读"、"日常经文选读"一类手册中,也出现在可能为葬礼和婚礼一类专门仪式预备的读物目录中。一些用于晨祷仪式的颂歌(经文赞美诗,尤其《玛拿西祷词》和《三童歌》)摘录于《次经》。我们从安立甘教会的《宗教条款》中能发现对"改悔"之最绵密的解说,该条款的第6款中含有一处明确涉及《次经》的论述:"至于那其他著作,(如

希尔罗姆所说，)教会的确读为人生的范本和行为的指南,但确实不能
用来建立任何教义。"继而该条款罗列了除《马加比传三书、四书》以外
的所有次经各卷。18 至 19 世纪《次经》的运用进入大衰退阶段,但到
20 世纪初期,作为牛津运动的组成部分,它又经历了复兴;人们对教会
之天主教遗产的评价也有所更新(Callaway 1997:xxxix)。

40

　　但是,《次经》却未出现在由联合卫理公会、长老会和其他新教派别
使用的公共经文选读上,也未出现在路德宗的经文读本上(虽然《三童
歌》被当作一篇赞美诗收入)。当人们离开这些主流教派而观察那些较
为独立的、倾向于福音派的,或具有超凡魅力的教会时,他们对《次经》
的态度尚难以发现。正如读者至此可以推测到的,这本书是从哲罗姆、
威克里夫、路德和安立甘教会之《宗教条款》第 6 款的视野写作的;相信
《次经》虽然不具备神圣经典的资格,却拥有诸多价值,能就上帝、伦理、
对诚信人生的挑战,以及为早期教会提供了策源地的犹太历史、文化和
思想之发展给我们以教诲。其他文献亦各有价值,但《次经》在它们中
间最卓越,不仅因为在数千年历史中教会与它们一直密切相关,还因为
一个事实:基督教三大教派中的两个都赋予它们以足够的重要性——
它们被收入每一本印行的圣经中,持续不断地证明着这种重要性。

　　在这方面不少人做了有益的工作,如科林斯出版社出版了《公共圣
经》,联合圣经公会出版了《对话版圣经》,二者都在《旧约》和《新约》之
间收入《次经》;牛津大学出版社和哈柏科林斯公司发行了第一流的《研
修版圣经》,其中也收入《次经》(且扩展到《以斯拉上、下》、《玛拿西祷
词》和《马加比传三书、四书》),这就使之成为希腊正教、罗马天主教和
新教都能使用的共同版本。这种"圣经附《次经》"的扩展式版本另有一
种优势:能使新教基督徒对《次经》的内容更熟悉。把它们收入印刷版
是一个信号,提示人们早在教会兴起之初它们就具有历史的重要性;这
种版本还为基督徒提供了随时可以查阅该批富含教诲意义之文献的机
会。把《次经》置于《旧约》和《新约》之间也是一个标志,表明总体而言
其权威性永远位于教会所取的次要方面。它还是一种具有可视性的信

仰表达:上帝的子民总能被赋予某种形式,见证上帝本身,也见证他们在上帝面前的生活方式,以及由上帝赐予的希望——即便先知的声音已经长期静默,信仰之民依然在前行,在对其上帝的见证中生活着。

这引导我们返回在此研究它们的初衷:不是再度思考正典性问题,而是追求更深入地走进处于纪元转折之际的犹太教世界,走进早期基督教的发祥地。用 D. A. 卡逊的话说即是:"福音派是更为强大的新教传统的组成部分,他们不论何等强有力地排斥《次经》为圣经,都不可能从其所有思考中放弃那个实体,而会写下那个基督降生于斯、《新约》成书于斯的世界和文化。"(Carson 1997:xlvii)

然而,在这里我还想强调,《旧约·次经》的价值并不仅仅是历史性的。数千年来,这些文献不仅赋予人们以信仰,也赋予他们以神启。耶稣与其门徒们所持有、在《新约》中又得以发扬的许多伦理观念都能从中找到根源,并由于对它们的阅读而得到充实和强化。还有,这批文献为灵魂之火添加了燃料,那灵魂本是由全部基督徒所共享的正典来激励和供养的。面临逆境时充满信心地走在上帝面前的激情,选择顺从上帝而制伏肉体情欲或软弱的信念,对上帝宽恕的体验以及对上帝拯救的盼望——所有这些都因这批文献而得到加强。人们至少能怀着对最佳祈祷文学的信心走近这批文献,去经受时间的考验。

41

历史语境 2

"异族的枷锁"

批判的历史研究历来驳斥一句格言"后见者明"（"hindsight is 20—20"），因为我们审视过去时往往会"戴着墨镜"。现存的考古学、金石学及古币学是我们对历史作出多样解释的依据，文字资料则是通过作者自己的喜好和思想体系来展示某一特定民族和时代的历史，但常会因为缺少可靠的建构依据而出现数十年甚至上百年的历史断层。现代历史学家极易跌入两种怪圈：一种是因极端的怀疑主义和谨小慎微而使其无法描绘出某一时代的轮廓，另一种是热衷于勾勒一幅"理应如此"的图景而忽略诸种材料之间的矛盾性，无视他们的（或他自己的）偏见而去炮制历史，如同恢复旧的意识形态宣传，或者进行新的宣传。20世纪前半期历史学中的一个重要教训是：历史通常被阐释为我们如何去创造历史、改变历史，古为今用。

既然我们的文献成书并流传于特殊的历史环境中，经历了诸多挑战和诘难，在此就有必要向大家描绘一些第二圣殿时期，尤其是与《次经》相关的犹太作者和读者的历史图景，以展现他们当时所生活的时代，以及在那样的时代如何持守为虔诚的犹太子民的情形。如此概述的目的在于向读者提供基本的历史轮廓，以及犹太人在那个时期所遇到的挑战，以便他或她能对各卷次经文献及对生活于一个有意义的观念体系内之犹太人所作出的贡献形成较好的认识。由于论述必须简练

且旨在阐释特定的文本（而非考证历史本身），读者可查阅注释中所引
的论文，以便获得更全面的资料和与该时期相关的更多评论。

犹底亚独立的终结

公元前721年，亚述王撒珥根二世占领了北国以色列，将许多以色
列人掳掠到亚述和玛代，同时又迁移外国人（可能为军属或老兵）与剩
下的犹太人杂居（《列王纪下》17章），南方的犹大国则又苟延残喘125
年，直至巴比伦王尼布甲尼撒击败亚述人，并将其势力扩展到整个亚述
领地。前597年，尼布甲尼撒占领耶路撒冷，犹大王室成员及许多贵族
被掳掠至巴比伦及其郊区，国王的叔父西底家被任命为执政官。尼布
甲尼撒离开那地区后，犹太人曾试图摆脱异族统治，却换来灾难性的后
果，这在《列王纪下》第24—25章及《耶利米书》第52章中有详细记
载——圣殿被毁坏，城池被焚烧，残存的民族精英也被处死或驱逐。
事后，降者中一个叫基大利的犹太拥护者被任命为犹底亚行省的总
督。然而，一旦巴比伦驻军撤走，起义就夺走了这位总督的性命。起
义被镇压后，很多犹太人（不听耶利米的忠告，见《耶利米书》42：7—
43：7）而逃亡于埃及，因为那里已经有很多犹太人；另一些人则被逐
往巴比伦。

圣殿被毁和犹太独立的终结对犹太人来说是一次巨大打击。圣殿
一直被视为上帝的居室和协调神人关系的场所，现在这些都不复存在
了，作为上帝恩宠及其对选民应许之标志的政治独立亦随之消逝。在
这段时间内，申命派历史及其将流放解释为对违背上帝律法者的惩罚
的观念已初具形态，并深深影响了被流放者的历史观。流放成了重新
检验、塑造作为犹太人之意义的机遇。

许多犹太人心系故土，《诗篇》第137篇的作者就是一个这样的人：
“我们怎能在外邦唱主的歌呢？耶路撒冷啊，我若忘记你，情愿我的右
手忘记技巧！”（《诗篇》137：4—5）对这些人来说，第二以赛亚（《以赛亚

书》第40—55章的作者)对拯救和回归的应许为他们维护信仰提供了坚定的希望和积极的计划：在流放中继续敬拜上帝，预备"主日"的来临，那时旷野上将出现大道，上帝将为自己及其选民复仇，带他们回家，重建自己的国度，在圣山上恢复自己的殿堂。

相反，其他犹太人则听从耶利米的建议(《耶利米书》29：4—14)而定居巴比伦。在世世代代的流放中，他们已不再像外国人，而更像是那块新土地上的公民。他们生活得很昌盛，盖了房子，种有田地和葡萄园，而且在巴比伦政治生活中居于领先地位，例如，但以理及其三同伴的故事即反映出犹太人能够把持守祖先的宗教及在新的政治环境中取得成功之双重目的结合起来(见Grabbe 1992：120—121)。事实上，在巴比伦，一个最初的流散犹太教中心保留了一千年，在未来的世纪，它将越来越重要，因为那里的贤士和托拉研究者们编写的《塔木德》成了古代后期及中世纪前期犹太教的行为规范。

波斯统治时期

公元前539年，居鲁士攻占巴比伦，成了波斯帝国的皇帝。他准许被征服民众居留原地或返归故里，这种政策满足了流放中犹太人的夙愿(见《以赛亚书》44：24—45：13)。一个名叫设巴萨的人——在《以斯拉记》1：8中曾被称作"犹太人的首领"——被任命为犹底亚行省总督，他带领第一批流放者，携带部分被掳掠的圣殿器皿返回耶路撒冷地区定居。耶路撒冷圣殿的重建颇具争议，主要工程由设巴萨的继任者所罗巴伯及祭司耶书亚、先知哈该、撒迦利亚发动民众积极完成。

完工后的第二圣殿恢复了敬拜仪式却又让人失望——并不只是因为它在规模与气势上无法与第一圣殿相比。流散期间留在犹底亚的居民与归来者在诸多问题上发生争执，在《以斯拉记》和《尼希米记》中这些"原住民"被看成"非犹太人"，但事实上他们却把自己当作真正的犹太人。尼希米和以斯拉把保持犹太血统的"纯洁"(《以斯拉记》9—10，

《尼希米记》13：23—27)定为加入“流散圣会”的标准。自称为犹太人者并非都能如愿,这就在犹太人中促生了宗派主义,围绕“如何才是犹太人”产生了种种答案。其间还有一些问题,比如,这座圣殿是所有自称为犹太人的民众的圣殿呢,还是那些流放归来的犹太人(他们的家谱曾被详细记载)或加入“流散圣会”者的圣殿(见 Cohen 1987：137—141)?

　　传统上认为,以斯拉于公元前 458 年开始自己的使命,他把摩西律法解释为犹底亚地区的法律,并把流散会众与非犹太人以及自称为犹太人者隔离开,以免受到他们的腐蚀。在后来的记载中,他的主要功绩在于发动流散会众舍弃其“外国”妻子以及同她们生的孩子。尼希米于公元前 445 年来到犹底亚,重建了耶路撒冷城墙,同时也筑起分隔犹太人与非犹太人之间的意识形态之墙。他把人们按族谱登记,从而使以色列公民能被界定和区分(《尼希米记》7：5—69);此外,他还要求那些登记过的选民发誓履行内婚制和严格遵守安息日、什一奉献等律法(《尼希米记》10：28—39;13：1—3,23—27,见 Grabbe 1992：134)。此后直到亚历山大时期的犹太其余历史则由于资料空白(或缺失)而不为人知。

　　在波斯统治时期,我们已经发现犹太人提出了一些问题,在整个第二圣殿时期这些问题将持续重现。随着各种答案的明确化,产生了宗派,犹太人形成了不同的特征,第二圣殿时期犹太教的各种特征也因之成形。首先,修复圣殿不仅被看作犹太人的团结,也被视为犹太人的分裂。谁应该掌管圣殿的祭仪:撒都该人还是其他祭司家族?利未派祭司该充当什么角色?其次,有关犹太人身份和独特性的问题也浮出水面。犹太人如何与其非犹太邻居相处、相处到何种程度?如何界定一个犹太人:按族谱标准,还是按宗教标准抑或按出生地?第三个问题涉及拯救的事实,把波斯时期得到的拯救与以赛亚及其他先知们所描绘的理想拯救作对比,是整个国家已被拯救,还是民众继续期待上帝的干预?若是后者,这种拯救何时由何人实施?

45

希腊化王国统治时期

马其顿国王菲利普二世的崛起使权力的中心转向西方,他统一了城邦制的希腊和马其顿,建立了足以和波斯帝国相匹敌的马其顿王国。他的儿子亚历山大三世仅用了四年时间就把波斯军队及其国王大利乌从小亚细亚的西端赶回其都城波塞波里斯和埃克巴坦那。在此期间,他还先后把叙利亚、巴勒斯坦、埃及纳入自己的保护之下。作为亚里士多德的学生和希腊生活方式的爱好者,亚历山大推行希腊化文化,在他的新希腊帝国里广建带有希腊设施(如体育馆、学园及希腊式的崇拜仪式)的城市。从埃及到印度,有 40 座城市被命名为亚历山大,铭示了他的权威和胜利。他鼓励士兵们与被占地区的妇女通婚,使新的文化与自己的文化相融合,他还推广希腊语,使其成为从地中海到近东的政治和文化语言。通过这些举措,在当时众所周知的世界城市中,均可感受到希腊文化的影响。学习希腊语成了通向权力的途径,这在本地精英中产生了重大影响,使他们可以据此在殖民统治的霸权中寻得突破和立足之地(Hengel 1980:62)。这不是用希腊文化和语言来"替代"本地文化和语言,而是两种文化的并存和相互影响(Grabbe 1992:156—158,161)。在这个庞大的帝国内,旅行相当方便,因此,流散在外的犹太人在希腊化统治下发展得很快,埃及和巴比伦有很大的犹太人聚居区,在叙利亚和小亚细亚,犹太人口也得到显著增长。

公元前 323 年亚历山大去世,享年 33 岁,除了他死后不久出生的儿子外,他没有继承人,于是帝国便被他的将军们瓜分。托勒密占领了埃及,塞琉古占领了叙利亚和巴比伦,卡珊德占领了马其顿和希腊,利希马科斯占领了色雷斯,安提柯占领了小亚细亚。虽然这些将军们相互争斗,但只是在托勒密朝和塞琉古朝,争斗才直接波及犹底亚地区,因为那时巴勒斯坦成了他们角逐的战利品。

在托勒密统治下(公元前 319—前 198 年),犹太人得享了相对的自由与和平,因为统治者满足于赋税收入。随着约瑟夫获得巴勒斯坦行省的税务总管一职(征税特权以前只属于大祭司),①多比亚斯家族的权势和影响大增。在对待非犹太人问题上,多比亚斯家族的做法一开始就比其保守的教友更开放,尽管这会被视为违背了祖先传统。在给一名官员的信中约瑟夫写道:"诸多感谢归于你的诸神。"虽然这只是他所雇用的抄写员添加的程式性结尾,却也表明一个一神论者所作出的明显妥协。他在信中还称,曾把一个犹太姑娘卖给外邦人,且在家中蓄养未行割礼的男仆,这两种行为都是托拉所禁止的。约瑟夫无视犹太人的敏感而同撒玛利亚犹太人保持良好关系,因为他们为其第一次亚历山大之旅提供了资助。约瑟夫因引领犹底亚走向经济繁荣而被称颂,但这种情形——以及他自身地位的提升——可能是由于积极推行共荣政策使然。我们将很快谈及的耶孙的支持者对此或许有同样的感受。

塞琉古一世的玄孙安提阿古三世于公元前198年从托勒密手里夺取巴勒斯坦,继续推行犹太人在波斯、希腊和托勒密统治下一贯得享的怀柔政策。约瑟福斯保存了一份出自安提阿古三世之手的文件,表明国王赋予犹太人继续享有在托拉范围内的自我管理权(《犹太古事记》12.138—146)。尽管这份文件已被修改,但仍保留了安提阿古对新国民予以安抚的实质内容。安提阿古三世试图吞并小亚细亚沿海地带,却在早已自封为东地中海霸主的罗马共和国面前受阻。

安提阿古三世在退兵途中死去,他的儿子塞琉古四世继位。因不堪经济重负,塞琉古派他的代表海里奥道拉去没收耶路撒冷圣殿里的财物。犹太人得知他的意图后集体走上街头抗议,使海里奥道拉改变了他的任务,并最终刺杀其主子。毋庸置疑,这次针对圣殿财物的可怕侵犯使人们意识到了异族统治的危险。塞琉古四世死后,他的兄

---

① 约瑟夫·本·多比亚斯的故事参见约瑟福斯《犹太古事记》12.157—236;亦参见格拉毕(Grabbe 1992:192—198)的论述。

弟——一度因其父兵败而被送往罗马作人质的安提阿古四世夺取了王位。他制造了历史上广为流传的第二圣殿犹太教的危机，直到庞培入侵。

犹底亚作为希腊王国的一部分已有 150 多年的历史，下面我们将论及"希腊化危机"，谈谈为何巴勒斯坦地区的希腊化程度很高却未对犹太教的生存构成威胁。[②]希腊化首先表现为把希腊语运用于宗教，当然，这是一个缓慢的过程，因为只有社会名流才会为自己，尤其是为子女着想而对接受希腊语教育产生兴趣。商人和工匠也会学习一些希腊语，至少能确保他们的事业顺利进行。然而希腊语并未取代阿拉米语，在整个希腊统治时期，大多数人可能只懂一点儿或根本不懂希腊语（Grabbe 1992：167）。

希腊化的第二种表现是希腊名字的引入，尤其在社会名流之间。这种现象详细记载于自安提阿古四世时期起的文献中，至少能被视为对说希腊语者的妥协，因为那些名流们应当已经或试图与他们进行接触；至多，则表现出一种把自己看作占领者文化的一部分而非被占区民众一员的意愿。

希腊化还表现为不同民族文化之间的接近和融合。但民族文化并未消失，[③]只是受其他文化影响的程度加深了。希腊化的第三种表现是构成文化素养的诸多哲学思想、传统、传说等方面的分享和趋同，这对犹太教产生了深刻影响。犹太作者可能会把自己的观念与犹太文化遗产之外的资料相交织，在文类上甚至会模仿外来文化传统而不再以《希伯来圣经》为模式进行文学创作。与此密切相关的则是犹太人接

---

② 见亨格尔（Hengel 1974，1980）的论述。其中第二本书尤其重要，亨格尔对他早期研究中一些被公认为言过其实的结论作了修正。有关犹太人希腊化的全方位分析详见巴克莱（Barclay 1996：88—91）的论述。巴克莱对犹太人在希腊文化背景下对政治、社会、语言、教育、意识形态、宗教和物质方面的适应和参与作了认真分析，展示了特定场所、特定方面的希腊化程度与独特性。

③ 格拉毕（Grabbe 1992：170）提出这种重要观点：所有种族都希望在适应新文化环境的同时保留其祖先的传统和风俗。

受、利用希腊文教育的程度,这种教育将使他们受到不仅包括希腊语言还包括希腊文学、艺术观点、道德及希腊文化之其他重要方面在内的系统性影响。

严格地说,希腊化进程在所有层面都进展缓慢,不只是在犹底亚,在其他地区也如此。④ 马加比起义(见《马加比传上》和《马加比传下》)时代的编年史作者无法得到公元 1 世纪约瑟福斯生活时期的文化和宗教资源,《所罗门智训》(出自公元 1 世纪的埃及)中的希腊哲学内容也不为便西拉(生活在公元前 2 世纪的巴勒斯坦)所知,然而,希腊化进程却是早在第二圣殿时期就开始了。

在所有领域,接受希腊文化并非推崇无神论,并不影响一个人成为虔诚的犹太教信徒。⑤纵观两约之间的犹太文学谱系,会发现简单地把犹太人对希腊化的抵制与对犹太教的忠诚恒等起来是一个错误。例如,《所罗门智训》和《马加比传四书》都体现出希腊文化的巨大影响和对托拉及犹太生活方式的极度热诚。⑥马加比战争并非一场针对希腊文明影响的文化战役,而是受保留犹太生活方式之热诚驱动而引发的抗争,最后结果似乎是使犹太人获得了政治独立——这是相当晚近的历史新发现。

希腊化危机

公元前 175 年至前 161 年是历史上记载最多也最令人费解的一段时期。⑦所有材料都流露出我们自身的偏见,甚至信息筛选和结构更改

49

---

④ 亨格尔(Hengel 1980:53—54)把罗马时代看作希腊化进程最快的时期。

⑤ 费尔德曼(Feldman 1986)一直认为这二者势不两立,格拉毕(Grabbe 1992:151)则持相反意见。

⑥ 和斐洛作品中的描绘相同,这些从流散到罗马时代初期的文献将展现出一幅高度希腊化的景象。值得强调的是,对希腊语言、文法、哲学的高度适应并非必然导致对恪守犹太托拉的厌弃。

⑦ 本节及上节中的某些内容改编自德席尔瓦(deSilva 1998:37—42)。

的痕迹。通过这些游击传说(马加比战争)来揭示历史真实,数十年来一直对学者们构成挑战;阅读这些最早的资料(《马加比传上》、《马加比传下》及《但以理书》7—12 章),我们会意识到那些作者,或者说犹太人,可能对发生于那一时期的事件存在着不同于叙利亚王安提阿古四世的认知,他们也许并未理解或准确描述其动机;同样我们也不要以为他们能弄清有关那次动乱的真正起因,因为希腊化的犹太领袖们效忠于国王,国王则给那些领袖们相对的自主权(只要缴税就可以相安无事)。因此,《马加比传上》对暴君有意强制推行希腊文化及压迫犹太教的描述作了一定调和,称现实禁止犹太教所引发的其他斗争促生了马加比战争。[8]

约书亚又称耶孙,比他的大祭司兄弟奥尼阿斯三世更富于心计,当他兄弟的威信被多比亚斯家族——奥尼阿斯家族的犹太对手——挫败后,耶孙向安提阿古四世请求,由他来替代其兄弟的大祭司职位。通过向安提阿古四世大量行贿,他取得了大祭司职位,当时安提阿古四世正需要钱财向罗马进贡(自从他父亲在小亚细亚被罗马王国击败后),及资助他与埃及的托勒密王朝之间的战争。前面论及希腊化的各个方面时,我暂未涉及政治和管理领域,而这正是大祭司耶孙试图带给犹底亚的。耶孙又以 150 塔连得的贿金换得权力,把耶路撒冷重建成一个希腊城邦——一个具有新型体制的希腊城市。

耶孙制定了一个公民名单,确定了贵族的特权(Grabbe 1992:268,亦可能把名单限定为那些支持其政治革新的人)。他建成一座体育馆并招募一批男青年为会员,这或许成为新耶路撒冷的教育和文化中心。这种自愿的希腊化得到许多支持,特别是在上层阶级中。我们的所有资料都表明,一群“变节”的犹太人寻求犹底亚的希腊化,目的在于谋求按自己的意愿脱离叙利亚国王而建立一个希腊城市的权力;同时,许多

---

[8]　这种改写的原动力是安提阿古践踏了该历史时期的和约[如 Wylen(1996:51)所论]。

耶路撒冷人热情地参加了希腊式的管理机构(尽管这样做是可悲的,见《马加比传下》4:13—15)。这种变化可能只被视为影响了政治领域而未影响到圣殿或民众的日常宗教生活(Grabbe 1992:256,178—179),托拉已不再是这块土地上的政府的法律基础。它回应了《马加比传下》4:10—11 所记述的事实:神权统治已被取代,那段文本不必被解读成对违背托拉本身甚至替换托拉在犹底亚地区之宪法地位(不仅作为一个规范祭祀和其他宗教事宜的文本)的情形所作出的反应(或毁谤性虚构),因而这种变化并未直接威胁传统的礼拜仪式,或引起激烈的反对,而只能使那些领会其中真义的人们心神不宁。

　　尽管如此,耶孙仍要求犹太名流们给予普遍支持,因为他的改革将使他们融入一个更大的地中海文化生活中,在这个更大的希腊化王国舞台上,经济、政治的进步将畅通无阻。安提阿古四世自然对这种希腊化激情表示欢迎,并给予力所能及的支持,因为这种漠视民族文化、习俗和信仰并代之以希腊文化和野心的行为,能使犹底亚地区更加安宁。安提阿古企图独占埃及,一个安宁的犹底亚是实现他帝国梦想的前奏,"安提阿古的耶路撒冷"模式无疑是他迈出的正确一步。

　　公元前 172 年,情况变得复杂起来,一个名叫麦纳劳斯的人在多比亚斯家族的支持下,以超过耶孙而每年进贡 300 塔连得的条件向安提阿古四世谋求大祭司职位,而一直寻求更多收益以资助计划中对埃及的战争及其他活动的安提阿古接受了他的请求。对犹太人来说,这一大祭司职位的调整存在着极大疑问,他们可能对麦纳劳斯获得实际的大祭司职位感到震惊。至少耶孙是一个撒都该人,因此,他是一个被民众接受的在任者。而对于麦纳劳斯,他的大祭司职位却未得到这种礼遇。大祭司职位由谁承续对哈西德派这个神秘集团来说具有决定性意义,他们以虔诚的托拉信奉者身份出现(甚至不愿在安息日自卫),并参加了马加比战争,后因一个名为奥西慕的撒都该人被任命为大祭司而脱离了马加比集团。可以想象,当不属于撒都该派的麦纳劳斯走马上任时,哈西德派对犹太崇拜中心的偏离已相当严重。祭司职位的变换

50

似乎导致犹太上层及兵士们的分裂。耶孙虽然离开了耶路撒冷,但仍有大量支持者。一个不受欢迎之大祭司的上任播下了不满的种子,他招人厌弃的行为则滋润了那些种子向叛乱的萌发。

因不能向安提阿古兑现承诺,麦纳劳斯被招至安提阿,向国王作出解释,但一场发生在塔苏的叛乱使他的痛苦得以减缓。他挪用圣殿的财产贿赂叙利亚官员,增加了自己的流动资产,却严重疏远了当地百姓。当安提阿古得暇审视人们对麦纳劳斯的指控时,麦纳劳斯却备足贡金,转而处死了对手。安提阿古对埃及战争的失利使局势变得更糟,失败后,他亲自洗劫圣殿财宝以充实军费,这无疑加深了耶路撒冷民众的反安提阿古情绪。当安提阿古对埃及进行第二次战争时,有谣言说他战死,期待已久的耶孙趁机夺取了大祭司职位。耶孙在耶路撒冷攻击麦纳劳斯,把他围困在城堡内,麦纳劳斯向安提阿古求救,安提阿古认为这是犹底亚地区反对其统治而支持托勒密的暴动,于是残酷回击,屠杀甚众。⑨为支付安提阿古应得的财物,麦纳劳斯亲自引领他进入圣殿金库,这一亵渎行为深深触怒了民众。

安提阿古恢复麦纳劳斯的职位后,抵抗的烈火又因之燃起,公元前167年军队在亚波伦尼的率领下再次开进耶路撒冷。亚波伦尼派一些犹太和叙利亚雇佣兵在一个临近圣殿的城堡阿卡拉设防,许多耶路撒冷居民逃到乡下,更多的人因士兵进驻而失去了房屋和财产,圣殿也沦为安提阿古治下耶路撒冷犹太人和外邦定居者的公共财产,崇拜仪式亦因之改变,以适应阿卡拉居民的融合政策(syncretistic practices)。祭祀仪式的变化在史料中被记作"可憎的毁坏",那里祭祀仪式的真正特征一直鲜为人知(Bickerman 1979:61—75;Wenham 1992;Grabbe 1992:258—259)。这对大多数犹太人来说是不能接受的,无疑也包括许多渴望加速希腊化进程的人。

---

⑨　耶孙似乎在安提阿古的军队抵达之前就逃离了耶路撒冷,这导致泰利克弗(Tcherikover 1999:188)断言,当时爆发了一场中等规模的叛乱,反对派在耶孙赶走麦纳劳斯之后不久就驱逐了耶孙。

　　此外,犹太教自身的仪式也遭到某种禁止,但我们已无法辨清历史材料背后的事实。是安提阿古四世亲自镇压犹底亚地区的犹太教吗?颠覆犹太托拉和宗教是麦纳劳斯或其他极端希腊主义派别在安提阿古四世支持下为挫败抵抗而采取的有效措施吗?[⑩]不管答案如何,可以肯定的是,对托拉礼拜的压制发生在犹底亚地区。撒玛利亚人未受侵扰,而且除了在非利士的一些城市发生针对犹太人的骚乱外,流散的犹太人并未受到影响。犹太排外主义的崇拜符号似乎成了特别的攻击目标,至少在《马加比传上》、《马加比传下》和《马加比传四书》的作者记忆中是如此:对婴儿施割礼易造成死亡;在新的安提阿古治下的耶路撒冷,接受宗教多元论的标志是吃一小口猪肉;私藏《托拉》者将被处死;因为一旦被统治的人们接触《托拉》,麦纳劳斯倡导的多元崇拜(以犹太人和外邦人的和平共处为标志)之合法性就会受到威胁。所以麦纳劳斯有计划地强化对犹太教排外主义形式——即传统形式——的摒弃。这方面希腊化的程度超过了人们所能容忍的底线,从而引发了反对麦纳劳斯祭司职位的革命。

　　这些变革对犹太人产生了深远影响,其中之一就是恢复了每年一度的哈努卡节庆典。对犹太教的镇压和持守《托拉》之犹太人的反抗贯穿于《马加比传上》、《马加比传下》和《马加比传四书》,同时,在《马加比传三书》(一部颇似《马加比传下》的著作)中也得到反映。"可憎的毁坏"留下极大的创伤,以致成了启示性期盼的主题(见《马可福音》13章);在上帝的最后惩罚到来之前,麦纳劳斯对上帝及其子民的暴行将会重演。总之,希腊化在给犹太人带来希望的同时也给他们带来了压迫,从而使这一时期的文学作品表现出以下关注或质疑:希腊化实行到什么程度才算过了头?外邦人对语言、修辞、哲学和文化的贡献以什么方式、在多大程度上才能被适切地运用?列国因其悖逆而招致上帝的

52

---

　　⑩　毕克曼(Bickerman 1979:76—90)认为,禁止犹太教遵守诫命并迫害抵抗者,是由麦纳劳斯及其党羽策划的。

愤怒,那么,召唤以色列与其保持距离的圣洁底线是什么?疑问的中心不应被归结为抵制希腊化,而应是揭示如何在希腊化大潮中保持对犹太生活方式的忠诚。

马加比起义

那场起义由玛他提亚和他的儿子们——通常得名为"哈斯蒙尼家族"发起,因为他们出自同一位祖先哈斯蒙尼,该家族又称为"马加比人",当这个绰号被归于战争中最杰出的英雄犹大·马加比——《马加比传上》和《马加比传下》的主人公——之后,起义便被称作"马加比战争",在此无需赘言。这个祭司家族组织了一支游击队伍,起初包括一些神秘的哈西德人,他们开始洁净犹底亚,攻击那些早已放弃唯一持守托拉的犹太人,对未受割礼的犹太男孩强行施割礼,使深受希腊习俗濡染的犹太人受到生命威胁(《马加比传上》2:44—48;3:5—6)。希腊—叙利亚政府对此不以为然,最初只派少量军队去镇压起义。起义军的旗开得胜点燃了反抗的烈焰,叙利亚占领军士气大挫,这差不多决定了以后的战局。

塞琉古政府继续增兵,但犹大的军队不断扩大战果。安提阿古的部队多处受困,无法镇压起义,他只得废除反犹法令。犹大与其革命者们自此得以改革和重建犹底亚地区的宗教,恢复了传统信念,在圣殿及当地再度确立对独一上帝亚卫的崇拜。异教设施被清理出圣殿,使之得以洁净,能重新遵照托拉用于向上帝献祭。

若单纯出于宗教自由的目的,马加比人及其支持者们到此已应结束战争,但犹大继续围攻阿卡拉的叙利亚驻军,袭击临近的外邦城市,因为如前所述,犹太人在那里受到虐待,需要援助。就在这时,安提阿古四世死去,然而战争并未离开他的王国,他的子孙(以及由于争夺王位而自称为其后裔者)为了王位将要一直争斗到王朝覆灭。王储安提阿古五世的监护人吕西亚为结束犹底亚地区的持续动荡而处死麦纳劳斯,立奥西慕为大祭司,奥西慕是个撒都该人,故其大祭司职位得到了人们的公认。这时,许多犹太人都希望结束战争,对于把叛徒麦纳劳斯(他被视为叛徒的代理人)赶出圣所皆大欢喜。

犹大和他的兄弟们掌握着一支相当强大的军队,拒绝退出战场;恢复托拉地位的战争演变成了一场谋求政治独立的战争。在犹大战死沙场后的几十年里,塞琉古王国因王位之争而频发宫廷争斗和内战,国力大衰;约拿单、西门及其后继者们借此契机,支持一方而反对另一方,得到王室的谅解和好感。犹大的弟弟约拿单一度担任犹底亚地区的大祭司,这一头衔在哈斯蒙尼家族保持了一个世纪,成为他们作为犹底亚政治领袖的标志。后来马加比兄弟中最年幼的西门继承了约拿单的事业,在他的领导下,塞琉古王国在阿卡拉的驻军被赶走,"异族的枷锁"终于被解除(《马加比传上》13:41)。不管塞琉古政权认为同他们是何种关系,犹太人一度认为自己获得了自公元前597年以来的首次独立。

西门的儿子约翰·胡肯奴一世把新近独立之犹底亚的边界扩展到撒玛利亚和以土买,迫使以土买人皈依犹太教并接受割礼。约翰·胡肯奴的儿子阿里斯托布鲁斯一世吞并了以土利亚,同样要求居民皈依犹太教。这些(改教)举措曾被安提阿古四世用作镇压抵抗的极端手段。在阿里斯托布鲁斯一世治理下,哈斯蒙尼家族的大祭司开始称王,在短短一年的统治之后,王位传给了阿里斯托布鲁斯的弟弟亚历山大·詹纽斯,他把哈斯蒙尼王朝的国界扩展到所罗门王国原有的区域。同样是在亚历山大统治时期,发生了反哈斯蒙尼统治的激烈斗争,犹太国王则对反对者施以(希律以前)最残酷的报复。为镇压叛乱,亚历山大曾把八百同胞钉上十字架,并当面屠杀其家属。

亚历山大死后,其妻亚历山大·撒罗米继承了王位,其长子胡肯奴二世继承了大祭司职位。撒罗米统治时期,法利赛派在犹底亚初次登上舞台,他们对女王产生了很大影响。然而,哈斯蒙尼王朝却在这一时期因发生了类似于塞琉古王朝的内战而走向覆灭。胡肯奴二世继承母

54

位做了国王,他的兄弟阿里斯托布鲁斯二世同他激烈争位并一度取而代之。胡肯奴二世则在纳巴坦统治者的支持下,将阿里斯托布鲁斯围困在耶路撒冷。这时,罗马介入了犹太历史,双方都求助于罗马将军庞培,但阿里斯托布鲁斯似乎不满于庞培的迟缓思虑。最后的结果是庞培亲自抵达耶路撒冷,阿里斯托布鲁斯在庞培面前相当恭顺,其手下却向罗马人关闭城门并坚守圣殿山;胡肯奴的属下大开城门欢迎庞培和罗马军队,使之围攻圣殿三个月之后终于如愿。庞培亲自进入圣殿区包括至圣所,《所罗门诗篇》称此举为严重的侵犯。最后庞培决定授予胡肯奴大祭司职位,但未给两兄弟国王称号,相反,犹底亚成了罗马的附属国,将近一个世纪的独立不复存在,异族的枷锁再度降临。

哈斯蒙尼政权统治时期出现了一些自身的问题和挑战,《次经》的若干卷可以看作对这些问题的回应,它们试图通过对犹大及其兄弟们——以色列拯救者——之事迹的记述(及一定程度的理想刻画)来证明哈斯蒙尼统治的合法性。然而,问题的焦点一直集中在大祭司职位的合法性和圣殿功能的合理性上。的确,库姆兰教派曾明确反对哈斯蒙尼家族的大祭司职位[11]及其对圣殿的掌控。尽管对哈斯蒙尼王朝的不满持续存在,马加比家族治权的永久合法性却是一种复兴热情的回归和以色列王国的可靠重建。纵使犹太人不把哈斯蒙尼家族的国王当作可敬或可信的领袖,他们也会继续期望将来出现一个杰出的国王,来领受哈斯蒙尼统治者的功绩,并使之具备完美的犹太传统德行。因此,弥赛亚主义和对上帝完全拯救以色列(透过哈斯蒙尼王朝的拯救举动所依稀看到的)的期望也在这一时期盛行起来。当然,新的异族帝国——罗马共和国——在犹底亚的出现,恢复了对所有以往问题的关注,即如何确保自己在非犹太人统治下过一种犹太人的生活。

---

⑪　大多数学者认为约拿单或约翰·胡肯努是"正义导师"的公敌。在《死海古卷》中,奥西慕或其直接继承人被归为邪恶祭司,他反对和驱逐正义导师——库姆兰社团的神秘成员。无论如何,库姆兰教派对耶路撒冷圣殿和祭司职务的不满及批评贯穿了整个哈斯蒙尼及罗马统治时代,直至公元68年社团被毁。

罗马统治时期

犹太史上有关这一时期的最重要资料是约瑟福斯的著作，他在《犹太古事记》第14—20卷和《犹太战争史》中对罗马统治时期的犹太历史作了记述。这段历史在苏埃托尼乌斯、塔西佗及狄奥·卡修斯的著作中深受重视，被认为具有极高的考古学、金石学及古币学价值。由于只有数卷次经成书于此时期的巴勒斯坦（另一些成书于罗马统治时期的书卷，如《所罗门智训》和《马加比传四书》，更像在巴勒斯坦以外的地区写成），我们对这个时期只能述其大略。

在庞培之新的安排下，哈斯蒙尼家族的胡肯奴二世只得到大祭司的名号，富有魄力的安提帕特及其子法撒勒和希律得以分享附属国犹底亚的统治权。他们被任命为罗马政府治下的叙利亚行省之犹底亚和加利利地区的行政首长，填补了哈斯蒙尼王朝覆亡后的政治空白（Levine 1998：470—471）。但阿里斯托布鲁斯的儿子安提贡却用武力夺回王权和祭司职位。在帕提亚人的支持下，他捉拿了叔父胡肯奴二世并割去其耳朵，使他无法再任大祭司。安提贡在帕提亚人的拥戴下短暂地做了犹底亚王（Levine 1998：471），希律则逃到罗马。为保证有忠诚的臣仆统治犹底亚以对抗东部边境的帕提亚人，罗马执政官渥大维和安东尼封希律为犹底亚王，助其重新夺回耶路撒冷。

从此开始了大希律——“犹太人之王”（公元前37—前4年）——的统治。约瑟福斯盛赞了希律的建筑工程，其中最值得称道的是修复了圣殿，然而也许最令人震惊的是，他在恺撒·马里提玛建造了一个人工港口，还建了许多使希腊人和犹太人都感到舒适的城市；甚至将皇恩泽及外邦，使犹底亚成了地中海地区之较次要的二级区域。但他对反对者极其残暴，以致无论民众中的革命者还是其家族成员都对他深为憎恨，他的这种脾性同时体现在犹太人认可（如耶路撒冷圣殿）和憎恨

56

（如撒玛利亚的奥古斯都神庙）的工程中。

从原则上说，罗马的统治并不比波斯人、托勒密及塞琉古一世的统治更令人悲伤。奥古斯都准许犹太人在其帝国境内自由无碍地遵从祖先的律法（尽管在实践中仍时有针对流散犹太人的大屠杀发生）。罗马统治者并不干涉犹底亚的宗教生活，虽然他们监管不用时的大祭司礼服，这一做法乃是为了强调宗教自由有赖于罗马的善意。然而，这一时期却爆发了许多反抗罗马统治的短暂起义，都被无情地迅速镇压下去，例如，瓦鲁斯在希律死后不久曾把两千起义者钉死在十字架上。罗马对犹底亚社会的贡献为一些犹太人所称道，尽管他们的严酷统治、重税以及统治者或士兵们的偶尔妄动有损于罗马统治的合法性。

在盖乌斯·卡里古拉（公元 37—41 年在位）——一个即使在修正主义作出最佳努力的历史时期也十分可悲的皇帝——统治期间，一件事印证了为许多犹太人所认定的罗马统治的危险性。也许是为了报复犹太人拒绝参拜其巴勒斯坦非犹太区之外邦邻居的神庙（Grabbe 2000：578），卡里古拉决定把自己的雕像放进耶路撒冷圣殿。犹太人原本被免于参加皇家仪式，只向皇帝的代表而非皇帝本人献礼，这项即将推行的革新却意味着政策的转变，他们将失去一项重要的宗教特权。安提阿古四世时代外邦崇拜仪式对圣殿的亵渎重新浮现在犹太人记忆中，在执政官帕托纽斯到来之前，他们走上街头，俯伏在地，大声哀号。帕托纽斯知道犹太人纵使被灭绝也不愿让其圣殿受亵渎，于是便推迟执行皇帝的命令，再加上皇帝遇刺，才扭转了局面。

当前任统治者的鲁莽行为被后来者（他们似乎的确利用权势自富，甚至为掩盖劣迹而挑起事端或暴乱）的非正义之举所取代时，民众中的反罗马者带领犹底亚进入了一场全面反对罗马统治、谋求独立的徒劳战争中。在"不管敌人何等强大，上帝都会把胜利赐予信奉他的人"之神圣历史观的鼓舞下，在"上帝为唯一之王"的信念支持下，在复兴犹太国度之弥赛亚热情的激发下，奋锐党人应运而生，在犹太社会各阶层人士的支持下,向罗马宣战。

维斯帕芗的罗马军团很快重新控制了犹底亚大部分地区和加利利。尼禄自杀后,维斯帕芗停止进军,等待罗马的消息,他最终被军队拥立为皇帝并进军罗马。在公元 68—69 年的内战中,罗马军队自相厮杀,使犹底亚地区燃起希望:一个叫作罗马的野兽正在自我吞噬。同时,他们的厮杀也使耶路撒冷的各派系失去共同的敌人而相互争斗。维斯帕芗皇帝派其子提多去平息耶路撒冷的骚乱,提多按兵不动,坐等内战和饥荒对那个被围困城市的蹂躏。公元 70 年他占领该城,摧毁城墙,把圣殿夷为平地。

第二圣殿被毁给犹太人带来重大的毁灭性影响,这是对公元前587 年(第一圣殿被毁)事件的不幸重复,圣殿中的体制和祭祀活动将不再成为犹太生活的一部分。在《次经》中,只有《以斯拉下》第 3—14章(等于《以斯拉四书》)记述了一个犹太人在圣殿被毁而罗马未受惩罚之背景下对犹太生活方式所遭遇挑战的回应。这段历史有何神学寓意?上帝的正义何在?是谁让邪恶的罪人兴盛、让上帝的信奉者遭受严惩?在这个发生了糟糕变化的环境下,持守犹太生活方式的意义和希望是什么?在《次经》以外,当然回应也很多,其他的启示经卷如《巴录二书》也对那次危机作了直接回应(亦是从数十年后的有利地位)。约瑟福斯的《犹太战争史》不仅是那段时期的历史记录,还试图弄清那次破坏的意义,并证明大多数犹太人在那次反罗马战争中无罪。这部巴勒斯坦的哲人之作把犹太教述说为以托拉而非以圣殿为中心,重视祈祷和慈善行为而非献祭,这将最终促使拉比犹太教——在反罗马斗争中保留下来的犹太教重要形态——的诞生。

公元 132—135 年巴尔·科赫巴再度率众起义,弥赛亚主义和启示论在那次起义中扮演了中心角色,但在幸存的犹太人中却大失市场。作为对第二次起义的惩罚,罗马皇帝哈德良宣布限制犹太人进入耶路撒冷,将该城重建为外邦城市爱利亚·卡皮托利纳。哈德良还一度禁行割礼,在拉比故事中他被视为第二个安提阿古四世。

大流散中的犹太人

据斯特拉博所言(其见证被收入约瑟福斯之《犹太古事记》14.
114—118),时至公元前1世纪早期,犹太人已遍布罗马帝国的各个地
区,极有可能是流散犹太人创作了《多比传》、《以斯帖补篇》、《但以理补
篇》、《马加比传三书》和《马加比传四书》,以及《所罗门智训》。此外,
《马加比传下》中保留了一些巴勒斯坦教友致流散犹太人的书信,且那
部书本身可能就是为流散的犹太读者所写的。在《次经》之外,尚有不
少犹太文集被视为创作于巴勒斯坦以外地区。上述所有作品将被用来
揭示流散犹太人面对挑战时的情状和反应,对其背景的简要定性将为
开展更深入的探索提供某些有用的思考方式。

尼布甲尼撒把犹太人逐出犹大王国而确立了犹太势力在巴比伦主
要城市的稳固地位,犹太势力在居鲁士颁布准许犹太人返回故土的法
令后得以兴盛和延续。公元前587年,耶路撒冷陷落后又有犹太人因
躲避国难而移居埃及。从公元前5世纪开始在上埃及(即南部埃及)的
象岛地区就有犹太人的军事聚居地,那块土地上的犹太人在宗教生活
中深受埃及当地风俗影响并同非犹太人通婚。托勒密一世占领巴勒斯
坦后,更多的犹太人被带到埃及,有的在军队中服役,有的则做奴隶。
托勒密二世时代,所有犹太奴隶和战俘均被释放,士兵们继续在军队服
役,其他人则从事农业。很多人在军事聚居地——托勒密所划定的地
区——定居,犹太人仍被要求为军队服务。犹太人对埃及的希腊统治
者相当忠诚,虽然他们和当地人都憎恨那些统治者。当然,犹太人仍把
埃及人看作过去的压迫者,埃及人则记述了另一个出埃及故事——例
如,希伯来人被当作一群罪犯和麻风病人驱逐出埃及。

犹太人似乎曾被准许保留其传统的宗教习俗,甚至用自己的律法
在聚居区内实行自治。托勒密二世统治时期,他们开始把托拉从希伯
来文译成希腊文,这个译本成了流散犹太人的权威《托拉》,因为作为生

长在希腊统治下的犹太后代,他们已经忘记了希伯来文。关于这次翻译,《亚里斯提亚书信》中载有一个故事,赞扬了翻译本身的神圣启示性,并在某种程度上认为《旧约》的七十子希腊文译本优于希伯来文原著。塞琉古占领巴勒斯坦促使另一批犹太人移居埃及,包括奥尼阿斯和大祭司家族。奥尼阿斯四世在莱恩托波利斯建造了一座圣殿并在那里献祭和履行祭司职责,直到公元73年它被罗马政府封闭,因为政府担心它可能如同耶路撒冷圣殿一样成为起义的中心。这座圣殿和象岛的那座一样,四围都是犹太人的军事聚居区,它们带有阻止塞琉古入侵的战略防御要地性质。奥尼阿斯的儿子们都是托勒密军队中的高级军官,流散于埃及的犹太人基本上与其托勒密领主保持着良好关系。一个明显的例外是托勒密八世的短暂迫害,但不是因为反犹太教,而是因为一些犹太士兵在王权争斗中被逮捕。在托勒密六世统治时期,犹太人在政治、军事上获得很高的地位,他们很可能支持了托勒密六世的继承人托勒密七世。在短短的几个月后,托勒密八世就从其软弱的兄弟手中夺取了政权并对其敌手的支持者实施了报复,但这至多是犹太人在托勒密统治下之别样和平生存的短暂中断。

在罗马统治时期,埃及的犹太聚居区出现了繁荣景象,尤其在地中海地区之主要的文化、学问和商业中心亚历山大城。个别犹太人(比如斐洛,以及《所罗门智训》的作者)在那座城市以娴熟的语言和文化知识展现了惊人的希腊化程度。据斐洛统计,当时在埃及的犹太人有100万。这无疑有些夸大,但犹太人占据了亚历山大五个区中的两个,这一事实表明那里乃是巴勒斯坦以外最大的犹太聚居区。

尽管犹太人在正式场合得到帝国的宽容对待,他们依然难免遭到敌视。发生于公元38年的一场残酷大屠杀尤其使犹太人和外邦人围绕犹太人是否亚历山大之"平等居民"的数十年对立走向顶点;在其他一些城市,同样的问题也引发了同样的反犹骚乱。克劳狄乌斯下令停止针对犹太人的暴力活动,并告诫犹太人不要期望在"一个不属于自己的城市"提升自己的地位。[12]

罗马本身也是促使犹太社群繁盛的主人(见 Leon 1995)。犹太人在罗马的存在于公元前 59 年引起西塞罗的注意,他把他们视为与罗马和意大利社会同等的组成部分(《弗拉哥赞》66—69)。[13] 许多犹太人作为奴隶和战俘被庞培带到罗马,但更多的犹太人则以自由人身份在罗马生活,他们融入罗马社会,讲希腊语,使用拉丁和希腊名字,在艺术表现方面也受到罗马文化的影响。然而列昂认真研究后发现,罗马的犹太社群由于对周围环境的文化适应程度不同而形态各异(Leon 1995:258)。在元首统治期间,犹太人与罗马社会相对和平的共处偶尔也会遭到扰乱,例如提庇留斯曾征召四千犹太人到军中服役,此外,为了对有损于罗马优良价值观念的改宗运动作出回应,他还驱逐许多犹太人(Barclay 1996:298—299)。克劳狄乌斯似乎禁止了公元 41 年的犹太会议,公元 49 年他把一部分犹太居民驱离罗马,很可能是因为犹太人中发生了犹太裔基督徒和非基督徒犹太人之间的冲突。[14] 尽管那些遭到驱离者最终被准许返回,犹太人作为一个整体在罗马仍然生机勃勃,但所有扰乱罗马和平的行为都是不被允许的。

叙利亚和小亚细亚(那里的犹太人可能源自塞琉古统治早期的犹太移民,特别是作为军人的移民)、塞伦尼卡(今利比亚)、塞浦路斯及希腊也有犹太社群,但在历史上却鲜有所闻,尽管那些社群成员中有不少人取得了突出的文化成就,例如昔勒尼人耶孙编写了一部五卷本的马加比战争史,提供了得名为《马加比传下》的节略本的基础。

流散的犹太人所遇到的主要挑战,是作为少数群体生活在占优势地位的异族文化之中,或日常接触的占优势地位的异族文化,这种情形与一些犹太人排斥优势文化的程度相比,经常使他们感到低贱和不受

---

⑫ 约瑟福斯(在《犹太古事记》19.280—285 中)指出,这条法令只有一半受到犹太人的欢迎。事实上,该法令对争执双方都作了指责(见 Barclay 1996:70—71)。

⑬ 其论述见列昂(Leon 1995:5—7)及巴克莱(Barclay 1996:286—288)的著作。

⑭ 见巴克莱(Barclay 1996:302—306)对冲突事件的审慎分析。

欢迎。犹太人试图在两条可能相互矛盾的原则之间寻找出路:希望在异族世界生存及繁荣,和希望对犹太传统及身份保持虔诚(Tcherikover 1999:346)。约翰·巴克莱给研究该时期的学者们提供了一些适用的工具,让他们藉其思考犹太人对其生存的希腊—罗马环境的回应,然后较准确地描绘出个别犹太人在遵守这两条指导性原则时的经历。这些工具就是民族同化尺度、文化适应尺度及社会融合尺度。[15]

民族同化尺度反映了犹太人在社会上融入优势文化的程度。位于标尺底端的是在犹太社群内严格约束他或她的行为、尽力避免与非犹太人交往的犹太人;上移标尺,会发现这样一些犹太人,他们在日常生活中沉浸于同非犹太人的商业往来,不仅和非犹太邻居共同劳动,而且一起玩乐(如看戏和参加运动会),并寻求接受大学预科的教育;在标尺的最高端,则是一些抛弃了与非犹太人相区别之标志的犹太人。的确,很难找到站在标尺最高端的犹太人,但一些人却放弃了割礼的标志,接受了异教崇拜的诱惑,简言之,消除了与非犹太邻居之间的所有区别。

第二个尺度衡量了文化适应性,或说是某个犹太人消化并将希腊罗马文化——其语言、价值观和传统——融入自我意识的程度。标尺的底端是一些没有知识甚至不懂希腊语的犹太人;往上看,是一些大致熟悉希腊语且能对希腊化世界作出道德评判的犹太人;再往上,是一些更直接掌握希腊文学、哲学、修辞及伦理的犹太人;在标尺的最高端,则是那些对希腊语言和教育的掌握不亚于专家者,如斐洛和约瑟福斯。

第三个尺度衡量了社会融合性,或说是犹太人对希腊语中所有便利之处的运用和学习程度。标尺从一个中心移出,在那个中心点上,犹太人运用优势文化中的便利来重新解释其传统,使之既能适应于优势文化,又能保持其独特性和与众不同。从那个中心点出发,一端走向犹太教的独特性被完全湮没,犹太人寻求犹太传统与优势文化在本质上的趋同;在标尺的另一端,犹太人则运用优势文化中的理性传统之便

---

[15] 下面三段是对巴克莱(Barclay 1996:92—101)论述的概括。

利，来维护犹太生活方式的至高价值和贬斥异族的生活方式。

巴克莱的概念工具不仅对分析特定的次经书卷（或任何第二圣殿时期的犹太文献）之作者所处的位置具有很高的价值，而且对于分析特定作者在哪些方面按照这三种尺度来引导读者（如果读者未按照作者的意思理解，便推动他们；如果读者充分支持作者的观点，则支持他们）也有重大意义。这三个概念工具最终有助于学者们认识到，希腊化不单是一个与保持犹太身份相对立或二选其一的过程，相反，犹太人可以选择多种希腊化方式、程度和结果，例如，次经作者们之最大的文化适应性又是最少的同化和对同化的最少支持（至少在放弃习惯及区别犹太人与非犹太人之其他可见的特征方面）。

巴勒斯坦以外的犹太人有多种支柱，用以努力保持其独特的身份，并维持其拥有独特文化的独特社会躯体。这些支柱在他们遭受优势文化影响时发挥了重要的思想支撑作用。首先，犹太人建立了会堂制度，藉此重申群体的义务及与传统的要义保持联系。对一神的理性崇拜是由会堂辅助的，毋庸置疑，对犹太教及其经典的大量哲学解释，如同斐洛的著作或《马加比传四书》中所表现出的那样，把一些外邦人吸引到这种东方崇拜上来，超过了伊希丝或密特拉神崇拜对外邦人的吸引程度。出现这种情形（在许多情况下不能被称作改宗，因为割礼对所有人——除了最勇敢者——来说仍然是一个绊脚石）并不需要犹太宣教工作，因为希腊—罗马世界中的许多外邦居民似乎都有某种好奇的癖性，易为新的或外来的习俗所吸引（恰如有人把所有这些崇拜仪式都贬作原始迷信一样）。

犹太人还有一种种族划分观念。他们都以亚伯拉罕为祖先，通常被外人按其种族特征称作"犹太人"；他们还在培养社团照顾和相互帮助方面保留了共通的原则——如此将导致犹太人被当成令人讨厌的外国人，即不属于本地种族的外来者。犹太人一向保持自身的独特性，以便和外邦人相区别，特别是守安息日、守割礼、遵守摩西的饮食律例、戒绝各种形式的偶像崇拜。这些保持犹太人独特性的习俗相当有效，以至于每一个大肆制造反犹言辞的外邦作者对此都特别提及。最后,犹太人有《托拉》和其他经卷,甚至连斐洛这样能引用荷马、赫西俄德及欧里庇得斯言论的人,也把《托拉》看作上帝世界的人生基础。[⑯] 这并非意外,正是这些经书的作者们大大帮助了他们的犹太同伴,使其对文化传统保持着积极评价,抵御被完全同化的压力,从而一次又一次地恢复自己的特殊性。

　　流散犹太人所面临的其他挑战还包括同以色列这块土地——《托拉》所称颂的遗产——保持一种精神联系,因为他们正是从这块土地上遭到驱逐。其结果造成了如下对立:其一,认为流散生活是放逐和惩罚;其二,又把流散生活称赞为完全得享上帝的恩宠和临在。事实上,巴勒斯坦犹太人与其流散同胞之间也存在类似的对立:讲希腊语的流散犹太人对其祖先的语言希伯来语逐渐生疏,意味着他们所读的译文圣经与在巴勒斯坦会堂里读的希伯来文圣经(及阿拉米文语句)有许多本质区别。从《马加比传下》1:4—6 所录信件的某些段落可以判断,流散状态的持续似乎表明了上帝对流散犹太人的不满。然而,流散犹太人通过朝拜、征缴圣殿税及对末世的期望同以色列本土保持着联系,并以此不断提醒自己:他们有着众多的人口和悠久的传统。

---

　　⑯　关于流散犹太人身份的更全面论述,参见巴克莱的著作(Barclay 1996:399—444)。

《多比传》

3

"更好的行为是慈善与公义相伴"

《多比传》将有用与有趣成功地融为一体（正如贺拉斯在《诗艺》343—344中所言），证明道德教诲也能产生娱乐的效果。作者针对犹太读者提出了一种伦理观，这种伦理观会促使他们捍卫自己与众不同的传统，维护自己的种族身份，但作者是通过讲述一个充满趣味的故事来达到这一目的的，这个故事饱含了对人物的立体塑造、出人意料的情节，以及作者为取得娱乐效果而做的文体叙述上的变更。它相当忠实地反映了对上帝的忠诚是如何既导致了暂时的灾难，又带来了现世的荣耀。它证实了绝对遵守上帝之道会给一个人的生命带来不容置疑的高尚而正直的品质，这种品质将使他最终享受到上帝的恩惠。故事的道德教诲是这样展开的，它引导读者特别通过以下方式来巩固奉行律法的犹太社群，即族内通婚（在自己的种族，如有可能，在自己的部落内寻找配偶），慷慨资助正直的穷人，对自己的父母和子女尽义务，为亡人举行适当的葬礼。这种伦理观念在第二圣殿时期的智慧文学中，最终在早期教会中，都得到深深的共鸣。

结构和内容

这个故事开篇于住在以色列境内的多比，他是一个虔诚恪守托拉的犹太人,回忆起在以色列北国的生活。当他的邻人都离弃耶路撒冷的崇拜中心而追随耶罗波安的替代圣所时,他仍严守《申命记》中有关只能在上帝所选之地献祭的诚命。他将三个什一奉献分别用于祭司利未人、穷苦人以及在耶路撒冷庆祝节期的花销。当多比所属的拿弗他利族被掳到亚述帝国后,即使他的大多数同胞都"吃了外邦人的食物"(1:10—11),他仍旧严格持守托拉中的饮食规章。就像但以理及其同伴一样,严守饮食规章并未妨碍多比得到撒缦以色王的重用。当然,他对上帝虔诚显然是受到重用的缘由(1:12—13)。

在被掳之地,多比继续救助贫困正直的犹太同胞,并安葬被弃置的同胞尸体。但在以色列历史上著名敌国首领之一西拿基立的统治下(见《列王纪下》19),多比安葬同胞尸体的行为给他招致了不幸。事情发生在西拿基立攻打犹大失败返回尼尼微之后。为了报复犹太人,他以国家敌人的罪名判处以色列人死刑,还命令不得掩埋其尸体,以彻底羞辱他们。多比由于虔信上帝而仍旧掩埋同胞的尸体,因此被官府通缉。官府查抄了他的家产,他为了逃命而远走他乡(1:16—20)。

后来西拿基立被自己的两个儿子暗杀。多比的侄子亚希喀尔在亚述朝廷中当官,他在新国王以撒哈顿面前为多比美言,于是多比得以返回尼尼微与妻儿团聚。当他们一家正准备享用收割节的家宴时(自从犹太人被禁止进入耶路撒冷圣殿,这种家宴已成为一种家庭仪式),多比派他的儿子多比雅找个正直的穷人,与其共享宴席。多比雅回来时带来一个令人不安的消息:一个犹太同胞被杀了,尸体弃置街头。多比离席,日落后埋葬了那具尸体,邻居们为此嘲笑他仍未从往事中吸取教训(2:1—8)。那天夜里,多比沐浴洁身(大概是沾染死尸后的临时性洁净礼),在自家的院子里睡觉。不料他入睡后,几只燕子的热屎落在他眼睛里,使其双目蒙上一层白色的角膜翳。他到处求医,眼睛却越治越坏,最后全然失明。他由亚希喀尔养活了一段时间,最后还得靠妻子亚拿做"女工活儿"养家糊口(2:9—11)。一天亚拿的雇主对她的工作很满意,额外奖给她一只山羊。多比指责亚

64

拿偷了那山羊,亚拿反唇相讥,嘲笑多比由一个施舍别人的富人沦落为需靠别人施舍过活的穷光蛋(2:12—14)。这使多比更加痛苦,便向上帝祈死(3:1—6)。

这时故事转而讲述远方伊克巴他拿城的另一个愁苦之人。拉格尔和埃德娜夫妇的女儿撒拉由于妒忌心重的魔鬼阿斯摩得破坏,已经连续七次在新婚之夜失去丈夫。一天撒拉责骂了她的女仆,那女仆反驳她,责备她克死了七个男人,诅咒她也会孤身无子地随亡夫而去(3:7—9)。于是撒拉开始向上帝祷告,祈求能从指责谩骂中解脱,希望上帝赐予她死亡,或者救助(3:10—15)。这时场景移至天界:多比与撒拉的祷告达于上帝面前,上帝遂派天使拉斐尔去救助他们(3:16—17)。

多比急于安排自己的事务,告诉多比雅他曾在玛代的甘比尔那里存了十塔兰特的银钱。他教导多比雅要对父母和上帝尽义务,要救济穷人,要在本族女子中择妻,与人交往时要公义,并委托他找一个可靠的旅伴,一起把那些钱取回来(4:1—5:3)。多比雅找到拉斐尔,那时拉斐尔正假扮成一个无业但擅长旅行的犹太人亚撒利亚,他被多比雅带到他父亲跟前。在得知亚撒利亚是他们的亲戚,而且其父亚拿尼亚是位恪守托拉的犹太人后,多比雇用了亚撒利亚来协助他的儿子。多比雅和亚撒利亚启程了(5:4—17),多比安慰着他那为儿子命运担忧的妻子(5:18—6:1)。

多比雅和亚撒利亚第一晚宿营在底格里斯河畔。一只大鱼袭击了多比雅,但多比雅捕获了它。亚撒利亚让他保存好鱼的胆囊,因为它能除去人眼睛上的白色角膜翳。又让他保存好鱼的肝脏和心脏,因为它们燃烧时发出的香气能驱逐魔鬼(6:1—9)。当他们来到玛代境内时,亚撒利亚告诉了多比雅有关拉格尔的情况,希望多比雅能娶撒拉以便保护她。多比雅害怕撒拉那致命的婚床,但亚撒利亚再次告诉他击败魔鬼的方法(6:10—18)。

拉格尔和埃德娜极其热情地接待了多比雅和亚撒利亚,并欣然允诺了多比雅和撒拉的婚事(7:1—16)。在新婚之夜,多比雅驱逐了魔鬼,拉斐尔追赶阿斯摩得直至埃及,在那里捆住他的手脚。这对新婚夫妇双双祈求上帝保佑他们的婚姻,然后上床睡觉(8:1—9a)。与此同时,不知情的拉格尔已让仆人为多比雅掘好了坟墓,以便出事后尽快将他埋葬,免得他们家遭受更多的耻辱和指责。但当他得知多比雅安然无恙地度过了新婚之夜后,便赞美上帝并命人迅速将坟墓填平(8:9b—18)。在两周的婚宴期间,多比雅委派亚撒利亚去伊克巴他拿城完成预定取回银钱的任务,并邀请甘比尔作为婚宴嘉宾与他同来(8:19—9:6)。

而在尼尼微,多比和亚拿正努力说服自己,他们的儿子还活着,尽管儿子的归期已过去多日(10:1—7a)。多比雅挂念父母,便和撒拉在婚期的最后一天告别拉格尔和埃德娜启程回家(10:7b—13)。当他们快到尼尼微时,亚撒利亚和多比雅先行到家,用鱼胆囊涂擦多比的眼睛,使他重见光明。当多比出城迎接儿媳时,他公开高声赞美了上帝的仁慈。多比和亚拿为这对新人再次举办了婚宴,这次亚希喀尔和他的侄子拿答也在嘉宾之列(11:1—18)。

为了感谢亚撒利亚对撒拉和自己的救助,多比父子决定把多比雅这次带来的东西分一半给亚撒利亚。于是亚撒利亚私下告诉他们,他是在宝座前侍奉主的七天使之一。拉斐尔教导他们以自己的见证将荣耀归于上帝,并继续奉行其慈善行为,说罢就升天返回天上(12:1—22)。多比献上一首长长的感恩诗,表达自己对上帝仁慈的体悟和对未来以色列复兴的憧憬(13:1—17)。本书以多比的遗嘱作结,他在遗言中嘱咐多比雅带领全家在尼尼微注定的毁灭到来之前离开,并预言耶路撒冷将荣耀地复兴,万国将皈依圣城。他提醒子孙们忠心侍奉上帝和救济穷人的重要性,称亚希喀尔就是因为做到了这两点,才得以逃脱他那忘恩负义的侄子拿答为他设下的死亡陷阱(14:1—11a)。在安葬了双亲之后,多比雅带领全家回到岳父拉格尔身边,并在去世前听到尼尼微毁灭的消息(14:11b—15)。

66

这个故事的结构独具匠心,作者用巧妙的综合表现手法使故事场景在尼尼微和玛代的拉格斯之间来回切换。作者通过多比雅和天使的旅行,将不同地方之截然不同但都处于困境中的两个人巧妙地联结起来,并成功地将他们从困境中解救出来,这种叙事方式一直为千百年来的读者和听众所喜爱。反讽发生的可能性弥补了 3:16—17 和 6:6—8 两处因完全缺乏悬念而带来的遗憾,因为作者和读者都掌握了书中人物一无所知的信息。多比因为亚撒利亚与自己的亲戚关系及其家世而接受了他,但亚撒利亚被接受的部分原因乃在于他隐瞒了自己的真实身份。当多比向亚拿保证"一个良善的天使"将会陪伴多比雅时(5:22),读者知道确有其事。在多比雅步入洞房之前(7:10),拉格尔带着微妙的讽刺用俗语"先吃饭喝酒,今晚就成亲"的前半句催促多比雅成亲,自那以后他所知道的就是明天多比雅就会死去。虽然读者知道一切都会很顺利,但他们仍热衷于看到故事中的人物不了解自己的事情,就像拉格尔对上帝祷告的那样:"事情并未像我所预料的那样,你用伟大的仁慈拯救了我们。"(8:16)

在 19 世纪晚期和 20 世纪早期,即重建古文本的全盛期,《多比传》的文学统一性或完整性引起人们的争议。尤其是有人认为,第 13 和 14 章是后人对原作的增补。这种观点引起广泛的质疑。在库姆兰山区发现的《多比传》残篇表明,公元前 100 年之前第 13、14 章已经是该书的一部分,所以如果这两章确实是后来增补的,也是很早的增补。这种争论更有力地表明了文本的统一性。这本书作为一个整体,开篇和结尾都提到圣殿。只是多比及其家庭的困境被完全改变了,尽管按照预叙,第 13、14 章中从被掳之地回归是期待中的且得到了证实之事(Soll 1998:39—53;Moore 1996:77)。而且,1:3 中提到的"诚实"、"公义"和"施舍"在 14:9 中以相同的顺序再度出现,这表明作者有意使用了一种写作技巧,使整个故事首尾连贯(Di Lella 1979:386):

> "我名叫多比,有生以来一直诚实待人,公义处事……我总是救济穷人。"(1:3)

"虔诚地敬拜上帝……培养你的孩子遵行正道,救济穷人。"
(14:9)

67

综合考虑这些因素,能有力地证明《多比传》具有上述写作上的统一性。

文本的流传

《多比传》现有两种不同的希腊文版本(或校订本)。梵蒂冈抄本和亚历山大抄本(B 和 A)保存着较短的版本,而西奈抄本则保存着较长的版本。[①] 虽然在大多数情况下人们不难理解较长的版本是如何经过抄写人的扩展和阐释从较短的版本发展起来的,但对于《多比传》而言,人们认为首先产生的是较长的版本(Nestle 1899:22—25;Simpson 1913b)。[②]西奈抄本有两个主要漏洞(4:7—19 和 13:8—10)需要用古拉丁文译本补充,该译本与西奈抄本最为接近。英语读者容易得到两种译本:《标准修订版》和《新标准修订版》,前者依据的是较短的校订本,后者依据的是西奈抄本(《新英文圣经》和《新耶路撒冷圣经》亦如此)。在库姆兰山区发现的《多比传》之五种独立手抄本的大量残篇证实了西奈抄本,即较长的希腊文版本,早于 A 和 B 版本。人们也用库姆兰抄本校订西奈抄本,有时用它支持保存在 A 和 B 版本中的文本,有时用它支持保存在七十子译本以外的文本。

同样流传下来的还有《多比传》的拉丁文译本。古拉丁文译本是在一个与西奈抄本极其相似的希腊文译本的基础上翻译而来的,因此可用它证实西奈抄本中的文本,并填补其中的疏漏之处。拉丁文通俗译

---

① 拉尔弗斯(Rahlfs 1979)和齐默尔(Zimmerman 1958a)都提供了希腊文本的长、短两种译本。被认可的评注本出自汉哈特(1983)。

② 近期的支持者包括摩尔(Moore 1996:68)、迪勒拉(Di Lella 1979:380 注释②)。德瑟拉尔斯(Deselaers 1982)主张梵蒂冈抄本和亚历山大抄本更早,而且《多比传》最初是用希腊文写成的。但这两个结论遭到多数《多比传》学者的反对。

本也是以古拉丁文译本为基础的,哲罗姆同时得到了该译本和阿拉米文抄本。哲罗姆雇用了一个能说希伯来文和阿拉米文两种语言的犹太人,让他将阿拉米文翻译成连贯的希伯来文,哲罗姆则根据这种口头翻译来修订古拉丁文译本。全部过程只用去他们一天时间(哲罗姆:《多比传》前言),可见其工作并不十分细致。这些拉丁文译本的某些特色值得一提。在古拉丁文译本和拉丁文通俗译本中,父子同名都叫多比雅,因此增加了故事的模糊性。更重要的是,拉丁文通俗译本(可能是哲罗姆出于虔诚动机而增入的)叙述了撒拉和多比雅婚后三天内未过夫妻生活,而是致力于向上帝祷告。这成为罗马天主教会所宣扬敬虔行为的典范。《多比传》还有叙利亚文译本、埃塞俄比亚文译本、沙希地文译本、亚美尼亚文译本、阿拉米文译本,它们都是在希腊文版本的基础上发展而来的。

长期以来学者们一直在为《多比传》的原始语言是希腊文还是一种闪族语言(阿拉米文或希伯来文)而争论不休。法伊弗(Pfeiffer 1949:272—273)准确地注意到隐藏在希腊文背后的闪族风格,因此主张《多比传》最初是用闪族文写成的,并认同为阿拉米文(比如作者熟悉亚希喀尔故事之类的阿拉米文学)。菲茨姆叶(Fitzmyer 1995a:67)已经证实了法伊弗的观点,他审阅了那五部库姆兰抄本,证明该书的原始语言并非希腊文,而是闪族文,有可能是阿拉米文。[3] 但在确定其原始语言是希伯来文还是阿拉米文的问题上,库姆兰抄本就不像学者们希望的那样能发挥重要作用了。"在库姆兰书卷中,一段希伯来文字可能会包含阿拉米文风格,正如一段阿拉米文字会包含希伯来文风格一样"(Moore 1996:33),这一事实以及《多比传》手抄本的残缺状态复杂化了对此问题的研究。而且,现在几乎没有发现同时出现在阿拉米文和希伯来文两种译本中的章节,这也阻碍了对两种译本的比较研究

---

③ 菲茨姆叶(Fitzmyer 1995a:671—672)也为证明西奈抄本是较早的校订本提供了新证据,他提出西奈抄本与库姆兰残篇存在一致性,其中有闪族风格,而 A 和 B 为了体现出更纯正的希腊文,删除了那些出现在西奈抄本中的不当译笔。

(Moore 1996:34—35)。④

作者、写作年代和背景

这个无名作者是个虔诚的犹太人,他虽然生活在以异族文化为主的环境中,却坚守契约,主张保持犹太身份,加强犹太社群的团结。本书的写作地点仍然是个谜。法伊弗(Pfeiffer 1949:273—275)倾向于巴勒斯坦,排除了东方犹太人散居地的可能性,因为本书在提及该地时出现了明显的地理错误;也排除了埃及,因为本书是用阿拉米文写成的。⑤他强调了《多比传》和《便西拉智训》价值观念相同的事实。摩尔(Moore 1996:43)的观点更有见地,他认为人们在反对将巴勒斯坦作为写作地点时,甚至不能确定作品是否写于大流散地区,尽管如果非要作出选择的话,他宁愿选择一个东方的犹太人散居地。这本书对被掳生活的兴趣,对以色列国土仅有的一点模糊回忆,都表明它的创作地点并非巴勒斯坦;然而,在库姆兰发现的五种《多比传》抄本表明,书中有关以色列的信息同样是恰当的,该书极有可能写作于以色列。《多比传》如此广泛地反映了犹太价值观,并在如此基本的层面讲述了犹太人所遭遇的生存挑战,以至于仅从文本叙述的线索中确定它的写作地点,实在很困难。

确定本书的写作年代同样困难,因为它讲故事时好像并未反映当

---

④ 这五部抄本的内容如下:4Q196(4QTobA):1:17;1:19—2:3;2:10—11;3:5,9—15,17;4:2,5,7,21;5:1,9;6:6—8,13—18;7:1—6,13;12:1,18—22;13:1—2(?),3—18;14:1—3,7;4Q197(4QTobB):3:6—8;4:21;5:1,12—14,19—21;6:1—18;7:1—10;8:17—21;9:1—4;4Q198(4QTobC):14:2—6,也可能是 10;4Q199(4QTobD):7:11;14:10;4Q200(4QTobE,希伯来文手抄本):3:3—4(非常残缺),6,10—11;4:3—9;5:2;10:7—9;11:10—14;12:20—22;13:1—4,13—14,17—18;14:1—2。参见阿伯格、弗林特和乌尔利奇(Abegg,Flint and Ulrich,1999:637—646)为这些手抄本之英文翻译所作的说明;亦参见菲茨姆叶(Fitzmyer 1995a:657—658)。

⑤ 然而,在埃及象岛发现的一份公元前5世纪的亚希喀尔故事之阿拉米文莎草纸文稿极大地抵消了这种异议。

时的事件。人们通常把先知书被汇编成正典的时间当作《多比传》写作的最早时期,但该书 14:4 并未真正要求这种汇编是最终的并且是完整的。《多比传》并未像指称圣典的两个类别一样提及律法书和先知书,而仅仅提到其预言必将实现的"以色列众先知"。作者表现出的是对其单独作品而非文集的了解。

由于律法书被称为"摩西之书"或"摩西律法"(6:13;7:11—13),这部作品肯定写于公元前 5 世纪之后,那时五经已接近完成。将本书的最早成书年代定为公元前 3 世纪的某一时期似乎也有道理。书中谈及饮食规章、埋葬死者、族内通婚和虔诚行为时,反映出与《便西拉智训》和《犹滴传》相同的观念。以前,《克雷芒二书》,以及波利卡普和亚历山大的克雷芒使用本书时,都将其最晚时期确定为公元 1 世纪。目前,在库姆兰发现的《多比传》残篇极大地精确了这个最晚时期,其间最早是公元前 100 年。《多比传》对有关希腊化危机和马加比起义的事件一无所知,表明该书应写于公元前 250 年与前 175 年之间的某个时期。

文类和写作意图

《多比传》属于何种类型的文体?人们对其体裁的困惑早在七十子译本的抄本中就表现出来了,西奈抄本将它归为历史书,而梵蒂冈抄本将它视为智慧书(Delcor 1989:474)。直到 18 世纪天主教学者还在为其历史性辩护。然而《多比传》中所出现的历史和地理错误,[6] 及其关注的对象是普通人而非帝王将相(历史中常见的主角),都有力地表明

---

⑥　这些都总结在摩尔的著作(Moore 1996:9—11)中,莱文(Levine 1991:48)对其有更简洁的表述。多比身为拿弗他利族人,与其族人很可能在更早的时候,即亚述王提革拉毗列色统治该地区时,就被掳到了国外(《列王纪下》15:29);当北方部族公元前 922 年从王国中分裂出来时(见《多比传》1:4),多比已不可能是年轻人;当公元前 740 年和前 731 年之间提革拉毗列色将他们掳去时,多比不可能还活着(见 Moore 1996:107);撒玛根二世,而非撒缦以色是西拿基立的父亲;从拉结斯到伊克巴他拿城相距 180 英里,而非两天的路程;多比雅和拉斐尔除非迷路,不可能在尼尼微通往伊克巴他拿城的路上坐在底格里斯河边休息(因为底格里斯河在尼尼微的西边,而非东边)。

作者并未把它当作历史著作来创作或描述。相反,这部书基本上可定性为"传奇作品"(Moore 1996:18—19),佩里(Perry 1967:44—45)把它定义为"一种扩展的叙述文体……由于它的娱乐功能及其对人精神上的训诲,从它本身来看是个故事……它讲述了一个或更多的个体,述及他们个人能力范围内的冒险或经历,作者是从其个人利益和情感角度进行讲述的"。既然训诲是它的写作目的之一,《多比传》在这种体裁中表现出智慧的内容也就顺理成章了。

在写作这部传奇的过程中,作者综合运用了多种文学形式,其中较明显的体裁有祷告、赞美诗、祝福辞和遗嘱等。第14章中多比的最后言论无论从形式上(对子孙的临终遗言)还是内容上(道德教诲和预测未来)都类似于其他遗嘱。从现存范例中可以明显看出,这种体裁在两约之间时期相当普及,《十二族长遗训》、《摩西遗训》、《约伯遗训》和《三族长遗训》都产生于该时期(参见 Collins 1984;Kolenkow and Collins 1986)。人们经常注意到作者具有娱乐和训诲、使人快乐和给人教育的双重目的(Levine 1991:42;Metzger 1957:30)。仅从《多比传》中有关道德和智慧材料的数量,就能清楚地发现作者希望提倡或加强一套价值观念。作者利用这些观念促使读者在外邦社会中维护犹太民族的弱势文化。人们还试图发现比这更独特的作者意图——例如,用一个能与之抗衡的故事来驳斥将治愈疾病的神圣力量归于埃及神的观点(Simpson 1913 a:188)——但它在学者们无法准确断定作品的起源和年代方面却是模棱两可的。

形成时接受的影响

学者们主要从两处发现了其作者灵感和原始资料的来源:世俗民间故事和犹太教经典。在该书的阐释史上,人们过分强调了世俗民间故事的重要性,以致妨碍了对犹太教经典是如何促成并定型该故事的分析,但到了20世纪的最后25年中,这种摇摆不定的局面逐步得以改观。

人们经常谈起作者借鉴了"感恩的死者"和"有毒的处女"或是"危险新娘"的民间故事。在第一种原型的故事中，某人埋葬了一具尸体，后来那具尸体的灵魂感激地救他脱离了某种险境或施与他某种报酬。在第二类故事中，一个男人只有破除某种诅咒或是借助超自然力量，才能娶一个漂亮女人为妻。法伊弗（Pfeiffer 1949:269）认为《多比传》对这些故事的采纳是铁证如山的事实。他以西塞罗（《论神性》1.27；该书仅表达了类似于"感恩死者"的主题）佐证其观点，⑦表明无论是"一个现代版的亚美尼亚故事"，还是一个"在亚得里亚海附近听到的"波希米亚异文，无疑都可能有千百年历史了。

但是，《多比传》的成书年代早于法伊弗提到的所有故事，如果没有书面材料证明，很难确定这些民间故事的传统会延伸到何时。虽然我们不能走向另一个极端，认为《多比传》是所有其他类似故事的来源，但《多比传》本身对法伊弗援引的那些故事的发展产生过影响还是很有可能的。西塞罗故事在一个以交互作用为核心价值观的文化中，是极其自然地发展起来的，人们相信这种价值观超越了死亡。人们相信对亡者的虔诚能换来报偿。这是意大利本土膜拜的支撑思想，在那里祭神者和祷告者都奉行着向亡者行善的精神，并有意为死者还在世的家人提供帮助。但是，法伊弗援引的这两个民间口头故事很可能是多比故事流传过程中的派生物，如果《多比传》被广为流传（多亏教父们对这部书的兴趣）且这些故事与前基督教的世界观趋于相似的话。

将"感恩死者"故事作为《多比传》的写作根基尤其值得怀疑，因为书中从未说死者是感恩的（Glasson 1959:276—277）。⑧在犹太文化中，

⑦　在详细叙述梦是如何传达天上的声音时，西塞罗引用了一个故事，那故事"讲述了一个名叫西蒙奈德的人在路边发现一个陌生人的尸体，于是掩埋起来。办完这件事后，他打算登船出行。夜晚，被他埋葬的那个人出现在他的梦中，告诫他千万不可参与这次航行，如果他去了将会死于船只失事。所以西蒙奈德重返家中，而参与那次航行的其他人全都失踪了"。

⑧　格拉逊自己的观点是《多比传》取材于希腊的阿波罗和阿德墨托斯神话（阿波罗作为阿德墨托斯的仆人，帮他打败了阻碍他与阿尔刻提斯成婚的阿尔忒弥斯的大毒蛇），但其观点未得到其他人赞同。

不像在希腊和罗马文化中那样(荣耀死者能使生者获得某种神秘的恩惠),对亡者的仁慈据说只是一种纯粹而无功利目的的行为,因为死者和生者之间毫无交流的希望。所以虽然辛普逊(Simpson 1913 a:190)本人主张"感恩死者"故事是《多比传》的材料来源之一,他却引用了拉希对《创世记》47:29 的评论,说明"一个人对死者的善心是真实的善心,因为行善的人无望(从尸体那儿得到)奖赏。"所以"感恩死者"的民间故事并不像与希腊罗马的信仰那样,与犹太信仰也能保持一致。维尔弥斯(见 Schuller 1986:1.226)对此问题发表了极有见地的看法:作者毫无可能运用这个民间故事。

即便有人假设这些民间故事的类型早于《多比传》,作者对这种类型的背离或修改较之它们之间的相似之处,也能给人以同样深刻的印象。当与"感恩死者"故事相比时,这一点尤为正确,因为事实上埋葬死者的行为两次使多比陷于灾难,而且在故事中是上帝而非死者的鬼魂(它们甚至从未显现过)赐予了他报偿。"危险新娘"的故事成分倒是更可能激发了作者的构思。⑨

然而不容置疑的是,作者熟悉亚希喀尔故事。该故事在公元前 5 世纪就已存在,且极有可能是用阿拉米文写成的(从象岛发现的一份公元前 5 世纪的阿拉米文残篇表明了这一点)。与该故事相关的诸多描述(《多比传》1:22;2:10;11:18;14:10—11)反映出作者熟悉整个亚希喀尔故事,从他在西拿基立和以撒哈顿王朝做大官,到他的侄子拿丁(《多比传》中的拿答)背叛他,再到他最终复仇和拿丁遭受惩罚。但是《多比传》的作者使用了亚希喀尔故事的另一种版本,英雄是一个犹太人(是多比的侄子)而非多神论者,并且是诸如慈善行为之类的犹太价值观

72

---

⑨ 人们提到的另一个对《多比传》作者产生了影响的故事是"孔斯的故事",孔斯是埃及治愈之神的代理人,驱逐了强占公主的恶魔。从普利查德的编著(Prithard 1950:29—31)中能找到这篇文献。辛普逊(Simpson 1913a:187—188)认为,作者特意写作《多比传》,是要表达犹太人对该故事的反驳。除非《多比传》是用埃及文写成的(魔鬼被驱逐到世界最远边界的埃及,这一事实表明作者的家乡离埃及很远,参见 Moore 1996:14),作者不可能已经知道了这个故事。

念的化身(这可能是作者本人添加的)。《多比传》中的一些格言出自亚希喀尔故事之不同版本中的一两种(参见 Lindenberger 1985:489—490)。

然而,作者首先是生活在犹太圣经传统中的,正因为生活在这一传统中,他才坚定地塑造出自己的人物。作者将申命派历史作为多比故事的框架。多比连同北方各支派一起被掳到尼尼微(《多比传》1:3;10;参见《列王纪下》17:5—18;18:9—12)。作者在《多比传》1:18—21 中把多比埋葬死者的行为置于西拿基立在犹底亚战败返回之后,安排在他战败而返和被两个儿子暗杀之间的某个时期(见《列王纪下》19:35—37)。这部书中到处都是《申命记》的意识形态和专用术语,多比严格按照《申命记》28—29 章的观点理解自己同胞的不幸(见《多比传》3:2—5),他对同胞命运必将好转的期待也与《申命记》30—32 章深深契合(《多比传》13:2,5—6)。

对于《多比传》的结尾章节来说,《申命记》是一个极其重要的背景。魏茨曼(Weitzman 1996:55—57)极具说服力地指出,《多比传》的读者会发现文中引用了《摩西之歌》,还会注意到作者将那首歌用作“赞美之歌”,而非对两约之间时期以色列的见证,并会注意到它与礼拜仪式的紧密结合,它在《多比传》以外的引文,以及两约之间时期的赞美诗以经典范例为摹本的普遍倾向。在 12:20 中天使要求多比“把你身上发生的一切都写下来”,在 13:1a[⑩]中多比记录并歌唱赞美诗,都能使人想起上帝对摩西的命令:将上帝教给他的歌写下来(《申命记》31:19);以及摩西向百姓宣读那首歌之前顺从地执行了上帝的命令(《申命记》31:30,Weitzman 1996:51—52)。《多比传》宽泛地解释了《申命记》32:39 的第一部分(“我使人死,我使人活”),又较为严密地将第二部分(“没人能从我的手中逃脱”)进行语境重构。[⑪]《多比传》13:5—6 反映出《申命

---

⑩ 这是另一处库姆兰文本(4QTobHeba)可能补充或更正了西奈抄本的文字,因为西奈抄本只提到多比唱赞美诗,而未将它也记录下来。

⑪ 比较《撒母耳记上》2:6 的哈拿之歌,那是一节运用《摩西之歌》主题的文本。该节先对短语“我使人死,我使人活”进行语境重构,然后用下到阴间和从阴间返回的同类地理学描述对那个短语加以解释。这种写法亦见于多比对《申命记》32:39 的解释。

记》30:1—5 中的承诺,但又更具体地回应了《申命记》32:20 中的言语。上帝的宣告"我要向他们掩面"(《申命记》32:20)在《多比传》13:6 中被改成"如果你……在他面前行了为正的事,他将转向你并从此不再向你掩面","如果你尽心尽性地转向你的神"(《多比传》13:6),回应了示玛(希伯来文原意是"你要听",见于《申命记》6:4 开头处,该节经文概括了犹太教全部信仰的核心,全文是"以色列啊,你要听,亚卫我们的上帝是唯一的主")的本身(《申命记》6:5)。

迪勒拉(Di Lella 1979:381—385)也向人们展示了《申命记》的思想和用词对多比遗嘱尤其《多比传》14:3—11 的重要影响:(1)严守上帝之约能使人在以色列益寿延年、荣华富贵,而背离上帝则导致毁灭和被驱逐。《多比传》14:7 表达了其否定方面,呼应了《申命记》28:63—65。它将以色列称为"美地"(《多比传》14:4),呼应了《申命记》对以色列的称呼(见于《申命记》1:35;3:25;4:21—22)。(2)《多比传》14:4—6 对《申命记》30:1—4 进行语境重构,证明当惩罚结束时上帝将广施怜悯。(3)《多比传》14:7 和《申命记》12:10—11 都证实了虔信者将"安然"居住于应许之地。其他联系点还包括爱上帝、遵从上帝就能笑逐颜开的许诺(《多比传》14:7;比较《申命记》12:12);畏惧上帝、爱上帝和侍奉上帝的关联(《多比传》14:6—7,9;比较《申命记》10:12—13;6:13);要"尽全力"、"赞美"上帝的嘱咐(《多比传》14:9;比较《申命记》32:3,43;6:5);将专心纪念神作为核心价值观;将耶路撒冷持守为犹太人唯一而集中的朝圣中心(《多比传》1:4—6;14:5—7;比较《申命记》12:1—14)。

《多比传》的作者为了描述多比雅的旅行,借鉴了《创世记》第 24 和 29 章对两次娶妻旅程的叙述。虽然多比雅出发是为了不同的目的(就像雅各一样),结果却如他父亲所教导的那样,[12]娶了一个本族女子为妻。多比凡事皆公义,却受了不该受的罪,这一点呼应了约伯的故事。

---

[12] 摩尔(Moore 1996:8—9)细致地分析了多比与亚伯拉罕要求为以撒娶妻之间的相似性。

《多比传》2:11—14 中夫妻不和的场景亦如此（虽然亚拿只是为个人的荣誉辩护，而约伯的妻子却是怂恿他冒犯上帝的尊严）。魏茨曼（Weitzman 1996:59）恰当地指出，《约伯记》被视为犹太文明初始时族长时期的产物，《多比传》的作者对那个时代特别着迷。这些对族长故事的暗示部分地表现出作者对犹太人在被掳和流散生活中面临威胁的反响。族长故事证明了上帝眷顾以色列，与以色列保持着亲密关系，即使在以色列国界之外也代表以色列行事（Weitzman 1996:60）。作者选择这些暗指故事的策略，着实使"多比"成为指称散居地区犹太人的贴切语词。

74

作者也采纳了以色列的先知文学。他在《多比传》2:6 中引用了《阿摩司书》8:10，那时多比在收割节前夜得知一个犹太同胞的尸体被弃置街头，将此悲惨事实与阿摩司对伯特利的预言联系起来，该预言在被掳时期兑现了，并将在被掳以后新的悲惨境遇中继续兑现。多比也大致提到那鸿向尼尼微传达的神谕（《多比传》14:4），[⑬]提供了一条研究作者阅读先知书方式的有趣途径（即先知们的话在上帝预定的日子都会实现）。作者也对其他先知书的文本进行了语境重构，如预言耶路撒冷将成为一道照亮"地上所有角落"的光，"万国"都会来耶路撒冷为上帝献祭（《多比传》13:11；比较《以赛亚书》2:3；60:3），或预言耶路撒冷将用珍贵的石头重建（《多比传》13:16；比较《以赛亚书》54:11—12）。出现于《多比传》中的祷告、频繁的感恩诗和最后的赞美诗无论在形式、措辞还是内容上，都留下圣经赞美诗和祷言之清晰无误的痕迹。

《多比传》和两约之间时期的犹太价值观

《多比传》鲜明地体现出第二圣殿时期犹太人所珍视的价值观念。

---

⑬　亚历山大抄本和梵蒂冈抄本将其读为"约拿"而非"那鸿"，但我同意摩尔（Moore 1996:290）的看法，不赞同梅茨格尔（Metzger 1957:36）的观点，因为他认为后者更合适。

在犹太社群面临着被主流的异族文化同化的威胁之际,这些观念使他们仍能巧妙地保持自身的稳定和独特的身份。作者通过书中人物的言谈举止对人们施以道德教诲。多比是一位忠实的表率,身先士卒地做到了自己要求儿孙们去做的事。多比雅和撒拉是体面儿女的榜样,他们首先关心的都是自己的父母。读者受到的教育不仅来自作者借多比之长篇大论(第 4 和 14 章)所提倡的生活方式,也来自他们从故事中发现的崇高动机,以及自己与人物行为发生的共鸣。

也许书中最突出的价值观念就是通过慈善行为和安葬死者,来关心虔诚的犹太同胞。培养这种观念能形成一个团结的社群,它以伦理传统来约束自己,并对源于摩西律法的特有文化承担义务。多比之所以优秀,就是因为他怜悯贫困正直的犹太同胞,并虔诚地安葬被弃置的同胞尸体(1:3,16—18;2:2—7)。他的善举引起天庭中上帝的注意(12:12—14),由此上帝既考验了他的信仰,也拯救了他和拉格尔全家。值得注意的是,多比将他的救助对象仅限定为正直的、"全心全意信靠神"的穷人(2:2;参见 4:6b),《便西拉智训》12:1—7 也是这么提倡的。这样,善举就不仅仅是鼓励人们奉行犹太核心观念(如《托拉》的规定)的工具了,因为这些观念使人完全成为这个社群的一分子,也成为人们之间相互援助的一分子。

多比教育多比雅把慈善行为放在显著位置,其中包括一些行善的动机。对穷人慷慨将导致上帝对施舍者慷慨(4:7),这是应对未知未来的明智投资。当某人需要别人帮助时,他正直慷慨的名声是最好的担保(4:9)。关怀穷人便是取悦于上帝的奉献之道,这在犹太人远离圣殿之地显得更为重要(4:11)。最后,它是预防夭亡的最佳保证(4:10)。天使拉斐尔在他的相关言语中(12:8—9),多比在他的遗言中(14:2,9—11)都强调了慈善行为的重要性。事实上,作者在 14:10—11 中具体运用亚希喀尔的世俗故事,来证明 4:10 和 12:9 中有关慈善行为会给施主带来恩惠的论述。在最早的亚希喀尔故事中,亚希喀尔能逃脱死刑,是因为刽子手以前曾蒙冤受屈,是亚希喀尔为他开脱了罪名。而

75

在《多比传》中,是亚希喀尔平日里的善举救他逃脱了邪恶侄子的阴谋。

第二个值得注意的价值观是要履行亲属间的义务。其中最重要的是对双亲的义务,在他们生前要尊敬他们,他们去世后要妥善安葬(4:3—4;10:12—13;14:10a,11b—12a)。当一对夫妇结婚时,双方都又多了一对父母,对配偶的父母要尽同样的义务(8:21;10:12—13)——这与现代西方的"姻亲"观念很不相同。亲属间的义务远不仅仅存在于父母和子女之间。亚希喀尔是多比的亲戚(侄子,1:22),所以自然要为多比在国王面前美言,并在多比失明的早期供养他(1:21—22;2:10)。与之相比,拿答的悖逆之罪就罄竹难书了,因为他要谋害的亚希喀尔是自己的亲人和恩人(14:10—11)。多比的善举基本上来自他的血缘意识,他甚至将这种意识扩展到所有以色列同胞身上。犹太社群本身也被视为一个扩展了血缘关系的群体,人们之间都承担着某些义务(主要是救助),这与世界上许多其他民族都不相同(1:16—18;2:2—3)。

犹太人相信亲戚是值得信赖的。多比雅之所以指望亚撒利亚成为他合意且可靠的旅伴,是因为亚撒利亚(就其假扮的身份而言)是他的亲戚,所以他迫不及待地把亚撒利亚介绍给了多比(5:9)。而多比仅需要了解一下亚撒利亚的血统,就能估量出他是不是多比雅的可靠旅伴(5:11—12)。多比由于知道亚撒利亚的父亲和叔叔是严守《托拉》的高尚的犹太人,对亚撒利亚的品行也就极为放心(5:14),因为孩子会继承父母的道德品行。

在这种较重要的亲缘观念中若隐若现的第三大价值观是内婚制——一种社会科学概念,它教导人们在自己的种族、部落或家庭内部联姻。这种婚姻策略对犹太民族在异国他乡仍能维持种族的延续至关重要,同时也部分地反映出作者有关散居地的犹太人要"通过血统而非地理位置"来界定其民族形态的主张(Levine 1991:48)。多比极力主张的内婚制之现实形式——在父亲的亲族内找配偶——在两约之间时期是相当不切实际的,这种思想最早来源于《托拉》,其中提到以色列人要各自承受祖宗的产业,不得使产业从这支派归到那支派(《民数记》

36:1—9)。然而在走向极端的过程中,它肯定促进了犹太人之间的通婚,而非由于与异族通婚而招致的同化。这种异族通婚是亚历山大大帝欲使世界各族同化为一的一种策略,他的军队便热衷于此。很多犹太人也认为,与一个条件不错的异族家庭联姻,无论在社会地位上、政治上还是经济上都会大有益处。

《多比传》的作者通过这个故事和其中人物的言谈来抗击这种趋势,提醒大家聆听犹太人应该与谁成婚的圣言。多比娶了一个犹太同胞,一个亲族女子为妻(1:9),撒拉的结婚对象也全是他父系的亲戚,当恶魔使所有求婚者都命丧婚床时,撒拉认为再没有任何亲戚堪与她婚配了(3:15)。据她所知,她再也没有结婚对象了。

在4:12中,多比把与异族通婚行为视为一种私通:防止私通的首要办法就是找个以色列血统的女子结婚。他告诫多比雅,并通过多比雅告诫读者,不要骄傲自大,轻视自己的种族,因为这一点正是与异族通婚的动机。它又是希腊化背景的产物(在流散地区和巴勒斯坦皆如此),因为与异族家庭通婚能融入主流文化的主要潮流,获得更多的潜在发展机会。亚撒利亚提到内婚制时将它作为婚姻的准则(6:12),所以多比雅作为撒拉的亲族,就有权娶她并继承拉格尔的财产。这种固定准则的权威性不亚于《托拉》(6:13;参见《民数记》36:6—9)。在这里,继承权问题是一个重要背景:既然撒拉将继承拉格尔的财产,她就必须嫁给同宗支派的人。

作者也提倡一种婚姻观念,主要体现在8:5—7的祷告中(在天主教、英国国教和联合循道公会的婚礼仪式中,这部分成为《旧约》选读材料)。婚姻之所以存在,并非为了满足性欲或淫欲,而是为了两人在随后的生命路途中能相互扶持。埃德娜在多比雅临行时所说的话也表达了这一点,她嘱咐新郎"无论何时,永远不要做使她伤心的事"(10:12)。作者明确表示婚姻是一种伙伴关系,而非提供了发泄淫欲或在情感上支配对方的机会。

将所有其他观念统一起来的是一种总体价值观,即在一个人所允许的范围内,要最大限度地忠实于上帝的律法。多比在以色列时就严格遵从朝拜律令,即便北方支派从所罗门王国分裂出去后,他的所有拿弗他利族人都去祭拜耶罗波安设在但城的金牛犊(1:5),或是去伯特利的替代拜神场所献祭(参见《列王纪上》12:25—33),他也只在正当的场所祭献(1:4;参见《申命记》12:13—14)。他严格遵守缴纳什一奉献的典章,将收成的第一个十分之一送给祭司利未人,第二个用于在耶路撒冷过宗教节期,第三个送给耶路撒冷的穷苦人(1:6—8)。但自从被掳到国外之后,多比再也无法奉行这些律法条文了,只得加倍地从事慈善行为,广行善举,以此作为取悦于上帝的奉献之道(4:11)。

多比也恪守《托拉》中的饮食规章。被掳到亚述后,他从不吃"异族的食物",这再次与其大多数犹太同胞形成对比(1:10—11)。通过他的榜样,读者会坚定地奉行正确原则,即便其犹太同胞都背道而驰。多比的榜样和教导会使人们将上帝牢记心中(1:12;14:7—9),即通过遵守上帝的诫命来敬仰他(4:5)。作者倡导人们将敬畏主、避免犯罪和行公义之事作为"真正的财富"(4:21;12:8b),因为它能使人最终得到上帝的眷顾,并亲眼目睹上帝实现复兴以色列的计划(14:7—9)。

《多比传》和《便西拉智训》之间存在大量联系,表明了这些价值观念的重要性和普泛性(而非文学意义上的相互依赖)。[14]它们都提倡对双亲尽义务(《多比传》4:3;《便西拉智训》3:1—16);都将敬畏上帝和遵守托拉作为此生的核心价值观和通往美好未来的必由之路(《多比传》4:5—6,21;《便西拉智训》1:11—13);都提倡广施善行,尤其对那些《托拉》的信徒(《多比传》2:2;4:7—11,17;《便西拉智训》3:30;4:4—5;7:32—33;12:1—7);都将服从上帝的律法视为财富和荣誉的来源(《多比传》4:21;12:8;《便西拉智训》10:19—24;40:26)。多比的一些实际行为建议也与便西拉不谋而合,如便西拉亦主张不得克扣工人的工钱(《便西拉智训》34:22;《多比传》4:14 将《利未记》19:13 直接予以语境

---

⑭ 这方面的大量相关论述见摩尔著作(Moore 1996:21 注释㊽,㊻)。

重构);二者都提倡饮酒适度(《便西拉智训》31:25—31;《多比传》4:15);都主张采纳聪明人的良言,尤其要聆听上帝的教海(《便西拉智训》37:7—15;《多比传》4:18—19)。

《多比传》还为了解第二圣殿时期犹太人的个人敬虔和祷告生活提供了途径。多比和撒拉的祷告类似于《诗篇》中的个人哀歌和祷词,只是《诗篇》的作者从来不向上帝祈死,而是求上帝救他们脱离死亡。多比的祷告始于赞美上帝的公义品格,然后转入对被掳往事的回忆,继而再次赞美上帝的公义,最后呈上他的祈求。撒拉的祷告从赞美上帝开始,紧接着提出请求,并肯定了自己的贞操(正如圣经诗篇的特点),然后继续她的请求。值得注意的是,他们二人在上帝面前都很坦诚,都将自己生活中最烦恼的事向上帝一表无遗,并请求上帝救助。在这种祷告者的观念中,上帝密切关注的不仅仅是整个犹太民族的命运,也包括每个犹太人的境遇。

多比雅在 8:5—7 的祷告也表现出一种很强的艺术性和恰当的修辞形式。一如大多数圣经祷告者,他也以赞美上帝开篇,然后表明自己是为了奉行上帝的旨意(在此借上帝造人表现出来)而祈求,并表明自己愿遵照上帝的意图行事。这个请求只有做到了这一点上才真正表达出来。从某种意义上说,这篇祷告提供了一个"依据上帝意愿祷告"的范例,因为它在表达多比雅的心愿之前,首先考虑到的是上帝本身的意图,且祷告者的请求也包含在上帝的旨意之中。

在《多比传》中,赞美诗的形式("啊,上帝,你当得我们赞美")特别常见。它很可能反映了作者参与过的祷告生活,作者也很可能发出过这种虔诚的感慨(《多比传》3:11;8:5,15,16,17;11:14;13:1,17;亦参见《犹滴传》13:17;《亚撒利亚祷词》3;《三童歌》29;《马加比传上》4:30;《马加比传下》1:17;《以斯拉上》4:40,60;《马加比传三书》7:23)。在6:17—18 对驱除魔鬼的描写中,祷告和魔法有趣地结合在一起,这种结合曾被作者(例如在《所罗门遗训》中)充分地加以润饰;但在《新约》的驱魔逐鬼描写中,这种结合是明显不存在的。人们得到上帝恩惠后的反映是公开颂扬施恩者,将荣耀归于上帝,在世上传播他的美名(11:16—17;12:6—7a,20a)。这种方式源于古时候人们要赞美自己的恩人,并传诵他的美名(参见 deSilva 2000b:113—114,141—143)。

神学

《多比传》再次证实了《申命记》对蒙福和受苦的基本解释。遵守《托拉》、履行美德便能蒙福(4:6;参见《诗篇》1:1—3),而背弃《托拉》则是灾难之源。3:3—5所载多比的祷告,以及第1章中多比的邻居普遍无视律法的证据,都证实了《申命记》的基本信条——犯罪导致被掳。多比同样认为自己被掳到异国,并沦落为一个穷苦盲人的困境是上帝对自己罪恶的惩罚(3:3,5),或许仅仅因为自己是这个离弃了上帝庇护的罪恶民族的一分子。至少在拉斐尔为他说明一切之前,他没有任何其他思路来解释这些变故。拉斐尔坦言他受命来考验多比(12:13—14),这呼应了一个更阴险的天使对约伯的考验,虽然我们未被明确告知考验的原因。可能像约伯一样,他对上帝及其价值观之一如既往的忠实(即如我们从他对多比雅的教导中所看到的那样),为自己赢得了被证实并在苦难中更加闪光的机会。[⑮]

《多比传》在天使论和魔鬼学方面更有建树。在《旧约》中天使极少出现,恶魔实际上从未出现,但在《新约》中,天使、恶魔却无处不在,两约之间的文本如《多比传》为这种演变提供了桥梁。《多比传》的作者提到宝座前侍奉主的七个天使长(12:15),提出了一个极其不同的天使序列(一如《利未遗训》3.5和《启示录》1:4;4:5;8:2所示)。作者也与《利未遗训》的观点一致,即天使们承担着人们对上帝的祈求,天使长代表公义之人行事(参见《利未遗训》3.5—7),由此产生了一套带有官僚机

---

⑮　然而哈灵顿(Harrington 1999:25)的评论是正确的,即这部作品并未更深入地探讨它提出的某些受难形式的含义(当然,被掳到异国他乡是个例外,因为古老的申命派解释为它作了大量证明。参见 3:2—5;13:3—9)。

制意味的祷告神学,即为了引起全能者的注意,人们对上帝的祈求需通过天使传达到上帝耳中(3:16—17;12:12—15)。作者与《以诺一书》和《禧年书》的世界观相同,都认为堕落的天使会给人们带来灾难(它通过一种十分人格化的方式表现出来,使人联想起《创世记》6:1—4,《以诺一书》对堕落天使及其恶魔后代之扩展神学的发展就是以此记载为基础的)。人们驱逐魔鬼的行为与神鬼战争之间也保持着一致性:多比雅赶跑了阿斯摩得,而拉斐尔制服并捆绑住那个恶魔(8:3)。这个神鬼出没的世界正是《新约》作者及其读者生存和活动的空间。

《多比传》另一个主要的神学关注是以色列的命运。正如多比和撒拉脱离了苦海,再蒙上帝恩赐,重新过上幸福生活一样,更多上帝子民的经历也会从被掳的悲剧和凄苦转为荣耀的复兴。《申命记》28—32章也再次证实了本书结尾部分的观念,即被掳之民若重新归向上帝,上帝将应许他们脱离苦境并再度复兴。多比的亲身体验——"虽然他曾降灾于我,但他仍旧怜悯我"(11:15)——将会成为上帝全体子民的体会。

多比最后的赞美诗和遗言中含有这部书的末世论思想,遗言中涉及预测的第一部分(14:4—5a)在很大程度上是"事实之后的预测",因为本书写于公元前3世纪晚期或前2世纪早期。有关尼尼微必将陷落的陈述表现出一种鲜明的先知主义:"上帝派遣的以色列先知们所说的一切,都会发生。他们的每句话都不会落空,时间一到必将实现。"(14: 4)所以,那鸿对尼尼微发出的神谕(尤其《那鸿书》1:1;2:13—3:19)必将变成现实,多比雅和撒拉相应地规划了他们的未来。早期基督徒对此深信不疑,因为他们从那些相同的上帝圣言中已了解到自己的过去、现在和未来。确实如此,14:4和8中的声明在故事世界中得到了证实,因为14:5是以尼尼微陷落而非多比去世作结的。

多比接着又"预言"了人们将会违背与上帝所立之约(14:4b),而以色列人的被掳和耶路撒冷的被毁会成为上帝的正义审判(13:5a,9; 14:4b),然而上帝也会应许他们返回故土,再度复兴(13:2,5—6;14:

80

b);尤其展望了锡安和圣殿重建后的辉煌未来(13:16—17;14:5)。⑯这种末世论的最终阶段再次证实了以赛亚和耶利米的看法:万国终将放弃偶像崇拜而皈依唯一之神(14:6—7;参见《以赛亚书》2:2—3;60:2—3),分散在各地的犹太人都将聚集于应许之地(13:5b,13;14:7;参见《以赛亚书》11:12;43:5—7;54:7;《耶利米书》29:13—14;31:7—10;32:37)。可见《多比传》的神学贡献主要在于保存、重申了《申命记》的神学观和先知们的末世论。

《多比传》中的妇女

妇女在这部传奇故事中占有显著位置,吸引了学者去研究作者如何塑造作者那个时代之妇女,以及透露出那些妇女的什么情况。当上帝派天使去拯救撒拉和多比时,他们同样得到了上帝的眷顾(虽然对撒拉的介绍较简短)。⑰其他女性形象也得到充分表现。我们看到亚拿由于丈夫失明而身陷困境,看到她对儿子的深厚感情和无比担忧,以及她宁愿舍弃金钱也不愿儿子拿性命去冒险的高贵情操(2:11—14;10:4—7;5:18—20)。埃德娜在女儿结婚前夜与多比雅和亚撒利亚的初次见面中,在女儿、女婿启程之际向他们祝福时,表现得都很积极(7:2—4,15—16;10:12—13)。多比是个孤儿,他的祖母底波拉曾向他施以《托拉》的教诲(1:8)。他那敬虔的生活方式也得益于她的影响。

然而,我们不该超出实际地看待《多比传》中的女性形象,以至于对其理解显得过于"现代化"。例如,舒勒尔(Schuller 1992:239)想象埃德娜在撒拉的婚约上也作了保证,但文中并未暗示这一点。亚拿养家

---

⑯　这本身就是一个过程,他们要重建圣殿,但其华美程度将不如前,直至末世来临它才能完全恢复自身的华美(14:5)。

⑰　在一个非特有的失误中,哈灵顿(Harrington 1999:10)认为在 8:8 中撒拉仅仅说了"阿们,阿们",而忽略了她在 3:10—15 中的祷告和独白,而我们正是通过这些祷告和独白才得以简洁有效地了解了她的性格和困境。

糊口的角色使之与丈夫的关系变得紧张,这一点从她以某些琐事攻击多比的争吵中就能发现。这种对传统习俗的颠覆(参见《便西拉智训》25:22)使多比的家庭关系显得不甚和谐。天使并未向撒拉和亚拿显现,则再次表明在故事发生的年代男女之间是不平等的。

尽管这个故事中的女性形象较为突出,她们的地位仍和故事发生年代的广大妇女一样低下(Bow and Nickelsburg 1993:143)。和《次经》中的众多女性一样,撒拉的美德是以其贞洁来衡量的(在婚前要守身如玉,婚后只能与丈夫发生性关系,丈夫死后不能再与其他人发生性关系,即如《犹滴传》和《马加比传四书》所示;3:14—15a)。它反映了在涉及妇女尊严的领域,主流文化对性别专有权的提倡,这也是使妇女隐秘化和私有化之双重标准的一部分。莱文已经注意到了故事中男性角色的名字是如何与上帝及其显灵相关联的,比如,多比和多比雅的名字意谓"上帝是我的利益",拉斐尔的名字意谓"上帝治愈",亚撒利亚意谓"上帝帮助",拉格尔意谓"上帝之友"(Levine 1991:51;Moore 1996:25)。但另一方面,女性的名字无论从词源学上看,还是从联想意义上看,都与性生活和生殖活动有关。撒拉的名字使人想起亚伯拉罕那不生育的妻子,埃德娜的名字意谓"性生活的乐趣",安娜(亚拿)的名字让人想起撒母耳那曾经不能生育的母亲,其不孕危及了她在家庭中的地位,就像这个亚拿认为失去多比雅就会失去后半生的好日子一样。

但是《多比传》至少承认了女性的感受,她们对家庭的贡献和作用,以及女性是家庭中重要分子的事实。它甚至还提出一种积极的婚姻观,即丈夫不该把妻子当作发泄性欲的工具或是虐待她们。本书也为犹太—基督教文化形成"男女合一"的观念(《加拉太书》3:28)作出一定的贡献。

影响

《多比传》和《新约》之间最值得注意的联系,在于二者都教导人们要广施善行。拉斐尔和耶稣都认为祷告、禁食和慈善行为是义人生活的一部分（《多比传》12：8；《马太福音》6：1—18）。应该快乐地救助别人，不要吝惜赠与（《多比传》4：16；《哥林多后书》9：7），要根据个人的财产状况帮助别人，不管你是富裕还是贫穷，都可以依据自己的能力帮助不如你的人（《多比传》4：8；《哥林多后书》8：12）。不要拒绝向穷人伸出援助之手（《多比传》4：7；《路加福音》6：30）。救济义人尤应得到鼓励：在《多比传》中义人指遵守律法的犹太人，在《新约》中指"信徒之家"（《多比传》4：6b—7a；《加拉太书》6：10；参见《希伯来书》13：1—3）。

《新约》不仅体现了多比的实际建议，也秉承了它广施善行的观念形态，并强调人的最终命运而非短暂未来是与慈善行为相联系的。给予穷人仁爱和救济是储蓄真正财富的方式，当你有朝一日遇到麻烦时，就能证明它真正有用（《多比传》4：9）。济贫比囤金好得多（《多比传》12：8），它能救你脱离死亡，可能是因为上帝的庇护在需要时就会到来（《多比传》4：7b，10；12：9）。耶稣明确赞成这种教训，主张救济穷人就是积聚"天上的财富"（《路加福音》12：33—34）。《提摩太前书》的作者发展了此种教训，嘱咐基督徒广施善举，以便"为自己积成美好的根基，预备未来，叫他们持定那真正的生命"（《提摩太前书》6：18—19）。

"苦难的日子"在《新约》中变成了"审判的日子"，但慈善行为仍是为那天的到来做好准备的必要事工。《马太福音》25：31—46 提倡给赤身裸体的人衣服穿，给饥饿的人食物吃，以此作为侍奉耶稣的应有方式，这样做在审判来临时才能获得永生。与此相似，《路加福音》16：19—31 的寓言把救济穷人描述为某富人得以免去"黑暗之地"的方式（《多比传》4：10），而慈善行为也成为某人来生痛苦还是幸福的评判标准。这篇寓言和《多比传》表达了同样的意思，即行善是从摩西律法和先知书中得来的一条重要的基本经验。

《使徒行传》中的两个段落在论及慈善行为的重要性和功效时，也表现出受过《多比传》的影响。人们赞扬刚刚去世的大比大是因为她的"善事"（《使徒行传》9：36；参见《多比传》1：3），寡妇们将她在世时为她们缝制的衣服给彼得看，彼得就立即使她复活。大比大的善举成为她虔心敬神、热心助人的见证，所以她当得这种恩惠。事实上，她的善举救她脱离死亡是通过一种比《多比传》作者的想象更加戏剧化的方式来实现的。同样，哥尼流也以热心做善事著称，结果天使向他显现，并告诉他："你的周济和你的祷告达到神面前，已蒙记念了。"(《使徒行传》10:4)这与《多比传》12:12 中拉斐尔之言的意思极为接近，结果也一样：上帝派遣一位天使给广行善举者以某种恩惠。

除了《新约》，公元 2 世纪的士每拿主教波利卡普也将《多比传》4:10 对慈善行为的弘扬进行语境重构，因为"慈善行为能救人脱离死亡"(《致腓立比人书》10.2)。而且，公元 2 世纪早期的基督教著作《赫马牧人书》继续体现出经路加修订后的《多比传》观点：善举是为将来储存财富的方式，现在尤其指为上帝国度之永恒未来储存财富的方式(《比喻》1)。

《多比传》也包括了黄金箴的反面表述形式(《多比传》4:15；参见《马太福音》7:12；《路加福音》6:31)。在古代世界的道德教训中该说法颇为常见，亦见于希勒尔(《巴比伦塔木德·安息日》31a)、《塔古姆》(《塔古姆·约拿单伪书》之《利未记》19:18)、孔夫子(《论语》12.2)、爱比克泰德(《残篇》38)的言论中。它的正面形式是由第欧根尼·拉尔修(《著名哲学家的生平》5.21，作者被归于亚里士多德)表述的(Zimmerman 1958a:159—160)。[18]这种反面表述在《十二使徒遗训》1.2 中再度出现，可能是以反面形式再次重申了耶稣之言，而非对《多比传》4:15 的直接依赖。公元 1 世纪末，耶稣之言就这样被人改动了(2 世纪晚期的教父著作和更晚时期的手抄本中有抄写者对《使徒行传》15:29 的增补，其

---

[18]　齐默尔相信耶稣在表述这个格言时，用的是反面形式，但路加将其转变为正面形式，以使它更符合自己的非犹太人传统(此系对路加的猜想)和读者身份。但是齐默尔的这种看法完全忽略了《马太福音》中的证据，即耶稣在对大多数犹太人讲论时也采用了格言的正面形式。教会不可能在《路加福音》6:31 中吸收《马太福音》7:12 的内容，因为普遍的看法是《马太福音》吸收了《马可福音》和《路加福音》的内容。最有可能的依然是耶稣将正面形式转变为他从其犹太传统中学来的言语。齐默尔也提到对《使徒行传》的一种离奇说法，即其中的 15:29 中也有对黄金箴的反面表述(现在人们将它明确视为一种对异教徒要求的早期扩展)。

中也有对耶稣言论的改动),表现出这一反面阐释的延续。

12:17—20中拉斐尔的启示性讲道很可能为新约作者记叙耶稣使命、他的回归圣父及其在门徒眼前升天提供了范例。在《约翰福音》中,耶稣说他所做的并非出于自己的意志,而是出于圣父的意志(《约翰福音》5:30;6:38),这与天使的类似宣告遥相呼应:"我并非按自己的意思行,而是按上帝的意思行。"(《多比传》12:18)拉斐尔的宣告"好了,现在我必须到他那里去了,是他派我来的"(《多比传》12:20)后来也被不断仿效,首先表现为《约翰福音》所述上帝对耶稣的频繁委派,如"是他派我来的"(《约翰福音》1:33;4:34;5:30,38;6:29,38—39);亦表现在耶稣的明确宣告中:"我要回到差我来的那里去。"(《约翰福音》7:33;16:15)"我要升上去见我的父。"(《约翰福音》20:17)《多比传》对天使离去的描写,尤其是细节如他们"再也看不见他了",他们"开始感谢上帝并唱赞美诗"(《多比传》12:21—22),可能为后来《路加福音》24:51—53和《使徒行传》1:9描写耶稣升天提供了范本。

《多比传》反映出的天使论以更完备的形式在《新约》全卷中继续展现。在四福音书和《使徒行传》中,魔鬼是人痛苦的根源,驱除魔鬼是解除痛苦的方法,作者甚至认为每个人都有他或她自己的守护天使,或是在上帝天庭的代言人(《马太福音》18:10;《使徒行传》12:15)。魔鬼的势力必须被捆绑,以便使之束手无策(《多比传》8:3;参见《启示录》20:2)。2世纪的基督教文献《所罗门遗训》清楚地表现出这一点,其中所罗门与魔鬼阿斯摩得会面的描写直接取材于《多比传》,连阿斯摩得谋害新婚夫妇并被打败的方式也与《多比传》如出一辙(《所罗门遗训》5.1—13)。

和《次经》中的大部分作品一样,《多比传》的地位也曾引起人们的争论。亚历山大的克雷芒将《多比传》4:16引用为"圣典"(《论基质》2.23.139;亦参见1.21.123和6.12.102),但是在东方教会除了约翰·克里索斯托,并无其他知名教父赞同此说。在西方,随着奥古斯丁的评价比哲罗姆更受青睐,这部书日益被认可为正典(见Moore 1996:

52—53)。并且,在所有次经作品中,除了《便西拉智训》,《多比传》得到人们的正面评价最多,甚至被用在新教团体中。路德在其德文版圣经的《多比传序言》中称之为适合基督徒阅读的有益故事(Metzger 1957:37)。在圣公会和循道公会的结婚仪式中,《多比传》8:5—8 被当作可接受的旧约文本阅读。在 1549 年出版的《公祷书》中,这个故事被编写成一段恰当的祷文,并被阿曼门诺派旧教的《教牧指南》倡导为婚礼仪式上讲道的基础(Metzger 1957:40—41)。

《犹滴传》

4

"听我的，一个寡妇的祷告"

　　《犹滴传》讲述了信奉多神且居优势地位的外邦人和显然富有生机活力的以色列上帝——他贯穿于从出埃及到第二圣殿的历史中——之间的斗争故事。故事中上帝藉一位虔诚的寡妇犹滴获取了胜利，犹滴运用计谋从亚述侵略者何乐弗尼的强大军队下拯救了她的民族和圣殿。犹滴——一个大利拉 * 式的女人为了上帝的缘故，利用元帅对自己感情失控的弱点，诱使其处于不利境地，然后砍掉他的头颅。除了对犹滴计谋的一些现代批评外，《犹滴传》从头至尾就是一个道德故事，它向读者强化了申命派史书的基本神学，展现出一个虔诚而认真遵守上帝之约的楷模，证实了伴以信仰行为之祷告的灵验，增强了对以色列上帝的信心和对遵守《托拉》的犹太人（成为上帝藉其为子民谋利益的媒介）之能力的信任。

结构和内容

　　故事以虚构的尼布甲尼撒和想象的玛代国王阿法扎得之间的战争

---

　　* 大利拉：圣经人物。《士师记》所载参孙喜爱的非利士妇人，为了钱财而引诱参孙说出自己力大无穷的秘密，然后把秘密告知非利士首领，使参孙被非利士人捉拿。后来大利拉成为女性贩卖者的代名词。——译注

为开端。尼布甲尼撒号召所有的属国为他而战。东方属国响应其号召集合起来,但西方属国却无视其呼吁而蔑视他,尼布甲尼撒发誓要向他们复仇(1:1—16)。尼布甲尼撒在打败阿法扎得之后,命令军队最高统帅何乐弗尼去征服西方国家。那些投降的国家虽没被摧毁但却受到某些惩罚,而那些坚持抵抗的国家将遭到杀戮和洗劫(2:1—13)。何乐弗尼洗劫了波斯、基利家、吕彼亚和米甸之后,其他许多国家都和平地投降了(2:14—3:14)。何乐弗尼接受了他们的投降并摧毁其圣所,以利于庞大的尼布甲尼撒帝国的崇拜,然后从那些国家中选出一部分人做他的附属部队(3:5—9)。

场景转换到"生活在犹底亚的以色列儿女"。他们刚刚流放归来,听说何乐弗尼的到来都非常恐惧。他们尤其担心重新供奉的圣殿,它不久前还被亵渎过(4:1—3)。在大祭司约雅金的指挥下,人民占领了犹底亚和撒玛利亚的所有战略要地进行备战。他们身穿丧服,头上撒灰,一起忏悔祷告,以唤起上帝的注意,期待上帝现在就予以干涉(4:4—15)。

再来到何乐弗尼的军营。他听说以色列的作战动员后勃然大怒,因为其他邻国都已投降而他们却坚持抵抗,他召集亚扪和摩押的首领以探寻这个民族的军事力量(5:1—4)。亚扪首领亚吉奥对以色列从亚伯拉罕离开迦勒底到自巴比伦流放归来的历史如实概述一番,强调了基本的申命派原则,即只要以色列人忠诚于上帝的律法,就会无往不胜;如果以色列人得罪了上帝,何乐弗尼就可望战胜他们(5:5—21)。听亚吉奥这么说,何乐弗尼和其他迦南附属国都很恼火。何乐弗尼宣称:"尼布甲尼撒不是这里唯一的神吗?"(6:2)这导致一场涉及上帝荣耀的战争,一场何乐弗尼无法赢得的战争。亚吉奥被驱逐出军营,交给何乐弗尼必须首先攻占的伯夙利亚城的以色列人,让他们处死他(5:22—6:13)。以色列人听说他的遭遇后,却非常友好地接纳了他(6:14—21)。

何乐弗尼的以东人侍从建议他切断伯夙利亚的水源,使居民因饥渴、绝望而投降,这样不失一兵一卒就能消灭他们。何乐弗尼非常欣赏这个建议,遂部署军队包围那个城镇,以防任何人逃出来(7:1—18)。三十四天过后,伯夙利亚的居民开始抗议他们的首领,宁愿投降终生为奴,也不愿眼睁睁地看着孩子们死去。乌西雅决定再等五天,如果上帝还不救助,就屈从众人的决定(7:19—32)。

直到此时我们才看到斗士——犹滴出场。她是一个漂亮的寡妇,此前已守寡三年零四个月。她过着自律又虔诚的生活,除了安息日、新月节及其前夜外一直住在自家房顶的小棚子里,经常禁食,在忠实女佣的帮助下经管已故丈夫的财产(8:1—7)。"没有人说过她一句坏话,因为她是一位虔信宗教的妇女"(8:8)。她把城中的长老召集到跟前,谴责他们制造条件试探上帝,而他们本应坚定不移地期待上主。她说他们的抵抗不是为了他们自己而是为了圣殿本身。他们把誓死维护上帝的荣耀作为自己的义务,投降只能意味着损伤上帝的荣耀,而上帝坚持要他们从心里服从他。她鼓励他们应该在上帝的考验中证实其忠诚和坚定不移,而不是去试探上帝(8:9—27)。乌西雅不能不同意,但由于他已经向人民作出承诺,就无法再改变。犹滴因而宣布上主将藉她的手救助他们,并计划当晚与她的女佣离开军营(8:28—36)。

她在献晚香的时候祈祷,以唤起对祖先西缅的热忱(他由上帝授权杀死并洗劫了玷污他妹妹底拿的那些人),作为自己即将效仿的楷模。现在并非一个犹太妇女而是圣殿即将遭受玷污和蒙羞的危险,因此犹滴把自己当作上帝发泄愤怒的工具。她强调自己的无力和脆弱,也表达对"卑贱者的上帝、压迫者的救星、软弱者的支柱"(9:11)的信念。她总结祷文以表达其主要观点:显示谁是这世上的真正上帝(9:14)。

犹滴用最好的衣服、珠宝和香料装扮自己,并准备了她在外邦人那里要用的食物和餐具(10:1—5)。她盛装出行,离开伯夙利亚,被一个亚扪巡逻兵逮捕。她装扮成从行将灭亡的伯夙利亚逃亡的避难者,被护送到何乐弗尼的帐篷(10:6—23)。何乐弗尼以大赦的方式欢迎她。犹滴对何乐弗尼一番夸耀,讽喻说上帝将通过他做成一件奇事,而后告诉他亚吉奥的言论基本正确。不过,犹滴已了解到她的民众即将触犯上帝,因为他们要吃什一奉献之物和谷物、油、酒的初熟之果,这本是献给上帝的圣物,非祭司不能享用。[①] 所以她逃到何乐弗尼这里寻求自救,背叛了那个已经背叛上帝的民族。她提议允许自己每晚离开营地向上帝祷告,以便使上帝告诉她以色列人将于何时犯此罪行,然后她允诺带领何乐弗尼进入耶路撒冷获得胜利(11:1—19)。

何乐弗尼听犹滴这么说,非常高兴,遂给她出入自由的权利(这为她预备了逃跑的方式),并邀请她每晚共进晚餐。犹滴坚决不吃外邦人的食物,而是吃自带的食物,用自带的餐具。她每晚都在泉水里沐浴,向上帝祷告,自洁后才返回(11:20—12:9)。在第四个晚上,何乐弗尼决定勾引这个美貌妇女。在宴会上,他被犹滴的美丽深深吸引,喝了过量的酒。当随从把他和犹滴单独留下时,他已酩酊大醉地倒在床上(12:10—13:2)。犹滴向上帝祷告后,用何乐弗尼的剑两下便砍下他的头。她把头放在食物袋里,与女佣一起离开军营,就像每晚做洁净礼和祷告一样(13:3—10)。她们回到伯夙利亚展示战利品,犹滴也声明何乐弗尼未能玷污她。在乌西雅的带领下,全城民众都称赞她是"在我们上帝面前走正路"(13:11—20)的人。

亚吉奥认出割下的人头的确是何乐弗尼的,而后皈依犹太教。犹滴指挥伯夙利亚的武装军民向亚述营地进军。亚述人惊叹于以色列人的勇敢,派何乐弗尼的侍从巴勾斯去叫醒元帅。但巴勾斯竟然发现一具无头尸体,遂大声喊叫:"一个犹太妇女羞辱了尼布甲尼撒的整个王国。"(14:18)亚述士兵四散而逃,以色列人从各城镇出来,追击他们并洗劫其军营,如此持续了整整一个月(14:1—15:7)。犹滴受到约雅金的祝福,她带领以色列妇女跳起节日的舞蹈、唱起得救的赞歌,男人们

---

① 据说,他们将要"宰杀他们的家畜……吃那些上帝律法禁止他们食用的食品"(11:12)。这可能涉及禁止饮血之事,因为这是以色列人在极其干渴的情况下所可能考虑的。拉丁文版本对此有详细说明,事实上或许能提供未见于七十子希腊文译本原文中的某些内容;离开了这种说明,至少宰杀牲畜似乎并不违背宗教诫命(Moore 1985:210)。

跟在后面(15:8—16:17)。犹滴把她的缴获物作为祭品献给圣殿,然后回归原先的个人生活,再未嫁人。她一百零五岁去世,临终前把财产分给她和丈夫的亲戚,并让女佣获得自由(16:18—25)。

这部匀称的作品结构精致,显示出作家的文学艺术技巧。托尼·克拉文(Toni Craven 1983:60,62—63;参见 Moore 1985:57—59)认为,该作品可大致分为两部分(1:1—7:32;8:1—16:25),每部分都被一个轴心结构所控制:

第一部分:

　第一段:尼布甲尼撒反对阿法扎得的战争(1:1—16)

　第二段:尼布甲尼撒派何乐弗尼惩罚违命的属国(2:1—13)

　第三段:2:14—7:32

　　A 对西方列国的战争;人们的投降(2:14—3:10)

　　　B 以色列人得知何乐弗尼的强大,他们的"巨大恐惧";约雅金的战前准备(4:1—15)

　　　　C 何乐弗尼与亚吉奥商谈,驱逐他离开军营(5:1—6:11)

　　　　C′ 亚吉奥在伯凤利亚受到欢迎,与众人商议(6:12—21)

　　　B′ 何乐弗尼的战前准备;以色列人看到其军队强大后"极其恐惧"(7:1—5)

　　A′ 对伯凤利亚的战争;众人准备投降(7:6—32)

第二部分:

　A 犹滴出场(8:1—8)

　　B 犹滴计划拯救以色列(8:9—10:9a)

　　　C 犹滴和她的女佣离开伯凤利亚(10:9b—10)

　　　　D 犹滴战胜何乐弗尼(10:11—13:10a)

　　　C′ 犹滴和她的女佣返回伯凤利亚(13:10b—11)

　　B′ 犹滴准备(以色列人实施)摧毁敌人(13:12—16:20)

　A′ 犹滴的结局(16:21—25)

一些学者只强调构成整部作品之各章节的一小部分,或把整个作品看成一个轴心轮廓,这些做法似乎都有点勉强,但克拉文的评析却能经得起批评。

这个故事的文学技巧还表现在亚吉奥故事和犹滴故事的平行叙述方式方面(Roitman 1992)。每个人物都经历了五个阶段。第一阶段:他们处于相反的场景和角色关系中(亚吉奥是个异教徒,亚述军营中的一员;犹滴是虔诚的信徒,伯夙利亚城里的隐居寡妇)。第二阶段:每人都发表了一场关于以色列历史的演说,以从中获取教训,但却激发了不同的反应(对亚吉奥的反应是愤怒,对犹滴是疑惑),这也使他们发生转变(亚吉奥成为何乐弗尼的敌人,而犹滴则成为人民的斗士)。第三阶段:他们互换场景。第四阶段:他们互换角色(亚吉奥现在成为犹太人的朋友,犹滴却成为其民族的背叛者),并且都受到欢迎,为新环境中的伙伴所称道。第五阶段:只是在出人意料的故事结局之后,两个角色才首次见面,继而进入各自的最终结局(亚吉奥皈依犹太教成为平民,犹滴再次成为隐居的寡妇,见 Roitman 1992:37—38)。

作者文学技巧的另一标志是大量使用讽喻,这也是理解本书的关键之处(摩尔 1985:78)。[2]讽喻是取悦读者的一种策略,也是一种文学技巧的法则,因为整个作品的情节活动大半与其相关。《犹滴传》中最明显的讽喻之例是将亚吉奥驱逐到伯夙利亚的军营(表面上看是让他死,实际上却救了他,6:5—8)以及亚述士兵目睹犹滴之美的反应:"让以色列男人存活是不明智的,因为我们如果让他们存活,他们会迷惑全世界!"(10:19)确实,就是这个希伯来妇女迷惑了亚述军队的元帅,并使其整个军队一败涂地。

讽喻集中运用于描述犹滴与何乐弗尼相遇的阶段。尽管上帝的确将"与(何乐弗尼)一同干一番震惊全世界的事业"(11:16),而犹滴的预言("如果你采纳了你仆人的建议,上帝将会同你干一番大事业,我主对

---

② 参见摩尔(Moore 1985:78—84)对《犹滴传》之讽喻的出色分类和评论。

90 他的计划就不会失败"11:6)却以模棱两可的形式多处出现。或许,"我主"在何乐弗尼理解是指他自己,但犹滴所想的只是她那唯一的主(他的计划将要实现)。仔细考察 12:4,14,18,能进一步发现故意造成的含混和双关含义。

文本的流变

《犹滴传》的文本主要存在于传统的七十子希腊文译本中,其中有三种不同版本:(1)西奈抄本(较之其他重要抄本,它更多表现出由抄写员造成的讹误,Moore 1985:91—92)、③亚历山大抄本和梵蒂冈抄本;(2)19、108 抄本;(3)58 抄本,亦见于古拉丁文和叙利亚文版本中(Cowley 1913:243)。这些版本的区别非常小,并非由于对希伯来文本的新考证,亦非由于对希伯来文本手稿的侧重点有所不同。哲罗姆依据他所知的阿拉米文版本(但它显然不是从原始版本而来)、修订古拉丁文本而形成自己的拉丁文通俗译本(Moore 1985:94—101;Enslin and Zeitlin 1972:44)。哲罗姆本人并未打算精确或严谨地翻译,他的目标是"含义相当而非逐字对译"(参见 Cowley 1913:244)。沙希地文(科普特文)、叙利亚文和埃塞俄比亚文本皆据七十子希腊文译本译成,后来出现的希伯来文本依据了希腊文或拉丁文译本,或是完全自由的意译,而非最初希伯来文本的独立见证(Moore 1985:108;Moore 1992e:1124)。最终结果是,我们要寻找《犹滴传》最初文本的唯一可靠途径是七十子希腊文译本的传统。

考虑到希腊文本中有许多希伯来文成分,《犹滴传》的最初语言很可能是希伯来文。④然而译者也不乏希腊文的影响,因为书中使用了丰

---

③ 较可取的评注版本出自汉哈特(Hanhart 1979a)。
④ 有关语言学证据的讨论见于毕塞尔(Bissell 1899:164)、法伊弗(Pfeiffer 1949:298)、摩尔(Moore 1985:66—67,92—93)、恩斯林和泽特林(Enslin and Zeitlin 1972:40—41)、库利(Cowley 1913:244)的著作中。

富的词汇,比如,译者选择同义词或创造介词复合语,以避免翻译中的重复现象(Enslin and Zeitlin 1972:40—41)。普遍认为该书在公元1世纪后期之前被译成了希腊文,因为当时罗马的克雷芒提到过这个故事(他预设其读者也熟悉该故事)。

作者、日期和背景

匿名作者可能是一个巴勒斯坦犹太人(Bissell 1899:164;Moore 1985:70;Metzger 1957:42)。作者熟稔何乐弗尼到达巴勒斯坦后的地理环境,犹滴行为反映出虔诚的品质,以及原著可能由希伯来文写作等,都说明了这一点。⑤作家何时写作和在什么环境中写作的问题已被学者们广泛讨论,一些人认为写作于"犹太教和民族独立处于危机时期"或"战争时期"(Metzger 1957:42,52;亦参见 Pfeiffer 1949:301)。这是镜像式阅读(企图从文本线索中分辨出作家所处的环境;当文本是记叙文时,这个过程需要特别仔细)的误用。作家未必生活在危机年代才能写危机。当然记叙文的细节有助于我们了解作家的时代和背景,但"危机"只是故事中的文学情节。

从亚吉奥的演说(5:17—19;参见 4:3)可知故事发生于后流放时期。另外,何乐弗尼和巴勾斯的名字也表明故事只可能发生在波斯时期,其他外来词如"总督"(5:2)、"头巾"(4:15)、"宝剑"(13:6)以及"贡献水陆产品"(2:7)的习俗等,也都能说明波斯人统治时期外来知识进入以色列后所发生的影响。而且,这本书也很可能在马加比起义之后

91

---

⑤ 泽特林(Zeitlin and Enslin 1972:31—32)相信作者不可能是巴勒斯坦犹太人,因为作者提到"生活在犹底亚的以色列子孙",而这个民族通常的自我称呼是"犹太人"。在犹底亚以外,犹太人自称"以色列人"或"希伯来人"。泽特林的评论并未动摇学术界的观点。事实上,作者不用"以色列人"和"希伯来人"(保罗在《哥林多后书》11:22 使用过这些称呼)而用"以色列子孙",这种对犹太人的界定受到希伯来圣经的影响,采用它无疑是想强调犹太人身份主要是由家谱而非地理位置决定的。这个名称所要告诉我们的是,作者已意识到许多"以色列子孙"也定居于犹底亚以外。

形成。为了让犹太人膜拜外邦国王尼布甲尼撒(3:8),何乐弗尼计划摧毁当地的圣所和宗教信仰,类似于安提阿古四世对犹底亚人民空前严重的异教迫害(尤见于《马加比传上》)。对圣殿遭受亵渎危险的描述,以及对外邦人亵渎圣殿时之恶意快乐的描述,都反映了发生于公元前167—165年间的事件(4:12)。书中提到刚刚被玷污和亵渎的圣殿、祭坛和器皿(4:1—3),而非圣殿的被毁和重建,这也表明了较之后流放时期之事,公元前164年的事件更强烈地印在作家脑海里。另外,大祭司做军事统帅的权利和议事会的出现表明此书写作于哈斯蒙尼时期,因为该团体出现于犹大及其兄弟们活跃时期(Pfeiffer 1949:295;Moore 1985:50),尽管它也可能在安提阿古三世时已经形成(约瑟福斯《犹太古事记》12.119—124)。最后,故事的结局充满了对尼迦挪军队在其元帅死后溃败往事的回忆(见《马加比传上》7:43—50),其中包括把敌军元帅的头颅悬挂在城墙上(《犹滴传》14:11)、敌军恐惧地逃窜(15:1—3)、犹太士兵从四面八方涌出、一起追击敌人(15:4—5),并洗劫敌军营地等(15:6—7,见 Moore 1985:50—51)。

　　这些因素综合起来,给人以很深的印象:《犹滴传》是在哈斯蒙尼时期形成的。还能作出更准确的推断吗?摩尔(Moore 1985:69)猜想故事的背景是撒玛利亚(伯夙利亚可能是示剑城的文学化反映,参见 Cowley 1913:246),而撒玛利亚和耶路撒冷之间的合作则反映出公元前107年约翰·胡肯努将撒玛利亚并入哈斯蒙尼王朝版图之后的时期。尽管作者也许只是为了表现以色列始于大卫和所罗门时代的理想,这一猜想确实有可能。由于这个简单的故事里含有许多复杂的历史因素,我不能排除这种假设。摩尔(Moore 1985:70)进一步认为,书中没有宗教狂热,显示出该书应在亚历山大·詹纽斯统治之前写出。在其统治时期,法利赛派和撒都该派之间的关系相当恶化,变得过于紧张。另外,这些历史因素对于判断成书日期的适用性在很大程度上也取决于他或她的整个时代人们对作家所准确反映历史事件的信任程度。《犹滴传》作者本人的写作倾向是摆脱教派冲突的温床,甚或希望描述一个统一犹太人的故事，以反对猖獗的宗派主义，这或许可以解释他对其他犹太人的这种"和平友好"态度。

J. W. 凡亨顿(J. W. van Henten 1995:244)把《犹滴传》看作"缓解反对新哈斯蒙尼王朝批评的方式"。事实上，除非犹滴一完成上帝对其子民的事业就返回其私人生活，而没有整合力量去建立一个王朝，想由此确定《犹滴传》如何代表这种批评是困难的。然而《犹滴传》也可能为约拿单、西缅和胡肯努一世的政策提供了合法依据，因为当时他们常常运用欺骗的条约使竞争对手叙利亚国王与其他国家决战，以及像《犹滴传》中描写的那样与敌军元帅睡觉等，以赢得犹底亚的政治自由。这些哈斯蒙尼人虽然不像玛他提亚和犹大那样直接勇敢地与叙利亚王朝对抗，但犹滴的故事对于理解他们在涉外事务中运用骗术，以及为人民的利益而忠诚地施以诡计方面，可能会有新的更积极的作用。

文类和写作意图

欲确定《犹滴传》的体裁，需聚焦于一个基本问题：作家是在写一段真实历史，还是在写一部虚构故事。尽管故事给人以历史编纂（企图讲述真正发生过的事件）的印象，如述及著名的人名和显赫的王朝，那些坚持认为《犹滴传》是历史编纂范例的人仍面临许多地理和历史方面的错误。很显然，尼布甲尼撒是巴比伦国王而不是亚述国王，他在巴比伦城统治而不在尼尼微（该城于尼布甲尼撒登上宝座大约七年前已经被毁灭，Metzger 1957:51；Harrington 1999:28），他从未对玛代人作战，也没有围攻过伊克巴他拿。无人从其他渠道听说过阿法扎得，故其敌人似乎也是虚构的（Moore 1985:46—47）。故事提到尼布甲尼撒统治的第十二年、十七年和十八年(1:1;1:13;2:1)，但圣殿只是在他统治的第十九年被毁，在他之前和统治期间都未被重建，很明显，《犹滴传》4:3的情状是预设的。亚吉奥演说中的圣殿被毁、流放及回归是作为过去事件被描述的(5:17—19)，这可能是最明显的时代错误：该犹太作者肯定(与其读者一起)已经从其圣经中听说过尼布甲尼撒统治第十九年与耶路撒冷圣殿被毁之间的相互关系,因为圣殿被毁七十年之后他们才从流放地归来,而不是前往流放地。

书中其他一些细节也表明《犹滴传》不是历史编纂著作。何乐弗尼不可能在三天内调度大军赶路 300 英里(Metzger 1957:50)。何乐弗尼的进军路线也很混乱:他行军路过弗(利比亚),然后却向西穿越美索不达米亚。尽管作者述及不少地理标志,除《犹滴传》之外伯凤利亚再未被人提起过,这使它的位置很难确认。另外耶路撒冷也极易被攻克,在各个方位中最佳攻击路线是西边。何乐弗尼不必从北边进攻,北边并不存在一条外国侵略者进入耶路撒冷必经的狭窄通道。这些细节乃是从温泉关战役*借鉴来的(Momigliano 1982:226—227)。

所以《犹滴传》确实不是关于尼布甲尼撒的历史,有人大胆推测说,它描写了后来一段无名之辈的历史。一些人认为《犹滴传》第 1—3 章所载尼布甲尼撒的战争折射了亚述巴尼帕(直到公元前 625 年的亚述王)的早期战争;[6]或者,这本书从整体上反映了波斯王亚达薛西三世奥库斯反对巴勒斯坦和埃及的战争。事实上,后者确有名叫何乐弗尼和巴勾斯的将官,巴勾斯还做过太监(Pfeiffer 1949:294;Moore 1985:55)。[7]当然安提阿古四世也是一个很好的候选人,因为他是第一个在犹底亚因真正威胁到以色列对上帝的崇拜而被载入犹太史册者。[8]犹滴无论在哪种情况下,都是虔诚的犹太人和勇敢而成功地抵御外来入侵者的楷模。

或由于表层的价值观问题,或由于后来一段时期的历史含混不清,

---

* 温泉关战役:温泉关是希腊中部东海岸卡利兹罗蒙山和马利亚科斯湾之间的狭窄通道,古时因山崖临海、泥沙淤积而形成宽约 1 英里、长达 7 英里的海岸地带。据希罗多德记载,公元前 480 年,人数很少的希腊军队在该地抵抗波斯大军长达 3 天。波斯人由于希腊叛徒的带路绕道山间的另一个关口,从侧面进攻而取得胜利,但损失惨重。此战役以勇对强敌而载入史册。——译注

⑥ 法伊弗(Pfeiffer 1949:293)、摩尔(Moore 1985:54)归纳过这些相互关系。

⑦ 这些名字已被古代历史学家所确证。

⑧ 巴尔(Ball 1888)将此书读为公元前 167—前 161 年间历史的寓言。

维护《犹滴传》历史真实性的企图遇到难以逾越的障碍,因为事实上书中汇编了已流传五个世纪之久的"真实"生活的隐喻性事件(Pfeiffer 1949:293—297)。没有哪个单独时期能包容所有的人、事和运动,因此最好把作品读为一部历史小说,即写一部非历史的故事,而在其间穿插某些著名历史人物和动态。应该把许多历史暗示和回忆视为作者灵感的碎片,和影响其创造性努力的一个方面。此即"历史的细节为虚构的故事提供素材"(Cowley 1913:246)。⑨

事实上作者早在1:1就给读者充分的暗示:作品应作为小说来读,因为尼布甲尼撒的真实事迹在其圣史中广为人知(Moore 1985:79)。⑩马丁·路德已认出它与历史无关的特点,称它为"宗教寓言",曾用寓意法对它加以解释(参见 Metzger 1957:51)。犹滴之名(意谓"犹太女子")和未确定城镇伯凤利亚(与希伯来语词处女[bethulah]相仿)之名肯定鼓励象征性或寓意性阅读,至少排斥历史性阅读。

那么,作者写这篇历史小说的目的是什么?一些人把它读作反抗文学,"写一段时期的战争,以鼓励一个民族为了他们的宗教和独立而誓死斗争"(Metzger 1957:52;Cowley 1913:245),但这是镜像阅读方式的过分使用。如果我们同意本书形成于哈斯蒙尼时期(约翰·胡肯努或亚历山大·詹纽斯治理时期),则这时以色列正处于上升状态,而其邻族却为了独立而(不成功地)反抗以色列。

《犹滴传》很可能创作于以色列重获独立和繁荣的时期,创作目的首先是娱乐。《多比传》和《犹滴传》在文学技巧方面尤其显示出趣味的

---

⑨ 斯克罕(Skehan 1962:51)也得出这个结论,尽管他努力克服这种倾向,尤其在早期天主教学术成果的范围内——要么把《犹滴传》历史化,要么将其认定为历史编纂著作。但也不必主张它形成于两个阶段,一是波斯时期,二是其修订本形成于哈斯蒙尼王朝时期(Nickelsberg 1984:51),因为作品中的历史细节含糊不清,示意它只是作者的艺术想象而非所描写的时代。

⑩ 摩尔把《犹滴传》看作民间故事,认为它混合了"忠实妻子"和"女拯救者"的故事主题(Moore 1985:72)。但把《犹滴传》看作民间故事似乎不太合理,因为其中有不少历史编纂的痕迹及对公众事务(真实或虚构的历史材料)的兴趣,而非民间故事更常表现的私人生活事件。

提升,所以我们不能忽略如下可能性:作者要讲述一个美好的故事,并
把它讲得十分精彩。然而,它在娱乐的同时也能给人以教诲。《犹滴
传》的说教价值——尤其是故事强化申命派历史哲学之基本原理的方
式——已被广泛关注,它的教育意义应被视为促进了一个特定教派对
持守契约的阐释(见 Ball 1888:246),或者在更普遍的意义上提供了一
个虔诚的、献身于上帝的、勇敢的"令人鼓舞的楷模"(Moore 1985:62;
Enslin and Zeitlin 1972:14)。作者显然要为其读者提供一种虔诚的榜
样,他为了上帝及其子民能办成异乎寻常之事。犹滴的胜利和人民赋
予她的荣耀将在读者心中激起效仿的愿望,乃至他们自己对这种虔诚
的承诺能得到证实并充满活力。

形成时接受的影响

　　《犹滴传》中的新鲜故事受到了作者从以色列神圣经卷中所学故事
的影响。或许最直接而明显的影响得自《士师记》第4—5章中雅亿和
西西拉的故事。两个故事有相似的情节结构:两者的活动都是从公众
的、政治的和军事的斗争场景转移到胜者和敌军元帅之间的私人场景
而达到高潮,然后是胜利的颂歌(Wright 1992:6)。敌军溃败的线索在
雅亿故事中发生于敌军元帅被杀之前,至犹滴故事中则发生于敌军元
帅被杀之后,或许这受到了《马加比传上》第7章中尼迦挪故事的影响。
在两个故事中,敌军元帅都是在国王缺席、难以发号施令的情况下活动
(怀特 1992:13)。底波拉预言上帝将把西西拉"交于一妇女之手"(《士
师记》4:9;参见 4:21;5:26,Wright 1992:7—8;van Henten 1995:
242)——这一主旨在犹滴故事中变得更加突出(《犹滴传》8:33;9:10;
12:4;13:14;15:10;16:5)。

　　骗术和款待时的伤害在两者中都扮演了关键角色。雅亿利用提供
款待使西西拉产生一种安全的错觉,相信了她合于当时习俗的承诺,然
而为了杀死西西拉,雅亿却触犯习俗背弃了他的信任。与此相似,犹滴

作为何乐弗尼的帐中客,使用骗术诱惑何乐弗尼产生了同样的安全感。在两者中饮料也都发挥了重要作用,奶和酒使元帅们呼呼大睡(Wright 1992:8)。两个妇女为了杀死元帅都攻击了头部(Wright 1992:9)。最后,《士师记》第 5 章的《底波拉之歌》对整个故事作出结论,这影响了《犹滴传》结尾处的颂歌(一如影响到《出埃及记》第 15 章)。两篇颂歌都终结于发出誓言或对上帝及其子民之敌的诅咒(《士师记》5:31;《犹滴传》16:17,Wright 1992:11)。同样令人瞩目的是,两者对上帝行为的反应都是地动山摇(《士师记》5:4—5;《犹滴传》16:15),以及对欺骗手段的专门称赞,女英雄藉此诱使敌人处于劣势,然后用手向他们发起袭击(《士师记》5:24—27;《犹滴传》16:5—9)。

作家用以塑造其一类形象的另一重要人物类型是亚伯拉罕,他成为亚吉奥的原型。二者在各自故事的关键时刻都"信奉上帝"(《创世记》15:6;《犹滴传》14:10),正如亚伯拉罕在领他出吾珥的唯一神面前所证明的一样(《犹滴传》5:6—8),亚吉奥也被何乐弗尼从军营中逐出,因为他见证了那个上帝(《犹滴传》6:5—7,见 Roitman 1992:39—40)。作者显然了解从亚伯拉罕发展起来的传说,故补入亚伯拉罕家族从迦勒底出走的细节,因为他们要离开偶像崇拜之地,以尊崇"天国的上帝"。对此时期亚伯拉罕何以离开吾珥的猜想总是聚焦于唯一神信仰的危机,以及为了对抗当地的多神论者而戒除那里的多神崇拜。[①]

犹滴在祷告中特别引用了《创世记》第 34 章中西缅和利未向示剑复仇的片段(《犹滴传》9:2—4),用作自己行为的榜样,强烈表达出她的信念——她要重新扮演这个角色。毕塞尔(Bissell 1899:163)批评作者,因为他推翻了雅各本人的判断:西缅和利未的愤怒行为应受到"诅咒"而非效仿(《创世记》49:6—7;参见《马加比传四书》2:18—20)。犹

---

① 在《禧年书》12.1—7 中,亚伯拉罕因其父他拉奉拜偶像而责备他。他拉承认,他之所以那样做,是因为如果拒绝参与当地的宗教活动,他担心其邻人会对他及其家族采取某种行动。约瑟福斯(《犹太古事记》1.154—157)追随了《犹滴传》所显示出的传统。参见德席尔瓦之论(deSilva 2000c:16—21,42—44)。

滴不是唯一认为西缅和利未之罪应被赦免的人,《利未遗训》也推翻了
雅各的判决,这不亚于在上帝法庭上的审判,因为是上帝自己命令利未
向示剑复仇的:虽然牺牲了其父亲对利未的祝福,但上帝却因利未持守
以色列人洁净的激情而赐予他终身拥有祭司身份的荣耀(《利未遗训》
5—8)。总之,这些文本证明,在《创世记》第 34 章中,是雅各而非西缅
和利未背离了上帝的价值观。

《犹滴传》第 16 章的《得救之歌》显示它不仅受到《士师记》第 5 章
之《底波拉之歌》的影响,也受到《出埃及记》第 15 章《摩西之歌》的影响
(Skehan 1963a:96—98)。两篇颂歌都宣称"我主乃结束战争的上帝"
(《七十子希腊文译本·出埃及记》15:3;《犹滴传》16:2;参见 9:7),都
有夸耀敌人的概述,它们都转变成一种虚假的夸耀(《出埃及记》15:9;
《犹滴传》16:4),并声称由于上帝对其子民的拯救,以及对敌人不可思
议的毁灭,其他异邦民族都充满了恐惧和敬畏(《出埃及记》15:14—16;
《犹滴传》16:10)。[12]

在玛撒和米利巴发生的事件(《出埃及记》17:1—7;《民数记》20:
2—13)对于从互文性层面阅读《犹滴传》颇具重要性和意义,将它与以
下经历合并时尤其如此:上帝以苦水变甜试探希伯来人(《出埃及记》
15:25),以提供吗哪考验他们,看他们是否遵守其教诲(《出埃及记》16:
4,见凡亨顿 1995:234—236)。伯夙利亚居民遭受饥渴时认为上帝欲
将其置于死地,宁愿投降做敌人的奴隶,也不愿眼睁睁地看着孩子们在
面前死去,以致抱怨他们的首领(《犹滴传》7:23—28)。长老们的反应
是再给上帝五天时间以救助他们,这被犹滴诠释为对上帝的试探(8:
11—13),不知此乃上帝对其子民设立的考验(8:25)。这个故事重置了
早期由于饥渴而对上帝的试探,尤其到达玛撒之前及在玛撒时,饥渴使
民众对摩西的领导权产生非议,为了食物他们宁愿做奴隶(《出埃及记》

97

---

⑫   詹森(Janson 1937:63—71)和摩尔(Moore 1985:254—257)认为,《犹滴传》16:1—17
改编了一篇早期的得救之歌。其中间部分(16:5—10)被作者改写,以代替对上帝其他救赎行
为的描述。倘若如此,最初的诗篇就应是模仿《出埃及记》第 15 章之作(Moore 1985:256)。

16:2—3;17:1—4)。由于把上帝置于被试探状态,民众受到责备(17:2),事实上此乃上帝正在考验他们是否顺从(16:4)。

此外,犹滴击打何乐弗尼是对摩西击石的再创作(《犹滴传》13:8;《出埃及记》17:6,见 Van Heten 1995:236,240)。就此而言,犹滴似乎比摩西更值得赞许。在米利巴事件中,摩西两次击石,向以色列人呼喊"我为你们使水从这磐石中流出来吗?"(《民数记》20:10)。这是摩西对待不顺从者之代价昂贵的行动,他由于百姓藐视他懂得信靠上帝而愤怒。然而当犹滴也两次击打目标时,她向上帝祈祷,并意识到上帝对于此事的必要性。

作者对《民数记》23:19进行了语境化重构,该节称"上帝非人,必不致说谎;也非人子,必不致后悔",此意再现于犹滴对长老们的严厉批评(《犹滴传》8:16)中。以色列历史的大量内容和申命派史书的基本神学教训都反映在亚吉奥的演说中(《犹滴传》5:5—21;参见 8:18—20)。以色列人集体忏悔时不仅自己穿上丧服也给家畜穿上丧服,这种奇怪细节也许只有通过《约拿书》3:8 才能解释。最后,何乐弗尼的企图——使"所有国家和部族"都"尊称[尼布甲尼撒]为神"(《犹滴传》3:8)——让人回忆起《但以理书》3:5—7 强加于人的仪式:"各国、各族和各方人民都俯伏敬拜尼布甲尼撒王所立的金像"(注:提奥多田译本之《但以理书》3:7 用的是"所有民族、部落和国民")。

作品内容通过影射犹太圣经而得以极大丰富,此外人们还能找到它所受圣经之外的影响。其中一个值得关注的影响来自希罗多德的著作,尤其他笔下薛西斯反对希腊的战争及其在撒拉米战败之事(Hadas 1959:165—169;Momigliano 1982:227—228)。[13] 例如,从希罗多德可知,波斯王下令投降的标志是"献出水陆贡品"(《犹滴传》2:7;比较《历史》6.48,94;7.131—133)。在《犹滴传》中这个标志使用得明显有点怪异,因为在希罗多德著作中投降的城镇受到被部分剥夺自由的惩罚

98

---

⑬　最全面研究希罗多德影响的是卡波尼格罗(Caponigro 1992)。

(Caponigro 1992:49)，但这至少使他们幸免于抢劫和被夷为平地。他们在尼布甲尼撒手中无论可能面临何种惩罚，似乎都比在何乐弗尼手中所面临的命运宽厚得多（结果不是献出水陆贡品）。在伯凤利亚，被贬为奴隶似乎是投降的结果（但与独立相比，这不仅仅意味着绝对依附于外邦王朝，准确地讲，就如古埃及的所有居民都是法老的奴隶一样）。作者利用这类细节的含糊意味，使作品"渊博而隐晦，以致我们也可称它为印象式的"(Caponigro 1992:51—52)。

尼布甲尼撒战争显示出一些模仿薛西斯反对希腊战争的标志。除先前决定的复仇外，在《犹滴传》2:1—3尼布甲尼撒召开的战前会议也是薛西斯的翻版（希罗多德《历史》7.5—11）。令薛西斯懊恼的由阿塔巴纳所作的反对与雅典交战的演说一直绵延到后来的《犹滴传》，其第5章中亚吉奥的演说与它颇为雷同(Caponigro 1992:51—52)。

为了占领耶路撒冷，伯凤利亚具有了战略上的重要地位（无论伯凤利亚的位置怎样，如果它确实存在的话，它在现实中绝没有如此重要的意义），这种描写得自于扣人心弦的温泉关战役故事的影响（希罗多德《历史》7.176,201—233），在那个故事中一队英勇的斯巴达士兵抵挡住薛西斯军队，使雅典人有足够的时间组织起来打败他们。在这里文本的目的是强调犹滴的英雄主义，而非整个城镇或那里的武装男子(Momigliano 1982:226—227;Caponigro 1992:54—55)。犹滴也像雅典海军元帅忒弥斯托克利一样，他把剑交给波斯舰队的元帅们以示赞同其事业，意在诱使他们陷入撒拉米战争的旋涡，使波斯人在那里被打败（希罗多德《历史》8.75—90;Caponigro 1992:55—56)。这也顺便证实了打败敌人和引诱其处于劣势的骗术值得运用。

在该书所含章节体现的全部暗示或灵感范围内，卡波尼格罗所述希罗多德的影响更加令人信服（《历史》7.1—8.90)。《犹滴传》的作者只需读过或听过这个著名故事章节的某种口语形式，就可以得到所需的全部材料，从而证实卡波尼格罗的论断。如此多地从希腊历史资源借用故事主旨，即使这种资源用希伯来语以口述故事的方式传播到《犹滴传》作者那里,我们也会发现希腊化时期一个民族在某一层面吸收另一个民族"文化学问"时的潜力。

99

谎言、诱惑和谋杀:一种文化透视

现代读者对犹滴的策略很少表现出与其伯夙利亚同胞相同的欣赏和钦佩。按毕塞尔的观点(Bissell 1899:163),她运用欺骗和暴力对待其主人,与雅亿相比"更应受到责备",而她祈求上帝护佑欺骗和预谋暗杀尤应遭到指责。毕塞尔尤其关注犹滴使自己处于性关系的不洁状态,事实上他推测,为了达到目的,如果需要她会和何乐弗尼睡觉。最后毕塞尔(Bissell 1899:163)以一种19世纪颇为典型的方式继续指责作者所表达的整个宗教思潮,因为他乐意观看——甚至赞美——"伪装、复仇和下流的调情,以及滥用祈祷文和恩赐的天意",而"只在最低程度上"关心触犯"专门的礼仪法规"。近来许多评论者也使人怀疑犹滴策略的道德正直性(Harrington 1999:42),或者以格言来诠释:"情场和战场上的较量是公平的"和"目的使手段合理",以她的民族面临危险为其寻找托辞(Enslin and Zeitlin 1972:14;Harrinton 1999:42;Pfeiffer 1949:300)。

评价犹滴行为的僵局——更确切地说是作家对其行为的赞美——或许能以对此书做更宽泛文化的协调阅读来超越。这涉及以何种的荣辱观来看待这个故事,尤其是怎样看待挑战荣耀之力、为荣耀之争,以及为了维护荣耀而运用欺骗和撒谎策略的功能。[14]在某种文化里,一个党派为了扩大自己的荣耀而损害另一个党派,会利用有关该党派的知识,欺骗、封锁信息和制造虚假表象,这些都被作为维护自身及其基本群体之荣耀的方法而被人接受(Pilch 1992:128;du Boylay 1976)。不

---

[14] 关于希腊化时期及希腊—罗马时期的荣辱观,参见德席尔瓦(deSilva 2000b)第1章、第2章和参考书目。

是任何人都有权知道有关他自己及其群体的"真理";它是为那些不会用该信息来反对这个群体的某些成员所保留的。当一个党派的荣耀或安全受到外来者威胁时,欺骗就作为多种策略之一而出现,以便把任何潜在的危害降低到最低程度(Pilch 1992:130)。哲罗姆·奈瑞认为(Neyrey 1993:42),"甚至像那些从耻辱中学到聪明的人一样,行骗者也得到群众的欢迎",[15]此语可成为《犹滴传》的恰当概括。

《犹滴传》的作者为情节构架编织了一个复杂网络,涉及对荣耀的挑战和护卫。本书主要情节源于由西方国家引起的对尼布甲尼撒荣耀的挑战(1:11),他们蔑视他且无礼地遣散其使者,使尼布甲尼撒对此挑战作出反应(1:12)。何乐弗尼的战争主要是由尼布甲尼撒发动的,他欲以其荣耀报复曾经受到的侮辱(2:1),何乐弗尼在维护其主人的荣耀方面取得很大成功(2:28)。何乐弗尼的恐惧和敬畏只是尼布甲尼撒当时所有之恐惧和敬畏的表现,即如1:11中未出现这种心理一样,那时西方国家对他的实力只有轻微的估计。

在这场荣耀之战的中间阶段,另一场更加异乎寻常的战争出现了。何乐弗尼通过禁止当地人的信仰以膜拜统治者,并宣称尼布甲尼撒代表神灵,这是对西方所有当地神祇之荣耀的挑战(3:8;见 Moore 1985:142—143)。以色列读者发现众神不能保护他或她的荣耀时并不感到惊奇,而何乐弗尼在6:2提出的挑战"除尼布甲尼撒之外还有上帝吗?"却需要从一神观作出回应。故事的其余部分便聚焦于这种上帝和尼布甲尼撒势力之间的对决上,如果后者取胜,上帝的荣耀将会威风扫地。当亚吉奥把何乐弗尼之言传给伯夙利亚人时,他们立即意识到并强调这个元帅的言论妄自尊大(hyperēphania,6:19),是对上帝荣耀的无理冒犯,继而呼求上帝维护其荣耀,那荣耀藉其保护的子民体现出来。

犹滴知道上帝的荣耀正处于危机之中。她以"每个支派都知晓且

---

⑮ 有关这个观点的例子,我们应回忆起雅典人忒弥斯托克利。他通过伪装与其结盟和提供欺骗性的报告,引诱波斯舰队的元帅们归于失败(希罗多德《历史》8.75—90)。他的成功及其得到的荣耀证明,用欺骗方法战胜敌人是能够被接受的。

理解你是上帝……没有其他的神"(9:14)结束祷文,这是对何乐弗尼挑战的还击(6:2)。她也了解上帝的子民有义务用生命去维护上帝的荣耀。她最终唤醒了计划投降的城镇统治者,因为这种投降会使耶路撒冷的上帝圣殿遭受亵渎。上帝的荣耀藉圣殿体现出来,他将使那些不保护上帝荣耀之人承担罪责(8:21—25;参见 9:7—8,13—14)。她为了维护其上帝的荣耀而完全献出自己,让上帝藉一位最柔弱的妇女之手来击败强敌,以揭穿敌人的外强中干(9:9—14;16:5—6)。

在这一点上,犹滴求助于上述防御性策略——欺骗。她是如此成熟,甚至能用誓言平常地介绍,确保其言论信实可靠而非欺骗,这进一步欺骗了她的敌人。"以尼布甲尼撒的生命"起誓对她来说并不意味着什么(11:7),因为在她看来他仅仅是个男人而已。第三条诫命*寻求保护的只是以上帝名义发出的誓言。她隐藏了发生于其原初群体中的真正信息(其揭示势必危及她的事业),而为他们制造出一种表象,以诱使何乐弗尼等待时机且给她离去的时间。她也为自己设计出一种假象,装扮成一个先知,接受上帝的启示,再揭示有关何乐弗尼之敌即她本民族的一些秘密(11:17—19)。然而在读者眼里,何乐弗尼会被视为一个傻瓜。他至少应该对外来者(她宣称将为了她的外来者而背叛自己的群体)保持最起码的怀疑。在其余章节犹滴倾向于避免赤裸裸的欺骗,而代之以模棱两可(因此这一阶段便出现丰富的讽喻)。这再次暴露出何乐弗尼的缺陷:不能辨认潜在的双重含义,也不能揭露她的欺骗。

在这紧要关头,第三次荣耀之战出现,在何乐弗尼和犹滴之间直接展开。何乐弗尼认为倘若未对犹滴进行性侵犯就放她走,对他本人及其军队都是一种耻辱(12:12),所以作为一个性欲旺盛的男人就应竭力引诱犹滴,以增强或维护他的荣耀(及其军队的荣耀,见 Levine 1992:

---

* 第三条诫命:指"十诫"的第三条,据《出埃及记》20:7 载,内容是"不可妄称亚卫你上帝的名,因为妄称亚卫名的,亚卫必不以他为无罪"。——译注

20)。的确,他认为如果不以这种方式采取行动并成功地占有她,她就会蔑视他。尽管犹滴为了上帝的荣耀把自己的荣耀置于危险的边缘(与一个醉酒的军人独处一室),她却能够在维护上帝的荣耀及其人民的安全之际也确保自己的荣耀。

最后犹滴击败了无法自我控制的何乐弗尼。他的行为既缺乏小心谨慎(毕竟犹滴是敌人的一分子),也未做到节欲克制。作为一个男人饮酒过量和自身的性欲使之丧失自我保护的能力,导致在一个妇人手中被羞辱,这也意味着"尼布甲尼撒的王国"丢尽了面子(14:18;参见13:17)。曾经在第一次荣耀之战中得胜的尼布甲尼撒现在输给了以色列人,以色列人凭借犹滴而处于优势。15:9述及人们如何庆祝她在这次荣耀之战中的胜利:她是他们的"无上光荣"(尤其因为她通过何乐弗尼打败尼布甲尼撒而提升了以色列),他们的"骄傲"和"自豪"(在尼布甲尼撒溃败之际,他们的荣耀宣告胜利)。当然,上帝的荣耀也被公开证实(16:4—5)。为维护妇女特殊性别的荣耀(Pitt-Rivers 1966:42),犹滴最后必须庄严地宣称自己没有受到性侵犯——她在第三次荣耀之战中成功地保护了自己。在这次战斗中她若有所损失,也就失去了自己的荣耀(13:16;与毕塞尔[Bissell 1889]的观点形成对照,他认为这是不可接受的丧失)。

犹滴果真"为人民的利益而触犯了基本道德"吗?她"违背律法是为了维护其借以确立的更大原则"吗?(Pfeiffer 1949:302;Craven 1983:115)我猜想这些评论家们已把十诫铭记在心,尤其是那些禁止作假证和谋杀的戒律。我认为,被作者(可能也被读者)所赞许的犹滴行为,要求我们重新审视各种预先假定之事,这涉及第二圣殿时期的立约之民是如何诠释并应用这些戒律的。既然我们未能回答该如何履行这些诫命的终极道德问题,就该通过全面展示犹滴作为一个道德角色在她自家房顶的小棚子里的虔诚行为,以及在何乐弗尼营帐里的言行,为内部人士开放一个视角。

神学和虔诚:透视 2 世纪后半期犹太教的一扇窗口

《犹滴传》的作者为神学提供了许多补充内容。以色列的上帝是
"天国的上帝"(6:19)。上帝用语言和灵人格化地创造和构成了万物,
因而所有被造物皆需侍奉上帝(16:14)。基于此,外邦人对其他诸神的
崇拜被不断理解为对上帝本性的无知和不懂得侍奉上帝及其善行。上
帝一直准备像接纳亚吉奥一样接纳外邦人,使之离开虚假的诸神而认
识并侍奉活着的上帝。上帝的力量是无以抵抗的(16:14)。万物都在
上帝的目光前战栗消融——那些抵抗上帝及其子民的凡夫俗子们是何
等愚顽(16:15,17)! 然而在那些以其行为侍奉上帝的人们心中,上帝
则是仁慈而善良的(16:15b—16)。

上帝的预见力是绝对的(9:5—6),但由于上帝的行为方式和价值
观大都反映在已经过去的事情上,世间凡人(如犹滴)便只能寄希望于
猜测上帝在即将到来的未来做什么,并与他保持一致(9:2—4,7—14)。
上帝的目的是至高无上的,人必须竭力顺从其意愿,无论他毁灭或者拯
救他们,尽管虔信者总有很大的得救希望(8:17)。遭遇和苦难是证实
对上帝忠诚和虔信的机会(8:25),也能被用为训导的磨炼(8:27;见哈
灵顿 1999:41)。

上帝之助大于军队之助,那些信奉上帝而非可视对象之力的人将
不会蒙羞(参见《诗篇》20:7;《以赛亚书》31:1;《马加比传下》8:18)。上
帝对卑贱的、受压迫的和虚弱的人们特别扶助和关心(《犹滴传》9:11),
这是圣经中反复出现的主题(《撒母耳记上》2:8;《诗篇》9:9;10:17—
18;35:10;82:1—4;《以赛亚书》25:4;《便西拉智训》4:1—5)。"上帝以
弱者挫败强者"(Cowley 1913:247),这一主旨尤见于《犹滴传》9:10—
14 和 16:4—5,且延续在《新约》的某些章节中(特别是《路加福音》1:
46—45;《哥林多前书》1:26—31)。

与《次经》中的其他几个故事一样,《犹滴传》也重申了申命派的基

本观点,即以色列忠实于上帝的诫命,就能得到神圣的恩宠和保护而胜过所有对手,但若违背《托拉》(尤其是崇拜偶像),就会被征服者和类似的人物所摧残(5:17—21;8:18—20;11:10—15)。上帝始终诚信地倾听其子民的哭喊(4:13)且拯救他们。当然犹滴的计划得以形成和实施时,胜利被正确地归功于上帝(12:4;13:14;16:5),恰如在《马加比传上》中犹大及其士兵对叙利亚军队的胜利乃是由于上帝的作用。上帝的工作通过其子民——尤其那些恪守契约和独拜一神者——的英勇行为体现出来。有人认为奇迹是对自然法则的不规则悬置,而非从历史上能直接看到的上帝之手造成的令人惊奇的成果,这一意义上的"奇迹"未见于书中(恩斯林和泽特林 [Enslin and Zeitlin 1972:42] 也如此认为)。

　　除了提供丰富的神学内容,《犹滴传》的作者还试图反复督促或强化对犹太式虔诚之独特方面的履行。一如在《便西拉智训》和《多比传》中,"敬畏上帝"是良好品质的基本标志,也是赢得美誉的根本要求(8:8;16:16)。敬畏上帝之人时常祈祷。犹滴在献晚祭时祈祷(9:1),这与后来众所周知的犹太活动相当吻合。例如在《路加福音》1:10 中,这是上帝之民在圣殿中一起祷告的时间,该行为或许也能由《诗篇》141:2作出解释。尽管祈祷不限于特定时间和地点,它却充满虔诚者的人生。上帝听到了举国上下的集体祷告(《犹滴传》4:8—13;参见《马加比传下》3:15—24;《马加比传三书》1:16—2:20),他将关注请愿者的苦境而实施对他们的拯救。祈祷是个人能求取上帝之力以对付危机的方式,但也是重要的努力,即如犹滴寻求力量的祈祷一样,标志着在第9章中犹滴开始其行程,在 13:7—8 她开始实施其最后的剑击。犹滴的祈祷也体现出对圣经作为范式元典的理解,圣经表明了上帝要求其子民的后代子孙如何行事为人。犹滴从其祖先西缅身上获得激情及其维护上帝子民之荣耀和纯洁的行为方式,以激励自己用欺骗和暴力战胜敌人。

　　即使最漫不经心的读者也能注意到犹滴对饮食规章的严格遵守,涉及以洁净的餐具吃喝洁净的食品(10:5;11:13;12:2,9,19)。她为自己准备了将在外邦军营中使用的食物和餐具,当她与何乐弗尼一起吃饭时,只享用自己带来的食物,只使用自己带来的餐具。因此当我们偶然看到犹太人与外邦人可能同桌共餐时,仍能发现犹太人在餐桌旁会保持他或她区别于外邦人的社会特征。对于保持洁净的关注也体现在犹滴向上帝祈祷前的仪式性沐浴行为上(12:7—8)。

犹滴是严格自律的楷模。作为一个寡妇,她一直身着寡妇的丧服,处于悲伤之中。她经常禁食,一直住在屋顶的一个小棚子里,仅在安息日、新月节及其前夜回到自己的房间里享用食物(8:4—6)。较之某种宗教苦行的方式,这些行为更与她对丈夫的绵绵哀思密切相连。

作者尽管津津乐道于奉献给祭司阶层的什一税、初熟物(11:11—13)以及祷告与上香献祭的相互关系(9:1),却也讲述了祭品的价值及其与以敬畏之心献祭的关系(16:16)。这不应被读为反对仪式性献祭的必要诗节,在一个赋予圣殿以核心重要性的故事中,这种读法有所不当。许多《诗篇》的章节(它们将在圣殿中用以献祭的真正场合被人咏诵,参见《诗篇》40:6—8;51:16—17)都提到,较之祭品,内在的虔诚和遵守《托拉》具有更大的价值。

多数学者都把犹滴当作早期法利赛式虔诚的榜样。学者曼泰尔(Mantel 1976)则认为《犹滴传》的作者有一种撒都该派倾向。[16]然而他并未令人信服地指出撒都该派的独特关注之所在。例如,犹滴不吃外邦人的食物,与撒都该派如出一辙(Mantel 1976:75),但法利赛人和爱色尼人也如此行。犹滴离开何乐弗尼的军营后先沐浴后祈祷(Mantel 1976:72),但沐浴和祈祷的关系并非只被撒都该派关注,爱色尼人在仪式中也强调祈祷和礼拜开始前行洁净礼的重要性(至少在库姆兰是如此)。犹滴总在献晚祭的相同时间祈祷,这一事实肯定揭示了与圣殿崇拜之周期性有关的兴趣(Mantel 1976:7),但也没有超出撒都该派的价值范畴。犹滴曾打算像先知那样行动,告诉何乐弗尼她的人民向上帝

---

[16] 克拉文(Craven 1983:118—120)提供了适宜的英文概述。

犯罪的准确时间,这亦不意味着撒都该人对玛拉基之后仍有先知预言的信念(Mantel1976:80),因为犹滴只是把预言用为谋略的一部分。《犹滴传》对罪的界定不仅仅围绕着偶像崇拜(曼泰尔把它作为对祭司最适用的罪之定义——它本身就是个存疑的猜想,尽管偶像崇拜在所有犹太教派看来都是基本的罪行,Mantel 1975:75),因为作者也把通奸当作罪(13:16),事实上,还把吃什一奉献之物视为该死之罪(11:11)。

　　然而从曼泰尔的论文中,我们也能得到更积极的观点,即不该过于仓促或过于专一地将犹滴的虔诚与法利赛派的虔诚相等同。由于它含有许多显然超越法利赛派虔诚的特点,犹滴的虔诚在不少方面已超过了某一教派的特征,也可能由其他虔诚概念赋予了活力,所以除了严格的宗教派观念或党派意识,由于虔诚、勇敢、民族主义和信仰,犹滴对读者来说依然是个"鼓舞人心的榜样"(Moore 1985:62)。

105

犹滴和两约之间时期的妇女地位

　　《犹滴传》理所当然地吸引了学者们的注意,来关注第二圣殿时期妇女的角色、局限性和观念意识。犹滴的行为在许多方面违背了成规,然而通过这种方式也强化了那些成规。她并不是一个软弱且需要保护的传统型寡妇(Levine 1992:19),相反,她在丈夫玛拿西死后成为家庭的主人,作者对她的介绍也是从她的族系开始的(8:1)。的确,只是由于她的贡献,后人才得知她祖先的往事和西缅血统的往事(Levine 1992:21)。[17]她把长老们召集到自己家里,责备他们的行为,这肯定与沉默温顺的女性理想形象不符。但她一直是在私人空间里这样做的,与成规又不抵触。她受托拯救全城,这与通常人们对妇女能做之事的期待肯定南辕北辙,但犹滴"战胜了其作者文化的性别观"(Montley

　　[17]　西缅在8:1的族谱中被删掉,但是作为苏利沙代的父亲和示路蔑的祖父,一如《民数记》1:6所示,他肯定是预期的人物(古拉丁文译本、叙利亚文译本和拉丁文通俗译本对此皆有明确记载,Moore 1985:179)。亦参见《犹滴传》9:2,犹滴称西缅为其祖先。

1978:40),在何乐弗尼的帐篷里也从这种性别观中获益。由于何乐弗尼缺乏怀疑心,从未料到一个女人能对他造成伤害,或用诡计制服他;也由于他把犹滴当成性征服的具体对象,以便证实其男子气概和性能力,犹滴的计划才得以实施。或许最令人激动的逆转出现在 14:1—5,犹滴代替约雅金成为军事策划者和统帅,并发出反击的命令(van Henten 1995:251)。

犹滴违背了一个女人应当履行的许多行为规范,但在故事最后她确实又回到家庭(Levine 1992:17)。在战胜何乐弗尼之后,犹滴退出公众场合,那些参加其庆祝活动的妇女们也都从视线中消失(Levine 1992:24,27)。犹滴合于士师的范型,为了完成上主的某项事业而进入场景,完成之后就退隐消失。这种观点很有见地(Wright 1992:12;van Henten 1995:242),但也强调了对犹滴之破除传统性别歧视能力的限制。她在社会上根本没有地位,没有哪个机构能接受她作为领袖人物(如祭司、国王、参议员)而继续存在。

106

作者在故事结尾尽管让犹滴回归家庭,但对妇女在某种环境下的潜能仍有一些重要见解,在该种环境下与其相反的观点早已存在(尤其在《便西拉智训》中)。《犹滴传》的作者可能"打算在其他事务中挑战便西拉对妇女的诸多性别偏见"(Di Lella 1995:51)。犹滴证明生女儿不是"一种损失"(《便西拉智训》22:3),与便西拉那令人遗憾的论调针锋相对,因为其勇气和美德使她父亲米拉利被铭刻在民族记忆的版图中;她婚后禁欲和严格自律是对便西拉妇女观(他认为她们在危机中总会屈从于自己的性欲而接纳任何一个出现的男人)的极端反叛。她未以其魅力使某个以色列男子堕落,而是使一个受情欲役使的亚述男人坠入陷阱,因而成为上帝拯救全民族的媒介(Di Lella 1995:46—47)。由于便西拉认为民众中的男性长老都是睿智的象征,《犹滴传》的作者便把那些长老描写得犹豫不决而软弱无力,无法有效地领导群众。恰恰相反,在这个故事中是一位妇女说出了智言并行施了领导权(Di Lella 1995:48—49)。当然《犹滴传》不可能在公众领域为妇女塑造出永恒的角色,但它试图推动对妇女价值及其作为上帝子民成员之潜能的更大欣赏,同时则对男性为本民族作贡献的"天然优势"表示了怀疑。

影 响

尽管《犹滴传》中有对上帝和虔诚的深刻描述,它却未能进入正典,尤其是考虑到《以斯帖记》在希伯来文本中根本没有提到上帝或独特的犹太习俗,却进入了正典时,[⑱]这令人格外惊奇。对《犹滴传》未能进入希伯来正典的解释已有许多,克拉文(Craven 1983:117—118)认为,它之所以被排除在外,是因为它如果被赋予正典地位,会危及通常的角色划分和两性关系模式。考虑到犹滴在故事结尾的顺从表现及底波拉和雅亿的先例,这似乎不可能是《犹滴传》不能进入正典的原因。

另一些人认为,亚吉奥的皈依与禁止亚扪人入会的诫命(《申命记》23:3)相抵触(Steinmann 1953:61—62;Enslin and Zeitlin 1972:24)。这是一个复杂问题,至少是由于如下条例:从出埃及起的第三代子孙之后,以东人和埃及人是可以入会的(《申命记》23:7—8)。该条例表明,被赶出的摩押人和亚扪人在十代之后应予提升(参见《密西拿·雅达伊》4.4)。然而《以斯拉记》9:1的作者却无视任何外邦人——亚扪人、摩押人或埃及人——的皈依,认为他们即使皈依也不可能摆脱不能与以色列人通婚的困境(Nickelsburg 1984:49)。至少从会众完全进入拉比时代开始,许多拉比都遵守这种排除亚扪和摩押男子的做法(《巴比伦塔木德·耶巴摩特》76b;《密西拿·耶巴摩特》8.3)。[⑲]一些拉比曾对此书严重担忧,认为它一旦具备了正典身份,就可能取代他们对《申命记》23:3的诠释。一个相关的假设认为,拉比们要求皈依者像受割礼

⑱ 泽特林(Enslin and Zeitlin 1972:13—14)进一步认为《犹滴传》呈现出一种故意的企图:通过描述一个女英雄遵守犹太律法的一丝不苟(而非与薛西斯同桌共餐且经常与其睡觉),及其保卫民族的勇气(而非一个勉强的女英雄),来"抵消《以斯帖记》的影响"。

⑲ 有关拉比的参考资料来自摩尔(Moore 1985:235)。

一样接受洗礼。倘若这本书被允许赋予正典地位,那么由于亚吉奥的原因而将其排除在正典之外,就会被视为对其哈拉卡*的威胁(Orlinsky 1974:218;Enslin and Zeitlin 1972:25)。关于两约之间期间的皈依活动,我们还缺乏足够的知识来验证这个说法。"没有第二圣殿时期的文献能证实洗礼和献祭是皈依的必要礼仪"(Moore 1992a:64)。

或许最佳解释是这本书写作得太晚,而被认为来源于哈斯蒙尼时代,虚构的尼布甲尼撒统治的背景不过是被其读者们误以为如此罢了。[20]也许更恰当地说,《犹滴传》从未被正典收入过,而非它曾经被有意地排除在外。这本书不像《以斯帖记》、《传道书》和《便西拉智训》,它的名字在任何涉及正典编纂的争论记录中都未出现过(Moore 1992a:64)。《犹滴传》的故事在后塔木德时期日益流行,因为它与修殿节逐渐发生密切的联系,且使若干个不同米大示**的主旨都与那个节日相关联。[21]她的故事与犹大(与她同名的男性同胞)的胜利被人交替讲述,犹太艺术也证明她在中古时期日渐为众人所知。

《犹滴传》对《新约》作者的影响难以证实。奈斯特尔—阿兰的新约

---

* 哈拉卡:犹太文献用语,指自圣经记事年代以来逐渐形成的犹太教礼仪、日常生活和行事为人的律法典章。哈拉卡有别于五经中的律法,是专为保存口传传统而编写的。这些口传传统自公元1至2世纪开始整理,到了3世纪编成《密西拿》。巴勒斯坦和巴比伦的犹太学者对《密西拿》的评注称为《革马拉》,《革马拉》和《密西拿》又汇编成《塔木德》。——译注

[20] 泽特林(Enslin and Zeitlin 1972:25—26)正确地提出这个假设,却基于一个错误的理由:由于"犹滴的故事被置于安提阿古·伊波法尼斯时期之后",而"以斯帖的故事则被置于亚哈随鲁时期",《犹滴传》未被正典排除。如果确实如此,《犹滴传》只是比《以斯帖记》"被置于"更早时期罢了。另外,泽特林提出,《犹滴传》"成书于散居之地,因而没有一个正典化的真正竞争对手"(1972:26)。这一说法是经不起仔细推敲的(参见 Moore 1992a:63)。

** 米大示:犹太文献用语,原是希伯来文音译(复数为 midrashim),意即"解经"或"释经",指犹太教的释经作品。收录了塔木德时期与律法无关而又较为实用的教训,公元5至12世纪才编纂成书。其中反映的释经方法由著名拉比亚基巴·便·约瑟发展而来,是按字面意义解经的严谨方法。其中最重要的两部分是大米大示(Great midrash)和坦库玛米大示(Midrash Tanhuma),前者主要收录五经的革马拉(gemara),后者主要收录一位生于公元4世纪后期、来自巴勒斯坦的拉比坦布玛的评注。——译注

[21] 参见摩尔之著(Moore 1985:103—107),其中有涉及这方面内容的两个充实的文本。杜巴利(Dubarle 1966:1.80—104;1.105—109)也提供了了解十三种已知米大示的途径,以及有关拉比的参考证据。

希腊文本的页边注释中列有许多平行语词,较充分地表明了它所受旧约文本的一般性影响(如《马太福音》9:36 和《犹滴传》11:19 都依据《列王纪上》22:17 把众民描述为"没有牧人的羊"),或者对仪式用语、固定用语抑或日常用语的共享运用。这些平行语中给人印象最深的是《犹滴传》16:17 对上帝向压迫子民者复仇的描述,包括火和食肉的虫子(或许受到《便西拉智训》7:17 的影响),以及审判日的不尽哀泣。同类意象也在《新约》对审判日的描述中凸现(参见《马太福音》24:51;《马可福音》9:48;《雅各书》5:3),但即使它们亦不足以表明受到了《犹滴传》的直接影响。

　　关于新约作者直接受到《犹滴传》的影响,伦德尔·哈里斯(Harris 1915:16)提出过极具说服力的例子:

　　　　人心深处是什么你尚且不知,人心正在想什么你尚且发现不了,你们怎么竟敢揣度上帝的意旨,解释他的思想?

(《犹滴传》8:14)

　　　　圣灵参透万事,就是神的深奥的事也参透了。除了在人里头的灵,谁知道人的事? 像这样,除了神的灵,也没人知道神的事。……因为"谁知道主的心,去教导他呢?"

(《哥林多前书》2:10—11,16)

两者都比较了人心的"深处"(指"内在的意图、思想"一类含义)和上帝之心的"深处",都有类比(保罗)或由小至大的推理(犹滴),即人尚且不知另一人的心灵深处,他(至少是某人自己)更不可能了解上帝的意志。两者也都用了罕见的专业术语"参透"(eraunaō)和"深、深奥之事"(bathos),这些都确凿有力地说明保罗的思想受《犹滴传》8:14 的影响(直接或间接地受过某个阅读和深思过此节者的影响)。

　　另一方面,《犹滴传》对早期基督教作家的影响也被大量证实。[22]罗

---

　　[22]　有关教父论述《犹滴传》的详细情况,参见杜巴利(Dubarle 1969:1.1110—1125)之著。

108

马的克雷芒赞扬犹滴(连同以斯帖)为女中豪杰,由于"上帝的恩宠"而获得力量,去做"胜过男子的事情"(="勇敢的事情",值得注意的是,它源于希腊文"勇敢",*andreia*);称赞她们为了深爱的人民而不顾个人安危(《克雷芒一书》55.4—5)。犹滴的祷文称上帝为"卑贱者的上帝、压迫者的救星、软弱者的支柱"(9:11),这句话由奥利金在《约翰福音评注》2.22.16中进行语境重构。奥利金还进而把必须使用谎言的犹滴作为那些必须被迫装假者的榜样(《论基质》6;哲罗姆在《驳鲁菲努姆》III1.474中援引)。亚历山大的克雷芒之谚语"离主越近之人越需要鞭笞"(《论基质》2.7)源于《犹滴传》8:27之"上帝鞭打离他近的人"(Enslin and Zeitlin 1972:48)。

109

　　一条特殊线索将几位教父的言论与《犹滴传》连贯起来,即犹滴是禁欲的典范,体现出"一女不嫁二夫"的理想(德尔图良《论一夫一妻制》17;美多迪乌斯《专论集》,《讲演录》11.2;安布罗斯《论少年男女》1.2.4,见 Moore 1985:64)。可能是哲罗姆本人在翻译 15:9—10 时增入了一段对犹滴禁欲的简要提升,称"你以男子汉的气魄行动,你的心坚强有力,因为你爱贞洁,在你丈夫之后不认识其他男人"。除了哲罗姆,西方教会的多数教父都把这本书看作正典经卷。在东方,撒狄的墨利托、奥利金、亚大纳西和耶路撒冷的西里尔则不认同它为正典(Moore 1985:90;Enslin and Zeitlin 1982:50)。

　　尽管《犹滴传》的正典地位模棱两可,由于欧洲艺术家和作家们的创造性努力,它仍被赋予突出地位。手持何乐弗尼头颅的犹滴成为许多绘画和其他视觉艺术的题材,㉓她的故事也成为戏剧、圣乐和歌剧中一再出现的主题(Enslin and Zeitlin 1972:54;Purdie 1927)。

　　㉓　关于以犹滴为主题的艺术品之衍变趋势,详细论述参见斯通(Stone 1992)之作,亦见蒙特利(Montley 1978)之作。

《以斯帖补篇》 5

"全知上帝和救主的佑助"

　　《以斯帖记》的希腊文本含有六段未见于马索拉经文的资料。这些重要的"以斯帖补篇"与并存的希伯来文《以斯帖记》之幅度不大而意义重大的改写一样,都在故事中增加了阐述上帝公开活动和监管的短语或章节,且删除了一些译者以为多余的细节和赘言。这些改写逐渐产生的影响使《以斯帖记》成为一个显而易见的宗教故事,在故事中犹太民族的特有品性(一神崇拜、作为一种生活方式对《托拉》所有条款的遵守,以及祈祷、禁食和施舍等表示虔诚的行为习惯)通过其中的主要人物具体体现出来;第二个影响在于使人加深了对本书主要体裁属史料编纂的印象,书中复述了官方法令的完备文件,这是史料编纂体裁的一般特征;第三个影响是提高了读者对犹太人与外邦人之间紧张关系和敌对意识的认知,同时为犹太人与外邦人之间形成互惠互利的共生关系提供了可资选用的模式。格雷格(Gregg 1913:665)的《世纪审判》这样阐述其本质上完整性:这些变更的价值"并不在于它们能扩大我们对以斯帖故事的理解,而在于它们反映了创作这些变更的那个(些)阶层的宗教发展状况〔和社会力量〕"。

　　哲罗姆翻译《以斯帖记》时,把六段重要的增补置于卷末,而把原来位于卷末的移到了卷首,以致那些补篇的章节序列成为 10:4—16:24,钦定本《次经》及其衍生本的编排皆与此同。当然,按这个顺序阅读会使意义变得含糊不清。《标准修订版》和《新标准修订版》以及其他大部分含有《次经》的近期英文译本,都通过恢复补篇在希腊文《以斯帖记》之完整版本中的正确顺序,弥补了这一不足。

结构和内容

补篇 A(11:2—12:6)介绍了末底改其人,他在亚达薛西*时代一个不可能存在的时期做侍臣,是大约 112 年前被尼布甲尼撒王从耶路撒冷带回的俘虏。补篇述及他所做的一个梦,在梦境中他看到启示异象之特有的骚乱(喧嚣、轰雷、地震),其中出现两条巨龙,准备互相争斗。回应它们的吼声,列邦准备向"那正义之族"开战。在一个"黑暗和阴郁的日子里",子民哭喊着向上帝呼求并得到拯救:一眼细泉里流出了大河,太阳出来了,"卑贱的人民强大起来,并且消灭了他们那狂妄自大的仇敌"(11:11)。末底改以为此乃"上帝欲做之事"的启示(11:12)。在此补篇的第二部分,末底改揭露一个企图弑君的阴谋,受到亚达薛西王的嘉奖。然而,与谋害者沆瀣一气的哈曼却决定陷害末底改及其犹太同胞(12:6)。

补篇 B(13:1—7,增补于《以斯帖记》3:13 后)提供了由哈曼所授诏书的"真实文本"。诏书以国王的名义写成,表明亚达薛西王有统一其王国的良好愿望,但犹太人却奉行一种不同的生活方式,有碍于统一大业的实现,于是国王决定清除这个敌对的颠覆性要素。就这样,在统一和加强王国的"仁慈政策"之温情面纱的掩盖下,一个人积怨复仇的险恶用心得到有效的伪装。

补篇 C(13:8—14:19,增补于《以斯帖记》4:17 后)述及两次祷告,一次是末底改的(13:8—17),另一次是以斯帖的(14:3—19)。它们发生在以斯帖将冒着潜在危险,未经允许而进宫谒见国王之前。末底改

111

---

* "亚达薛西":汉语和合本圣经译为"亚哈随鲁"。——译注

承认上帝是宇宙间不可抗拒的君主,阐明他拒绝向哈曼折腰并非由于狂妄自大或骄傲自满,并因此致使以色列民族陷人灾祸之中,而是希冀鞠躬之礼只用来向唯一的上帝表示敬畏。末底改恳求上帝拯救以色列人民,他们被视为上帝在众族中所拥有之份,乃上帝本身所赎之民。祷告充分表明了如下主题:上帝是宇宙之王,对以色列有着独一无二的眷顾之心。

以斯帖的祷告从上帝拣选以色列的主题开始。她承认上帝把悖逆的以色列民交给外邦统治所体现的公正性(证实了《申命记》的神学历史观)。然而,在外邦人和犹太人之间的冲突中,她也看到将荣耀归于唯一真神,抑或归于被外邦人崇拜的无生命偶像之间的竞争。她恳求上帝拯救以色列,以使上帝的荣耀不受贬损,使他那虚妄之敌不被颂扬。她确认上帝会独自施展威力拯救其子民,赐予以斯帖胆量,扭转国王的心意,带来美好的结局。在此她也表达了对于和一个未受割礼的异教徒同床共眠的厌恶之情,她坚称自己一直恪守饮食戒律,回避参与所有与偶像崇拜相类似的事务(例如饮用奠酒,14:17)。

补篇 D(15:1—16)取代希伯来文的两节(《以斯帖记》5:1—2),大幅度扩展和戏剧性地强化了王后私闯亚达薛西王室的场景。在新的场景中,是上帝扭转了局势,使国王因被侵扰而发怒的心对妻子变得温柔体恤起来。

补篇 E(16:1—24,增补于《以斯帖记》8:12 后)提供了国王废除其先前命令(补篇 B)的诏书原文。哈曼作为一个忘恩负义、以怨报德、阴谋陷害国王之人受到公开谴责。实际上哈曼被称为马其顿人,他试图从内部削弱亚达薛西王的统治,以便(将来有一天)波斯帝国能臣服于马其顿的王权之下。如此看来,犹太民众的安居乐业便与其所在异邦的稳定紧密相关。国王承认了自己由于对哈曼的诡计失察而应负的责任(16:8—9),宣告以后对此类逆行会更加警觉。国王免除了犹太人的所有赋税,并告知其臣民不得再行他先前的法令。他的忠诚之民将会武装起来扶助犹太人,即使其他人决计依照哈曼的命令履行其反犹之见。国王甚至命令其波斯臣民庆祝犹太人的得救(一种与普珥日相似的异族庆祝方式)。

希腊文的《以斯帖记》终结于补篇 F(10:4—11:1),又回到末底改的梦境(补篇 A),以致显然取决于补篇 A 并与之相关联。末底改在此对他的梦作出解释:他和哈曼就是那两条准备争斗的龙;列邦是那些联合起来随时准备攻击犹太人的亚达薛西王之民;小河代表以斯帖,犹太人通过她获得了来自上帝的佑助。末底改一直把注意力放在两次截然不同的掣签上,正是通过这些掣签,这部书首次认可了对一个节日的命名(即普珥日,得自哈曼抽签决定实施大屠杀日期的"掣签日")。现在,这些掣签成为上帝对非犹太民族和犹太民族设定的命运或定数,当二者相遇之际,上帝借此证实了其选民的无辜。于是普珥日以如下方式被呈现出来:不但强调了灾难中的及时拯救,而且强调了在上帝的计划中,犹太人与外邦人之间有着重大的差异和区分。《以斯帖记》11:1 提供了一个尾声,是那个图书馆管理员所作的简短注释,他曾经收到有关普珥日出处的信件。

补篇在两个方面强化了《以斯帖记》的文学结构。首先也是最显著的是,补篇 A 和 F 为整个故事提供了一个构架性叙述,把哈曼和末底改之间的宫廷阴谋,以及犹太人和外邦人之间的民族迫害置于一个天启异象及其诠释的阐释性构架之中。这个构架的阐释力量不容低估,希腊文《以斯帖记》的读者从一开始就明白,上帝已事先设定了该故事的结局,且会致力于所设结局的实现。

同样,补篇 B 和 E 也强化了作品内在结构的统一性。希伯来文《以斯帖记》只提及两个诏书,现在对它们的实际"引用"增强了它们作为叙事结构之第二层次发挥作用的可能性,同时也提高了故事情节的戏剧性。借用亚里士多德在《诗学》第 18 章中的说法,第一个诏书显明了必须拆解的复杂局面(凝结),第二个诏书则揭示了危机的成功解决(消解)。

补篇 C 和 D 通过重置高潮的位置改变了最初的故事结构。补篇

C 借延长以斯帖的准备工作强调了她未蒙召而闯宫见王事件的重要性;补篇 D 用 15 节取代原文两节的内容,充分展开和更为戏剧性地描写了以斯帖出现在亚达薛西王面前的情景(Moore 1992b:629),从而使这部分成为新的叙事中心。

尽管上述六个补篇构成《以斯帖补篇》讨论的要点,若把七十子希腊文译本与马索拉经卷置于一处进行比较,会发现实际上还有许多其他增补和省略之处。其中一部分增补属于小的细节性问题。希腊文本提到一个镶有红宝石的小杯子(1:7),它未见于希伯来文本。在希腊文本召唤瓦实提一场中,哈曼在场且被提及名字(1:10)。希腊文本在 1:14 中提到三位谋士的名字,希伯来文本则提到七位。在希伯来文本中末底改很少悲痛,但是在希腊文本 4:1 中他却哀哭道:"一个无辜的民族将要被毁灭了!"与之类似,希腊文本 4:8 中出现了末底改的直接陈述性语言(但未见于希伯来文),他劝告以斯帖:"向主祷告,为了我们去向国王说情,救我们脱离死亡。"在希腊文本 9:24 中亚玛利人哈曼变成了马其顿人哈曼。希腊文本在两处提供了原文缺失或意在改变窘迫之境的一个行为动机:亚达薛西王召唤瓦实提不仅是想把她作为自己的财富或战利品进行展览,而且还想在宴会高潮时封她为王后(1:11)。希腊文本在第 2 章中提到那些阴谋陷害国王的太监时,称其之所以如此是因为"对末底改的提升生气"(2:21)。

与整个补篇的重要主题相一致,一些小的增补也插入了宗教性话题或相关的重要内容。在希腊文版本中,末底改教导以斯帖要"敬畏上帝,谨守其诫命",文本还告诉读者,在以斯帖被引荐做国王的妻子后,她"并未放弃其生活方式"(2:20),仍是一个恪守托拉的犹太人。以斯帖被吩咐谒见国王之前要向上帝祷告(4:8)。在 6:1,希伯来文本仅说国王难以入睡;希腊文本则把国王的失眠归因于上帝的行为。在两个版本中,哈曼的妻子和朋友都提醒他有关日益反对犹太民族将带来的危险,但在希腊文本中他们直接将此归因于上帝的帮助:"因为永生之主与他们同在"(6:13)。最后,希腊文本在亚达薛西王的第二个诏书后增添了一条附加规定:除了被授权在亚达月十三日自我防卫外,犹太人还能"遵从他们自己的诫命生活下去"(8:11)。

　　希腊文本虽然作出或短或长的诸多增补,却也力求精简希伯来文本,消除其冗繁之处而寻求更简洁的方式去陈述同样的基本细节。对希腊文本和希伯来文本就 3:1—13;5:1—10 或 9:1—2(《新标准修订版》提供了以上几节希腊文和希伯来文两个版本的全部译文,使人比较易于操作)进行粗略比较,会使有兴趣的读者对通常发生的各种删节有所了解。

文本的流传

　　《以斯帖记》的文本流传史由于存在两组重要的希腊文本而复杂化。公认的善本被称为 B—本,以七十子希腊文译本的若干重要抄本和手稿为代表(著名的有梵蒂冈抄本、西奈抄本和亚历山大抄本),它们是希腊文《以斯帖记》之现代英文翻译的基础。希腊文译者并未机械地复制希伯来文,而是表现出一种更自由更富于文学意味的翻译风格(Moore 1982:lxiii;1977:162)。①第二个希腊文版本称为 A—本,一度被等同于公元 2 世纪的卢西安版本,但目前认为它在卢西安之前就已存在。它似乎是从一种与七十子希腊文译本(B—本)之潜在风格全然不同的闪族语文本翻译来的(Moore 1967;1977:164;Cook 1969),并且比七十子希腊文译本短,对故事陈述得更简洁(Moore 1977:163)。A—本与带有补篇的七十子希腊文译本之间存在着较严密的逐字对应,表明其译者乃是从七十子希腊文译本中引入了补篇(Moore 1977:165,194;Collins 1984:72—92)。②古老的拉丁文版本是颇有价值的希腊文 B—本之 2 世纪的见证者(Oesterley 1935:194)。沙希地文和埃

114

---

① 1966 年汉哈特发行一种《七十子希腊文译本·以斯帖记》的评论性版本。

② 科林斯(Collins 1984:217—248)提供了 A—本的一个英文译本。

塞俄比亚文《以斯帖记》皆以七十子希腊文译本为依据,而古叙利亚文和通俗拉丁文译本则以希伯来文本为根基(Moore 1977:167)。

什么是《以斯帖记》的真本呢? 事实上,我们习惯性地认为是马索拉经文,而希腊文本含有补篇和其他种种更改。但这种观念在学术界并非没有受到挑战。托里维护的观点是:真本《以斯帖记》含有补篇 C 和 D,全书也较频繁地提到上帝,只是后来作为一种避免亵渎上帝之名的措施,才删除这类内容(此书在普珥日朗诵,据《巴比伦塔木德·米吉拉》7b 记载,在这个节日上人们必须喝得酩酊大醉,直到不能区分"被诅咒的哈曼"和"受祝福的末底改"时为止)。托里相信,希腊文本其实比马索拉经文(及我们目前的《旧约》)更接近原始的希伯来文本(Torrey 1945:58—59)。③必须承认,补篇 C 和 D 在巴勒斯坦的犹太文学世界中是十分私人化的,即如《但以理书》(但以理在第 9 章中的忏悔祷告)和《犹滴传》(犹滴勇敢地尝试去营救以色列和致力于"击杀敌酋"[*kashru*]之前的激情祷告)一样。弗兰西斯·罗伊罗恩(Roiron 1916)将此理论进一步推广至补篇 A 和 F,称其与巴勒斯坦的犹太启示文学也相当一致。补篇 A、C、D 和 F 与 2 世纪的希伯来文犹太文学之间所显示出的和谐性的确关系到补篇的起源,但不能最终证明这些补篇是"原初"《以斯帖记》的构成部分。

即便《以斯帖记》的真本中明确提到了上帝,这些内容后来遭到了删除,说那些篇幅较大的补篇原是真本的构成部分也没有可能。就此而论,最重要的理由是补篇具有从属性特征:没有它们,故事是一个条理分明的整体;有了它们,矛盾则被不必要地插进一个先前协调统一的叙述中(尤其是补篇 A、E 和 F 的情况)。

首先,如果把补篇 A12:1—6 和原本中两太监被挫败的弑君阴谋(2:21—23)作为同一事件的成对物来考察,会发现二者之间存在着不

---

③ 亦可参看法伊弗之论(Pfeiffer 1949:309—310)。托里(Torrey 1944)进一步详细讨论了相关内容。

少矛盾。即使它们被视为末底改五年前后挫败的不同阴谋,至少仍有一个矛盾:在哈曼的动机里,毁灭末底改的同时也要毁灭其民族。在补篇 A12:6 中,哈曼隐约出现在刺杀亚达薛西王事件的背后,由于计划被末底改挫败,他就伺机复仇;同时在希伯来文《以斯帖记》3:5—6,哈曼行为的动机是末底改拒绝向他鞠躬(但在补篇 C13:12—15 中,这只是个想当然的动机)。补篇 E16:10—14 把哈曼对犹太人的攻击归结于另一个动机:暗中破坏国王的辅佐基础,以便马其顿人能掌控波斯帝国。

作品描写哈曼及其儿子们的命运时也存在矛盾。在《以斯帖记》7:9—10,9:6—19 中,哈曼被吊死在自己屋内的绞架上,他的十个儿子于亚达月十三日的暴动中被杀戮;补篇 E16:17—18 则称哈曼及其儿子们都于亚达月十三日之前就被吊死在城门上(Moore 1992b:630)。

在某种意义上,正是《以斯帖记》在"正典"文学中的边缘性地位,导致尝试对它进行修订的意图,以便使之更具宗教性,更富于神圣的地位和价值;亦致使译者和作者敢以某种方式修改文本。从某种程度上说,他们对那些在犹太教中逐渐被正典化的任何其他著作都未做过这样的工作(Bickerman 1950:113—114;Moore 1977:160)。

人们曾经认为六个补篇的最初语言是希腊文(Gregg 1913:665;Oesterley 1935:191),补篇或许创作于《以斯帖记》翻译之际。现在,学术界正在为每一个补篇本身的最初语言寻找更确切的判断。许多学者一直认为,补篇 A、C、D 和 F 中有大量闪族语词,标志着它们曾经用希伯来文或阿拉米文书写;补篇 B 和 E 具有崇高流畅的希腊文风格,表明它们为了与《以斯帖记》水乳相融而采用了希腊文写作(Torrey 1944:2;Pfeiffer 1949:308;Enslin and Zeitlin 1972:20)。[④]

摩尔对此论点作出重要改进,提示学者们思考每个补篇本身随着

116

---

④ 摩尔(Moore 1973:393)赞成补篇 D 最初用希腊文写成,但是对此观点未作任何论证。

时间流逝逐渐成书的可能性。例如,补篇 A 经历了两个编辑时期,较早编入的是 11:1—11,最初用希伯来文写成,第二次增补了 11:12—12:6,(或许用希腊文)作于补篇 A 被收入《以斯帖记》之后。⑤与之相似的是补篇 C,大部分内容最初用希伯来文写成,后来才添加 14:6—12(又一次可能使用了希腊文)。一如约瑟福斯对《以斯帖记》的复述,一个 2 世纪的古拉丁文译本缺少 11:12—12:6 和 14:6—12,突出表明这些内容是后来才收入书中的(Moore 1973:387)。

关于补篇 B 和 E,目前普遍认为是用希腊文创作的。确实,这些补篇显示出辞藻华丽的希腊文特征,而排除了使用闪米特语言的可能性(Moore 1977:193)。⑥补篇 B 和《马加比传三书》3:11—29 在形式和内容上都有相似性,证明它写作于亚历山大城,用希腊文写成(Moore 1973:384)。⑦

作者、年代和背景

从最初的希伯来文形式到七十子希腊文译本的文本形式,《以斯帖记》的嬗变经历了相当长的时间跨度。约瑟福斯意译了含有补篇 B 至 E 的《以斯帖记》,给了那些补篇一个严密的时间终结点——公元 90 年。他没有提到补篇 A 和 F,这可归因于他的选择而非它们在其文本中的缺失(Moore 1992b:632)。但是希腊文《以斯帖记》的尾声(11:1)

---

⑤ 库克(Cook 1969)在此观点上反对摩尔之见,而认为 11:12—12:6 是从一种带有希伯来文倾向的版本译来的,但其早期部分可能表现出七十子译本的希腊文风格特征。

⑥ 马丁(Martin 1975)对此问题提出一个严密而完整的建议:通过对希腊文著作和译文的特殊句法构成特征进行分析和列举,为最初的语言问题寻找答案。他的结论进一步证实了大多数人的观点:补篇 B 和 E 肯定是用希腊文创作的;补篇 A、C 和 D 是一种带有闪语倾向的译文;补篇 F 尚无定论(1975:65)。

⑦ 摩尔认为这些法令不可能是利希马丘自己添加的,因为在书中其他地方看不到华丽的修辞风格(Moore 1973:385),尽管个人的自由创作可能与他或她根据风格进行的翻译有明显不同(更不用说这种情况:华丽的风格被认为只能用于官方法令,而不适用于启示、祷告等)。毕克曼(Bickerman 1950:126)认为利希马丘是补篇 B 和 E 的源头。

更有可能提供了真实可靠的信息,以致得出更为确切的时间终结点:

> 托勒密王与克娄帕特拉在位第四年,有一个叫多西修斯的人,
> 自称是利未人祭司,带来了有关普珥节的上述信件。他在其子托
> 勒密的陪同下,共同宣布这封信是真本,并且是由托勒密之子利希
> 马丘翻译过来的,此人家住在耶路撒冷。

接到真本的图书馆管理员添加了这个尾声,提供了有关它直接来源(多
西修斯及其儿子)的信息,也为后人记录了有关它实际起源(利希马丘
的翻译努力)的报道。对于确认多西修斯的那些陈述,尾声作者持相当
矜持的态度,他让多西修斯"说"自己是利未人[8]祭司,"说"他们带来的
以斯帖之书是真本且已被利希马丘翻译过了。一方面,单词"说"可能
仅仅是一种手段,尾声作者在无法验证故事真实性的情况下,就借此手
段来记录多西修斯及其儿子托勒密的言辞充当证据。但是,尾声作者
或许是受到所知《以斯帖记》其他版本的启发,在此也表达了对他们所
陈述故事的怀疑(Moore 1977:250—251)。

尽管如此,那个日期还是有用地记载了多西修斯把卷轴带到亚历
山大的年份。不幸的是,托勒密一世的每个继任者都采用了托勒密之
名,其中几人还与克娄帕特拉结了婚。毕克曼(Bickerman 1944:346—
347)确认翻译工作是在公元前 78—前 77 年完成的,那是托勒密七世
奥利特斯和克娄帕特拉五世统治的第四年。[9]另一个知名时期是公元
前 114—前 113 年,那是托勒密八世索特二世和一位早期的克娄帕特
拉王统治的第四年(Moore 1977:250;Jacob 1890:279—280)。毕克曼
否认这种可能性——也否认了身为著名女王克娄帕特拉之兄弟和丈夫
的三岁的托勒密八世——既然在王国统治的第四年,女王在任何情况
下都是幼小的托勒密的摄政王,并且当时官方撰写公文时总是把克娄

---

⑧　毕克曼认为(Bickerman 1944:348)利未人是一个私人名字,此说现已遭到普遍
否定。

⑨　科林斯(Collins 2000:110—111)认为毕克曼的见解是明确的。

帕特拉放在首位,而不是像《以斯帖记》的尾声所写的那样。除了这两个有关翻译日期的富有弹性的可能性时间,尾声还提到一个名字:利希马丘——一个耶路撒冷居民,他可能有埃及犹太人的生存背景(这是其父亲的名字托勒密所显示的),这或许就能解释为什么本书要详细解说埃及犹太人的背景情况,因为这也是本书被送来时的背景情况(Pfeiffer 1949:311)。

这些相关的资料是怎样重构补篇之形成史的呢？首先,尾声的位置紧随补篇 F,强烈地表明补篇 F,必然还有补篇 A,早在翻译时就是《以斯帖记》的构成部分(Moore 1973:382,387)。而且,补篇 C 和 D 也能充分证明它们是从一种具有闪米特语倾向的文本翻译过来的。它们与同样形成于公元前 2 世纪的《犹滴传》和《但以理书》的宫廷故事之间有相当多的类似处,如果说它们翻译时已经是《以斯帖记》的部分内容,也不无可能。⑩所有的补篇可能都成书于巴勒斯坦。在利希马丘翻译完《以斯帖记》之后的某个时间,另一人添加了补篇 B 和 E,它们最初即用希腊文创作,而非译自希伯来文或阿拉米文。这些补篇很可能首创于埃及的犹太社群中,例如补篇 B 与《马加比传三书》——一部出自埃及(亚历山大)犹太人的作品——之 3:12—29 尤其表现出惊人的相似性。

体裁、写作目的和形成时接受的影响

在很大程度上,补篇 A 和 F 是把一个简短的天启梦幻异象改编成以斯帖故事而形成的。摩尔正确地指出,补篇 A 并不精确地吻合以斯帖故事。巨龙作为典型的罪恶力量之象征,很难成为末底改形象的合适化身(尽管它也代表哈曼)。而且,七十子希腊文译本和 A—本在补

---

⑩ "对以色列和其他民族的严格划分,以及对《以斯帖记》之分离主义式虔诚的夸张强调,似乎也可以看作哈斯摩尼家族背景的反映,正是在此背景中完成了翻译"(Collins 2000:111—112)。

篇 F 中对这个梦境有不同解释,这表明二者对梦境如何与以斯帖故事相吻合的看法存在分歧。在 A—本中,河流代表了聚集起来反对犹太人的诸民族,而非作为神圣拯救之媒介者的以斯帖。因而,梦幻异象是独立于《以斯帖记》的著作,从较宽泛的意义上讲,可能是由于它的适用性,只是后来才被编进作品中(Moore 1977:180—181,248—249)。

因而补篇 A 含有这样一个文本:它最初意在讲述一个特定情节梗概而非以斯帖的叙事。迦德纳令人信服地提出,梦幻异象写作于希腊化危机时期(一如《但以理书》7—12)。两条巨龙代表了托勒密帝国和塞琉古帝国。"北方诸王"和"南方诸王"为控制巴勒斯坦而进行的争斗可能是另一位启示学家所考虑的中心问题,《但以理书》对这两个王国的突出描写是上述观点成立的有力证据。这些民族联合起来反抗犹太人;犹太人因为那禁奉托拉的诏书而陷入麻烦和恐惧之中;小溪变成大河则可能代表马加比起义日益获得的成功(Gardner 1984:7—8)。

梦幻异象现在成为上帝对末底改的一个默示,涉及上帝将来会介入犹太历史,这在浓烈的神学意义层面上揭示出《以斯帖记》的一些主题,如上帝的意志、启示及其与其选民相互影响的互动关系。2:21—23 复述太监们陷害国王的阴谋是为了一开始就使两个重要对手(末底改和哈曼)出场,并且给彼此着上不同的色彩(前者是忠于国王的、对其有利的正面角色,后者是背叛君主的反面角色)。补篇 F 明确地回到补篇 A 的内容,以一种与以斯帖故事(而非 2 世纪的巴勒斯坦历史)相吻合的方式提出对梦境的阐释。然而,最初梦幻的启示性隐喻思路并未丧失,因为补篇 F 在结束全书时,就上帝对历史的预先决定及其对犹太人的特殊捡选作了神学沉思,且拓展了普珥日的意义(10:13),使之不再仅仅是一个庆祝以色列人从敌对的外邦人中分离出来获得解放的节日,和一个纪念在上帝的计划中犹太民族享有特权地位的节日。

补篇 B 和 E 是以国王诏书的形式呈现的,它们插入《以斯帖记》,使整部书更接近于史料编纂体裁,此种体裁会尽可能收入无论从哪里得到的官方文献。增入这些补篇能使故事的历史性更为可信(Moore

119

1973：383）。从内容、形式和结构，甚至标题顺序来看，补篇 B 与《马加比传三书》3：12—29 中的另一个反犹诏书极为相似（Moore 1977：197—199）。二者都把国王对民众遍施恩惠的兴趣作为颁布诏书的动机，包含了对那种出于卑鄙目的而赞成这个高尚动机的明确摒弃（《马加比传三书》3：15；《以斯帖补篇》13：2）；二者都有相似的反社会命令和企图摧毁犹太民族的颠覆性行为（《马加比传三书》3：19—24；《以斯帖补篇》13：4—5）；都有使反社会力量终结其行动的命令（《马加比传三书》3：25；《以斯帖补篇》13：6）；最后，这个命令被赋予相同的结局，即王国的稳定与和平（《马加比三书》3：26；《以斯帖补篇》13：7）。尽管《马加比传三书》是在《以斯帖记》翻译成希腊文之后写成的，它可能仍在某个方面对后来的补篇例如 B 产生了直接的影响（Moore 1977：199）。

毕克曼（Bickerman 1950：129—130）认为，托勒密王朝中的明争暗斗为补篇 B 和 E 提供了合适的创作背景，实际上，在这两个补篇中，哈曼和末底改都想说服国王相信对方是叛国者。在这些王朝纷争中，犹太民族是支持要求权利的一方去反抗另一方的——例如，他们曾支持克娄帕特拉二世反抗托勒密八世，不幸的是后者最终获得了上层统治权并处罚了克娄帕特拉的支持者。与之类似，当许多亚历山大人反对托勒密十世时，犹太人站在了托勒密十世一边，结果当亚历山大人胜利时，也把犹太人当作国家的敌人加以迫害（Bickerman 1950：131）。

尽管这两个文本与埃及的政治氛围特别相符，文本中描述道，统治者最初相信犹太人是政府的隐患，结果却明白他们实际上是一种忠诚而遵守秩序的要素——这增强了补篇 B 和 E 在埃及写成的可能性；但补篇 B 和 E 却完整而连贯地转向《以斯帖记》中所描写的形势，也就是说，它们的形成主要不是由于作者的处境，而是由于作为对《以斯帖记》3：8—9，13—14；8：5—12 的扩展而增添了细节。它们特意在《以斯帖记》的情节中添加了国王的诏书。

补篇 C 和 D 显示出对犹太教圣经的明确的附属性，该圣经是祷告中许多特定恳求和呼吁语的来源。以斯帖的祷告与《但以理书》第 9 章

和《犹滴传》第 9 章中的祷告尤其具有明显的相似性。然而,这两次祷
告都是为了与以斯帖故事相谐调而特意创作的(而非仅仅为了拙劣地
编进叙事而作出的孤立的祷告)。布朗利(Brownlee 1966:177—178)
指出,这些补篇突出反映了安提阿古四世时的危机,描写了一个激发身
居高位的犹太人为了民族利益而出面求情的过程,涉及安提阿古四世
如何受到邪恶大臣的误导,最终又撤销他先前关于禁守托拉的命令。
因为证据不足而认为安提阿古四世没有罪过,这使作者在幸存的犹太
文学中显出独特性。而且,竞争的关键点——一个人通过上帝的意志
升至高位,以致能为上帝的子民求情——这不是补篇的发明,而是《以
斯帖记》真本的内容。那么,更有可能的就是:一个犹太人创作这些祷
告并非用于这样一个特殊目的,而是要强调祷告的重要性和有效性,以
及神意的拯救在及时扭转以色列厄运时的真实性。[11]

总之,如果各位编辑在形成和组合这些补篇时的目的可以通过其
结果阅读出来,就能总结出三重可供讨论的事项:第一,《以斯帖记》一
书显然是要反映和描述公元前 2 世纪和前 1 世纪早期犹太神学的某些
重要方面,并以以斯帖和末底改为角色模型,表现犹太人在异邦统治下
的生活状况。第二,本书的历史编纂性质及其记录真实事件的印象,由
于诏书文本的加入而得到增强。第三,补篇提供了一种民族维持功能,
这是通过两方面实现的:首先是增加了在上帝的神圣计划中以及民族
间的相互对抗和敌意中犹太人与外邦人之间的分离感;[12]其次,面对不
断增长的反犹势力,协助犹太人做坚持不懈的斗争,把反犹势力归结为
外邦人中的卑鄙无耻之徒,然而高尚的外邦人需承认犹太人为政府稳
定和安宁所作的贡献。

---

⑪ 也就是说,如果托里错误地认为补篇 C 和 D 实际上是最初希伯来文《以斯帖记》的
一部分,这些补篇与主要文本并无矛盾。

⑫ 毕克曼(Bickerman 1944:362)认为,尾声证明犹太人和外邦人都持有并刻意传播了
相互对立的情绪,这种对立情绪是"被职业传教士如多西修斯及其同伴"从巴勒斯坦传播出
来的。

神学贡献

121　　希伯来文本的《以斯帖记》为何没有直接明确地提到上帝,这曾经是一个秘密。尽管作者确信神意在事件中的导向作用,特别是上帝会致力于确保以色列人必蒙救赎(4:14),但是在任何意义上,上帝都没有作为一个人格化角色进入故事中。上帝的主宰是不可见的,他只在一张厚重的帘幕背后行动。梅茨格尔(Metzger 1957:62)认为,作者是在一个提到以色列上帝便会招致危险的年代写作的,但这仅仅是推测——更多的时候犹太作者面对可能遭受迫害的危险,在他们那些关于上帝的宣言中依然表现出相当充沛的活力。另一种解释认为,希伯来文《以斯帖记》与一个以醉酒至不能区分"受诅咒的哈曼"与"被祝福的末底改"为特征的节日紧密相连,而且要在这个节日上公开朗诵,没有提到上帝是为了减少亵渎行为发生的机会(Moore 1977:157;Torrey 1945:58—59,参看《巴比伦塔木德·米吉拉》7b)。[13]然而,在涉及《以斯帖记》正典化的讨论中,正是这种对上帝及犹太民族独具特色的敬虔生活方式的沉默(或者更恰当地讲,是对圣洁的沉默——无论它是否玷污了圣洁的手)伤及人们对它的尊重。

　　希腊文《以斯帖记》通过祷告和遵守托拉打破了对上帝以及犹太民族与该上帝之隶属关系的沉默;一如《但以理书》、《犹滴传》或《马加比传下》中的宫廷故事风格,希腊文《以斯帖记》也对故事做了改写,使上帝作为主要演员和守约模范的重要角色凸现出来。《以斯帖补篇》虽把上帝描述为万物的创造者(13:10),但更关注上帝对历史和政府的调整,突出强调了上帝与以色列人的亲密关系,及其对以色列民族的特意拣选。在补篇C中,末底改确认在上帝的治理下无人能违背其旨意

---

　　[13]　托里认为,与希腊文版本类似,希伯来文《以斯帖记》的原始版本中已包含补篇A、C、D和F,其中亦提到上帝,但这些内容在犹太人对该书进行正典化的过程中被删改掉了(Torrey 1945:58—59)。

(13:9,11)。这种对一神之绝对控制权的确认也被置于补篇 E 的亚达薛西王口中,他说上帝"已把我们和我们的祖先引入了那秩序井然的王国"(16:16)——恰如《但以理书》中的神学观,此说强调了上帝对王朝的安排及其对时间的支配。在补篇 A 中,神意和支配权也预先设定了,上帝能够并且已经向其子民揭示自己决意要做之事(11:12)。

　　上帝的意志注定支持犹太人。作为普珥日名称由来的掣签在补篇 F 中从该角度再次得到阐释:"基于这个目的,上帝做了两个掣签,一个为上帝的子民,另一个为其他民族,并且这两个掣签在上帝面前和所有民族之中,逐渐走向决定的时间、地点和日期。上帝顾念他的子民,最后澄清了他们受到的责难。"(10:10—12)普珥日被当作各自不同的掣签和命运的纪念日而重新解释,这是上帝在很久以前就安排好的。一方面为犹太人安排了一种命运;另一方面,为其他人安排了另一种命运。这两个群体在此计划中被驱使着彼此相斗,而上帝掌控着历史,最终使其特选之民得救并获得恩惠。

122

　　就神意决定着历史秩序的观点而言,《申命记》的神义论发挥了某种作用,尤其在 14:6—7 中,以斯帖的祷告使人联想起《但以理书》第 9 章和《巴录书》第 1—2 章,它们都承认偶像崇拜是民族灾难的首要原因,并承认以色列史上的灾难性事件所显明的乃是上帝的公正,而非不公正或软弱。

　　然而,甚至在流亡期间,以色列仍是"正义的民族"(11:7,9)。他们依然是上帝的特殊产业和份额,是上帝从所有民族中赎买来的(13:15—17),而其他民族似乎并未出现在上帝的救世计划中。犹太人是"永生上帝的孩子"(16:16)和"上帝的选民"(16:21),与普通民族截然不同。犹太人与外邦人之争可理解为上帝与那些供人膜拜的偶像、假神和虚妄对手之间的角逐(14:9—11)。以色列的毁灭应等同于上帝对宇宙王权的放弃,所以与以色列的密切关系就是上帝本身存在于世界中的证据。犹太民族的毁灭应等同于上帝荣耀和上帝在世间力量之证明的消失(13:17;14:9),等同于在有关谁是真神问题上所形成的长期角逐中假神的胜利。这个事实使犹太民族必须获得拯救甚至胜利。补篇 A 印证了我们熟知的出自《撒母耳记上》2：4—5，7—8 的逆转模式：卑微者（犹太人）得到提升，而那些"拥有荣耀者"（敌对的外邦人）则被吞噬。然而更值得注意的是，"卑微者"积极参与毁灭其敌人，这个细节使人想起犹滴的楷模形象，以及马加比人的原始奋锐党哲学。

关于个人虔诚，补篇中有同样丰富的描述。末底改和以斯帖的祷告，以及故事所记载的祷告结果（始于补篇 D，上帝改变国王的心思使之倾向于以斯帖），成为对恭顺犹太人之祷告效力的确认。补篇 C 对诚心祷告者的穿戴也提出看法——祷告者需改变外衣，尤其适合穿粗糙的服装，同时辅以其他自贬性行为（把灰尘和粪撒在头上），这两种做法亦见于《但以理书》9：3。希腊文《以斯帖记》特别强调以斯帖需承担遵守托拉即犹太生活方式的义务，甚至当她身处王宫之际（七十子希腊文译本 2：20；14：15，17—18）。尽管以斯帖与一位异族国王结了婚，她却成为同族通婚价值的另一种见证人（"我……憎恶这些未受割礼者的床和任何异邦人的床"，14：15）。

最后，末底改的祷告通过敬虔地表达依附和顺从之心的方式，增强了犹太人荣耀一神的责任心。末底改解释道，他不向哈曼鞠躬的危险行为并非出于自豪或傲慢，而是想仔细区别两种情况：向某人表示尊敬的适当方式，和仅仅向至高之主表示尊敬的适当方式（13：12—14）。以斯帖不喝"奠祭之酒"（14：17），也证明了犹太人欲与有可能危及自身去虔诚地敬拜独一上帝的所有行为完全自我隔离开来。

从补篇的窗口透视犹太民族与外邦的关系

反外邦情绪和反犹情绪在希伯来文《以斯帖记》中已见端倪。例如，两个版本都以大逆转的想象结尾，其间犹太人被异邦国王授权屠杀那些企图伤害他们的外族人，在后者尚未动手之前即可采取行动（大流散中的犹太人在公元 115—117 年的起义中曾使种族分离主义的黑暗面得到血腥的表现)。六个重要补篇中有四个强调了这种敌对状态,使希腊文《以斯帖记》对于被宗教断言合法的种族敌视主题进行了宽泛的表达。

从这种敌对状态中的外邦人方面开始,补篇 B 详述了哈曼在《以斯帖记》3:8 中对犹太人的指责:"他们的法律与其他每个民族的法律都不同,他们不遵守国王的法令,所以国王不再适合容忍他们。"这简短的话语突出了如下看法:无论犹太民族出现在哪里,他们的律法(和生活方式)都明显与众不同,独具特色;也表明了这样的观点:这个民族既然如此忠诚于他们的生活方式,就不会去履行国王的法令。诏书在这个论题上做了夸张性的描述:

> ……有一种顽固习民,散居于帝国和各民族之中。这些人有自己的律法,与其他民族迥然有别,且又一贯违抗国王的命令,由于此种态度的结果,致使我们无法为帝国建立一个我们梦寐以求的统一政府。我们了解到这些人一贯站在与全人类为敌的立场上;他们信守奇怪的风俗习惯,服从自己的律法;对我们的政府怀有敌意,做着他们能做的一切破坏行动,致使我们的王国不能取得稳定。(13:4—5)

该文如此勾勒了犹太人的形象:这是一个恪守自己种族生活方式的民族;在外邦诽谤者眼中,他们否认任何推理和解释,拒绝与其非犹太邻居协作,以致凡有他们居住的地方永远不能形成强大统一的群体。

补篇 B 的犹太作者非常简明地捕捉到了外邦人对犹太人之广泛而真实的评论。[14] 在这里,我们看到支撑着犹太民族在异邦统治下生存

---

⑭　参看以下人士所作的评论:塔西佗(《历史》5.5)、朱文纳尔(《讽刺诗》14:100—104)、西西里的狄奥多罗斯(《历史文库》34.1—4;40.3.4)、罗得岛的阿波罗尼乌斯·摩伦(保存于约瑟福斯之《驳阿皮恩》2.258),和阿皮恩(保存于约瑟福斯之《驳阿皮恩》2.121)。这些作者都谈到犹太人对非犹太人的故意抗拒,谈到他们拒绝作为一个更大整体的一部分混迹于大众之中并与邻人互相忍让。又由于外邦人对犹太身份之最具区别性的特征进行了消极评述,更加剧了犹太人的这种心理。外邦人称犹太人奉拜一神实际上是"无神论"(亦即否认了多神的事实),行割礼是对身体的野蛮损毁,守安息日是一种懒惰行为,而拒食猪肉则是荒唐无稽的迷信。

几个世纪的《托拉》的守护性和妨碍性两个方面。一方面,设在犹太民族外缘的那些遵守《托拉》的边界线(通过自洁、饮食规则以及坚持绝对避开偶像崇拜来实现)是保持犹太民族独特身份和文化的有效手段;另一方面,这些使犹太民族保持了自身特色的非常机械的规则也致使犹太人遭到严重的误解。

补篇 B 所突出的"替罪羊法"(Moore 1977:194)是大多数文化频繁使用的手段,那时其成员觉察到世界上并非处处公平。"万物的存在如果不是为了那些人,则毫无疑问是为了我们",这种思维造成战争的惨叫和社会之特定部分的被清除,而此种做法也被证实是导向更大社会目标的通道。不久前曾显示这种思维带来的毁灭性惨状,但是我们能确定阿道夫·希特勒不是其始作俑者。在希腊和罗马时期的历史中,反犹暴动屡屡发生,以至于补篇 B 的"逻辑"可以视为非犹太社会至少一部分人的思想反映,即:等待有利时机,利用本地犹太人对当权者警惕性的丧失,对他们施行破坏活动。

下面要论及补篇 A、C 和 F 之难解处的另一方面。在补篇 C 中,作者使以斯帖对自己与一个外邦人(她的丈夫亚达薛西王)必须有如此亲密的关系表露出不悦之情:

> 你知道,我厌恶从外邦人手中获得荣誉。我憎恨与任何未受割礼的人以及异教徒同床共眠……你的仆人从未在哈曼的桌子上就餐或者出席宴会来荣耀国王,我从来没有喝过奉给他的神祇的任何供酒。(14:15,17)

这段话的作者想使读者确信:作为一名犹太民族的良民,以斯帖更希望从那个外邦人的栖息地远远地迁出来。对她来说,与一个外邦人结婚,不论他实际上可能拥有何种德行和优雅风度,单在原则上就是令人憎恶的。以斯帖对自己不与外邦人同桌共餐的确认再次证实了《托拉》的饮食规则(以及对任何涉嫌偶像崇拜行为的禁止,因此,如果进餐时主人从他的酒杯里泼出一点以示对某个神的尊敬,就要拒绝喝那桌子上的酒)是怎样紧密地维持了犹太人的独立意识。

补篇 A 和 F 把哈曼与末底改之间的宫廷阴谋转换为一方面是犹太民族("正义民族");另一方面是"所有民族"之间的绝对仇恨和争斗(Moore 1973:390)。编者使天启式梦幻异象历史化,这是根据亚达薛西王统治时期的"事件"而非现在或迫在眼前之未来对其进行的解读;但同时保持了天启思想的严格二元论,认为犹太人与非犹太人是在相互对立和敌视的状态中彼此争斗。或许这种反异邦意识的最为残忍的表达就是犹太人积极参与毁灭其敌人的活动,这是补篇 A 突出强调的内容(11:11)。

然而,补篇并非仅仅讲述不可调和的差异性。在补篇 E 中,那个使整个局面发生逆转的诏书为犹太人和异邦人的关系呈现出一种不同的范例,在该范例中,异邦当权者感谢犹太人为政府的稳定和繁荣作出了积极贡献(参见 16:15—16)。该补篇也表达了散居犹太人的愿望:希望他们清白无辜的行为和确实乐意支持慈善国王打击所有敌人的立场得到认可和尊重;不要因为他们对待食物和安息日之类事务的做法有所不同而遭到怀疑和诽谤。像许多犹太人一样,作者的简单愿望是希望其邻人"允许犹太人遵从自己的律法生活"(16:19;参见七十子希腊文译本 8:11),而不要设置重重障碍予以阻拦。

125

影 响

希腊文《以斯帖记》的影响相当有限,部分原因是在任何形式的《以斯帖记》之正典价值问题上,早期犹太人和基督徒都缺乏一致意见。库姆兰古卷中未发现希伯来文《以斯帖记》的任何抄本,普珥日在该社群的礼仪目录中也不占重要位置(Moore 1977:156),充分表明它游离于他们的正典之外。以斯帖故事的广泛流传得益于它与普珥日的关联,一些犹太拉比的怀疑并不能阻止它走向正典的进程(Enslin and Zeitlin 1972:23)。随着普珥日不断得到庆祝,该故事被不断讲述和增补润饰,一如其中世纪传奇、塔古姆和其他米大示之扩展本所显示的那样。[15]约瑟福斯将希腊文版本《以斯帖记》中的一段释义收入他的《犹太古事记》(11.184—296),借该书讲述波斯统治下犹太人命运的真实编年史。他的释义表明作者对从 B 到 E 的补篇有所了解。

在最初 4 个世纪里,《以斯帖记》的正典地位在教会中得不到保障,全书及补篇的地位都遭到了争议。例如,奥利金明知希伯来文本中缺少补篇 B、C 和 E(《致非洲人书简》3),却不认为希伯来文《以斯帖记》缺少这些文本意味着基督教会的文献有所缺失。对于基督徒将"正在教会中使用的文本视为伪文本而加以拒斥",并且要用希伯来文本代替他们的文本之说,奥利金进行了辛辣的讽刺:

> 我们是否可以这样假定:体现在神圣圣经中的神意为基督的所有教会提供教诲,而不顾念那些耶稣为之死去的、可以用一定赎价购买的人;耶稣尽管是上帝的儿子,本身就是爱的上帝却不爱惜他,反而为我们众人舍弃了他;上帝岂不也把万物和他一同白白地赐给我们吗?

(《致非洲人书简》4)

尽管如此,甚至在其正典地位已被证实的地方,该故事也没有产生很大影响。补篇 C 给早期教父们留下了印象,他们把以斯帖视为效验性祷告的范例。罗马的克雷芒熟知以斯帖的祷告(《克雷芒一书》55.6),并以她为例,证明上帝甚至能给予弱者以力量,使之为上帝之民创建伟大功绩。亚历山大的克雷芒也提到以斯帖"对上帝的完美祷告"(《论基质》4.19),将她作为证明妇女在信念和服侍上也能与男子同样完美的一个范例。

---

[15] 这些材料罗列在欧斯特利(Oesterley 1935:188—190)的著作中。亦可参看摩尔(Moore 1977:195,205—206,215)、巴顿(Paton 1908:101—104)的摘录。

《所罗门智训》

"义人得永生"

　　《所罗门智训》是源自时代转折之际亚历山大犹太教的产物,它促进了全身心地追求始于敬畏上帝及其律法的智慧活动,相信万物对上帝及其律法皆负有责任。无名作者将听众的注意力聚焦到上帝的审判上,意在表明,一旦背离引向不朽的敬畏上帝和谨守律法之路,就会陷入全然愚笨和迷失之中。然而,在此审判进行之前,义人的荣耀、正确的抉择将为全世界所明了。尽管奉行普世论原则,作者知道上帝与犹太人民(或更确切地说,是犹太人中的义人)有某种特殊关系。通过回忆贯穿于历史,尤其在出埃及时上帝对犹太人的眷顾及其与他们的同在,通过显示已沦为偶像崇拜者的外邦人的愚昧,他鼓励犹太人持守其独特的生活方式。在基督教神学形成之最关键的数百年间,谈到对早期教会的冲击,《所罗门智训》的重要性在《次经》中也许首屈一指。

结构和内容

　　作者在演讲中(1:1—15)鼓励"世上的君王"本着敬畏上帝的精神(1:1)追求公平。第一部分(1:16—5:23)的中心生动地对比了"恶人"与"义人"的命运。恶人以荒谬的理由"与死亡结伴同行"(1:16—2:1);义人则按律法训练,持守其信仰,为上帝的赞许而存活。邪恶者只为今生的乐趣过活，从不顾及来世；而正义者则将今生当作赢得不朽的舞台。尽管邪恶者可能在今生压迫正义者，剥夺其全部荣耀，至审判时上帝却会为义人辩护、赞扬他们，而惩罚恶人，使其蒙羞受辱。

在第二部分，作者展示了智慧的来历、本质、事迹和奖酬。他采用所罗门（实际上未提及该名）的身份讲论，以第一人称自传体形式展开，提供了《列王纪上》3：5—15 所载所罗门祈求智慧、上帝予以回应的情节，添加了许多有关所罗门因接受智慧而喜悦、利益随之降临的细节。所罗门祷告的结论（《所罗门智训》9：18）成为第 10 章叙述智慧救赎行为所揭示的主题，它带观众回到有关亚当、该隐、挪亚、巴别塔、亚伯拉罕、以撒、罗得、雅各、约瑟，最后是摩西及出埃及一代的叙述中去。

第三部分发展了一系列对句，使上帝对埃及人的惩罚与对以色列人的眷顾形成对比（11：1—14；11：15—16 ＋ 16：1—4；[①] 16：5—14；16：15—29；17：1—18：4；18：5—25；19：1—21）。这些恶人与义人命运之间的对比表现出 11：5 中要说明的东西（"当他们的敌人经受苦难的时候，正是惩罚埃及人的天灾挽救了你[以色列]的苦难深重的人民"，尽管这一点常被缓冲，以显示上帝如何以类似的方式行动，为其子民带来利益而对邪恶者实施惩罚）和 11：16（"以犯罪者的同样手段来惩罚犯罪者"，尽管这也会被冲淡为更具普遍意义的适用于罪犯的惩罚）所要说明的东西。

首先，作为对埃及人残杀以色列婴儿的惩罚，尼罗河变成了血河（11：6—7）。埃及人虽有充足的尼罗河水却被迫口渴难耐，以色列人则在沙漠的顽石中得水止渴。作者在 11：9 引进了副主题：上帝的子民经受少量的"仁慈训练"，而恶人却"在上帝的愤怒中被审判"。在第二个对句之初，埃及人崇拜动物，导致上帝令它们肆虐成灾（11：15—16）。

---

① 赖特（Wright 1965：30—31）正确地观察到第二个对句早于那两次离题，开始于 11：15—16，而非多数其他人列举的开始于 16：1，参见瑞斯（Reese 1965：398）、巴克莱（Barclay 1996：189 注释⑭）、吉尔伯特（Gilbert 1984：305）、哈灵顿（Harrington 1999：68，71）的论述。12：23—27 继续了这个思想，直到 15：18—16：4 才最终完成它。

事实上,上帝用青蛙、昆虫等动物惩罚不虔诚者,而未召唤更凶猛的野兽,乃至创造新的可怕动物达到目的,这引起作者对上帝在审判过程中广施仁慈的沉思。这是第一篇补论(11:21—12:22)的主题,其间作者苦苦思索了外邦人在上帝创世及救赎实践中所处的位置。

作者简洁地回到因动物崇拜而饱受困扰的埃及人话题,结束于"被视为神祇"与感悟"真神"之间的对比(12:27)。这导致第二篇补论,谴责外邦人宗教的愚昧(13:1—15:17)。作者首先讨论偶像崇拜中应受谴责的最次要形式,将其命名为魂灵崇拜(13:1—9),然后论及更卑劣的人形雕像崇拜(13:10—15:17);通过论述最令人唾弃的动物崇拜活动(15:18—19),实现了向主流讨论的回归。随后的对照发展了11:5的主题:上帝向其忍饥挨饿多时的子民降下鹌鹑,而向埃及人降下折磨他们的害虫,使之失去食欲(16:1—4)。此外,在发展了11:9之副主题的对照中,以色列人由于所犯的罪在沙漠上短暂地被蛇惩罚,一旦看到"治愈的记号"铜蛇就会获救;而埃及人则被上帝降下的昆虫叮咬,折磨至死(16:5—14)。

这一原则的另一个例子见于11:5,作者论及上帝如何向埃及人降下猛烈的冰雹,摧毁其庄稼,却从天上降下吗哪,饲育自己的子民(16:15—29)。因为埃及人一直让以色列人受监禁、做奴隶,在出埃及时,上帝就将埃及人囚禁在黑暗的牢狱中,却给以色列人一根火柱,以照亮其穿越夜幕之路(17:1—18:4)。在此处,埃及人并未依照"犯罪者使用的手段"(11:16)受罚,而仅仅领受了适宜其罪行的惩罚方式。

最终的对立以准确的方式表达出11:5的主题(见18:8)。击杀埃及人的头生子不但被视为对埃及人决计杀害希伯来人头生子的适当惩罚(18:5),同时也被视为上帝借以结束希伯来人所受的束缚,且使埃及人认识上帝与希伯来人关系的确切方式(18:13)。当作者回忆《民数记》16:41—50所载爆发在以色列人中的那场瘟疫时,11:9的副主题在18:20—25浮现了出来,但这短暂的爆发与"恶人感到上帝的无情愤怒,直到完结"的方式形成了对照(19:1)。最终的对比(19:1—9)亦揭示出 11:5 的论题:红海事件使希伯来人获救,同时也使埃及之敌毁灭。②《所罗门智训》19:10—22 呈现了整个故事之夸张的脉络(尤见于 19:10—12),最终认定了埃及人所犯之罪,因为他们"嫉恨外族人",违背了好客的惯例(19:13—17)。作者对自然界的神奇变化作出前科学的解释,认为那是上帝借以达到帮助、荣耀、提升其子民之意图的方式(19:22)。

　　论及作者将这个有机整体编织起来的文学技巧,显然,学者们对其各部分的纲要还难以达成共识。实际上,所有人都同意将《所罗门智训》划分为三个主要部分:"末世论篇章"、"智慧颂词"和"历史回顾"(Reider 1957:2)。然而,具体到某部分止于何处、另一部分始于何处、在哪里能找到"衔接处",人们似乎各执一词。第一部分分别被认为结束于 5:23;6:8;6:11;6:21 和 6:25,第二部分则被认为结束于 9:18;10:21 和 11:1。③论及这本书中的第一部分,最具说服力的分析是吉尔伯特(1984:302,此处略有修改)提供的同轴模式,它要求第 6 章归入第一部分:

　　　　1:1—15:对统治者提出追求智慧的要求

　　　　1:16—2:24:关于恶人的演讲(附引言和结论)

　　　　3:1—4:19:义人与恶人之间的对比

　　　　4:20—5:23:关于恶人的演讲(附引言和结论)

　　　　6:1—25:对统治者提出追求智慧的要求

　　即使这个大纲未考虑作者写作的复杂性,它的前两部分仍展示了一个连锁结构。《所罗门智训》6:1—11 在向"世上的君主"演讲(1:1)、断言上帝探究人类的方式后,回归到 1:1—11 所"首尾呼应"的论题。④

<hr>

　　② 赖特(Wright 1965:30)指出,学者中存在有关第七次对照从何处结束、结论从何处开始的歧义。在这里,笔者追随法伊弗之见(Pfeiffer 1949:318)。

　　③ 有 14 种不同立场的评论,参见法伊弗(Pfeiffer 1949:321—322)的论述;亦可参见温斯顿(Wiston 1979:4—9)之著。

　　④ "首尾呼应"(inclusio)是一种文学修辞策略。演讲者或作者借助它,通过在章节的开端、结尾处运用相似的词、短语或节奏,划分出演讲的段落。

然而，《所罗门智训》6：12—25 却引进第二部分的主题，即智慧的属性、功绩、奖酬（在 6：12—20 中就有预示），和作为摹仿范例的即将被呈现的所罗门获得智慧的叙事（在 6：22—25 中转换为自传体叙述加以介绍）。不过，即使在 6：1—11 之间，6：9—11 也不但自我标榜为世间君主应如何统治的楷模，而且为第二部分以“所罗门”的第一人称的讲论做好了准备。同样地，在 6：12—25 内部，6：21 特意回应了 1：1 和 6：1，致使倾听者退回第一部分。

　　在第二、第三部分之间作出清晰的标记也是相当武断之事。在 9：18 中，人们相信智慧能拯救那些得到她的人。《所罗门智训》10：1 开始详细阐述这一点，因而延续了已占第二部分主要比重的有关智慧功绩的讨论。在 11：1 到 11：4 之间，作者已经从以第三人称介绍智慧的行动，转到用第二人称坦言上帝的功绩。它甚至不曾打断叙事的线索——其实，早在 10：20 作者就做好了转换的准备。这样作者淡化了衔接处，顺利地实现了从赞颂智慧的特征和功绩，向赞颂智慧的拯救行动和上帝的拯救活动过渡。⑤

131

文本的流传

　　《所罗门智训》不但发现于较晚近的多数七十子希腊文译本中，而且发现于希腊文的西奈抄本、亚历山大抄本和梵蒂冈抄本中。⑥在古代的译本（或版本）中，古拉丁文译本最接近希腊文译本，对经文考据最有价值。它不但提供了见证这本书早期诠释和思考的多种注释，而且提供了一些评注版本中选用的变体（Holmes 1913：520）。别西大叙利亚文译本追随七十子希腊文译本，却也显示出与古拉丁文译本不同寻常

---

　　⑤　瑞斯（Reese 1965）、赖特（Wright 1967）聚焦于包含物和同轴模式，作为找到结构和大纲的线索。这套方法的合理程序（“内含”，是一种在希腊罗马的写作、讲演中有意识采用的结构策略）在温斯顿的大纲中留有印记。

　　⑥　首选的评注版本出自齐格勒之论（Ziegler 1980）。

的关系,这表明在某阶段一个译本被另一个所影响。而《叙利亚文六栏
经文合参》则是由七十子希腊文译本生硬笨拙地演绎而来的(Reider
1957:7)。《所罗门智训》不但见于埃塞俄比亚文、阿拉伯文、亚美尼亚
文的译本中,而且见于第6、第7世纪的两个沙希地文手抄本中。所有
这些版本与其说对经文考据有用,不如说见证了该书遍及基督教会的
声望(Winston 1979:64—66)。

有关《所罗门智训》最初用希伯来文写成的论点,已经让位于一种
普遍看法:此书是用希腊文写成的。⑦既然这是讲希腊语的犹太作者们
的共识,大量希伯来语文学家也就没有提出质疑。⑧使用七十子希腊文
译本,尤其《所罗门智训》15:10引用《以赛亚书》44:20,《所罗门智训》
2:12引用《以赛亚书》3:10,几乎需要希腊文原作,人们从中发现对七
十子希腊文译本传统的依赖,超越了对奉行《马索拉经文》传统之希伯
来先驱的依赖。⑨最后,作者所熟悉的希腊文修辞策略(如诡辩推理、累
积法、头韵和谐音),⑩复合词的亲密关系(普遍存在于亚历山大时期的
希腊语中),仅发现于希腊诗人作品中的希腊语词知识,以及对希腊哲
学专用术语的使用,这些都是该书用希腊文写就的有力论据。⑪

作者、日期和背景

匿名作者以所罗门——以色列杰出智者的口吻演讲。尽管很多人
132 试图捍卫所罗门的作者身份(因而需要用希伯来文原作),读者们早在

---

⑦ 托里(Torrey 1945:101)深信斯贝瑟(Speiser 1923—1924)和普林顿(Purinton 1928)
关于存在1:1—10:21之希伯来文原作的论断。参见瑞德尔(1957:22—29)有关赞成、反对意
见的详细摘要。

⑧ 参见瑞德尔(Reider 1957:24 注释⑱)关于希伯来文表达方式的冗长目录。

⑨ 关于七十子希腊文译本引用语的较长目录,参见霍尔姆斯(Holmes 1913:524—
525)、瑞德尔(Reider 1957:14 注释�61、62)之论。

⑩ 温斯顿(Winston 1979:15—16 和注释⑤—⑭)提供了有关这些修饰之令人印象深刻
的目录。

⑪ 瑞斯(Reese 1970:3—31)提议认真探讨有特色的词汇,以及希腊化对作者风格的影响。

公元 2 世纪就确认了这部著作的伪经性质。《穆拉托里经目》是 2 世纪晚期新约卷籍的正典目录,它称《所罗门智训》是"所罗门的朋友以其名义所作"。奥古斯丁、哲罗姆也都肯定《所罗门智训》非由所罗门写作(Pfeiffer 1949:320)。作者是一位虔诚的犹太人,生活在著名的学术与希腊文化中心亚历山大城。作品第三部分显然仇视当地的埃及人(参见 19:13—17),作者详述了埃及特有的宗教形式,如崇拜动物或描绘成动物形象的诸神,这一事实支持了学者们对此问题的普遍看法(Winston 1979:25;Collins 1997b:178),即如亚历山大的基督徒热切接受该书所表明的那样。作者不但熟知多种文学形式,包括拟人演讲、诡辩推理(sorties)或营造高潮(6:17—20),以及祷告、列举和对比(synkrisis),而且表现出对修辞手段和文类风格的杰出掌握。

复合作者的理论充斥于 18 世纪至 20 世纪早期。[12]这一观点的支持者们提出,《所罗门智训》1—11 和 12—19 表达了对于上帝处世之道的不同构思(通过智慧斡旋与直接行动),理由是某些术语、虚词和复合词的种类在前后两部分的用法不同。然而,这两部分之间的相似性又需要这些作者彼此之间经常进行某种必要的沟通——比如,第二部分的作者研究过甚或翻译了第一部分,为自觉延续较早文献的材料作出了贡献。但是,尤其因为"某些特殊措辞和表达方式纵贯始终"的一致用法(Reider 1957:21 及注释⑩),第二部分对第一部分的呼应(Reese 1970:122— 145),以及演讲的主要部分具有编织严密的结构,在较为晚近的时期,学者们又回到单一作者身份的观点上(始于 Grimm 1860:9—15;亦见于 Winston 1979:12—14)。

关于《所罗门智训》的成书日期应定在公元前 220 年至公元 100 年之间的哪个阶段,学者们展开了较广泛的讨论。成书上限是由作者对《以赛亚书》《约伯记》和《箴言》之希腊文译本的运用确定的,最早运用

---

⑫　参见霍尔姆斯(Holmes 1913:521—524)对有关单一的、复合的作者身份案例的出色评论。

可能在公元前 200 年(Reider 1957:14；Holmes 1913:520)。成书下限则由几位新约作者明显引用这部著作来确定(Holmes 1913:521；Reider 1957:14)。⑬最有可能的日期似乎在罗马占领埃及的早期,尤其是罗马帝政(或帝国)统治的初期。首先,14:16—20 中有关统治者崇拜发展的最佳描述不是对埃及托勒密诸王的崇拜,一种由中央组织和推动的崇拜;而是在奥古斯都——自亚历山大以来埃及第一位"遥远的"统治者——治理下自发而疏散发展的帝国崇拜(Holmes 1913:521；Oesterley 1935:207；Winston 1979:21—22；Collins 2000:195)。其次,作者使用了大约 35 个在公元 1 世纪之前未被证明过的、普通的希腊术语或惯用语(Winston 1979:22—23 及注释㉝)。此外,吉尔伯特(1984:312;1973:172)注意到 14:22 中有一段关于罗马和平的评论,"他们生活在恶战之中,却又愚昧到这种程度,以至于把如此大灾称为和平"(参见塔西佗《阿格里科拉传》30)。他认为作者在 6:1—2 中提到的那些"统治着辽阔的土地,并以统治如此众多民族而荣耀"的"世上的君王与官吏",较之他们的前任,更适合罗马帝国时期。

学者们经常坚持《所罗门智训》是在众所周知的迫害时期——托勒密或罗马的统治之下——著述成书的。温斯顿(Winston 1979:23—24)用强有力的证据排除了成书于托勒密时期的可能性,而复兴了该书明确源于盖乌斯统治时期的论断,认为它回应了犹太人在弗拉库斯统治下"绝望的历史处境"。⑭由于此说考虑了非常精确的成书时期、评估了所用修辞的状况,其理论远远超出了实证。作品不需要公开迫害的环境,以便读者不但了解其中特别强烈的反埃及情绪,而且懂得 5:16—23 所述"消灭邪恶者"中渗透的"残忍的激情"。⑮

---

⑬ 然而,吉尔伯特(Gilbert 1984:312)、格兰特(Grant 1967:70)对描述的可靠性持保留意见。

⑭ 亦参见欧斯特利的论述(Oesterley 1935:208—209)。

⑮ 科林斯(Collins 2000:195)同意本书反映了"一场无需实际迫害背景的哲学和宗教论争",法伊弗(Pfeiffer 1949:327)也同意这一点。

几个世纪以来，受制于希腊主义文化霸权的犹太人在居于支配地位、使其传统贬值的主流文化面前，一直挣扎着试图找到重拾其祖辈遗产的途径。我们在《所罗门智训》中发现的那些修辞，在任何时代都会是受到欢迎的对犹太信仰的补充。文献内部的敌对性口吻可能旨在更加强化"我们与他们誓不两立"的心理，以防被异族同化。温斯顿的论点建立在如下假设的基础上：以《所罗门智训》第1—5章为标志的启示二元论必定反映了高度紧张的状态；然而，启示文学的话题同样能找到社群之间唤起的高度张力、严格界限，以及彼此的对抗和抵制。[16]因此，当卡里古拉的统治给亚历山大的犹太社团带来人所共知的巨大压力时，自奥古斯都登基以来，他们应当随时欢迎《所罗门智训》的言辞，把它当作一种在时常孤立无援的环境中强化其对祖辈传统的承诺、增强其自尊意识的手段。[17]

134

文类和写作意图

两种颇具说服力的观点主导了有关《所罗门智训》文类的讨论。吉尔伯特（Gilbert 1984：307—308）认为《所罗门智训》表现出颂词的形式，是一篇颂扬某个人物或某种德行的演讲。这样《所罗门智训》成为一种藻饰性文体的典范，其目的在于赢得听众对某套价值观或某一观点的附和。按照吉尔伯特的看法，《所罗门智训》第1—5章简要地提出论题，批判了那些无视智慧者，并揭示出远离智慧的灾难性后果，以及全身心专注于智慧的长久利益。《所罗门智训》第6—10章每每被称为"颂文"，论述了智慧的来源、本质及其功绩。《所罗门智训》第11—19章借助历史事件，尤其是信奉智慧者与漠视智慧者的命运对比

---

⑯ 例如，参见德席尔瓦之作（deSilva 1992、1993），和其中引用文献有关《启示录》社会背景的讨论。

⑰ 进一步的论述参见《马加比传三书》的现代卷、科林斯（Collins 1997b：136—157）的相关章节。

(*synkrisis*),揭示出追求此一美德的益处。这部分颂词还为题外话保留了空间,"旨在巩固读者的决心"。

瑞斯(Reese,1970:117—121)以及追随他的温斯顿(Winston,1979:18—20)都将这部著作视为"规劝性"演讲——劝告人们采取某种特定的行为方式。温斯顿富有洞见地将作者涉及追求智慧的诸多主张与《修辞的亚历山大》1421.b21中列举的标准联系起来,作为成功规劝词的必要条件:演讲者应该表现出优选的行为方式,即"公平、守法、得体、可敬、愉悦以及易行"(参见《所罗门智训》6:12—14;8:7,10,16,18)。因此我们就不能否认《所罗门智训》中考虑过这些话题。

在这一点上有必要对术语体系做一些澄清,这也许会帮助我们解决学者们对本书文类的争论。《亚历山大修辞学》的作者用"规劝"一词涵盖了意在规劝而非劝阻的所有深思熟虑的修辞类别。对那位作者而言,劝告的言论会促使听众在特定情景中采取特定的行为方式。但瑞斯却记住了"规劝性"演讲的特定样板,其原型是已失传的亚里士多德的《论规劝》,一篇尊奉美德与哲理人生的劝告。[18] 这一规劝逻辑要求听众要么支持普遍的行为方式,要么赞同在其日常的追求和抉择中可以指引他们的某些关键目标与价值观。然而这些已日趋成为藻饰性文体的目标。另一个妨碍我们确定《所罗门智训》文类的便是不同部分属于不同文类的事实。劝告性文体主导了第一部分(第1—6章),藻饰性文体支配了第二和第三部分(Collins 2000:196;1997b:182)。亚里士多德以及其他古典修辞学理论家希望在同一篇演说中同时发现不同的、却又都服务于总文类的修辞类型。在《所罗门智训》中,作者提倡的价值观的高贵(第7—9章),叙事中透露出来的追求智慧以及身为上帝忠心耿耿之仆人的巨大益处与喜悦(第10—19章),远离外邦人的愚昧,都使得凭借虔诚与正义的生活来追求智慧愈发显得有吸引力,并向

---

[18] 克罗斯特(Chroust 1964)提议,按西塞罗对《霍顿希乌》(*Hortensius*)的意译重构《论规劝》。

那些濒于放弃信仰的读者证明了这些价值观以及强烈要求他们重返祖先生活方式的益处。

本书的写作意图不仅与文类的确立相关联，也牵扯到人们对听众的了解。很明显，有多少听众就会有多少写作意图（参见 Oesterley 1935：212—213；Clarke 1973：5；Pfeiffer 1949：334）。依梅茨格尔（Metzger 1957：68）之见，《所罗门智训》的著书意图有三：一是试图在变节的犹太人中重新燃起他们"对上帝及其律法的真挚热情"（亦见Clarke 1973：4；Winston 1979：63—64；Reider 1957：10；Pfeiffer 1949：325）；二是为那些面临绝望或迫害的忠诚犹太人提供"旨在鼓励、加强其信仰和实践的辩护"；第三，可能是向第 6—9 章和第 13—15 章中提到的"富有思想的外邦人"教导犹太教的真理以及偶像崇拜的愚昧（亦参见 Clarke 1973：5；Pfeiffer 1949：25；Reider 1957：11）。[19]

我们不应对作者预想的听众妄加猜测，但可以首先评估一下这部作品之于各种提议的有效性。尽管这部著作唯一明确的受述者是外邦统治者（1：1；6：1，9，21）和上帝（10：20；11：4；15：1），鉴于它坦率地宣传统治者的险恶和即将到来的审判，作品应该不可能受到来自地方官员或皇帝的礼遇。作者对帝国崇拜的解构也会使其作品的可疑性多于说服力。关于作者对偶像崇拜的批评，"有思想的外邦人"可能会反驳：偶像本是与《所罗门智训》所述铜蛇一样的东西（16：7），他们肯定不崇拜石头和金属，只是想借助这种方式尊敬无形的神灵（见后文"对异族社会的抨击"）。与之相关的还有梅茨格尔（Metzger 1957：71），他正确地观察到《所罗门智训》的作者在语境丰富的环境中写作，但是，他却未把这一点整合进其涉及观众的理论中。作者希望《所罗门智训》的读者能够补充大量遗失的信息，尤其希望他们能将《列王纪上》第 3 章的所罗门叙事与《所罗门智训》的第 7—9 章联系起来，希望他们能从《申命记》叙述的名字与段落中推断出高度暗示的《所罗门智训》第 10 章的意思，

---

[19]　瑞德尔主张，这一"传教的"意图是针对"总的亚历山大犹太文学"而言的。

希望他们牢记出埃及与旷野漂流中发生事件的顺序，以便把握作者在

136　第三部分中对这些故事的独特处理。如果作者写作是为了说服外邦人变成犹太人，那他就枉费心机了。事实更像是除了敬畏上帝者和皈依者，外邦人并非作者的真正听众。

而作者可以对犹太听众说得更多，首先面对的便是那些抛弃了祖先传统的犹太人。埃及的亚历山大就有偏离正道的犹太人，他们在虔诚犹太人头脑中留下的丑闻在斐洛的《论摩西》1.31 中有所记载；那些晋升为富贵之家的人——

> 无视其亲朋好友，违背生养他们的律法；颠覆他们民族世袭的传统，不公地谴责任何与传统相关的事务，他们寄居他乡，因为衷心接受居住地的风俗而不再顾念其远祖的任何习惯。

这样的背教者使自己远离犹太生活方式，以获得主流文化的认同，以及这种认同可能带来的所有好处（例如扩大庇护人和朋友的关系网；取得完全的居民身份；延伸互助的链条；获得有名望的公职等等）。对于那些渴望被主流文化完全接受的犹太人而言，将祖先的传统抛之脑后是第一要务。如果他们对自己的选择尚存些许疑惑，且仍然在乎这本书的话，《所罗门智训》确有可能为他们的回归创造某种可能性。

然而，对虔诚的犹太听众而言，《所罗门智训》应当是最有效的。第一部分借助《诗篇》37、49 和 73 的方式向他们保证（Holmes 1913：519），背教的犹太人是远离真理的，即使他们的短暂快乐有所增加，即使他们胜过忠诚的犹太人而占了上风，上帝的法庭必将揭露其愚昧而彰显义人的荣耀。第二、第三部分通过提示听众回忆贯穿于历史的上帝对其子民的保护、为其谋福利的承诺，鼓励忠诚的犹太人持守自己的生活方式。反对偶像崇拜的辩论向犹太人担保，其生活方式是真正开明的，而外邦人和背教者呢，尽管自命不凡却只能在黑暗中摸索。希腊哲学术语的使用增强了作者主张的分量，即"犹太教不必在任何方面屈服于希腊文化"（Clarke 1973：5）。瑞斯（Reese 1970：146—151）尤其相

信《所罗门智训》是用于犹太知识青年圈子里的演讲词,欲使他们受到自己宗教传统的熏陶,在文化学问上又精通希腊、罗马的哲学、宗教和修辞学;以便在文学艺术和"人为之事"方面都有出色表现,为饱学之士所悦纳。因此,《所罗门智训》的写作目的主要是勉励读者持守犹太生活方式,它成书于如下背景中:希腊化的诱惑和背教者的本能都认为其传统不名一文,从而对犹太民族意识形成强烈的冲击。对于一个明确 137 鼓励从两种生活方式中选取其一的文本而言,那些哲学家的规劝性演讲提供了最为相近的一般对应词句。

尽管未必写作于一个迫害时期,《所罗门智训》确实反映出外邦人与犹太社群之间存在着高度紧张的关系。巴克莱(Barclay 1996:183,191)的观察——《所罗门智训》会促进文化对抗而非和解——看来十分恰当。尽管作者已深受外来文化的影响——即为希腊的语言、哲学和修辞艺术所濡染——他仍然努力不被优势文化所同化,而宁愿用其学识增强坚固的群体界限,恪守对犹太生活方式的承诺。科林斯(Collins 2000:201)正确地观察到,对于《所罗门智训》的作者批评外邦文化(特别是偶像崇拜和动物膜拜)的若干观点,几位希腊罗马哲学家都表示了赞同;但正如科林斯所指出的那样,如果《所罗门智训》的作者寻求"和解",会与实际上皈依了唯一上帝而排斥任何其他崇拜的外邦人形成很恶劣的关系。

形成时所受的影响

作者广泛地引用犹太圣经行文造句,以致这里只能考虑主要的影响来源。[20] 在很多情况下,作者将圣经完整的短语进行语境重构后写到自己的文本中,表明他有意识地在旧著和新书之间尝试创造一种对

---

[20] 参见拉彻尔(Larcher 1969:85—178)关于《所罗门智训》的潜在来源,以及《所罗门智训》与那个时代前后托名所罗门作品之间联系点与不同点的广泛考察。

话。这种语境重构不胜枚举,而对旧约文本及原型的结构化重组更为常见,它们或许能揭示作者内心深层次结构中的某些要素——作者自幼乃至一生都被其吸引——而非对借鉴和模仿的刻意尝试。[21]因此,当我们思考形成时所受的影响时,并非假设一种学者模式,周围环绕着他希冀用于其新书中的材料注释,而是要设想一种智者或牧师形象,其言论是由旧约文献以及构成其个人意识的希望和期待塑造的,且留有它们的印记。

《所罗门智训》的第一部分反映出对宫廷故事的启示性结构化重组,这种故事常见于《但以理书》第1—6章或《以斯帖记》,即在国王的宫廷上,智者被错误地指控或落入陷阱,判处死刑,然后被解救、获辩护,进而得到提升;而他的敌手则遭到国王的复仇(Nickelsburg 1972:170)。新故事的语言,尤其是描绘事后辩护场景之章节,反映出《但以理书》的措辞和概念;令人惊讶的是,还表现出《以诺一书》的影响。[22]承认是上帝为国王和统治者分配了治理的年限(《所罗门智训》6:3),它与《但以理书》不谋而合,很可能是从《但以理书》有所借鉴(见《但以理书》2:21;4:16—17,26,32;5:18—23,见 Schaberg 1982:77—78)。

此外,这个启示性宫廷故事结构性地重组了《以赛亚书》的第四篇《仆人之歌》(《以赛亚书》52:13—53:12,参见 Suggs 1957:28—30;Nickelsburg 1972:61—65)。在两部书中,正义的主角都被描绘成上帝之子(《所罗门智训》2:13,16,18;《以赛亚书》53:2),他们都在磨难和死亡面前温和地自我忍耐(《所罗门智训》2:19—20;《以赛亚书》53:7—9)。两部书都视那种死亡为一种损失和伤害,这种解释认为,《所罗门智训》中作为邪恶者的"我们"与《以赛亚书》中作为旁观者的"我们"必须置换(《所罗门智训》3:2—3;5:1—2;《以赛亚书》53:4,11—12;52:

㉑ "语境重构"指的是从较老的文本中拿来词或短语,将它们编织到较新的文本中。无需明确注意这一事实,即这个文本以外的若干著作正在被引用(可以称之为详引或引用)。

㉒ 例如,比较《但以理书》12:1—3 与《所罗门智训》3:7—9 为义人进行的辩护;至于《以诺一书》中的相关情节,参见霍尔姆斯之论(1913:526,529—530)。

13—15）。旁观者在结尾处须承认，是“我们”远离真理步入歧途，或像
羔羊一样迷了路（《所罗门智训》5：4—6；《以赛亚书》53：6）。另外，《所
罗门智训》3：13论及不生育的贞洁妇女得报偿，这是《以赛亚书》54：1
追随了《仆人之歌》的主题；《所罗门智训》3：14谈到忠信的阉人受优待
的情形，让人联想起《以赛亚书》56：4—5，该论题随后在3：14—4：15中
展开。《所罗门智训》明显缺乏《以赛亚书》中的一个批判性命题：上帝
的义子以其死亡为不信神者赎罪，且给他们带来益处。

　　在虔诚犹太人的崇拜生涯中非常重要、地位突出的《诗篇》对作者
的措辞和思想也产生过深刻而普遍的影响。例如，《诗篇》第2篇对《所
罗门智训》第1—5章向世间统治者的演讲作出了贡献（《所罗门智训》
1：1；《诗篇》2：2），期盼上帝嘲笑那些反对上帝及其规则的人，使他们一
败涂地（《所罗门智训》4：18—19；《诗篇》2：4，9），要求统治者了解上帝
的忠告，并接受其训导（《所罗门智训》6：1；《诗篇》2：10，见 Skehan
1971：149，152；Schaberg 1982：76）。[23]

　　正如人们预料的那样，犹太智慧文学也发生了重要影响。《所罗门
智训》2：1—20中邪恶者的言论与《传道书》的诸多表述之间存在着对
应性，这导致一些人推断，作者不赞成《传道书》中表现的人生观，与源
自其中（但未必一样）的一种思维方式进行了斗争（Holmes 1913：
525—526；Reider 1957：9—10；Oesterley 1935：214—217）。他有感于
《传道书》关于生命短暂、恶人与义人同归一宿、人的唯一慰藉在于今世
享乐的沉思，觉得读者会很沮丧，对这种处境可能会产生共鸣。[24]

　　第二部分甚至更多地吸收了以色列的智慧传统。它以《列王纪上》
3：5—9所载所罗门追求智慧的祷告为开端，极大地扩展到《所罗门智

[139]

---

　　[23]　广泛考察《诗篇》对《所罗门智训》语言、思想的影响，参见斯克罕之作（Skehan 1971：
149—162）。

　　[24]　但是，斯克罕（Skehan 1971：191—194，213—236）强烈反对这一观点：在《所罗门智
训》2：1—20中作者把《传道书》的逻各斯和理性思考定为他抨击的目标。他反而注意到《所
罗门智训》2：1—9之恶人的演讲与《约伯记》的行文（尽管不是立场）之间存在着言辞的对应。

训》第 9 章的祷告中。《所罗门智训》7:7—11 也参考了《列王纪上》中所罗门祷告的内容,他喜好智慧胜于财富、权力、长寿,他从上帝手中得到了智慧、祝福等这一切。在《所罗门智训》的第一和第二部分,《箴言》以同义平行和反义平行——犹太智慧文学的传统形式——留下了印记。智慧将给其追求者带来应许的恩惠,智慧形象在创世过程中是上帝的工匠和合作者,这些都从《箴言》第 8 章的智慧女郎形象(及《箴言》第 1—9 章的其他部分)中汲取了灵感。[㉕]

《创世记》、《出埃及记》、《民数记》是《所罗门智训》中的主要资料来源。在第一部分中,作者提供了涉及创世故事关键层面的神学解释。在思索《创世记》第 2—3 章时,作者总结道:"当上帝造我们之时,他并不希望我们死;他使我们像他自己[一些手抄本为"天性"],把死亡带到世间来的是魔鬼的妒忌。"(2:23—24)基于其对创世故事的阅读,作者发现死亡并不属于上帝造人的原始意图,而是撒旦的恶作剧和人们"与死结盟"的叛逆之心(1:16;比较《以赛亚书》28:15)联合导致的后果。[㉖]作者对比了义人的早年夭折与恶人的长命百岁,暗中影射以诺的故事(4:10—13)。以诺的故事表明,上帝早就将其最喜悦之人从这个世界取走了。

整个第三部分提供了涉及族长时期大部分故事的米大示(第 10 章覆盖了《创世记》,以摩西和出埃及那代人的出现结束)。在出埃及和流浪旷野的经历中,它特别关注上帝向埃及降灾,而给予以色列人相应的仁慈(Siebeneck 1960;Cheon 1997;Enns 1997)。通过反思埃及的天灾——它已成为上帝对今生和来世进行审判的典型,作者认识到在惩罚罪恶、伸张正义方面,创造本身就充当了上帝的代理人(5:20—23;

㉕ 在《所罗门智训》3:11 中使用《箴言》1:7 或在《所罗门智训》6:12 中使用《箴言》8:17,也是语境重构的具体例子(Skehan 1971:181,对此他可能过于仓促地当作巧合而草草处理掉)。这种情况同样适用于《约伯记》,例如,参见《所罗门智训》12:12 与《七十子希腊文译本·约伯记》9:12,19 的比较(Skehan 1971:200)。

㉖ 科林斯(Collins 1997b:187—188)正确地观察到此处与巴勒斯坦犹太思想的差异,参见《便西拉智训》17:1;41:4。

12:27;15:17)。这既是犹太启示文学(如《利未遗训》2—5所言,下层的天庭包括了冰雹、火和其他审判元素),也是犹太裔基督徒启示文学(如《启示录》所言,上帝的所有审判实际上都含有神力指导下的自然因素)的一个重要主题。

当阅读并解释圣经时,作者很少进行寓言的或教化的阐释,就像人们在斯多葛派对荷马神话的研究或斐洛对《托拉》的处理中所能发现的一样。此书中最显著的例子涉及在旷野中发生的吗哪奇迹,以及那部分剩余吗哪的融化,它告诫人们:一个人要向上帝致敬,就"必须在黎明前起来,向上帝表示感谢,并于太阳升起之前进行祈祷;可是忘恩负义者的希望将像霜一样地融化"(16:28—29)。

《所罗门智训》尝试推动犹太教对唯一上帝的忠心崇拜,其中一个至关重要的部分是作者表达并支持从希腊哲学中寻求概念的方式(见Reese 1970:32—89;Larcher 1969:179—327)。在借鉴希腊哲学时,作者并非无的放矢,而是反映出中期柏拉图主义的倾向性,以求从斯多葛派和柏拉图的思想中汲取营养,创造出一种可行的综合(Collins 1997b:200—201;Winston 1979:33)。[27]无疑,作者呼吁读者的内容之一便是将希腊传统中的精华与犹太传统进行初期综合。追求上帝赐予的智慧,按照被斯多葛派和柏拉图主义者盛赞的四大基本美德训练信徒(《所罗门智训》8:7;参见《马加比传四书》1:16—18;5:22—24)。所罗门对智慧的选择(《所罗门智训》8:2—18)反映了色诺芬对赫拉克勒斯之类似高贵抉择的解释(《回忆录》2.1,见Holmes 1913:532)。因此,作者宣称犹太生活方式造就了令希腊文化赞许的同等高贵的品德。

作者融入了柏拉图的观点,即上帝从"荡然无存"中创造世界(《所罗门智训》11:17)。[28]《所罗门智训》的作者经常被认为背离了"正统"犹太教有关从空虚混沌中创造的教诲,这一点在《马加比传下》7:28中

---

　　[27]　这是与斯克罕(Skehan 1972)所揭示《马加比传四书》之情况相同的背景。

　　[28]　柏拉图(《常迈欧篇》31—37)描绘了天和地用四种原始的元素创造,然后上帝注入灵性,令一切生机益然。在这一点上,斐洛追随了柏拉图(参见Winston 1979:60)。

似乎有一定地位。《马加比传下》和《亚里斯提亚书信》明确表达了从空虚混沌中创造的学说,然而,温斯顿(Winston 1971—1972:186—187)提出,它们实际上只表达了使上帝区别于人类的平常话:上帝从荡然无存中创造万物;而人类呢,只能利用以往形成之物创造新东西(如用木头造桌子)罢了。[29]在这种创造中,智慧本身扮演了斯多葛派逻各斯的角色,成为上帝在万物与创造之间的媒介;以及斯多葛派的"灵魂",一种无处不在的赋予万物以生命的力量(参见《所罗门智训》1:7;7:24;8:1,见 Gilbert 1984:311;Collins 1997b:197—198;第欧根尼·拉尔修《著名哲学家生平》2.439)。神圣智慧的无处不在也意味着人类在上帝面前有责任,因为在智慧无所不在的凝视下,人类的所有行为和言语都会显露无遗(1:7—11)。作者也采用斯多葛派的术语"天命"(*pronoia*)(6:7;14:3;17:2)表达上帝对其造物的监视和关注。

《所罗门智训》的人类学智慧也与柏拉图思想相关联,始于灵魂先验性存在的教义。这是该教义首次在犹太作品中被证明(8:19—20)。[30]灵魂进入肉体,肉体被想象成灵魂的"负担",使精神负重的"世俗帐篷"。只有上帝圣灵之天分,才能帮助人类精神寻求属灵的真理。在这一点上,作者对柏拉图的依靠接近于直接借用,当人把《所罗门智训》9:15 与柏拉图的《斐多篇》81C 并列时,就会观察到两者在语词的选择上有惊人的相似:"我的朋友,肉身是一个重大的、世俗的、有形的沉重负担。在此负担周围挪动的灵魂被压倒,因惧怕无形而被领回有形的范畴。"[31]作者不认为肉体内部和肉体本身有罪,肉体是中性的,只

---

　　[29]　进一步阅读可参见格德斯泰恩(Goldstein 1984)、温斯顿(Winston 1986)、格德斯泰恩(Goldstein 1987)正在进行的争论。

　　[30]　如所期盼的那样,这个概念可能出现在斐洛的著作中,也可能出现在《塔木德》文献中,参见温斯顿之论(Winston 1979:28)。科林斯(Collins 1997b:185)把柏拉图的《理想国》617E 当作有关灵魂先于肉体存在的经典文本。

　　[31]　然而,实际上柏拉图谈到了那些允许与污浊、不洁肉体结合之灵魂的命运。其结果是死后它无法涉足于得见无形之光的领地,而宁愿徘徊在与其过从甚密的有形王国的巢窟中。柏拉图在《斐多篇》66B 中更严密地考虑了这一思想,而非措辞。斐洛也将它并入柏拉图的学说(见 Collins 1997b:185—186)。

要此人的灵魂不为罪恶所奴役,它是适合接纳智慧的容器。智慧可以居留在高贵的灵魂中,以及不充当邪恶工具的肉体中。

最后,作者分享了柏拉图有关灵魂不朽的理念,强调一个人的道德品质能决定他在来生的地位。许多犹太作家表达过对来生的看法,与柏拉图的立场十分契合(参见《以诺一书》102.5;103.3—4;104.6;《禧年书》23.31;《亚设遗训》6.5 和《马加比传四书》7:19;13:17;16:25)。结果作为犹太概念的复活和作为希腊概念的灵魂不朽之间的普遍区别被最大限度地简化了(Winston 1979:25—32;Collins 1997b:185—187)。《所罗门智训》中的恶人命运很难清理,一方面,不朽是对正义的奖励(2:22—23;3:4—5;4—1;6:18;8:13,17;15:3,见 Grabbe 1997:55),而不是(至少不再是)人性中固有之物;另一方面,叛教者似乎会经历死后审判,届时他们看到义人,并意识到他们的错误。然而,科林斯(Collins 1997b:185)敏锐地指出,这可能仅仅是一种戏剧性的方式,并非表达邪恶者死后也能以某种形式存活下去的信念,而是表达义人死后将会被证实公义的见解。

142

在大流散生涯的紧张状态中加强群体的约束力

《所罗门智训》的第一部分试图检验那些"引人作恶"(2:1—20)的荒谬不实之理。面对那些使义人的名声遭蔑视、被侵犯的歹徒,这部分的重点转向为义人的荣誉做辩护方面。它让人联想到那些群体之间严重的社会紧张状态,强调了作者使"义人"从那些所谓"恶人"的负面观念和令人羞辱之努力中分离出来的愿望,以便义人面对强大的逆流时能够持守他们的生活方式。

恶人的观点洋洋洒洒地表达出来,让人想起《传道书》和伊壁鸠鲁的风格:《传道书》强调享受今生欢乐(《传道书》3:22;5:18;9:9,参见 Holmes 1913:525—526;Reider 1957:9—10;Oesterley 1935:214—217);伊壁鸠鲁否认审判、来生及上帝对人类事务的干涉。而邪恶者却在一个既非伊壁鸠鲁亦非《传道书》作者曾经赞同的方向上采纳这一点。这里的恶人包括叛教的犹太人（Reider 1957：12；Gilbert 1984：309；Collins 1997b：193—195，亦见 Weisengoff 1949；Dupont-Summer 1935），因为他们据说反对接受训导、因悖逆律法而犯罪，因离弃上帝而堕落（《所罗门智训》2：12；3：10）。"与死亡结伴同行"（《所罗门智训》1：16）的开场主题处境化地重构了《以赛亚书》对抛弃其祖先传统的耶路撒冷背教统治者之活动和生活方式的描述（《以赛亚书》28：15）。

　　如同作者，邪恶者也目睹了托拉的奉守者在今生并未被赋予财富、权力和安全，而无视上帝之人也未被罚以贫穷、早夭和悲哀。见于《申命记》和以色列智慧传统中的古代神义论已经失效，恶人已经失去约束力。他们早就抛弃了其传统倡导的获得美好事物的途径——正直和虔诚之路；为获得今生的利益，他们不择手段。确实，他们现在视那些继续持守以往价值观的人为敌，后者就像针一样刺痛着他们的良知。通过攻击义人，揭露他们寻求上帝恩赐和人身保护的愚蠢，邪恶者试图再度确认他们决定置上帝及其不切实际之律法于脑后的英明。

　　《所罗门智训》回应了这个挑战，表明对虔诚的投资尽管在今生看来十分昂贵，依然能证实是有益而明智的。这第一部分的一个重要命题是对"幸福人生"之构成的再界定，它否认了部分现世的价值观，诸如长寿和子孙满堂（此乃《申命记》和犹太智慧传统本身所暗示的，亦被主流文化所共享，如亚里士多德的《修辞学》1.5 所示）。取而代之的是以道德的提升和虔诚地顺从上帝为快乐和荣耀之唯一而持久的源泉。[32]

　　尽管叛教者在今生似乎取得了成功，尽管他们可能给义人施加了侮辱和迫害，《所罗门智训》向听众担保，上帝会用不朽的奖励荣耀义人（2：21—3：9），对那些背离上帝者则降下耻辱和惩罚（3：10；4：17—19）。

---

　　[32]　善良人无法在今生获得通常所谓的好东西（长寿、财富等）的难题，被希腊罗马哲学家以类似方式解决了：那些迅速完善之人会被更快地转移到平安之地（参见塞内加《论安慰》22—23；Collins 1997b：191）。

是时,背教者和所有外邦人将会坦白其罪行,承认忠诚犹太人的永久荣誉。这种超越死亡之场景的生动刻画能帮助听众重新领会那些末世事件的实际展现,把正视它们当作其生活的出发点。在曾经蔑视义人,甚至公开向其挑衅的邪恶者看来,在这些死后的景观中,最显著的乃是为义人进行辩护。这种逆转在结构上是借助第二人称的个性化言辞突显出来的(5:3—13)。在此过程中,邪恶者承认其先前言词的谬误和愚笨(2:1—20),承认他们自己离经叛道,而义人才是公义的。在这一时期,对超越今世之审判和奖励的坚定信仰,成为持守犹太少数民族文化价值之责任的不可或缺的部分,从而抵消了某种诱惑,即非犹太人和堕落的犹太人势必屈从于加入体现主流文化特色之生活方式的压力。

作者也重新阐释了降临于义人的痛苦——尤其是从恶人手中降临于义人的不幸;他是以一种肯定方式,一种赢得荣誉的方式展开论述的。在 3:1—9 中,对义人的考验构成神圣的修养,为其永恒的命运提供了磨炼;烈火和熔炉显示出其美德的名副其实和高贵价值。一旦这些审判不再是失败或耻辱的符号(或被上帝视为背离美德的符号——上帝允许灾难降临于有德之人身上而让好运访问邪恶者),它们就变成提供永恒荣耀和利益的机会。

该书的剩余部分为这个主要目的提供了支撑。追求智慧被呈现为获得持久荣耀、珍贵纪念和超越死亡之不朽的途径(8:10,13);智慧被发现于人们遵行上帝戒律及其所悦纳之物的地方(9:9),因此无论恶人怎样看待它们,追求智慧者总能向人显示出它们是值得赞赏的社会因素。而且,第三部分提供了支持第一部分主题的历史实证,尤其是邪恶者和上帝选民命运之间的生动对照,痛斥了愚蠢的思维方式(听众由于这种思维方式而与自身相背离)。11:13—14、15:10—12、18:13 的言论尤其让人联想起第一部分讨论的话题。出埃及事件对于体现犹太民族身份是如此重要,以致成为在新背景下用新方式呈现那种身份的一个资料来源。

对异族社会的抨击

在对"世间君主"的虚构讲演中,《所罗门智训》的作者表达出对统治众多犹太人的外邦统治者的批评,责备他们尽管从上帝那里得到了权力,却不荣耀上帝,对律法(即《托拉》,见《所罗门智训》18:4)视而不见,无视公正的统治和服从上帝的目的(《所罗门智训》6:1—8)。异族诸王被控诉为唯一上帝的卑劣委托人,他们被召唤要么悔改,要么面临被其藐视之上帝的愤怒。这样的抨击激励了诚信的犹太人,他们已感受到不公带来的疼痛,看到优先的待遇奖给了背叛者。当上帝探查邪恶时,遵守托拉之犹太人对唯一上帝的忠诚能确保其反对敌人的辩白。

在《所罗门智训》的临近结尾处,作者控诉埃及人"对外侨是如此深恶痛绝(*misoxenia*)",比人们在所多玛的见闻有过之而无不及(19:13—16)——这是很独特的指控,作者注意到犹太人作为一个社群一同起居、饮食、行动的倾向,这种独特方式使之从非犹太邻居中分离出来,而犹太人则由于这个明显的特征经常受到指责。[33]然而作者断言,正是埃及的外邦人率先发起并完善了那种奴役"曾为恩人之客人"的罪恶(指约瑟故事)。当作者谈及他们折磨"那些已经分享了同样权力的犹太人"时,人们似乎在倾听来自亚历山大的——如在许多其他希腊城市所发生的那样——有关犹太人公民地位的持久争论之回声(犹太人是平等的居民呢,还是寄居的外国人)。

作者进行了一段冗长的论证,反对异族宗教的合法性(13:1—15:19),其中不仅包括传统的批评(如论及作为《所罗门智训》13:11—19出处的《以赛亚书》44:9—20;及运用于《所罗门智训》15:15—16中的《诗篇》115:4—8),而且将辩论术提升到玩弄诡辩的新水平。值得注意

145

---

[33]　例如,参见西西里的狄奥多罗的《历史丛书》34.1—4、40.3.4;塔西佗的《历史》5.5;朱文纳尔的《讽刺诗》14.100—104。对非犹太人表现出的不友善愿望之控诉也反映在约瑟福斯的《驳阿皮恩》2.121、2.258,《马加比传三书》3:4,7中。

的是,与斐洛的《论十诫》52—81 对此主题的更长论述相平行,这些话题已经或很快就成为犹太人抨击异族宗教的老生常谈。㉞《耶利米书信》和《彼勒与大龙》提供了恶意辩论术的其他范例,攻击或滑稽地模仿偶像崇拜,但是无一能达到这里的老练程度。

作者首先谴责那些崇拜太阳、月亮、星星等自然现象的人。尽管略显微不足道,他们仍被人挑出毛病,因为未能超越对被造物的迷恋而崇拜造物主(13:1—9;比较《罗马书》1:19—21,25)。作者坚信,对这些奇妙被造物的观察势必导向对造物主的理解,异族哲学家如克林蒂斯也持有这种观点(西塞罗《论自然崇拜》2.12—15。Collins 1997b:207)。更应受指责的是那些崇拜无生命客体——充斥于异族宗教中的偶像——的人。作者先运用从《以赛亚书》44:12—20 引申出的归谬法:一个灵巧的木匠制成一件精美器具,用剩余的一些碎木料生火做饭,而用另一块废料雕成偶像(《所罗门智训》13:10—16;在 15:7—17 中该主题再度出现)。作者用一系列似是而非的论点将其展开,以显示这种宗教的愚昧:偶像崇拜者竟为即将开始的旅行向一个不能动的东西祈祷,为生命的安危向一块死木头祈祷(13:17—14:2)。

然而,《所罗门智训》的作者采用犹太教反对偶像崇拜之讽刺和论辩的典型方式,并未尝试表现当事者对偶像崇拜之功能的理解,即偶像乃是神的代表而非神本身。早在柏拉图时代就有人写道,当虔诚之人在偶像面前顶礼膜拜时,"尽管这些偶像没有生命,那些超越了感觉的活着的诸神仍会向我们倾心,对我们施恩"(《法律篇》931A)。㉟关于作者所言旷野中的奉拜铜蛇之事(16:6—7),柏拉图应当说,那也是在偶像庙宇中代表了祈祷者利益之诸神介入的结果。此外,希腊罗马的作者们经常批评偶像在开明宗教中的地位,比如贺拉斯(《讽刺诗集》1.8)便嘲笑以视觉再现神性的行为,其证据显示,事实上有思想的异教徒可

㉞ 亦参见《西卜林神谕》3。尽管在那里不像在斐洛笔下或《所罗门智训》中那样,是将外邦人对大自然、偶像和动物的崇拜集中到一个简单而统一的部分里,而是贯穿于整体。

㉟ 本人的译文。书目参见温斯顿的著作(Winston 1979:262)。

能分享了《所罗门智训》对迷信的偶像崇拜的藐视：

> 很久以前，我是一棵无花果树的树干。
>
> 木材不好，所以木匠抱怨
>
> 把我做成凳子会不会好些，
>
> 或者做成普里阿波斯。*
>
> 他决定做成后者。
>
> 所以现在我就是神灵，
>
> 我能令窃贼和禽鸟魂飞天外。

奇怪的是，作者抑制了与更多哲学思辨头脑或老于世故的非犹太人相关联的观点；要么是作者不清楚那些潮流，要么是故意将外邦人一律描绘成被笼罩在黑暗和无知之中，以便更好地限定围绕着犹太文化的社会和知识范畴。

通过提出偶像崇拜起源的理论，作者将先前反对偶像崇拜的辩论向前推进了一大步（14:12—16；与犹希迈罗斯在为已死国王占卜时对异邦诸神起源的解释有惊人的相似，见 Collins 2000:200）。通过对异邦神灵的发展过程进行去除神话的合理解释——渴望与挚爱的死者不断保持超越死亡的联系，以及对相应礼仪、习俗和超越时间之迷信的增加，都是可以理解的——作者能够揭示其人类起源说，的确，那不过是杜撰而已。同样具有洞察力的是作者对统治者膜拜起源的解释，部分受治之民希望以此向遥远的统治者表达其忠诚和感激之心。帝王膜拜表明他们试图建构一种外交语言，且与权力中心确立某种良好关系，但作者接着暗示，那种膜拜的繁杂程序危险地掩盖了国王的人类起源。㉟

在思考以色列的上帝何以如此憎恨偶像崇拜时，《所罗门智训》

---

* 普里阿波斯（Priapus）：古希腊罗马神话中的男性生殖器神，酒神狄奥尼索斯与爱神卡俄涅之子。——译注

㉟ 温斯顿（Winston 1979:64）富有远见地指出，《所罗门智训》7:1—7；9:5 与这一趋势的论战刻画出一位强调其谦卑和亦属凡人的君主。

14:11 作出了创造性的贡献。偶像崇拜者用上帝自己创造的物料去支持令造物主受辱的崇拜,结果错用了上帝创世的赠礼,它们本应激起对真正造物主的感谢和尊敬。可以说这暗示了一种尖锐地针对我们这个遭到生态挑战时代的创造神学。若非为了荣耀上帝,而是为了推动五花八门的现代偶像崇拜,对创世元素的任何使用都是公然冒犯上帝(14:21b)。偶像崇拜应遭到谴责,不但因其公然令唯一的造物主上帝受辱(14:21b),也因为它是"淫乱"和"生活败坏"的开端(14:12);它是"所有罪恶的开端、原因和结果",包括凶杀、破坏婚姻、偷窃、诈骗、舞弊、不忠、忘恩负义和淫乱(14:22—31;参照《罗马书》1:22—32)。事实胜于雄辩,将外邦宗教与所有卑鄙龌龊之事相联系,有助于听众坚定不移地奉行其对真正宗教的承诺(15:1—6)。

既然这种辩论术有助于在犹太文化与未开化的外邦群落之间划出界线,与希腊—罗马哲学文献有关的观点便表明,作者试图将犹太人的虔诚与哲学家们的普遍法则所传授的那种纯粹虔诚相提并论。与典型的反犹太讽刺及论辩作品相反,犹太生活方式所教诲的虔敬形态与最开明的希腊—罗马智者奉行的信条如出一辙。在他们的宗教观照中,"迷信的"或"落后的"绝非犹太人,那些最老于世故的外邦人应当认识到这一点。这里面甚或含有社交的暗示,《所罗门智训》的作者"尝试与开明的希腊人达成共识",反对迷信而堕落的埃及人(Collins 1997b:212—213)。⑦

普世论与特殊恩宠论之争

在第三部分的第一个附注中,作者以一定篇幅辨析了唯一上帝与世间万族的关系,正如保罗提出的问题:"上帝只是犹太人的上帝?既

---

⑦ 亦参见西塞罗的《论自然崇拜》(1.29,82;3.15,39);朱文纳尔的《讽刺诗》(15.1—13)等文本,其中涉及罗马人对埃及动物崇拜的嘲笑(Pfeiffer 1949:349 曾引用),那是《所罗门智训》的作者在 12:24 表达过的蔑视。

然上帝只有一个,……他不也是外邦人的上帝?"(《罗马书》3:29—30)
一方面,《所罗门智训》的学者已在书中发现"一种妄自尊大且不加掩饰
的特殊恩宠论",表现在"上帝是作为一个部落神出现的,他偏袒犹太人
而敌视其敌人"(Reider 1957:41)。另一方面,作者也显示出很大程度
的普世论倾向。它不单把"犯罪的犹太人从惩罚中释放出来,而且称上
帝痛恨犯罪的迦南人,要因其罪行而灭绝他们"(Collins 1957:41)。更
确切地说,作者主张上帝实际上爱惜他所创造的一切,器重他的任何一
件杰作,因为每个活物里都灌注了上帝的"不朽之灵"(《所罗门智训》
11:23—12:1)。还有,智慧之灵本身就是慈善家,对所有的人都"仁慈
友善"(1:6;7:23),就像上帝一样,其普世性仁慈为追随他的子民树立
了榜样(12:19)。于是,即使外邦人坚持藐视义人,背叛上帝(3:10),义
人也被号召效仿上帝的仁慈而非其邻族的敌意。

除了关注上帝拣选以色列外,作者试图为上帝毁灭迦南人并惩罚
埃及人寻求一种解释。他聚焦于迦南人的无耻罪行:他们做了那么多
被上帝视为恶的事,以致上帝故意用征服迦南惩罚他们,同时以相等的
程度使希伯来人获益(对比《所罗门智训》12:3—7 和《利未记》18:24—
30;20:2—5)。《所罗门智训》的作者诅咒外邦人,不是因为他们忽略了
那些通常与犹太身份标记相关的习俗,而只是因为那些通常被视为罪
恶之事(偶像崇拜除外,因为它被当成虔诚的表现)。因此,《所罗门智
训》的法则被看成哲学家们的普世性法则,例如,斐洛就主张将哲学家
们的上述法则当作《托拉》的主要目标(Collins 1997b:220—222)。

对于《出埃及记》2:29—30 的细节——上帝意欲"渐渐地"将迦南
人驱逐出去——作者也作出令人惊异的新鲜阐释。在《出埃及记》中,
这样做是为了避免土地荒芜、为野兽所肆虐。然而在《所罗门智训》中,
这是上帝要给迦南人"一个悔过机会"的信号(12:8—10;12:20,26)。
《马加比传下》的作者也许会写上帝逐渐纠正以色列人的错误而磨炼和
复兴他们,但保留了对外邦人的惩罚以便突然毁灭他们(《马加比传下》
6:13—16),但是,《所罗门智训》的作者认为,上帝也用补救性对待外邦

人。只是由于邪恶在外邦人中已深深扎根,上述做法不奏效,上帝才最终毁灭他们。

尽管作者在断言上帝关爱且拯救所有人方面迈出了给人深刻印象的一步,普世论与特殊恩宠论之间的紧张关系依然存在,因为作者看到迦南人如此沉沦于罪恶之中,以致认为他们的真正天性是悖理而不可救药的。实际上,普世论就建立在自由意志和宿命论之相关问题的基础上。[38]事实是外邦人自由地选择了智慧,还是他们的意志本身被曲解了,以致未从上帝那里得到警告或纠正,能够破除其不敬神的信仰? 回顾在红海对埃及人的毁灭,作者写道,"他们被引入此路,乃是应受惩罚的一部分,因此他们便尝到了罪有应得的劫后余波"(19:4)。[39]埃及人似乎注定要被毁灭,被一种超越其自行抉择的力量引导着走向那个结局。作者对外邦人有能力积极应对上帝的补救性惩罚设置限制,从而严重地削弱了他对普世论的倡导。

智慧的人格化

在埃及人和阿卡得人的宗教中,神灵的主要属性经常被分解和人格化。类似于智慧、公平的抽象品质可能因此成为居间被供奉的客体,或至少被逐渐视为主要神灵之"随行人员"的特定部分(见 Ringgren 1947:27,49—58)。这一倾向为智慧形象的发展提供了最初的背景,该形象首先出现在《箴言》中(1:20—33;8:22—31),从那里再到《所罗门智训》第6—9章,她达到人格化的新高度,甚至被实体化。和斐洛一样,作者也称智慧是上帝的发射物,而非被造物:"她是上帝之能的一口

---

[38] 对这个问题的冗长检验参见温斯顿之论(Winston 1979:46—58)。

[39] 这与人们可在约瑟福斯(《犹太战争史》2.162—163)笔下看到的有关法利赛派学说之焦虑的描述相似:"法利赛人……将一切归之于命运和上帝;他们坚持适时而动,否则就休息,确实,他们大部分时候是与人民在一起的,但每一次行动都受命运的支配。"(Grabbe 1997:62)

气,一股来自全能者的纯洁而闪亮的荣耀之流;⋯⋯是无限光明的一个映像,是上帝之活动与善性的一面完美无缺的镜子。"(《所罗门智训》7:25—26)在创造世界和统治世界的过程中,智慧是上帝的同伴和代理人(8:1;9:9)。尽管瑞德(Reider 1957:36)未能成功地从 6:14 和 9:4 中发现智慧充当了上帝的"王位搭档",而她仍足以成为上帝与人类之间最亲密的伙伴。她参与上帝的活动,进入人类的灵魂,使他们成为上帝的朋友(7:27—28)。由于智慧被上帝发射而进入圣洁的灵魂之际保持了"完美无缺",她就成为连接人类与神圣的桥梁,上帝与人类之间的中介者。这种智慧只能通过祈祷获得(7:7;8:21—9:18);尽管在这里她不像在《便西拉智训》中那样等同于《托拉》,她也的确教诲人如何取悦于上帝,其中涉及持守其诫命(《所罗门智训》6:18;9:9)。

不同于便西拉——他试图表明智慧对遵守《托拉》来说无足轻重,《所罗门智训》的作者对智慧进行了足够宽泛的界说,使之涵盖了学问的全部领域(7:17—22)。上帝赋予的智慧也为人类理解"希腊学校的课程:哲学、物理、历史、天文学、动物学、宗教、植物学、医学等"所有学科提供了便利(Crenshaw 1981:177)。因此,犹太智慧的训练能令人从希腊教育中获益良多。这一切都使她"成为介于以色列独有的民族主义传统与普世主义哲学传统之间的完美桥梁,强烈地吸引着罗马时期亚历山大的青年"(Winston 1979:37)。

马克(Mack 1973:63—107)也显示了作者如何改编颇为流行的埃及女神伊希丝的神迹(一系列美德),以提升智慧形象。伊希丝本是一个启示者,一个救助者形象,[40]但当被等同于埃及的智慧女神玛阿特时,则化身为主神的伙伴,对主神的工作无所不知。[41]作者提升了作为上帝与被造物之间中介者的智慧形象,可以证明,这种提升有助于早期

---

⑩　阿普列乌斯《变形记》12 中表露自己本性的演讲是在时代转折之际易于发现伊希丝意义的资源,亦参见克劳本伯格(Kloppenberg 1982:68—71)、科林斯(Collins 1997b:203—204)之论。

⑪　玛阿特与《所罗门智训》之智慧间的联系可参见格拉毕(Grabbe 1997:75—76)之论。

教会对圣子人格的苦苦思索。

影响

《所罗门智训》似乎没有在犹太文学中留下持续的印迹,尽管它涉及出埃及之米大示中的某些因素也出现在拉比文学里。例如,《巴比伦塔木德·论赎罪日》75a 的论述方式让人想起《所罗门智训》16:25—26,它讲到吗哪改变了口味,以便给以色列人提供多样的选择。[42] 但是,没有材料显示两者有直接联系。

150

然而,早期教会大量运用了《所罗门智训》。[43]其中有关义人遭迫害的生动描写(《所罗门智训》2:12—20)被理解成基督受难的预言(参见奥古斯丁《上帝之城》17.20)。早在《马太福音》时代就有人发现那个段落被人以这种方式解读,因为那位传福音者在《诗篇》22:8 的嘲笑后面加上了理论的说明:"因为他说:'我是神的儿子。'"(《马太福音》27:43)这正是《所罗门智训》2:17—20 所载邪恶者试图验证的真正声明。

《希伯来书》的作者未将智慧而将圣子说成"神荣耀所发的光辉,是神本质的真像"(《希伯来书》1:3),以此理解基督与上帝的关系,所用术语与那些用来描述智慧与上帝关系的言辞十分类似(《所罗门智训》7:26)。《歌罗西书》1:15 也转向这个方向,宣称耶稣是"不能看见之神的像"。因此,《所罗门智训》对人格化智慧与上帝关系的过分扩展为早期教会的基督论提供了重要的原材料。

《所罗门智训》最普遍的影响表现在保罗的作品中。[44]首先,《罗马

---

⑫ 参见瑞德尔之论(Reider 1957:41)。尽管这种传统的书写形式较《所罗门智训》晚得多,他仍将它当作《所罗门智训》之想象的一个"来源"。

⑬ 拉彻尔(Larcher 1969:11—84)提供了对新约文本广泛而谨慎的论述,显示它可能受过《所罗门智训》的影响,且《所罗门智训》对早期教会文学、中世纪教会文学、宗教改革时期文学、后宗教改革时期文学持续地产生了影响。

⑭ 鉴于保罗与《所罗门智训》之间存在诸多令人印象深刻的联系,格兰特(Grant 1967:70)作出的评价"保罗像约翰一样熟悉与《所罗门智训》有关的思想,但非该书本身",就显得十分可疑。

书》1:19—32 所载保罗关于人类由于偶像崇拜而堕落的论断显示出受《所罗门智训》影响的深刻印迹(《所罗门智训》13:1—9;14:22—27)。两者的思维过程如出一辙:外邦人应该有能力通过观察被造物而领略唯一上帝,这是"无须辩解的"(《所罗门智训》13:1—9;《罗马书》1:19—20);但外邦人却转而崇拜被造物(《所罗门智训》13:2,7;《罗马书》1:22—23,25);这种无视上帝的行为(《所罗门智训》14:22;《罗马书》1:21)导致各种罪恶,包括凶杀、盗窃、诈骗和淫乱(《所罗门智训》14:22—27;《罗马书》1:24,26—31);上帝公正的惩罚终究要降临于犯下这些罪行者(《所罗门智训》14:30—31;《罗马书》1:32)。

其次,当保罗在《罗马书》9:21 论证上帝对于作为被造物的人类拥有绝对而至高无上的权威时,其术语与《便西拉智训》33:10—13 颇为类似(一切皆如陶匠手中的黏土,"任其随心所欲制成各种形状"),他加上了一个取自《所罗门智训》15:7 的细节:陶匠"用同样的黏土制造出各种器皿,有的盛洁物,有的盛污物"。保罗现在将这个区别从反对偶像崇拜的争论背景中拿出来,运用到上帝对恶人和义人之不同命运的计划上。保罗也分享了《所罗门智训》的如下观点:上帝的审判超出了批评的范畴,其意旨是不可抗拒的(《罗马书》9:19;《所罗门智训》12:12;参见《克雷芒一书》27.5—6),但他也强调上帝有耐心,允许人们有机会悔改(《罗马书》2:4;《所罗门智训》11:23;12:19—20;比较《使徒行传》17:30)。

当奥古斯丁在一段释义中将《哥林多后书》5:1—4 和《所罗门智训》9:15 融为一体时,已经含蓄地指出两个段落之间的联系。保罗视肉体内的生命为寄居在"地上帐篷"中灵魂,是使我们"叹息劳苦"的"负担"(《哥林多后书》5:1,4)。尽管保罗盼望一个复活的躯体,他有关必死肉体的描述与《所罗门智训》9:15 出奇地相似。这一节更丰富的上下文似乎在《哥林多前书》2:7—12 也留有印迹,连同《所罗门智训》9:13、17,它宣称除非从上帝那里领受圣灵,世俗的头脑不可能领会属灵的真理,感悟上帝的旨意。

其他不少新约经卷也留有《所罗门智训》的回声。《以弗所书》6:11—17 对"上帝军装"的描述与其说接近于《以赛亚书》59:17,不如说更接近《所罗门智训》5:17—20。《所罗门智训》和《以弗所书》都谈及上帝的"全副军装",除了头盔和护胸甲,还增添了盾牌和宝剑。既然《以弗所书》清楚地了解《以赛亚书》对上帝军装的描绘,它亦显示出直觉意识到《所罗门智训》对那一意象的早期扩展。《所罗门智训》把落在恶人手中的义人需忍受的磨难解释为上帝为酬报义人而施加的磨炼(《所罗门智训》3:5—6),它再现于《彼得前书》1:6—7 中。《希伯来书》8:2—5和《所罗门智训》9:8 对《出埃及记》25:40 的诠释沿着相似的方向运行,两者都强调世间的圣殿不过是"上帝从太初便预备好的"恒久圣殿的模型。假定《希伯来书》与《所罗门智训》还有其他联系(参阅《希伯来书》1:1—3 对《所罗门智训》7:25—26 的运用),《希伯来书》可能也是从《所罗门智训》中学来的。

尽管《所罗门智训》将认识上帝与"全然公义"和"不朽"等同起来(《所罗门智训》15:3),与《约翰福音》17:3 中耶稣对永生的界定相似,约翰著作对《所罗门智训》的模仿则隐讳得多。类似的还有,耶稣认为爱他就要服从他的诫命,或许令人想起《所罗门智训》6:18:"爱智慧便是遵守她的律法。"《约翰福音》也刻画了人类面临属灵的启示,以及在承受上帝圣灵的背景下,其理智的无能为力(《约翰福音》3:10—12;比较《所罗门智训》9:14,16—17)。最后,即如所有接受智慧之人都成为"上帝的朋友"一样(《所罗门智训》7:27),所有接受圣子之人都成为"上帝的儿女"(《约翰福音》1:12)。这些相似处表明,尽管《约翰福音》未必直接受惠于《所罗门智训》,它的确熟悉人们从《所罗门智训》中发现的观点。《启示录》也分享了《所罗门智训》的许多概念。审判之前有种种预兆(《所罗门智训》19:13;《启示录》6:12—15;8:7—9:21;16:1—20);上帝向邪恶者降临毁灭之前试图激励其悔改(《所罗门智训》12:2,10,20;《启示录》14:6—7);邪恶者拒绝悔改(《所罗门智训》12:10—11;《启示录》9:20—21;16:8—11);自然因素在帮助义人、惩罚恶人过程中扮

演了某种角色(《所罗门智训》5:17,20—23;16:17;《启示录》8:1—9;
152　21;12;16;16:1—9,18—21)。这些证据再次表明,《启示录》并非直接
依赖,而可能以异象形式演绎了那些早已出现在犹太智慧传统中的诸
多概念。

　　尽管《所罗门智训》作为神圣经卷的地位尚未达成共识,它仍对早
期教会持续产生了普遍影响,这一点显见于《穆拉托里经目》,它将该书
归入可供礼拜仪式使用的典籍之列(尽管令人匪夷所思的是,它是作为
新约卷籍出现的)。《所罗门智训》关于死亡由于恶魔的妒忌而进入世
界的教诲(《所罗门智训》2:24)日后也频频出现(《克雷芒一书》3.4;奥
古斯丁《论三位一体》4.12.15;《论〈约翰福音〉》12.10)。奥古斯丁多次
用《所罗门智训》9:15 打断其讨论,以表达追求神学思辨的困难,因为
这个"肉体凡胎把我们的灵魂坠落下来;肉体乃是泥做的临时构件,乃
是积极思维的负担"(参见《论〈约翰福音〉》21.1;23.5;35.9;69.2;96.
4;124.5;《论三位一体》4.5,10;8.2;17.28;24.44)。此说很自然地滋
养了他那相当消极的人类学,这种肉体凡胎将灵魂坠落下来的情形也
解释了只通过理性是不可能达到信仰的(参阅《罗马书》1:20 和《所罗
门智训》13:1—5,它们被奥古斯丁在《论三位一体》15.2.3 并列引用)。
正如《所罗门智训》9:17 所言,只有被赐予圣灵,人类的头脑才能掌握
属灵的真理(《论三位一体》3.21)。

　　《所罗门智训》解构了希腊罗马宗教的合理性,将其视为缅怀逝去
亲人且使之永垂不朽,或使国王获得荣耀之愿望的延续,此说被早期基
督教护教学所采纳,米努齐乌斯·费利克斯在《奥克提维乌斯》20.5
中,拉克坦提乌斯在《神圣教规》VII2.2—3 中都述及这一点(Pfeiffer
1949:348)。很难证明他们是从《所罗门智训》中直接得到这些观点的,
但广泛阅读文本有可能找到一条最直接可行的途径。

　　最后,《所罗门智训》对教会思辨耶稣的人格及三位一体教义持续
发生了深刻影响。依纳爵将《所罗门智训》7:29—30 和 18:14—15 中
的短语编织到他那关于基督显现的论述中(《致以弗所人书》19.2—3;

《致马格尼人书》8.2)。阿特那哥拉斯将《所罗门智训》7:25 运用于对圣灵的界说(《护教篇》10.4),尽管较晚些的亚历山大教父以《所罗门智训》7:24—8:1 论证圣子的工作,圣父之子的"永恒时代",以及圣父、圣子同一本质(*homoousios*,见奥利金《论基本原理》1.2.9;亦见《反对塞苏姆》3.62;5.10;6.63;8.14;参阅 Grant 1967;74—77)。[45]与奥利金将此讨论引入次要的方向不同,奥古斯丁用同样的文本去证明三位一体之位格的完全平等(最有力的论述见于《论〈约翰福音〉》21.2;22.10;111.2;《论三位一体》2.5.6;2.8.14;3.3;4.20.27)。

---

[45] 这一段也被狄奥尼西奥斯、狄奥格诺斯图斯引用过,参见格兰特的著作(Grant 1967;77—80)。

《便西拉智训》 7

"天下智慧皆与《托拉》休戚相关"

约书亚·便西拉*，一位生活在耶路撒冷传授教义的文士，断然把以色列的智慧传统和遵守《托拉》的重要观念合并在一起。便西拉虽然从《箴言》、《约伯记》和《传道书》中获益匪浅，对其中某些观点也予以了驳斥，但与之不同的是：他把对祖遗犹太律法的虔诚和服从置于智慧的中心——此时正值希腊化的紧张局势处于攀升之际，这种局势会在公元前175—前164年间的危机中达到巅峰。便西拉并不反对变革，但是在公元前2世纪初期的若干年里，他无疑传出了保守的声音：他呼召学生们率先去谨守以色列上帝的诫命，以此寻求幸福、荣耀和美名。声称通向智慧、通向成功且有保障的生活之路，重中之重便是《托拉》之路，其次再辅以（但从未取代过《托拉》的作用）诸多其他文化的世俗智慧。

结构和内容

虽然便西拉在组织材料方面远胜于《箴言》的编纂者，且《箴言》里

---

* 约书亚·便西拉（Yeshua Ben Sira）：《便西拉智训》的作者名字，意谓"西拉之子约书亚"。"约书亚"是希伯来文音译，译成希腊文即"耶稣"（Jesus）。为避免与福音书中的耶稣混淆，有人将其译为"耶数"，或"耶数·便西拉"、"西拉之子耶数"。——译注

很难找到并列话题的格言,他的作品却仍未给读者提供一个清晰的提纲。在《便西拉智训》的希腊文本里,开端便是便西拉的孙子撰写的序言;他将该书从希伯来文译成希腊文,以便侨居于巴勒斯坦之外讲希腊文的犹太人阅读。便西拉原书的前两章讲述了智慧的益处、确立了智慧与"敬畏主"的关系,并且告诫学生:欲以对主的敬畏来追求智慧,需先具备忍耐之心。

　　书的第二部分大约 40 章(3:1—42:14),囊括了一系列话题广泛的训诫。① 其中一些在希腊文本里注有标题以示区别:18:30—19:3 的标题是"克己"、20:27 的标题是"谚语"(至今仍不清楚随后有多少内容应置于此标题之下)、23:7—15 的标题是"管束口舌"、24:1—29 的标题是"赞美智慧"。令人奇怪的是文本里只发现这些为数不多的标题,而非普遍都有标题来表示新话题,或者完全没有这样的标题。

　　从该书的主体部分可以看到关于智慧以及追求智慧的进一步训导(其间交织着"敬畏主"和遵守"诫命"的观念;4:11—19;6:18—37;14:20—15:10;19:20—24;21:11;24:1—29;32:14—17;32:24—33:3)、教育问题(21:12—21;22:9—18)、游历有助于睿智(34:9—13),以及律法研究者的准备工作及其职责(38:24—39:11)。我们不难臆测,要想在社会上获得成功,奉行便西拉专心提到的那些论题是非常必要的。由此,我们看到了涵盖面极广的训诫内容:言辞(包括诽谤、闲话和"口是心非"的危害;4:23—26,29;5:9—6:1;7:11—14;9:17—18;11:7—9,20;19:4—17;20:1—8,18—20,24—31;21:25—28;23:7—15;27:4—7,16—21;28:13—26)、友谊和憎恨(6:5—17;7:18;9:10;11:29—34;12:8—18;19:4,13—17,25—30;22:19—26;27:22—29;37:1—6;40:20)、慎交友(即结交遵守《托拉》的人;6:32—36;9:14—16;27:11—15)的重要性和远离罪人的价值(9:11—12;11:21—22;21:9—10)、做客及

<hr>

① 对于这部分内容的不同分析见斯克罕和迪勒拉(Skehan and Di Lella 1987:4—5)及哈灵顿(Harrington 1999:80—82)的著作。

在宴会上的得体举止(包括节制饮食以及在宴会上如何做到举止得体的实用建议;21:22—24;31:12—32:13;37:27—31)、互惠的重要性(3:31;18:15—18;20:9—17)、明辨可靠的建议(37:7—15),以及对冒犯须宽恕而非怀怒的重要性(27:30—28:7)。便西拉把视角从实用性转向更具反思性时,对政府(10:1—5)、贫富间的紧张状态(13:1—7,15—24)、身为陌生人和异乡客的困难(29:21—28)、普遍的生存状况(40:1—11)、死亡及身后留名的重要性(41:1—13)也作了评论。

这位智者提供了他自忖对踏入世途的青年人极其必要的一些建议:与显贵结伴要谨慎,不要追求显位(7:4—7;8:1—2,12,14;9:13;13:1—13);不要感情用事(6:2—4;18:30—19:3);要小心处理与各种人的关系(8:3—19);要有远见卓识,从根本上说就是要用深谋远虑来避免损失(18:19—29;32:18—23)。他的实际建议还扩展到经济领域,包括财富带来的困扰(31:1—4);借、贷款需谨慎(21:8;29:1—7);债务担保的实际危险(29:14—20);富裕时仍需在生意中和道德上保持正直(26:29—27:3;31:5—11)。他还教导弟子们不要怠惰而需勤勉(22:1—2;40:28—30),但同时也要守中庸之道,不能一味操劳而失去人生中的欢愉(11:10—19;14:3—19)。便西拉在家政方面也教导学生,包括合理对待奴隶(7:21;33:25—33)、对双亲的义务(3:1—16;7:27—28)、对子女的抚养(7:23;16:1—4;22:3—6;30:1—13;41:5—9)、生养女儿的特别挑战(7:24—25;26:10—12;42:9—14)、管理和控制家财(7:22;33:20—24)、成年女子带来的益处和危险(7:19,26;9:1—9;25:13—26;27:36:26—31;40:19b;42:14),以及避免淫乱的必要性(23:16—27;26:19—20)。毋庸置疑,便西拉涉及女性的评论应属书中最易招致声讨的内容。便西拉强烈意识到保持健康的重要性,主张生病时利用宗教和医疗两种手段治愈(30:14—17;38:1—15);在哀悼死者的建议中,他也考虑到不能纵容悲伤而损害健康(38:16—23)。

这位智者不仅致力于传授实用性智慧,更关注在品德上给学生以良好教导,特别是在虔诚——犹太传统中最独特的美德方面给他们以教诲。因此,他教导学生保持美德消除罪恶(7:1—3;27:8—10),尤其在谦逊的德性(3:17—29;7:15—17;10:28—31;11:1—6)和傲慢自负的危险(5:1—8;7:8—11;10:6—18;11:23—28;21:4)方面教导他们。他孜孜不倦地灌输一种观念:即一个人不论是否富裕或有影响力或权势,荣耀只能来自"谨遵《托拉》"、与《托拉》比肩并行(10:19—24)。关于可敬的与错误的"羞耻之心",他也做了长篇训诫(例如,要尊重他人的意见,4:20—28;20:21—23;41:14—42:8);从而以其文化中两个最基本的协调观念(荣耀和耻辱)强化了他所希望学生们能够身体力行的那些行为准则和态度。

《便西拉智训》绝不像《箴言》或《传道书》那样具备严格意义上的"现世性"或"世俗性"。其间有大量训诫来倡扬犹太人的虔诚并视之为智者生活中不可或缺的要素(37:7—15;39:5—8)。在这些章节里,他有关于蒙神纳悦的献祭、按《托拉》行事(等同于奉献祭品)的重要性以及社会正义(7:29—31;34:21—35:26)等方面的教导,在某种程度上它们无疑需归功于希伯来先知。特别值得注意的是便西拉对施舍、善行及社会正义所予以的关注(3:30;4:1—10,31;7:10,32—36;12:1—7;29:8—13;34:21—27;35:15b—26;40:16—17)。他希望学生变得虔诚,同时又不希望他们沉湎于来世的浮光掠影之事,譬如占卜、观兆及释梦等(34:1—8)。

既然便西拉能以一种更富沉思性的风格论及生活的实际问题,那么在关涉神学现实方面的问题上,他也能做到这一点。因此我们看到了作者对罪之起源及后果的思索(15:11—20;16:6—14;21:1—3),以及对于上帝所造秩序的冥思;其意或在使人从罪(即对那种秩序的破坏)中悔悟,或在证实上帝于其所造秩序里必定眷顾义人、惩戒恶人(16:24—18:14;33:7—15;39:16—35)。

该书最后一个重要部分首先包括一篇赞美上帝作为的颂赞辞(即颂歌,42:15—43:33),随后是对始于以诺终于西门二世之以色列圣史中的杰出人物的颂赞辞(44:1—50:29);西门二世任大祭司期间正是便西拉本人经历的时期（公元前 219—前 196 年）。它们宛如双连赞词：
一边赞美以色列上帝，一边赞美凭借对上帝的信念建立以色列的人们：

> 我要提醒你，常念主之工；……(42:15)
>
> 现在让我们来，赞美义人；……(44:1)

然而在希腊文本里，只有后一个"颂赞辞"被给予特殊关注，标上了"光
耀我们祖先之歌"的标题。该书以下列内容收尾：作者的自传体注解
（50:27—29）；便西拉所作的感恩歌，它表现出《诗篇》影响和便于个人
祈祷的方式（51:1—12；在希腊文本里以"西拉之子耶稣的祈祷"引介出
来），是摹仿《诗篇》第 136 篇[②]的第二首感恩歌；一首关于便西拉寻求
智慧及邀人去其学校（只是一个当其著述被阅读时才存在的学校）学习
智慧的藏头诗（51:13—30）[③]。

文本的流传

　　在长达近 18 个世纪中，人们主要通过保存于七十子希腊文译本的
希腊版本以及该版本的译本来了解和阅读《便西拉智训》。然而，便西
拉的原作是用希伯来文写成的，他的孙子于公元前 132 年迁居埃及后
将原作译为希腊文，以利于埃及的犹太民众阅读。由于便西拉著书的
目的是"让那些热爱知识的人学习律法，从而在生活上取得更大进步"，
他的孙子乃为了"愿意依据律法条例生活"的埃及犹太人（序言 12—
14,34—36），出版了一个希腊文译本，以便把他祖父所倡扬的正统观念
带到大流散时期犹太人的一个重要居住中心。

157

---

　　② 只出现在一个希伯来文抄本里，很可能是后人篡改的（属扩展本《希伯来文本二》的
内容）。参看斯克罕和迪勒拉（Skehan and Di Lella 1987:569）。

　　③ 部分内容被发现于《库姆兰诗篇古卷》内，这可能暗示它并非便西拉所作。但另一方
面，我们知道后来的基督徒曾将其神圣文学挑选出来，用作添加的圣诗（在七十子希腊文译本
的抄本里，它可被归入颂诗之列）。这个事实表明，若干年之前库姆兰的立约者们做出同样的
事情并非不可能。而且，这部分材料和《诗篇古卷》似乎并不和谐，却同《便西拉智训》的其余
部分在内容甚至背景上浑然一体（由于《便西拉智训》的收尾更具自传性质）。

　　然而 19 世纪末期以来,人们已陆续发现大量的希伯来文本:在开罗一个犹太会堂的储藏室里发现若干中世纪抄本,在库姆兰、玛撒大发现了公元前 1 世纪抄本或公元 1 世纪抄本。后者有一个缩写本(称为《希伯来文本一》[HTⅠ]),而开罗遗稿有两类:上述缩写本和一个扩展本(《希伯来文本二》[HTⅡ])。④希伯来文本的两种类型对应于希腊文本的两种类型(《希腊文本一》和《希腊文本二》)。缩写本被视为更接近原作。《希腊文本二》中收有《希腊文本一》所无的三百多行文字,但这个扩展本却成为古拉丁文译本及拉丁文通俗译本的基础,从而也成为宗教改革时期所有教会统一采用的《便西拉智训》文本。⑤

　　现有的希伯来文本收入《便西拉智训》原书内容的三分之二强一点,这就给那些试图确定其希伯来原始文本内容的考据家们打开了新的重要门径(Skehan and Do Lella 1987:51—62;Di Lella 1966a)。在《序言》里,便西拉的孙子承认无论是整个七十子希腊文译本还是他本人的译本都没有把希伯来文的原始版本完美地传承下来(《序言》21—26)。的确,事实表明,他更为关注的是传达便西拉智慧的要义,而非机械复制祖父的希伯来文原作(Wright 1989:249)。虽然作者孙子的希腊文本一直都是他本人原作的最重要见证,我们在研究《便西拉智训》时仍要同时参阅希伯来文和希腊文两种文本;当研究者意在排除作者孙子的用意和解释性动机、寻求洞悉约书亚·便西拉的话语和用意时,这一点尤为重要。

作者及其背景

　　《便西拉智训》在《次经》中是唯一一部作者自报家门(50:27)的作

---

④　完整的希伯来文献(译文本)见阿伯格、弗林特和乌尔利奇(Abegg,Flint and Ulrich 1999:597—606)之作;玛撒大古卷见亚丁(Yadin 1965)的编辑本。参看宾特杰斯(Beebtjes 1997)之论。

⑤　欲进一步阅读,可参看克金斯(Coggins 1998:37)、斯克罕和迪勒拉(Skehan and Di Lella 1987:51—62)、鲍克斯和欧斯特利(Box and Oesterley 1913:271—291)的著作。

品,这一点在作者孙子的序言里得到了证实。便西拉是耶路撒冷的职业文士,工作职责之一是在耶路撒冷某学校自己的"训导室"里教养那些较富有的犹太子弟(51:23)。⑥

该书的成书时间也可被确定在一个较小的范围内。便西拉经历了西门二世任大祭司时期,后者于公元前 219—前 196 年间在任。便西拉在其书 50:1—21 的颂赞文中谈及西门当政及主持祭礼时,似乎在叙述过去之事(亦不失为新近之事)。然而,书中对于耶孙——西门二世的幼子(正是耶孙在耶路撒冷发起了激进的希腊化运动)——颠覆大祭司职位的事件只字不提,对随后迫害诚信犹太人的事件也片言未谈,皆表明便西拉的著述及其一生都可能结束于那些黑暗年代之前。因而,我们可以很有信心地把希伯来文本置于公元前 196—前 175 年之间,同时也为作者的孙子在公元前 132 年(译者于这一年抵达埃及)之后的某个时期把希伯来文本译成希腊文留下了足够的时间,尽管这个时间并不太长。⑦

书中几处(参见 16:24—25;24:30—34;33:16—18;34:12—13;38:34b—39:5;50:27—51:30)相当直观地把便西拉的人格魅力折射出来,为我们走进这位古代作家的生活提供了不少窗口。⑧便西拉对于智者活动的描述(38:34b—39:5)会令人自然而然地认为反映了他本人的求知过程。便西拉寻求智慧,首先是为自身,其次是为所有那些将

---

⑥ 关于此时期的学校,尤其便西拉学校的有关情况,参看科林斯(Collins 1997b:35—39)的论述。

⑦ 根据《序言》给出的日期,这一年是托勒密·犹阿季斯统治的第三十八年。威廉斯(Williams 1994:563—565)基于自己对公元前 132 年来到埃及的译者年龄的估算、对便西拉著书时年龄的估算,以及基于译者直到约公元前 116—前 115 年才进行工作的可能性,加上他给便西拉和译者这两代人中的每一代都留出三十年时间,主张希伯来文原著的创作日期应该更接近公元前 132 年。这是解决原作成书时间问题的一个聪明尝试,却缺乏说服力。这种尝试并未把每一代的多重生育因素考虑在内。如果译者是便西拉一个幼子的幼子,那么代与代之间就能很轻易地相隔八十年,而不是威廉斯所依据的六十年。因此,作为成书时间大致范围的终结日期,公元前 175 年的可能性并不比公元前 195 年更大。

⑧ 关于《便西拉智训》自传部分的真知灼见和智者的训练内容,可见于罗斯之论(Roth 1980)。

会跟随他学习的人;那时他不仅研究希伯来经文,也研究埃及、希腊的智慧传统。他的游历颇广,声称正是求知使他具备了在异乡客游时渡过危险和迎接挑战的能力(34:12—13;参见 39:4b)。显然,他曾为那些"大人物"效力,也曾在"当权者"面前觐见(39:4a)。在书中所附的感恩歌里(51:1—12),便西拉采用圣经诗篇的语言论及自己如何从诽谤者在高官面前诋毁的危险中被解救出来,同时以辛辣的语气告诫世人,要警惕诽谤及诽谤者的危险。这使便西拉感悟到:离权贵者越近,遭受厄运的几率越大。

在起程去寻求那明智而安全的生活之路以后,便西拉却惊异于这种探索引领他前去的所在。他发现的远胜于他所期待的。现在,回顾自己多年来的求知经历,便西拉恍然悟到:他的所有研究、游历及经验都包含着一个更宏大的施舍目的——传承智慧于后代新人(24:30—34;33:16—18)。当他谈到自己这条小河(指智慧之河)已逐渐汇成大川时,在别人眼里他只能从地里拾葡萄,葡萄却出人意料地装满了他的榨汁机,他并非傲慢地表现自己或进行无耻的自我吹捧;不过,别人初看其书时可能会如此认为。事实上他是在表明,文士对智慧的祈求确已得到智慧的赐予者——上帝的回应(39:5—9)。不过,不像《传道书》的作者那样,探索智慧使之觉得倦怠而空虚;对于便西拉而言,尽管岁月艰难,他却找到了充盈心性的灵渊。他还希望自己的学生——不论是那些他亲自教导过的,还是那些通过其遗作仍在聆听其教导的——都会有如此发现。

便西拉所处时代的政治局势反映在其作品里,显著特征是变幻无常,而这种动荡是由当时掌权的托勒密王朝和塞琉古王朝为争夺巴勒斯坦未来控制权而进行的频繁争斗造成的。然而,当普通犹太农民或劳工可能根本不会过多关注这种政治争斗时,便西拉却是一位有力的目击者,甚而可能已经卷入这场在亲托勒密王朝的犹太贵族和亲塞琉古王朝的贵族之间发生的政治阴谋中。同时,他也清楚地看到与外国贵族们亲密交往的效用,而这一点被记录在多比亚斯的家族史里(约瑟

福斯《犹太古事记》12.154—236）。较之严格地持守《托拉》，这个家族
对于不断加强与外邦统治者之间的联盟以及赢取他们的信任和尊重更
感兴趣；它也因此获得巨大的影响力和财富。

　　巴勒斯坦希腊化运动的步伐在公元前 3 世纪可能一直很缓慢，[⑨]
然而在公元前 2 世纪早期却由于耶孙蓄谋政变而大大加快了。主张采
纳希腊体制的激进运动已不像过去那样由耶孙强加在不情愿的贵族头
上，现在看起来，它已取得精英之中坚集团的支持；[⑩]这样一来，原本需
要花费几十年时间才能燎原的星星之火，已经形成了燎原之势。至少
在最后数十年生涯中，便西拉一直在一个文化冲突的年代里生活着、教
导着学生。然而，他的一些学生尽管面临着别人正致力于维护犹太生
活方式，或者竭力糅合两种文化以寻找可行之路，可能仍然会追随着父
辈或其他名流的步伐，越来越沉迷于希腊的生活方式。

　　在这些情况下，可以看出，便西拉对其学生和创作抱有许多期待和
目标。当然，从根本上讲，他的主要目的与以色列、埃及以及希腊智慧
传统里先辈们的目的是一致的，即：教导年轻一代如何在这个世界上顺
利地取得成功、获取尊荣、克服政治和商业上的困难，以及如何确保家
庭的愉快和幸福。然而，便西拉也特别注重说服其学生相信：只有坚守
与以色列上帝所订的契约，这些目标才能实现。对于其他文化为寻求
智慧所作出的客观贡献，便西拉并未存偏见。所有这些，对于圣经规定
的生活方式都是一种补充。

　　便西拉并非活动于一个中立的环境中。当时已明确出现与希腊生
活方式同化的趋势，不少人渐渐放宽了《托拉》严禁与外邦人建立伙伴
关系并从中受益的诫命。而便西拉则强化《箴言》所宣扬的"敬畏主"观

---

　　⑨　亨格尔（Hengel 1974）对此说有不同见解，参看菲尔德曼（Feldman 1986）和哈里逊
的论述（Harrinson 1994，显而易见，该书对菲尔德曼[Feldman 1986]未表现出丝毫兴趣）。亨
格尔（Hengel 1980）的名气虽然稍逊，却更为谨慎和可靠。

　　⑩　参看《马加比传上》1；11—12；《马加比传下》4；7—15。耶孙能够为购买和维持大祭
司之职的年度开销筹集到巨款，表明有许多家族对他解囊襄助。

念,不仅如此,最重要的是,他明确认为《托拉》陈述的生活方式正是获取智慧的道路;⑪这些都表明他也要在观念上进行呼吁:"智慧的全部即是敬畏主,智慧处处皆要履行律法"(19:20)。他对于智慧之最深切的思索(24:1—29)也在"智慧即是律法,这律法实际上也就是至高上帝的圣约,由摩西向我们颁布"(24:23)的断言中达到高潮。正是通过学习《托拉》、遵守《托拉》,人才有望找到通向智慧的门径,而上帝已使这智慧与其选民同在。

便西拉不仅使自己的学生在世人眼里变得睿智而高尚,也努力使之在上帝眼里变得聪明而得体。为此,他竭力让年轻一代继承祖辈的遗训,使之意识到这才是通向荣耀的真正门径:

> 谁当得荣耀?
>
> 人类当得,
>
> 因为人敬畏主。
>
> 谁不当得荣耀?
>
> 人类不当得,
>
> 因为人违背主的诫命。
>
> ……
>
> 富人、名人和穷人,
>
> 全都以敬畏主为自豪。
>
> 拒绝荣耀一个明智的穷人是不对的,
>
> 而去荣耀一个罪人也是错误的。
>
> 有影响的人物、统治者和法官将得到荣耀,
>
> 可是他们谁也无法超过敬畏主的人。(10:19,22—24)

161

---

⑪ 虽然许多人宣称便西拉运用《托拉》给智慧确立身份(Hengel 1974:1.139;Di Lella 1992:940;Duesberg and Auvray 1958:14),伯卡西尼(Boccaccini 1991:77—125)却认为,尽管第 24 章中的诗歌结尾部分明显是高潮,智慧依然比《托拉》更伟大。欲获取智慧,遵守《托拉》是不可替代的;在追求智慧的训练中,若不遵守《托拉》,便永远与睿智无缘(尤见 Boccaccini 1991:81—99)。

用诸如此类的诫命,便西拉希望给他的学生灌输一种观念:若要获得荣耀和保障,就要持守对犹太传统的忠诚,除此之外再无它路;靠悖逆上帝意志获取任何优越的权势和财富,最终都会一文不值。[12]

便西拉知道,人若全心全意地遵守《托拉》,把它视为智慧之路,那么在获得回报之前,他可能会遭遇压力、恐惧和困顿;因此,为智慧献身者对此必须有思想准备(2:1—17;4:11—19;6:22—31)。因而他特别强调了为智慧献身者的初训阶段,采用了奴隶命运的意象(脚镣、颈枷及其他桎梏;认为承载智慧如同轿夫肩负舆车一样)来谈论这一阶段。然而,这些谦卑的印记终会成为荣耀的真正象征。这些篇章可谓印证了"教育之根是苦的,而果实却是甜的"[13]这句俗语;但同时也揭示出了那些谨遵《托拉》、献身智慧的人们在一个正值激进希腊化运动的耶路撒冷中将要遭遇的困难和不利条件。他们对信仰的持守会受到检验,因为在他们眼看同胞心意怠惰而自己似乎要获得奖酬之际,自己的所作所为却遭到质疑和批评。然而,其导师会指引他们建立一个适宜的交际圈子,圈子里都是与自己共同遵守《托拉》诫命的同伴和支持者;同时导师也会指引他们避开那些无视《托拉》的人群、避开其言论的影响。只有这样,在追求源自上帝的智慧时,其同伴才会坚定他们的信心。[14]

成书时所受的影响

在探索对便西拉思想发生影响的因素时,他对培养文士及其职业特征的描述给我们以指引:"他探索所有古代智者的智慧,关注各样预

---

⑫　亦参见 25:7—11(该处的数字格言诗用以抬高"敬畏主"的地位);40:18—27(该处的一系列"比较式"格言在"敬畏主"处达到高潮);9:16;19:20—24;32:24—33:3。便西拉的孙子深谙这位智者的要领;他的写作目的就是帮助人们"学习律法,从而在生活中取得更大进步"。

⑬　马克(Mack 1989:84)指出,便西拉的教育概念"首先是纪律,而后才是回报"对应了希腊的报酬观念。

⑭　进一步阅读德席尔瓦的论述(deSilva 1996)。

言;他保存各种名言名录,且深入探究各样寓言的微妙之处,……他广
游异乡之地,且洞悉人类善恶"(39:1—2,4b)。研究便西拉的主要资
料是希伯来圣经。书中的训诫表明他不仅对智慧传统进行了思索(这
显然归功于《箴言》),而且对以色列的《托拉》、先知文学及《诗篇》也作
过思考。在此,对便西拉运用《旧约》的情况进行全面彻底的研究是不
可能的,因为书中处处皆是对旧约文本进行语境重构和摹仿而形成的
措辞。⑮歌颂犹太历史英雄的颂赞辞(44:1—50:29)本身就表明便西拉
非常熟悉我们称为希伯来圣经的大部分内容:他知晓《托拉》及所有前
先知书和后先知书,并提及"十二先知书"(49:10),这表明当时小先知
书已开始被视为一个独立的集合体。整个作品集中只提到《约伯记》、
《箴言》及《诗篇》没有提到《但以理书》,在便西拉著述的任何地方也未
被暗示过;《路得记》、《以斯帖记》及《以斯拉记》亦如此。

　　便西拉的一些训诫可视为对托拉训言的深入思索(详见 24:23)。
譬如,3:1—16 就是基于荣耀双亲的诚命(《出埃及记》20:12;《申命记》
5:16)而加以延伸的训诲,也包含着该诚命提供的基本原理:照此行事
之人必定长寿。便西拉所强调的关心穷人、避免通奸和言语诚实,也能
在《申命记》的法规中找到依据(虽然这些已成为智慧文学的传统话题,
参看《箴言》)。当便西拉宣称"水与火"、"生与死"都被置于其学生面前
时、当他敦促他们选择恪守《托拉》时(15:15—17),他正是在摹仿《申命
记》30:19 曾置于希伯来人面前的类似抉择。对他来说,智慧意味着在
远古的申命派式抉择中作出正确的选择。《托拉》也给便西拉提供了一
些可用以训诲的意象,尽管这些训诲与其原先的语境完全无关。譬如,
《创世记》2:10—14 里的河流就被用来喻指智慧之丰富而流溢的特征。

　　《托拉》中的叙事性部分也在《便西拉智训》里留下印记。《创世记》

---

　　⑮　《便西拉智训》的文本情况把这些研究多多少少复杂化了。从理论上讲,人们可以阅
读希伯来文,然后从希伯来经卷中搜寻出那些被语境化了的短语和词句。但事实上,人们必
须频繁地依赖希腊文本,才能发现便西拉对七十子希腊文译本的摹仿;或者把希腊文"退转"
至希伯来文的基础上,再去寻找便西拉对希伯来经卷的摹仿之处。

第1—3章是便西拉对上帝创造秩序的智慧进行思索的基础;这个秩序指自然界的秩序、人类之于动物及上帝之于人类的权威以及类似的内容。尽管存有异议,25:24仍有可能把夏娃的原罪及后果作为基本原理来告诫人类务必警惕坏妻子。从许多方面看来,歌颂犹太民族英雄的颂赞辞(44:1—50:29)都只是用以颂扬希伯来圣经中著名人物的故事梗概,这些人物包括挪亚、亚伯拉罕、以撒、摩西、亚伦和其他族长。

便西拉也很关注"先知文学"(39:1)。我们必须记住,对便西拉而言,"先知文学"包括被基督徒称为历史书的《约书亚记》、《列王纪上、下》(前先知书),以及《以赛亚书》、《耶利米书》、《以西结书》和十二小先知书(即后先知书)。因此,歌颂犹太历史英雄的颂赞辞在概括前先知书中重要人物的故事时,也述及后先知书中的活动及内容。关于便西拉的颂赞辞与其书文本之间的相互联系,我们可以举出几个例子予以说明。《便西拉智训》48:1—11提供了《列王纪上》第17—19章的一个缩写本,把申命派史书的以利亚传统和《玛拉基书》4:5—6所示以利亚必将再来的传统结合起来。事实上,《便西拉智训》48:10是让人注意这样一个事实:"据记载",当人们要把未来的以色列从上帝的愤怒中拯救出来时,以利亚将扮演重要角色,他会让孩子的心意重新回转到父母身上。《便西拉智训》49:4—7提到,以色列由于背离了上帝之道,才被异族势力所击败。在此,便西拉总结了耶利米的贡献:

> 他们把权力和荣耀交给外国人,
>
> 那些外国人放火烧圣城,
>
> 致使街道荒芜,
>
> 正如耶利米所预言的那样。
>
> 耶利米曾经受过残酷的折磨,
>
> 尽管他在出世之前就被选定为先知,
>
> "拔出来又摔倒,击溃了又推翻",
>
> 可是还要"又建设又耕种"。(49:5—7)

用如此简短的字句,便西拉便集中概述了含有耶利米个人信息的内容:耶路撒冷的命运(《便西拉智训》49:6;参看《耶利米书》36:2—4,29—32;37:8—10;38:3)、耶路撒冷当权者对耶利米的敌视和虐待(《耶利米书》20:7—10;37:13—16;38:4—6),以及在耶利米蒙召描述中表现出的他个人的重要性(《便西拉智训》49:7通过重申《耶利米书》1:5和对《耶利米书》进行1:10语境重构,将这部分引入,见Skehan and Di Lella 1987:543)。

后先知们向便西拉灌输了对正义的热爱和对弱者的关注之情(《何西阿书》6:6;《阿摩司书》5:21—24;《以赛亚书》1:11—18;《弥迦书》6:6—8)。便西拉对穷人及孤儿寡母的热爱,连同"谁压迫这些人,谁就必遭天谴"(35:17—26)的宣言,将希伯来先知融入智慧传统,在某种程度上超越了《箴言》。便西拉意识到万国及其继承权皆在上帝的主宰之下(10:4—5,8),这同样源于他对以色列圣史及先知文学的思索;因为这些历史和文学把以色列命运的荣辱以及外邦的沉浮皆归因于上帝的处置。这就是便西拉同启示论之间的联系。

便西拉看起来曾把希伯来经卷视作智慧格言的源泉,对其叙事和言辞进行过思索,根据对其中特定场景的判断创作出一些箴言。以大卫为例,由于他擅自清点民数冒犯了上帝,被上帝判以惩罚:要他亲眼目睹以色列遭受饥荒、瘟疫和异族军队入侵的惨状。他答复道:"让我们落入上帝之手吧,因为他有丰盛的怜悯;请不要让我落于人类之手吧。"(《撒母耳记下》24:14)*便西拉改述了这句话,把它扩展为一个普遍适用的格言:"我们把自己的命运放在主的手里,而不放在人的手里,因为主的怜悯是伟大的,如同他的威权一样。"(2:17)

在礼拜和研究中,便西拉也曾对圣经诗篇进行思索。他不仅模仿它们的形式(《便西拉智训》36:1—22的集体哀歌及51:1—12的个人

164

---

* 英文原是祈使语气,故译者未采纳和合本的译文"我愿落在耶和华的手里,因为他有丰盛的怜悯,我不愿落在人的手里",而依旧译成祈使语气。——译注

感恩歌在很大程度上得自正典诗篇），也汲取它们在内容及神性方面的特征；譬如，它们对上帝威仪和至高地位的思索就反映在对上帝创造的赞叹中（《便西拉智训》42：15—43：33）；它们及便西拉都视《托拉》为训诫的明灯和达于明智生活的门径（《诗篇》1；19；119；比较《便西拉智训》6：37；15：1）。

当然，《便西拉智训》的主要源泉一直都是以色列的智慧传统（《便西拉智训》8：8—9；39：1—3），尤其是《箴言》（Sanders 1983：3—22；Skehan and Di Lella 1987：42—45；deSilva 1996：438—443）。两者有相同的文学形式，包括数字格言、训诫、比较式格言以及诗歌修辞手段（同义平行及反义平行结构在二者中皆很突出）。便西拉的许多谚语系据正典经卷《箴言》中的格言改写而成。[⑯]原有的形式可能会改变（如评论可能会变成指令）、原来的内容可能会扩充，或者原本是同一个话题的分散格言被合并在了一起。两者共同的话题包括女性（好妻子及其反面——淫妇）、友谊、金钱及礼物、酒、暴力和怒气，及谎言的不利之处、美德的益处、家长管制的必要性、对婚姻忠实的重要性、在富人及权贵餐桌上的危险、穷富之间的紧张关系，以及追求智慧的益处。两者皆警告世人不可自大、不可信口开河、不可在商业交易中欺诈。

便西拉常常强调《箴言》所述观点的重要性，借此支持自己的主要目的：宣扬人应当全身心地献身于上帝的律法，把这种献身作为一种生活方式。"敬畏主"（勿因对上帝不敬而使之发怒）不只是智慧的开端（《箴言》1：7；《便西拉智训》1：14），还是智慧的全部（《便西拉智训》1：16）、智慧的冠冕（1：18）及智慧的根（1：20）。便西拉的本意是通过对"敬畏主"和"遵行律法"的强调，促使同胞在接受更为普遍的智慧传统影响之际，继续持守本民族的特定传统；在当时，若对前者的影响置之不理，会很容易导致同胞接受同化而背叛自己的文化传统。

---

⑯ 斯克罕和迪勒拉（Skehan and Di Lella 1987：43—44）对此提供了相互对应的表格。

对成书的影响并不总是正面的。便西拉所受到的影响不仅来自那些他赞同的传统,也来自他持有异议的传统。便西拉针对《约伯记》和《传道书》的基本契约原则"善有善报,恶有恶报"之可靠性所作的辩驳,似乎就属于这种情况(Boccaccini 1991:114—119)。此外,便西拉看起来是在修正那些启示论作家的某些观点;虽然那些作家不属于便西拉的著述传统(在便西拉之后几十年《但以理书》的故事和异象才编著而成),而逐渐成为以色列的重要影响。便西拉不像那些启示论作家那样,或者通过编写看护神的故事(《创世记》6:1—4;《以诺一书》第6—36章)和渲染那些引领人类偏离正途之魔鬼的降生故事,或者通过极力强调神意决定论,把罪恶归于人类本身以外的作用力上,而是断然把全部责任归于人类自身(15:11—26,见 Boccaccini 1991:105—107)。[17]从而,便西拉得以重申申命派传统,再次确认它为生命提供的答案。

当希伯来经卷逐渐渗入便西拉思想中时,他并未将自己与非犹太传统隔离开来,因为这位智者也有去"漫游那异乡万民之地而验证善恶"(39:4)的责任。[18]那个时代兴起的希腊强势统治和世界主义的精神潮流使文化间更为自由的交融成为可能,当然,便西拉在潜心研究其他文化的智慧传统时也从中受益匪浅。从这个方面说,他并未背离自己民族的智慧传统;因为一直以来,犹太智慧传统在索求智慧时,对其他民族的伦理道德和实用型人生训导都是持开放态度的。[19]

便西拉曾研究过希腊人的智慧传统,尤其是他们的实用性智慧,譬如那些保存在劝导集里的训言;并且把那些传统中的一些信条纳入到自己的教诲中。卡尔·塞姆勒(Carl Semler 1943)曾把德米特里·法

---

⑰ 伯卡西尼认为《便西拉智训》21:27 指的是撒旦,而非仅仅指一个人类的敌人——他或她可能会因为反对自己的欲望而加以诅咒的敌人;尽管此说不足以令人折服。最好再参阅斯克罕和迪勒拉的论述(Skehan and Di Lella 1987:311—312)。

⑱ 译文选自斯克罕和迪勒拉之著(Skehan and Di Lella 1987:447)。

⑲ "便西拉……对任何希腊思想都持完全开放的态度,只要它能够被犹太化"(Sanders 1983:58);亦见克伦肖的论述(Crenshaw 1981:159)。

若斯(公元前 345—前 283)编写的《七贤格言》和便西拉文本内容之间的相互关系展示出来：

1. 须(为朋友)保守秘密。

2. 宜寡言。

3. 须诚信。

4. 勿快嘴。

5. 须戒怒。

6. 须在争执中让步。

7. 勿贬低他人。

8. 勿酗酒。

9. 时刻记住人会死亡。

10. 勿与不了解的人结交。

166

11. 勿匆忙相信他人之言。

12. 勿信任安慰你的敌人。

13. 勿因无法补救的损失悲伤。

14. 勿对邻居幸灾乐祸。

15. 勿与更强大的对手竞争。

16. 倘若必须倾诉秘密，把秘密讲给慎重选择的人。(作者的译文)

确实,这部著作和便西拉文本之间的每个契合点都很明显。塞姆勒让读者参看以下篇章,它们均标有序号(他的诗律经过修订与《新标准修订版》相一致):(1)27:16—21;(2)20:5—8;(3)7:12—13;(4)5:11—16:1;(5)和(6)28:8—12;(7)28:13—26;(8)31:25—31;(9)41:1—4;(10)11:29—34;(11)19:4,15—17;(12)12:8—12;(13)38:16—23;(14)8:6—7;(15)8:1—3,12,14;(16)8:18—19。这些供读者参阅的章节绝大部分都相当充分地阐述了希腊箴言所概括的内容。这表明便西拉在研究的初期阶段曾受过该希腊文集或者类似集子的影响,并且将其中的训言纳入自己的课程中。⑳

对便西拉而言,另一个尤为重要的希腊源泉是泰奥格尼斯的《挽歌集》。便西拉和这位公元前6世纪的希腊作家之间具有明显的相似性,这足以表明他至少阅读过泰奥格尼斯的第一本书,且从中得到了很多资料,用以扩充犹太智慧传统对友谊和憎恨的思索(Sanders 1983:29—38)。㉑泰奥格尼斯的《挽歌集》主要是向年轻贵族提供一些实用性建议,其中偶尔也有作者对自己津津乐道的男女关系所作的评论和抱怨——想必便西拉对此不抱任何同情态度(Sanders 1983:29—30)。即便如此,便西拉仍从中整理出一些有用的材料。泰奥格尼斯提议谨慎交友;远离那些缺乏教养之人,因为他们会诱人堕落;要与那些较为高尚的人在一起,因为在扩大朋友圈子和赢得支持者之际,也可以学习其优秀品质(《挽歌集》29—38;563—566)。他推崇忠实的朋友,将其价值等同于"和他们自身同重的金块银块"(77—78);㉒并警告人们不要因新朋舍弃旧友(1151—1152)。泰奥格尼斯建议道:你可以有许多朋友,但应当仅仅挑选其中几个作密友(115—116)。他常常论及不能患难与共的朋友:他们是一些只在你富贵或运气好时与你相伴、一旦你运势不济便会弃你而去的人(78—82;643—644;697—698)。最后,他告诫人们不要在每次遭受伤害时都向朋友或伙伴发怒,而要有耐心(325—328)。便西拉把所有这些都纳入自己的课程里(《便西拉智训》6:6—12,14—15;9:10,15—16;10:6;12:8—9;13:1;37:12);细读这些篇章就可以看出,他在这些方面同泰奥格尼斯达成了惊人的一致。

167

---

⑳ 其中许多箴言应当被便西拉在别处遇见的格言所强化,或者反过来强化它们。例如,《阿尼训言》也告诫人们不要与陌生人交谈过多、向他们披露自己的计划或者倾诉心声,因为他们可能会利用你的言语对你造成不利;而且,它也告诫学生要随时准备迎接死亡的来临(如称人在年少时就要为自己准备坟墓)。《七贤格言》令人瞩目之处是:凡被它收入的箴言都在某种程度上引起便西拉的共鸣。

㉑ 参看弥顿多罗普之论(Middendrop 1973:8—24),可见便西拉引用希腊文学的详细目录;亦可参看桑德斯(Sanders 1983)第2章对该目录的评论。

㉒ 泰奥格尼斯的译文选自多若斯·温德的《赫西俄德与泰奥格尼斯》(哈门斯沃思和纽约:企鹅,1973)。

同样值得一提的是泰奥格尼斯在言辞方面的建议,尤其是告诫人们远离愚蠢言辞的建议。既然事实证明许多人并不值得信任,他们会利用你提供的信息来伤害你,泰奥格尼斯便建议青年朋友学会仅仅选择少数几个朋友分享自己的思想(《挽歌集》73—76;比较《便西拉智训》8:17—19;13:12—13)。他还建议他们不要急于相信对朋友的诋毁(323—324;比较《便西拉智训》19:13—17)。(泰奥格尼斯的集子和便西拉的文本之间)*另有一类大量重复的内容,论述酒的作用及"醉态下"的谨言慎行。酒不应当诱使人说朋友的坏话;饮酒时不争论是明智之举(413—414;493—496;比较《便西拉智训》31:31)。像火能锤炼出真金纯银一样,酒也能彰显人的品性(499—500;比较《便西拉智训》31:26)。节制饮酒得到推崇,而豪饮酒则受到责难(509—510;比较《便西拉智训》31:27)。最后,两位作者都提出建议:对于正在考虑赠送礼物或施以善行之人,要明辨受恩者的品性(105—112;比较《便西拉智训》12:1—7);他们都竭力主张把品性好的人挑选出来,作为自己施恩的对象,把品性坏的人或者"罪人"排除掉,因为你永远不可能从这种人那里得到回报。从这些例证可以清楚看出,泰奥格尼斯的集子——其中(绝大部分)是有关道德伦理和实用训导方面的内容——是便西拉的一个重要资料来源。

欲知希腊文学对便西拉产生的其他重要影响,无需具备文学意识,只需留心其著作就行了。譬如,在14:18他用一棵总是不断落叶(如指个体死亡)而促使新叶长出的树之意象来喻指人类,这个意象可在荷马的《伊利亚特》6.146—149里找到(Collins 1997b:40)。当然,便西拉并非必须阅读《伊利亚特》才能获得这个意象,因为他可以从俗语中轻易获悉这个比喻,就像今天许多人从未读过莎士比亚戏剧,也可以引用他的名句一样。在另外两处,希腊观念也渗入便西拉的思想中,值得我们注意。便西拉首先是在6:11里,把朋友称为"第二自我",虽然在这

---

* 括号中的内容系译者为明确含义而添加。——译注

里他用以描述的是一个假朋友(一个装扮成的第二自我,装扮成的真朋友)的虚伪行为,但它本是亚里士多德给"朋友"一词所下的定义(《尼可马可伦理学》9.4.1166.a30—31)。便西拉又在11:28里警告道:"人死亡之前是不能被称为幸福的";这使人想起在索福克勒斯的《俄狄浦斯王》结尾,合唱队庄严地吟唱出该剧的寓意"在死亡来临之前,人人都是不幸的"。同样,这两种观念也都易以俗语方式流传到便西拉那里。

便西拉不仅借助于希腊人,也借助于埃及人去寻求智慧。在此,《箴言》对于便西拉可谓很好的先例,因为学者们已经证明,《箴言》在某种程度上得益于埃及的智慧资源。《职业讽刺诗》——起初被归之于多夫,但最近却被视为黑梯的著作(Pritchard ed.,1950:432;或者至少是一部与这部分内容基本相同的作品)——便可能在某种形式上被便西拉用作 38:24—39:11 的资源。③两者都谈到闲暇对学习文士技能的重要性、需以手工劳作之各式职业的艰辛,以及文士所拥有的荣耀。便西拉描述了农民、铁匠、陶工的技艺,其中有许多细节可以在更远古的埃及文本里找到。事实上,后者在其冗长的述说中还涉及更多职业,并且对手工劳动者的价值和生活质量持一种更为贬抑的看法。在此,便西拉对这些手工劳动者和工匠们所表现出的尊敬程度远远高于其原作者(参看 38:32,34)。

桑德斯(Sanders 1983:64—103)已经论证了《菲比斯训言》(亦称《因欣格莎草纸卷》)作为资料来源对便西拉产生的重要影响。菲比斯的书里满目皆是"道德伦理规劝的警句":选择朋友和检验朋友的告诫、与权贵交往的告诫、饮食及餐桌风范的告诫、抵制诽谤或不能诋毁别人的告诫;同样,这些内容在便西拉那里都可以找到。看起来便西拉主要是从菲比斯处获悉这些内容的,同时也从中汲取了一些与自己特别趣味相投的观念(譬如,与子女职责相关的内容被他用来扩充"荣耀父母"

168

---

③ 一些诸如此类的著作,尤其是自古埃及第十九王朝(公元前 1350—前 1200 年)以来的著作,都得到了证明。《职业讽刺诗》的文本可见于哈罗编辑本(Hallo 1997:122—125)和普利查德编辑本(Pritchard 1950:432—434)。

的诫命），或者经自己判断属实而值得传承的观念，其中包括菲比斯对过度放纵子女之父母的规劝、对暴食（这对健康特别有害）及色欲之危险的告诫、对节俭美德的赞扬，以及对节哀之必要性的告诫。

便西拉对非犹太传统资料的采用表明他有志于传承祖先对待犹太智慧传统的态度，即在追求智慧时要善纳百川（亦见 39:4）。然而，他汲取异族智慧资源的主导原则是它们与"至高者的律法书"——这一智慧终极宝库——的相容性。通过如此倚重外邦智慧的"精华"，便西拉可能希望证明："外邦思想之精粹不但不对本民族信仰构成威胁，甚至还能被纳入一部真正的犹太著作中，达到鼓励同胞对其祖先传统保持忠诚的目的"（Skehan and Di Lella 1987:50）。然而，我们若就此罗列文本的和其他人为的影响来结束对便西拉著书时所受影响的讨论，将是错误的。在描述智者的职责时，便西拉写道："他习惯早起，向造物主大声祷告，祈求至高者宽恕他的罪过。这时，如果伟大之主高兴的话，他就会被灵性所充满。"（39:5—6a）从他个人的证言中，我们了解到便西拉在追求智慧时，自己也是遵行此例的："我年轻的时候，在出外旅行之前，大胆地在祷告中祈求智慧。我到圣殿去祈求得到她。"（51:13—14a）这种习惯长期伴随着他的探求过程（51:19）。我们也看到圣经诗篇的祈祷对便西拉产生的影响，因为他个人的祈祷文在形式和句法上对它们都有所模仿。50:5—21 对清晨献燔祭的描述应出自一位目击者，可以确定，这位目击者对圣殿毫不陌生。便西拉的智慧不仅是他研究圣经或任何其他文献的结果，也是他在上帝面前虔诚地终其一生的结果。同时，礼拜仪式、个人祈祷及寻求上帝也都对这位智者产生过深远影响，这些影响如此之大，以致他毫不期望那些忽视此类事情的人能够获得智慧（15:7;19:20—24）。

文学形式及论辩

在文集里，便西拉采用了一系列文学形式作为表达手段，提出他希望得到传达的建议。人们不仅可以(在他那里)找到箴言、谚语(通常由两行的俗语组成)、训诫(对某一箴言或话题的深入探讨),及犹太智慧文学的典型评论,还可以看到辩论体的内容——虽然以色列的智慧(文学传统)对这种形式并非一无所知(比较《箴言》20:22;24:29;《传道书》7:10),㉔但它在埃及的智慧文学里却能得到最好的证明(《阿尼训言》及《阿米尼莫普训言》里都有这种形式)㉕。这种形式以"不要说"开头,随后是禁止性的引文或意见,最后说明不能持有或表达那种立场的原因(《便西拉智训》5:1—6;11:23—24;15:11—12;16:17)。便西拉也收入一首悲歌(36:1—22)、一首拯救诗歌(51:1—12)、一些智慧诗篇(14:20—15:10;34:14—20)、一首自传体诗歌(51:13—30)、一篇关于约束言辞和头脑的祈祷词(22:27—23:6),以及一篇歌颂以色列圣史名人的颂赞辞(44:1—50:24)。从而,他把礼拜仪式及颂赞的文学形式和智慧文学中较常见的形式结合在一起。

170

亚里士多德认识到箴言是立论的重要工具;在某种程度上,智慧集可被视为箴言的宝库,可用来支持大量的论辩(《修辞学》2.21)。然而,智慧格言的编纂者们,尤其是那些编纂较长的智慧文学形式——"训诫"的作者们,都表示出对辩论策略的关注。在涉及深层论争时,谚语往往最简洁。提出的建议常常缺乏任何理论依据,即使作者给一项建议或一个劝诫(以建议的行动方针或价值主张为形式的某个论题)提供了依据,它也往往是从后果中推导出来的,即对你听从或忽视该建议之结果所进行的一种推论(参看《箴言》22:22—23,24—25;23:10—11,20—21;24:15—16)。浏览一下《箴言》第10—11章,我们便可以看到以下论辩策略:

    1. 对比的修辞手段("反义平行")——10:1—17,19—21,

㉔ 克伦肖(Crenshaw 1975:48—49)指出,在《箴言》的两个例子里,这种形式缺乏理论说明,故而是不完整的。

㉕ 《阿尼训言》及《阿米尼莫普训言》可见于哈罗的编著(Hallo 1997:110—122)及普利查德的编著(Pritchard 1950:420—424)。

23—25,27—32;11:1—6,8—9,11—21,23—24,26—28。

    2. 强化的修辞手段("同义平行")——10:18,22;11:7,10,25。

    3. 类推或者比较——10:26;11:22(亦参见25:11—14,18—20,25—26,28)。

    4. 逐层递进的论证——11:31。

在《箴言》的其他地方,人们可以看到它对人物刻画手法的使用(6:12—15 里的"无赖之徒"),且这种手法常常同性格化语言(活现法)一起连用,正如 7:10—20 对淫妇或者 1:11—14 对罪人的描述一样。㉖这些手法用来旗帜鲜明地指出什么是应受责备的或应受赞扬的,从而帮助学生快速地辨识那些有害影响。谚语甚至可用来总结一个简短的训诫,正如在 24:30—34 中那样,6:10—11 被再次用作 24:33—34 的收尾箴言。"比较式"格言则用于宣扬经过比较而突显的价值观。

    因此,《箴言》中的论点往往是简单而未充分展开的,其间的规劝或价值观念与其说是经过论证的,毋宁说是直接提议的。埃及文学曾被一些编纂《箴言》的智者用作资料来源,但它却表现出一种高度发达的详细论证能力,这个事实实有些令人吃惊。《阿米尼莫普训言》(早于《箴言》约七个世纪)的第 6 章可谓一个内容相当完善的例子。该章的论题是以所推荐行为模式的形式表达出来的,它主张学生不要擅自挪移领地的界碑或其他财产。论证展开如下:

    论题:不要挪移界碑;

    原理(自后果推出):月亮女神会捉住此人;

    对挪移界碑者的刻画;

    用自恶果推出的原理重申论题:不要挪移界碑,"以免终日惶恐";

    从反面论证:"保持边界之人可讨神欢心";

㉖ 在下一段,教师或父亲先是警告他的学生或儿子不要听从罪人那充满诱惑的言辞,随后便提供了一篇那样的言辞(prosopopoiia),继而又描述了罪人是如何表现的。

从益处论证:"保持边界的完好有助于人生的完好;它是有益
于人的;这样的人可从自己的田地获得充裕的供给";

以几个"比较式"格言的形式作结,第一个格言带有自后果推
出的原理(不正当的收入不会持久)。

仅仅是《阿米尼莫普训言》中的这个例子就包含了论辩的一些重要构建
成分(附有原理的论题、对论题的重申)、辩论的话题(对相反行为的考
虑、对后果的预见、对益处的考虑)及构造(描述),所有这些都用来倡扬
一种特定的行为。这一点和便西拉的教育策略是颇为契合的。

"智者听到至理名言,赞扬之且增其美益"(21:15a)。注意一下《便
西拉智训》的修辞及诗性特征,便会发现它们在某些方面揭示出了便西
拉对他所赞成("对之赞扬")的俗语是如何进而"增其美益的"。便西拉
的教科书更接近训诫的类型。便西拉的论辩受过埃及文学及处于"入
门训练"水平上的希腊修辞学的影响。如果说便西拉曾接受过任何类
似于希腊式的教育,这种说法是鲁莽的,但是他有可能在旅行和研究当
中学到了希腊学生通过修辞学入门导论(Progymnasmata)或修辞创作
的"入门训练"所学到的相关知识。修辞学入门导论作为一门高级修辞
学的预备课程,已经提供了一个令人惊叹的论据库,用来支持论题或建
议,包括原理的运用、论题的重申、对相反行为或原则的考虑、类推,通
过历史惯例或先例进行的论辩,以及对箴言或其他权威性格言或文本
的借助。其中许多论辩手段都远远早于希腊修辞学的传统,正如《阿米
尼莫普训言》所表明的那样;但是,希腊时代给经历了几个世纪的辩论
术带来系统化,同时也给那些能被用于修润、支持和美饰论辩的各种修
辞手段带来系统化。

像《箴言》一样,便西拉也常会提供一些自后果推导而来的原理或
论据,这对于意在进行行为规劝的作品来讲是很恰当的手法。这些推
理常采用荣耀的各种话题(1:13,24;3:10—11;5:13—6:1;6:29—31),
向遵行建议的人保证他们将会赢得好声名或避免丑名及得到许多便益
(2:6a;3:5,6a,14—15,28;4:14—28;5:4—7;7:1—3;8:8—9)。一方

面是从（给人带来的）便益出发所作的论证，证明所推荐的行为准则会使人保存现有的财产、为之打开获得更多财产的大门，以及使之避免目前及未来的任何伤害或损失。不利方面的论证则完全相反。在此，财产应被理解为构成幸福生活的元素，譬如长寿、孩子带来的欢欣、财物的收藏以及类似事情。当便西拉极力主张人们尊敬并关心自己的父母（3:6b;7:27—28），或避免逾越世人的适度行为而高傲自负时（10:6—7），他也采用了公正、正义及合法的话题。

便西拉也采用了逐层递进的论据（28:3—5）、驳斥的话题（15:11—20;23:18—21）、历史先例（16:6—10;在此被用为上帝惩罚恶人的确据，并由此彰显罪的危害性）、类推（3:25,30;22:9）以及比较（22:11—12）。最后一个章节特别值得注意：

> 我们哀悼死者，因为他们已经诀别了光明。
>
> 我们还应该哀悼笨蛋，因为他们已经诀别了知识。
>
> 实际上，我们还应该更为深切地哀悼笨蛋，
>
> 因为他们活着还不如死了的好。
>
> 死者安息了，我们为死者哀悼七天，
>
> 可是笨蛋和恶人却要令人悲痛一辈子。（《标准修订版》）

诗行 11a 假定了蠢人和亡人的相似性；而诗行 11b—12 进一步指出蠢人的状况还比不上一具死尸，从而点明了两者的差异。

除了这些辩论策略外，便西拉还运用了几种修辞手段。像《箴言》一样，他也使用了人物刻画手法（述及敬畏上帝之人，2:15—17;敌人，12:15—18;富人，13:3—7;吝啬鬼，14:3—10;勉强的赠予者，20:14—17;恶妇的丈夫，25:16—18）和性格化语言（或活现法，如 16:17—22 中的误入歧途者;24:3—22 中的智慧;20:16 中的勉强赠予者），且更为广泛地使用它们。他频繁运用明喻、暗喻（21:8—10,13—14,16,19,21;22:1—2,6,9;25:20），以及对比（有时颇具匠心地运用重复或交错法，如 21:15—16,22—23,25—26;26:23—26）。在歌颂犹太英雄的长篇

颂赞辞里,他甚至运用了呼语,或如 47:14—21(直接向所罗门致辞,一曲面向智者和文士之守护圣徒的哀歌)所示,是对某个人物的直接致辞。

173

便西拉不仅通过逻辑论证和其他修辞手段专事说服的艺术,也给他那精心酝酿的训诫缀以恰切的装饰,尤其注意对头韵、半韵、包裹及交错法的运用(Skehan and Di Lella 1987:63—74)。此外,对关键片语或者完整格言的重复也以一种诗性色彩给论辩加强了说服的力度。如在 7:29—31 里,重复本身就携带着说服的意味:

> 全心全意敬畏主,
> 尊重他的祭司。
> 要竭尽全力热爱造物主,
> 并且要支持他的牧师。
> 荣耀主,尊敬祭司。
> 你要以当纳的物品来供养他们。

开头两行诗就把尊敬神职人员同敬畏主以及圆满实践《申命记》(6:5)的核心指令"你要尽心、尽性、尽力爱亚卫你的上帝"紧密地联系起来——这种联系在第三个对句的上半句通过缩写得到进一步强化。支持神职人员的义务本身是由《托拉》所规定的,然而,作者却通过把它和《托拉》的另一个更为核心的命令联系起来而将其强化。重复法也帮助便西拉宣扬了 12:1—7(参照 12:4,7)及 22:27—23:6 中的特定价值观念及行为准则;其中 22:27、23:2 及 23:1 和 23:4 里的平行结构及重复手法从对口舌的约束及至对言辞的源头——头脑的约束之全过程都予以了强调。还有 39:16—35,其间的 39:16—17,21,23—24 对两个不同叠句的重复使人看到便西拉对上帝所设秩序之公正问题作出的解答。正如在 21:19,21 及 41:1—2 中那样,重复及平行手法也被用以强化一个正在展开中的对照。

分析一下便西拉的智慧训诫及敬畏主之训诫(1:1—2:17),就可以清楚地看到该书所运用的论证手法。智慧训诫（1：1—10）的开篇诗即暗示了将在 1：11—2：17 中展开的主题。1：6 的问题"智慧之根——它的奥秘谁曾获悉？"在 1：8—10 中得到了回答。上帝应是"备受敬畏"的，且上帝只把智慧赐予"那些爱他的人"（1：8，10）。因此，在便西拉引进贯穿于 1：11—2：17 中的一对主旨——"敬畏主"和"热爱主"时，1：6 的问题已得到回答。

174　　在 1：11—2：17 里，便西拉始终都把"敬畏主"放到一个核心价值观的至高地位训导学生。㉗ 在这个部分（1：11，12，13，14，16，18，20，27，28，30；2：7，8，9，10，15，16，17），对此短语进行重复的节奏委实浓密，从中能看到便西拉是如何把这个至关重要的价值观念作为其生活方式的浓缩、作为应被人终身铭记直到携带至坟墓的箴言来向学生们全力灌输的。在 1：11—13，他断言敬畏主的行为会给人带来有益而荣耀的结果。在 1：14—20，他创作了一首极具平衡美感的诗，讲述了敬畏主与智慧的关系：

> 敬畏主，便是迈向智慧的第一步，
>
> ……
>
> 敬畏主，便是最丰富的智慧；
>
> ……
>
> 敬畏主，便是智慧之花，
>
> ……
>
> 敬畏主，实乃智慧之根；
>
> ……（1：14，16，18，20）

这些诗行如同乐曲一般敲击着读者的耳鼓，散布在字里行间的是作者对智慧之品格和活动所做的宣言。确实如此，看起来便西拉似乎在用整个段落来描述智慧，且插入了对"敬畏主"的四重强调——此观念是

㉗ 《箴言》里有这个表述，但它却源自《申命记》（参看《申命记》10：12；亦见 4：9—10；8：5—6）。

作为智慧之首要和最根本的要素来强调的。

《便西拉智训》1：22—24 从对"敬畏主"的歌颂转到一些有关急躁和忍耐的更为实用的规劝上，但是主题又在 1：25—27 和 1：28—30 里回旋。在 1：25—27 中，智慧和"遵守诫命"被紧密地联系起来（便西拉用相当长的篇幅把这个主题铺展开来）；在 1：28—30 中，作者从对"敬畏主"的正面劝诫一转而到对悖逆行为的劝阻。他把自后果（招致耻辱的威胁）推出的原理用以支持这项建议。

随之而来的内容劝诫人们在苦难中仍要勇敢地"敬畏主"。便西拉的教导处在这样一个时代，那时利益似乎来到那些渐无敬畏主信念之人的身边，而不利又似乎降临于那些坚守信仰者的头上。是的，在便西拉去世十年之后，对于那些仍然记得或者读过其训言的人们来说，这种激励很可能具有预兆性。《便西拉智训》2：1—6 就宣告了这种劝诫（例如，在经受考验时仍要持守对信仰的忠诚），且其中已经运用几个原理来支持它。首先，他断言对信仰坚定不移者必有好结果，其中包含便益（2：3a）及保障（2：6a）的话题；其次，他使用了类比，以必须在熔炉中验炼的金子为比拟，来说明（对人进行）检验的价值（既然它能够证明和彰显一个人的价值或尊荣，2：5）。

之后，是对"敬畏主的你"（2：7,8,9）这个宣言所做的一个三重式重复咏叹，其中每个咏叹都重申了主题（如所推荐的行为模式），而前两个咏叹都分别添加了由接受建议与否的相应后果推出的原理。现在，便西拉引进一种新的论辩策略：去求助于历史先例——对这种情况，更确切的说法是历史先例的缺失。他邀请听众提供一个例子，证明曾有人虽坚持了对上帝的信仰和希望，却未获得美满的结局（2：10）。㉘然后，他借助于古代权威，把源自《出埃及记》34：6—7 及《诗篇》103：8—9 的

175

㉘ 这并不是说"上帝正义论"从未困扰过便西拉。他知道，虽然他断言那些对上帝忠诚的人们决不会陷于可怕的窘况或"被抛弃"，但实际情况并不总是这样，至少在表面上并非如此。然而，这个论辩的情况却是：他邀请听众到他们共有的经文遗训中去寻找证词，认为那些"老祖辈"的记录能够支持他所断言的内容（参照《诗篇》37：25）。

关键片语(即上帝是"有怜悯有恩典的")进行语境重构,以此证实其论题的正确性。这种历史先例的缺失确认了该条古训中上帝有关品格的可靠性,转而又证实了便西拉的建议(2:1—6)。

接着,便西拉又论述相反的行为方式,并再次采用三重式的重复哀叹(2:12,13,14)。那些在逆境面前表现出胆小、怯懦、三心二意的人们,将会身处悲哀的境地。关于保障(缺乏安全)及不利之处(上帝清算之日所受损害)的话题皆潜伏于对这种悖逆行为的责难之中。紧随其后的是对论题的又一次重申,并再次采用了三重式的重复形式:

> 畏主之人……
>
> 　爱主之人……
>
> 畏主之人……
>
> 　爱主之人……
>
> 畏主之人……(2:15,16,17)

其中前两行概括了这类人的特征,但第三行作为高潮部分,又转回"备着侍主之心"和"在主面前须谦卑"这种具体的话题(这些用语和 2:1—6 构成"包裹";尤见于 2:1 中的"准备"及 2:4—5 中的"谦卑")。这个训诫以一句劝诫作结,现在,讲话人把自己也归于其中,说:"把自己的命运放在主的手里,而不放在人的手里。"这就再次把古代权威进行了语境重构,不同的是,此次是将《撒母耳记下》24:14 中大卫的原理("因为[主的]的怜悯是丰盛的")加以扩充。

这是一个高度发展且极富修辞意味的论辩,在训诫传统中远远超越了它以前的任何成果,且表现出与希腊修辞入门训练之辩论策略的许多相似性。这并非就此宣告便西拉曾经直接师从于后者,而是要特别强调他的训诫中保存了除早期智慧文学之外的其他复杂成分。确实,我们可以观察到,在近东训诫和希腊对论题的深入论证之间有一个引人注目的汇合点,该汇合点会使前者的学生们越来越自然得体地运用由后者提供的工具。

便西拉的课程

除了上面概括的内容,便西拉的训诫中还有几方面值得予以特别关注。以下内容虽不能代替对便西拉文本的细读,却足以提供有关文本材料的一系列思想线索,同时也能让读者接触一些涉及该文本的学术争论点。

智慧与虔诚

便西拉是人格化了的智慧女神的继承者(24:1—22;1:4—20),他把她视作上帝的最初创造物(1:4;24:3)及上帝对畏主之人所赐的特别礼物(1:10,26)来赞美。"敬畏主"是人们迈向智慧之旅的起点,这个传统也为便西拉所继承。但他并不满足于把"敬畏主"的作用限制在智慧的初级阶段,同时还把它描述为智慧的"起点、圆满、冠冕及根源"(1:14—20)和"智慧的全部"(19:20)。他也以一种此前犹太智慧传统所不曾有过的具体深入来界定"敬畏主":它涉及遵守诫命(1:26;2:15;10:19)以及通过参加宗教仪式来荣耀耶路撒冷的神职人员(7:29—31)。

便西拉进一步敦促人们用金刚石的箍子把智慧和"遵守《托拉》"紧密联结起来:"要想有智慧,谨守主诫命,主会赐给你丰富的智慧"(1:26);"敬畏主,遵守律法,这就是智慧的全部内容"(19:20)。智慧现在已失其普遍性的外部特征而独居耶路撒冷(24:8—12),独居于上帝的选民之中(24:12)。拣选神学观和(此前)普遍的智慧传统在此交融。《便西拉智训》第24章中的智慧赞美诗以一个去除神话因素的女性智慧形象作结:她仅仅是《托拉》而已(24:23,见 Blenkinsopp 1995:166)。㉙然而,这种身份的确定绝未遮蔽便西拉在文本其他地方所表现

㉙ 将有事实表明,这种确定智慧身份的思想,在后来的犹太人(拉比们)对《托拉》的永恒性和作为上帝第一创造物的《托拉》所做的思考里,仍有残余——然而却失掉了便西拉文本里智慧和《托拉》之间关系的那种不均衡性。

出的智慧和《托拉》之间的相互应和之妙。虽然《托拉》是智慧的居所，在行使《托拉》时能发现和获悉智慧，但它绝不是智慧的总和。《托拉》也是一种富有教育性的训诫，通过它人们可以明智地生活，亦能抵达智慧（6:18—37）——即上帝赐给谨遵《托拉》之人的礼物（Boccaccini 1991:88—89,94—99）。

自远古以来，智慧导师们就频繁援用荣耀与耻辱造成的约束力来倡扬其训诫：追随他们指出的道路，即是走上通向荣耀、财富、影响力及高尚结局的道路，但若忽视他们的规劝，必定导致耻辱。便西拉也广泛使用这种策略去反击一种趋势，那种趋势把"遵行《托拉》"视为在国际大舞台上赢得个人和国家荣耀的障碍。因此，便西拉给"遵行《托拉》"以极高的评价，视之为独立于社会地位、财富及其他身份标志以外的、判定一个人荣耀与否的唯一决定性标准（9:16;10:19—24，见 deSilva 1996:443—449）。因违背《托拉》而得的不义之财是羞耻的根源（11:4—6;13:24）；但是，即使身处贫困，如果对摩西律法保持忠诚，也仍然会获得荣耀（25:10—11）。

对便西拉而言，智慧之路即是虔诚之路，因此他将书中的很大篇幅用来教导人们过虔诚的生活。"敬畏主"要求人们高度关注上帝的荣耀，警惕以轻视的态度对待上帝。因而，他建议那些希冀被上帝宽恕之人宽恕自己的同伴（28:1—7）。人绝不能因有意或无意之罪来妄用上帝的仁慈（5:1—7;21:1—2），而应当立即悔改并以加倍的努力来顺服上帝（18:21;21:1）。神圣惩罚的延缓并不意味着犯罪而无擘，因此人们要迅速悔改，并且不要再犯同样的罪（34:28—31）。正直的生活事实上被看作赎罪的方式（参看 3:14—15,30）——这是一种引起早期新教徒对本书有过质疑的情感。然而，在便西拉的文本中，有一种我们可以努力重获的平衡，即上帝的仁慈和愤怒、宽恕和审判之间的平衡（5:5—6;16:11—12）。耶稣、保罗和《希伯来书》的作者了解这种平衡，然而，在基督教会对信徒的教导里却常常看不到它的影子，它往往以最糟糕的面目出现在某个教会，在那儿信徒们得到的教导就是对自己擅用仁慈和宽恕,而对非教会成员则妄用愤怒和审判。

在他的课程里,便西拉为赞叹礼拜仪式的非凡之美留下很大空间(如 50:5—21)。"敬畏主"不仅要通过对道德伦理法则的遵从得到彰显,也要通过对"礼拜"法则的遵从,尤其是通过给上帝祭司所缴纳的什一奉献(7:29—31)以及为上帝祭献的慷慨大方的供品(35:6—13)得到彰显。先知训言进一步确认了便西拉关于什一奉献的告诫:上帝不会接受以不义之财所纳的什一奉献(34:21—24)。若在交易中欺骗同伴,就会玷污财富以及用它所纳的什一奉献。上帝不会受贿于这样的赠物,也绝不会漏察试图以此赠物来隐瞒或使人忽视的不义之事(35:14—15)。在便西拉对智慧的勾勒中,正如伦理道德不能和虔诚分离一样,虔诚也离不开伦理道德。他称赞道德的行为、知恩图报、对那些需要帮助的人予以援助、把邻人从罪孽中拯救出来的行为,以及对诫命的遵行,用仪式性术语来说,这些都是能使上帝喜悦的牺牲和供奉(35:1—5)。但是,此类"理性而缺乏宗教情感的"供奉并不能替代对圣殿仪式的参与,只能是对它的一种补充。

像《多比传》一样,便西拉提升了施舍及通过共享财产和其他慈善行为来关爱穷人和边缘人群的重要性,认为这些应当属于智者的生活特征(3:30—4:10;7:10,32—36;12:1—7;29:8—13;35:17—26)。穷人的哀告不利于那些生活舒逸的人们,因为上帝时刻准备着为那些孤立无援而遭受压迫的人们申冤报仇。这种危险不仅隐现于那些积极压迫穷人者的头上而令其生畏(4:1—2;参见 35:17—26),也常常悬置于那些不能使穷人得救者的面前而令其心寒(4:3—5)。疏忽之罪如同不义之罪一样,亦很深重。毋庸置疑,那些爱戴穷人且对之慷慨大方者反映出了上帝的品格,而且表现得如同"至高者的孩子"一样,得蒙天父的恩宠(4:10)。施舍成为人们抵御未来不可预见之困难的最好武器,也是满足人们未来需要的真正宝物(29:8—13)。

便西拉,正如我们所看到的那样,让祈祷在智者的生活中占据了一席重要地位。正是通过祈祷而不仅仅是学习,智者获得了才能和智慧

178

（39：5—7）。虽然可靠之人的建议很重要，然而好建议之最可靠的来源却是祈祷："首先要向至高者祈祷，这样他才能向你指明真理的方向"（37：15；这是明辨可靠之建议部分的高潮）。在此，给灵魂导航的是祈祷而非释梦、占卜和念叨"阿门"（34：1—8）。由于祈祷在智者的生活中占有重要的地位（7：10），祈祷词和个人虔诚的表达在便西拉的创作中也占有一席之地。51：1—12 的救赎诗篇尤其表明便西拉不仅凭借自己的智慧，还依赖上帝的帮助摆脱困境。最终，人最可靠的保障是上帝，而非个人的机智。

便西拉对虔诚的强调，特别是对培养美德、对"敬畏主"中的重要观念——根除罪恶的关注，确保了其书在教会里的重要位置，也使之成为教会向新入教者特别推荐的资料。便西拉的目的在于引导学生远离那些具有危害性的恶癖，诸如傲慢（10：6—18）、固执（3：25—29）、诽谤（27：22—28：26），以及自我放纵（18：30—19：3），并指引他们努力践行节俭（8：1—19）、谦逊（3：17—24；7：16—17；11：1—6）、诚实（20：24—26），去做懂得驾驭激情的人（6：2—4；18：30—19：3），使之享受到生活所赋予的美好而避免陷入粗俗的诱惑。毫无疑问，便西拉课程的中心——所有其他训练的先决条件，就是给学生逐渐灌输这种"敬畏主"的观念，并让他们了解智者在生活中体现这种观念的言行举止。

社会生存

正如《箴言》、埃及智慧集锦及希腊规劝集锦一样，便西拉课程的主要内容也涉及如何在家庭和更广阔的社会生活中更好生存的问题。由于这个缘故，便西拉的文本可以在两方面丰富读者的思想。首先，他为公元前 2 世纪的耶路撒冷在社会风俗和现实方面提供了一些重要的视窗。其次，他对 21 世纪的人们也有许多明智的建议，因为他们仍在奋力争取明智地对待友谊和金钱问题、谨慎地演讲和权衡所听之言的利弊，以及在勤奋和享乐之间寻找一种平衡。

便西拉对之提供了很多建议的一个生活领域是行善和互惠互利，

此乃社会文化风俗中的一个突出方面。个人获得财产、援助、晋升,或扩大社交圈子的门径,主要是通过朋友或资助人的乐善好施。施恩应是自愿而慷慨的,然而受恩者却会因此负债于施恩者。品性好的人日后会知恩图报(即使这种回报仅仅是通过公众见证或者个人祈祷来实现的)。⑳便西拉建议学生们拣选品行好的人赠送礼物;对他而言,人的品行是在对虔敬生活的持守中显示出的(12:1—7)。那些不能持守契约的人应当从受施之列排除出去,因为他们很可能会利用这些善举来伤害施恩者。然而,从那些与我们同样敬畏主的人那里,却可以指望得到感激、忠诚甚至对善举的回报——当然,如果受恩者没有能力的话,也能从上帝那里得到回报。他称赞慷慨,尤其推崇诸如分发食物之类的公共善行,认为如此便可获得美誉(31:23—24);他也赞成对那些慷慨资助者报以感激之情(29:15—17)。互恩互惠的契约是跨代的:子女应当继续"回报"父母的朋友所施的"恩惠"(30:6),这样感激才不会随父母而逝。便西拉教导学生不要把斥责和善行混在一起,使善行变得令人不悦,而应当为善行添加善言(18:15—18)。他警告他们不要受惠于那种毫无教养的人,因为他们赠送礼物只是为了获取更大的回报(20:14—17)——这就是塞内加(《论天命》3.15.4)几个世纪后斥之为投资者而非慷慨施恩者的那类人。他也注意到保护及互惠互利的阴暗面,正如人们在法庭上因偏袒而颠倒是非时的情况(19:25;例如,使法官作出一个有利于自己主顾或朋友的裁决)。所有一切的最终施恩者是上帝,因此人应当尽力忠诚地把一切荣耀和奉献都归于上帝(35:12—13);只有这样,才能使恩惠同万有的保护者一起生生不息。

便西拉考虑到的另一种社群现象是盛宴,即充斥着美食、丰裕的酒、音乐或其他娱乐活动,以及富有教养者谈话的酒宴(31:12—32:13)。虽然人们普遍把盛宴同希腊人联系起来,但也有证据表明,盛宴

---

⑳　欲了解在希腊—罗马(包括巴勒斯坦)的大环境下有关此情况的详细介绍,可参看德席尔瓦的论述(deSilva 2000b;第3—4章)。

亦存在于波斯文化及其先祖的文化(如《以斯帖记》1:5—12;5:4—8;6:14—17;2:《但以理书》5:1—4 所示)、埃及文化(《马加比传三书》4:16—5:22;《亚里斯提亚书信》)以及以色列文化(如便西拉预想的宴会;亦见《以赛亚书》5:11—12;《马加比传上》16:15—16;《马可福音》6:21—22)里。在公元前 2 世纪及随后的罗马时期,随着巴勒斯坦逐渐希腊化,它的宴会呈现出更多的希腊色调,虽然这样说不错,但还不能认为当时已处于希腊式革新的社会背景之下。

便西拉建议人们饮食有度,绝不允许个人对珍馐佳肴的欲望膨胀到妨碍社交的良好感觉,或妨碍别人把自己视为懂得节制且教养良好之人的程度。在宴会上,最重要的不是自己吃喝了什么,而是在多大程度上保持了良好形象以及自我克制力。便西拉也告诫学生在聚会时一定要注意把握时间。酒满杯溢之时,既不要参与严肃的争论,也不要在作乐时责备自己的同伴;演奏音乐时不要滔滔不绝地播撒自己的"智慧",否则你会妨碍别人的娱乐和享受。一些实用的小建议,譬如要做第一个吃完的人、不要做最后一个回家的人,以及不要"在餐桌上排挤你的邻居"(31:14),可以帮助人们避免把自己的胃口置于得体的举止之前:"以己之心度他人之腹,处处皆须考虑周全"(31:15)。

便西拉建议人们做令人信赖的朋友,也建议人们警惕那些不能患难与共的朋友,因为他们很容易利用你的信赖和知心,在人生旅途中对你造成不利。同样实用的是,他告诫人们,在核查事实之前不要轻易相信有关朋友或邻居的谣言(最好找到那个遭诽谤者核实一下;19:13—17)、不要披露朋友的秘密或者背叛朋友的托付(19:7—9),且要抵制闲言碎语(19:4—12)。"谁未因口舌而犯过罪呢?"(19:16)所有那些不能回答"我没有"的人,都会在经常回顾和反思便西拉的建议后获益匪浅。由于友谊的话题及穿越汹涌的言海词波的话题频繁出现在大部分智慧文学及规劝文学里,它们早已在"成书时所受影响"的部分里得以探讨。

便西拉的实用建议中值得注意的是他的"道德告诫"(Sanders 1979)——虽是一种与埃及、希腊规劝集锦所共有的伦理道德(参见"成书时所受影响"），但其目的不是妨碍人们对荣耀和伟大的主动追求，而是助人顺利实现目标。便西拉想给学生指明一条"安全"而"明智"的成功之路，而这自然涉及与大人物交往时的谨慎小心（他们可以造就你，也可以破除你的晋升之梯；9:13;13:8—13）、避免招致羞耻或损失的深谋远虑（18:19—29;38:18—23）以及对不能稳操胜券之战的回避（8:1—2,12,14）。

由于家庭是生活中最重要的领地，便西拉并未忽视对经济学——家政之技巧的教导。他建议人们采取一种财政独立的姿态：至死也不能让他人控制自己的产业或自由（33:20—24）——这是李尔王受害后学到的教训，而且应当避免依赖借贷："借债造屋无异于自垒坟基"（21:8）。许多家庭渐渐发现其抵押契据和其他需付的款项已使之深陷债海，因此人们应至少听从便西拉的规劝，设法减少债务而莫让债台高筑。另一个来自这位古代智者的适时教益是他有关在辛勤工作和享受生活之间寻找一个平衡点的训诫：一方面要辛勤工作，建立一个稳固的财政基础，而另一方面，在此过程中也不要让生活在身边悄然而逝（11:10—19;14:3—19;22:1—2;40:28—30）。这句话对于渐趋工作狂热化的文化来说，如整个美国人已经形成的那种文化，几乎是带有预言性的。

在家庭关系方面，便西拉的一些建议已不再具备时代意义。他证明公元前 2 世纪的巴勒斯坦仍在推行奴隶制度；他主张既要温和地对待奴隶们（既然他们代表着一笔可观的投资），也要严格管束那些不顺服的奴隶（7:21;33:25—33）。虽然父母应当关注保护儿子而不仅仅是女儿婚前的贞洁，他涉及女儿的评论和建议却引出一些自身的问题（参看"女性之特殊状况"）。他教导人们重视培养训练有素的子女，也告诫学生预防那些令人痛心的子女，因为他们从孩童时起就不曾培养那些能使自己过上可敬而幸福生活的基本价值观（7:23;16:1—4;22:3—6;30:1—13;41:5—9）。此外，他首先提出的训诫便涉及荣耀父母的问题，尤其主张对年迈的父母要耐心照顾以孝敬他们（3:1—16）。关于这两个话题，便西拉的见解对现代西方文化而言是颇具预言性的，因为在这个文化里，跨代的责任感正在逐渐降低：一方面父母缺乏亲自培养孩子的责任感;另一方面,子女也把老人驱逐到社会的边缘。便西拉向父母和子女同时进行一种责任感的道德教导——这是一种渐趋罕见的责任感。

女性之特殊状况

便西拉发表了许多很好的、高尚的且颇富教化意义的见解,然而他轻视女性的言论却不在其列。他有两个最令人遗憾的格言,分别是"女儿的出生是个损失"(22:3)和"男人的邪恶胜过女人的善良"(42:14)。本章的目的与其说是指责便西拉,毋宁说是试图理解他及其对女性的某些价值判断。对于社会普遍所持的关于女性的习俗,最终说来,便西拉在很多方面只是一个代言人。在性别角色所涉之处,他不是一个改革者、不具备远见卓识,但他也绝非孤立的厌恶女人者。他只是反映了在著作中加以评论而人们对之褒贬不一的价值观念。

女性只有和男性相关时才会被论及(Bailey 1972:56—58)。那些为便西拉所赞扬的所谓"好"女人的品质——诸如沉默、顺服及谦卑——也表明她隶属于男性权威的特性,那些特性在女性因淫乱而危及男性的荣耀时便不复存在(Bailey 1972:60),而这一点对于地中海文化中的男性而言是相当重要的。对这个颇具助益的分析需要做进一步说明。首先,女子并不被视为独立的存在,而被视为在某种意味上"嵌入"男性的存在。男子是"演员",女子的角色和位置至多只是嵌入父亲或丈夫之类的代理者之下。只有当女性关乎男性时,便西拉才会谈论女性(好的或坏的),这本是对这种文化处境的折射。其次,为便西拉所宣扬的女性美德——沉默、顺服及谦卑(贞洁)——事实上也是自亚里士多德到普鲁塔克以来希腊—罗马时代的所有伦理学家提出的典范妻子所应具备的三种主要品质(参见 deSilva 2000b:183—185)。

在此,沃伦·特伦查德的著述(Warren Trenchard 1982)值得予以特别讨论。特伦查德得出结论说,便西拉对女性持有明显的个人偏见。这个结论源于他对便西拉所描绘女性形象的分析,其中不仅有一些显然是负面的形象(奸妇、恶妻及任性的女儿),也有一些常被人们视为正面的形象(贤妻良母),但她们只是被便西拉用来平衡自己所描述的负面形象。尤其令人信服的是特伦查德对便西拉如何在女性话题上如何篡改其原材料(例如《箴言》)的分析;他论述了便西拉如何删去了原材料中那些可以平衡负面内容的正面描述,以及如何把原材料中本是正面的或中立的内容转变为负面描述。特伦查德不仅关注便西拉说了什么,也留心他在言辞中疏漏了什么。即使在便西拉最表示肯定的地方,读者仍能看到他对女性所持的否定观点。贤妻只有在对丈夫有用而且令其满意时,只有在保持沉默和柔顺时,才是"好"的。无论作为妻子还是作为母亲,严格来说女性都是相对于男性的第二性,她隐埋于丈夫和父亲之下,而且是被动的。父亲得到广泛的探讨,而母亲仅仅在对句中由于完成同义平行结构之故才作为第二位的身份被提及。

当论及恶妻时,特伦查德发现便西拉与其资料来源之间的差距甚大,他从《旧约》中摘取的一些负面比喻其实最初并未用在妻子身上。他是第一位将人类堕落归之于夏娃的有名的作家(25:24),而保罗和《以斯拉四书》(=《以斯拉下》3—14)的作者仍将人类堕落归咎于亚当。[31]较之于奸夫,他更为关注的是淫妇,他放大了后者的罪过且主张

---

⑪　利维森反对把《便西拉智训》25:24 解读为对《创世记》第 3 章的阐释,因为他认为,这将会与便西拉在其他地方对死亡之起源所下的断言发生冲突,并且也会因此打断这个章节的流畅。他更愿意把它解读为一个纯粹关于恶妻的陈述(Levison 1985:621—622),并从 4Q184 中引用了一个相似的例子来支持其解读。人们给"罪即/曾源自于女人"这个句子赋予的两个时态——词语"即"和"曾"在希腊文中是没有的,却被译者添加上了——对夏娃或者恶妻之话题的抉择问题,既决定了人们的选择,同时也被人们的选择所决定。伯卡西尼(Boccaccini 1991:111)和科林斯(Collins 1997b:59)提供的是"曾经",因此他们把 25:24 解读为有关夏娃的句子。此外,科林斯(Collins 1997b:67)正确地指出:便西拉所指的并非不幸丈夫的个人命运,而是所有人的命运。由于这个句子解释了"所有人"为什么都会死亡,它谈论的必定是夏娃(兼之便西拉不会相信"所有的"男人都有不幸的婚姻)。凯姆普(Camp 1991:29)试图让两种解读法并存下来;鉴于该句意思的模棱两可,以及这样的模棱两可将会作出的修辞贡献,我相信这种做法是最明智的。便西拉恳求丈夫们不要重复亚当的失误,不要允许其妻子拒绝他们的权威并将其带领到危险的地方。"若她不按照你的指令行事,就把她从你身边遣走"(字面上是"把她从你的血肉中切除掉",25:26),此语是对该部分相当苛刻的结论,它却恰恰是亚当所不曾做的,因此导致了所有人的受害。他把每一个不顺服的(甚或不讨人欢心的)妻子都放在夏娃的位置上,把她们的每一个丈夫都放在亚当的位置上,并且给这种丈夫提供了凌驾于这种妻子之上的机会,这是作为一种观念上的利器提供给丈夫们的。

183 对其施行相应的惩罚(9：8—9)。女儿们——我们只能希望便西拉从未生养过女儿——由于(被认为)在两性方面是厚颜无耻的，都被描述成只能让人挂虑和担心的对象(26：10—12；42：9—12)。《箴言》没有论及女儿(可能表现出对女性的某种厌恶)，便西拉却强调必须监察女儿们以保护其童贞。人们在《旧约》及其他现有的智慧文献里都不可能找到像《便西拉智训》26：10—12对女儿所持的那种轻蔑态度，因为它认为女儿缺乏两性关系方面的羞怯心及自我克制能力。

人们一直批评特伦查德对便西拉存有个人偏见(Skehan and Di Lella 1987：90—92)，结果，他的重要论文因论述便西拉本人对女性所持的否定态度而未赢得广泛赞同。迪勒拉能够引用希腊和拉丁文学举证，它们在对女子的评价方面，较之便西拉的任何一处观点(除了那句臭名昭著的"男人的邪恶胜过女人的善良"之外，42：14)，即便没有持更具否定性和怀疑性的态度，起码也是不差上下的。正如本章节开头所表述的那样，虽然人们必须承认：便西拉关于女性的话语较之其资料来源《旧约》更具贬低性；但它们对两约之间时期家长制的道德力量所提供的可视窗口，却远远多于对异质形象——讨厌女人者——的心理所提供的观照窗口。特伦查德的研究提醒我们，不要把便西拉视为他那个时代所有人的代言人，而要发现那时既有较为肯定女性者(以较肯定的态度阅读《箴言》者)，也有不太肯定女性者。

可能正是在便西拉对女子性问题的关注里，我们能深入探究到家长制对女性担忧的内在"逻辑"。地中海沿岸及近东地区的文化当然视性为两性之间的一种亲密表达，但是其间还存在另外一种比性更具强势的原动力：荣誉和羞耻。一个男人的荣耀不仅仅是他个人的成就或功绩问题，往往还涉及其家庭成员的行为举止，即那些"隐埋"于一家之主下面的人——妻子、小孩及其他依附者。若他的妻子或女儿因私通而损害了贞洁，那么这个一家之主便丧失了脸面——用便西拉的话说，便成了"(其)敌人的笑柄，城里人及会众的话柄"，而且会"在公众聚会上遭人耻笑"(42:11)。㉜便西拉对女子之率直所做的相当粗鲁的描述是文化定格的自然产物,这种文化在观念上已把女性隐埋于男性之下,且把女子的性问题定格为男性的一项弱点。在这样的世界里,女儿至少在理论上对父亲的荣耀负有潜在的责任。然而事实上,女儿的个人品质会决定其降生到底是上帝的恩赐还是一个损失;便西拉将所有女儿都归于借贷方之列,这充其量是一个毫无助益的夸张,最糟糕的是给那种毫不相信女性会持守美德的投票箱投上无功受禄的一票。鉴于26:10—12的表述,可悲的是,它很可能属于后一种情况。

184

最近有两位学者已经对这个话题作出另外几种颇有助益的贡献。路易斯·艾伦(Lewis Eron 1991)提出,在便西拉及接近便西拉时代的文学中,对女性所持的否定性观点(《以斯拉上》以及《犹大遗训》)已被证明源于激情对男性自制力的威胁。贪欲、酒精和两性激情构成对男性自我克制力的三大威胁,因此金钱、美酒及女人被视为负面的影响源。在最后一种情况中,摆脱被激情控制的愿望"给那种欲将女性从公共的、私人的生活之具有权力及影响力的位置中排除出去的行为,提供了一个心理上及哲学上的辩护"(Eron 1991:46)。女子对男性的控制象征着激情对理性的主宰。这种洞察有助于我们把下列两点联系起来,其一,便西拉告诫人们不要让自己受制于色欲及其他激情;其二,他把女性视为统治激情的永存原动力;这种洞察也可被视为便西拉思想的次要因素。克劳迪亚·凯姆普(Claudia Camp 1991)对这个探讨作了补充,把便西拉在妻子和女儿们的性问题上所产生的与日俱增的焦虑感与男性在公共场所———一个随着犹底亚对希腊文化及政治的日渐开放而正在激变和快速扩大的场所———中所逐渐体验到的失控感联系起来。这使得男子对家庭及财产的控制权对于维持个人的男子气概和

㉜　人们常常想当然地认为,不同于女性的是,男性可以通过婚姻约束之外的性征服来赢得荣耀。经文化人类学家研究,这对于地中海地区的现代文化而言可能属实。但是我们既不能忘记犹太传统对通奸和婚前性行为所采取的惩罚相当严厉,也不能随意推测当时人们能轻易地违反这些戒律。

荣耀显得至关重要,因而女性在性问题上对他们构成的威胁也变得更为严重。

那么,便西拉关于女性的评论,就应被视为这位智者所在社会及其文化的一种反映。不论是好是坏,他都准确地指出了时代对于美好女性的理想要求,以及女性能够危及男性自身及其家庭荣耀的方式。因此,我们最好把便西拉的那些评论及评价视为以下两种方式作用的结果:其一是在古代世界里,两性关系和荣耀之间发生联系的方式;其二是在那个世界里,人们把控制、权威及男子气概观念化和象征化的方式。然而,正是由于便西拉对那个世界里的女性观及女性价值观全然缺乏一种具有远见卓识的批判能力,拉比们及早期基督徒才会到其著作的其他部分寻找他的价值。

歌颂犹太历史英雄的颂赞辞

便西拉智训的最后一个重要部分是颂扬以色列优秀历史人物的著名赞美诗,他们是自《创世记》的早期英雄至新近去世的大祭司西门二世时期(公元前 219—前 196 年)的历史名人。由于便西拉著作里收入这样一组未赞美上帝之行迹却对已逝的人类英雄予以颂扬的颂赞辞,在迄今为止的犹太智慧集锦中,它独放着异样的光芒(Lee 1986)。李(Lee 1986)主张把《便西拉智训》44:1—50:24 的全部内容视为一篇颂赞大祭司西门二世的颂赞辞,而把歌颂自挪亚以降直至先知们的英雄颂赞辞仅仅视为用以赞颂西门列祖列宗的引子。虽然希腊文颂赞辞确实收入了颂扬主体之父母及家族的赞歌,并以此表明该主体由于他或她的出身而享有的那种荣耀和卓越,然而如果就此认为一篇颂赞辞百分之八十的内容都会用来为此主题服务,这种观点未免非常牵强。此外,反衬(*synkrisis*)——通过对颂赞辞的主体和已逝人物之间进行深入的比较而证明他或她的平等地位或优越性——在此是完全缺失的,这个事实表明我们不应当把整篇颂赞辞视为对西门个人的颂赞。科林斯(Collins 1997b:99)评述道:"神父们不是只被用来为西门捧场的,他们是因自身之故而受到颂赞的。"

这个段落的篇幅很长,是藻饰性修辞的一个典范,主要是为了强化观众的信念,让他们继续持守民族文化中某些至关重要的价值观念(deSilva 1996:450—453)。颂赞辞的文体用来激发听众去努力赶超演讲中赞扬的个人及团体,因为听到别人受赞扬时,他们会受引导而履行那些为人称道之事。在处于强势的希腊文化之阴云笼罩下,虽然可以努力提高民族、国家的自尊心,而且这对于便西拉欲使同胞继续持守民族传统及习俗的目标也会大有裨益,然而他的目的却不仅仅是颂赞以色列的优秀传统。③更为确凿地说,这个颂赞辞是要强化该书通篇宣扬的价值观念,尤其是对摩西契约的忠诚观念。在 44:1 中,"享有盛誉之人"(希腊文)的确是"慈爱之人、忠诚于契约之人"(希伯来文,见Siebeneck 1959:417;Skehan and Di Lella 1987:500;Mackenzie 1983:168)。便西拉意在"激励其年轻听众保持(正如我们在这些人身上所发现的)类似的忠诚之心",这些人已经获取荣耀、恒久的美名以及人们的追念(Mackenzie 1983:168)。

便西拉选取了这些典范人物,通过列举他们为人称道的(或者在少数例子里是应受责难的)行为,强调遵守《托拉》会使人获取荣耀和恒久的声誉。亚伯拉罕之所以能够享有无与伦比的荣耀(44:19),是因为"他遵行至高者的律法并与其订立契约;他以自己的血肉为契约作保,当遇到检验时证明自己是忠诚的"(44:20)。对上帝的虔诚以及对契约的持守(2:10;41:19),包括几十年之后招致严重争议的受割礼等诸多定义性的民族印记,在此都被视为能使人得到赞颂及怀念的法宝。非尼哈因"敬畏上帝"而使自己获得殊荣(45:23)。他持守对以色列唯一上帝的敬拜,且主张严格划分上帝选民与外邦人之间的界线,这些便是他获得荣耀的根本(《民数记》25:1—9)。即使在反对的力量似乎呈压倒之势时,迦勒也毫不动摇地听从上帝,为此他享有盛誉。上帝把迦勒

------

③ 这一目的在迈克(Mack 1985)的著作里得到进一步说明。

186

和约书亚置于他们那代人中所有人之上的位置,这表明"跟随上帝是多么好啊"(46:10)。便西拉希望其教导能使他的祈祷——"愿我们所敬仰的人跳出坟墓,重新生活在子孙后代中间"(46:12)——得到实现。他热切希望他的学生们,作为如此坚定于信仰之先祖们的子孙后代,能够继承先志、继续发扬以色列历史上那些著名人物的价值观念、行为操守及献身精神。

对于书中那些值得称颂的典范人物,便西拉通过对其消极品质或对立人物所做寥寥数语的描述,强化了他们的形象。所罗门,年轻时代显然拥有那些可使他永享美名的所有美德,然而却在垂暮老年以言行不慎损害了自己的荣誉。甚至在非尼哈因维护上帝选民与外邦人之间的界线而得荣耀时,也有人因逾越这个界线而招致耻辱(47:19—21)。在犹大和以色列列王中,只有大卫、西希家及约西亚赢得赞颂。其余所有的人只得到恒久的耻辱,且随着一句警示"他们抛弃了至高者的律法,……他们把权力和荣耀交给外国人"(49:4—5),便被历史的烟尘覆灭。抛弃了《托拉》,他们便失掉了获取荣誉的根本权利。对于在激进的希腊化时期摇摆不定的耶路撒冷居民来说,这看上去是个很合时宜的警示。

这个颂赞辞也展现了一幕幕"以色列的集体记忆"并把它抬举到更高的地位(Boccaccini 1991:122—123)。便西拉丝毫未提人死后会得到补偿的相关内容。相反,义人和不敬神之人分别会在生前和死后得到各自的回报和惩罚。因此,伯卡西尼的评论是相当恰切的:一本镌录着个人在身后给人们留下记忆、名字及名声的书,会以极大的力量推动人们去选择正直和忠诚于圣约的道路,抛弃那种虽然能够带来财富、享乐及权势却更为阴暗的道路;去展示那个集体记忆的效用是具有战略意义的。因而听众们可以选择,要么"加入其列",要么在其列之外被人遗忘——这堪称某种意味上的第二次死亡——由于他们未能成功地使自己彰显于义人之列。

神职人员的主题也强化了这个颂赞辞的连贯性。亚伦和西门作为第一位和最近一位大祭司,对他们的颂赞占用了书中最多的篇幅;而且,亚伦和非尼哈分别位居"荣耀"排行榜中的第二位和第三位(45:20,23;仅次于摩西,45:2),这使祭司们在荣耀名册中处于显要的地位。特别是那些由祭司们施行的宗教仪式给便西拉留下深刻印象——只有学习《托拉》才可见到亚伦的法衣和他行施的宗教仪式,但是为便西拉所目睹的西门二世却是一位圣殿的敬拜者。西门二世受到赞颂首先是因为他对耶路撒冷所做的建筑改进——城墙的防御工事化以及水源的供应(50:1—4),这类功业常常是希腊—罗马时期的首领们受到颂赞的原因。然而,便西拉的笔触很快就转向西门在礼拜仪式方面的夸耀,并将该部分的绝大篇幅用于描绘一场真正的圣殿仪式(50:5—21)。基于便西拉的描述所唤起的那种极为肃穆的感觉、文中所提及的"从会幕中走出"的大祭司(50:5)以及由祭司们在祝福中说出的神圣名字,大部分学者猜度此处描述的礼拜仪式就是赎罪日的祭祀(50:20—21,参见 Box and Oesterley 1913:293;Lehmann 1961:117)。然而,费尔海斯·奥菲海尔(Fearghas O'Fearghail 1978)却提出一个强有力的论据,主张把本篇视为对清晨塔米德或全烧燔祭的描述。[34]这种礼拜仪式在《密西拿》(见《尤玛》)里得到非常细致的描述,主要是焚香祭(涉及主祭的祭司进入至圣所,至圣所属于"会幕"但不在内重会幕之后)、燔祭以及之后的酒祭。《便西拉智训》50:5—21 中礼拜仪式的次序完全遵从这个程序,它是自焚香祭完成之后、祭司从第一重会幕后返回开始的,并未把仪式中的任何部分与赎罪日具体联系起来。大祭司并不照例去施行每日的全烧燔祭(但在特殊情况下也会这样做),这可能是便西拉对塔米德的描述更庄严也更引人注目的原因所在。

因而,对于歌颂犹太历史英雄的颂赞辞而言,其目的乃是将听众们的心意集中到他们所独有的犹太遗产上,鼓励他们以祖先为自豪,以敬

187

---

[34] 这种驳斥大多数人的观点,为斯克罕和迪勒拉(Skehan and Di Lella 1987:550—551)所接受。

畏之心对待自己民族的宗教礼仪及敬拜传统,以及敦促他们把对古老圣约的忠诚视为以后获得千古美名的门径。它的每一处每一点都在努力拨开学生的眼目,让他们看到犹太生活方式的伟大价值,让他们认识到:犹太生活方式能使他们在当今及后代人的眼前证实自己的价值。

当时的神学问题

智慧文学已经从《箴言》那样的实用性层面转移到了如《约伯记》和《传道书》那样的哲学层面;便西拉注意到了智者视界所逐渐涉及的两个方面。一方面,他挣扎于罪与人类责任的问题;另一方面,挣扎于上帝的全能与权威问题。他也努力寻求上帝在人类的地域施行公义的迹象,即要看上帝是否奖酬了那些忠于圣约之人,以及是否惩罚了那些无视上帝律法及审判之人。如果《便西拉智训》第 36 章中的祈祷词出自便西拉本人之手,那么这将表明,他对于第二个问题的兴趣不仅与个体有关,同时也关涉到以色列民族。

便西拉相信人类有施行义事或恶事的能力:"太初时候,主创造人类,他让他们自由自在地为所欲为。"(15:14)对《创世记》1:1("太初")的摹仿可能意在唤起听众对《创世记》3:1—8 中人类首次运用自己的意志去犯罪一事的记忆。然而,同样的选择总会临到每个人的头上:"如果你愿意的话,就可以遵守主的诫命。是否忠诚于他全由你自己决定。"(15:15)因此,便西拉断然否认上帝的权威是人类犯罪的某种借口(15:11—13),并且再次确认了《申命记》中的基本原则:生与死皆置于人的面前,每个人都有选择的能力,因此他或她的行为将由自己负责(15:16—17;比较《申命记》30:19)。

然而,便西拉智训的另一段却明显与此矛盾,竟然对 15:11—12 驳斥过的说法表示赞同(Collins 1997b:81,83)。

> 然而智慧之主使他们各不相同,
>
> 又给他们各不相同的任务。
>
> 他祝福一些人,

188

> 使他们得荣耀而且圣洁,待在主的身边。
>
> 他诅咒另一些人,
>
> 使他们卑微,到处迁徙。
>
> 正如黏土在陶匠手中,
>
> 任其随心所欲地制成各种形状一样,
>
> 我们在造物主手中,
>
> 也由他任意摆布。(33:11—13)

确实,在《罗马书》9:11—24 中,保罗也使用陶匠的意象,把某些人接受怜悯,另一些人却心肠刚硬而不顺服的原因归之于上帝的作为;其结果是一些人受到祝福,另一些人遭到毁灭。然而,我们不能以保罗的方式透视便西拉,那样得出的结论只能是他否定了自我。

这一段的互文性使人想起亚伯拉罕(受到祝福且被造化成伟人),想起祭司们(被造化成圣且得到允许接近上帝),以及外邦人,尤其是那些迦南人,他们确实被逐出了自己的土地(Skehan and Di Lella 1987:400—401)。此例中的"道路"应当指命运而非道德选择;这一段也应当用来确认上帝之无上权威,因为这关涉到选择神学观。一如后来《所罗门智训》的作者所做的解释,迦南人仍然有寻找和遵从上帝的力量,果真如此的话,他们最终的命运就不能决定其自身的选择,或者免除自身的责任(《所罗门智训》12:3—13:9)。那么,便西拉相当明显的自相矛盾便是犹太主义不可或缺的一部分;犹太主义通过上帝对亚伯拉罕和以色列的选择确定了选择神学观,同时也确认了限于以色列内部的圣约神学观;这样一来,顺服和悖逆皆处于以色列人的可及之地。

那么,上帝对于奖酬敬神者和惩罚不虔诚者的应许是如何彰显出来的呢?有两个值得注意的篇章提供了便西拉的答案,它们是 40:1—11 和 41:1—13。这两部分都谈到处于辛劳和死亡诅咒——曾降临到亚当头上的最初的诅咒——之下所有人类的命运(40:1,11;41:4,10;比较《创世记》3:17—19)。确实,这两部分都支持"从尘土来的必归于尘土"的断言,显而易见该断言是对《创世记》3:19 的引述。然而,在这

189

个人所共知的情节中,上帝却找到了区分敬神者与不敬神者、使义人远胜于罪人的方式。第一种方式远远不能令人信服,即生活中所有临到罪人身上的祸事都要比临到虔诚者身上的"多七倍"(40:8—10)。坏事可能会发生在好人身上,但是发生于坏人身上的坏事却更为频繁而糟糕。较具说服力的是便西拉的第二个断言:义人享有盛誉,即"永远不能被抹除"的"美名",而罪人留下的则是遭人咒骂的恶名,其子孙后代也不值一提(41:5—13)。这看起来是便西拉著作中一个非常重要的主题;对他而言,人类离世后的审判仅仅意味着义人享有恒久的美名和罪人招致湮没无名或臭名昭著。

　　一般而言,像《箴言》一样,便西拉也断言有德行和敬畏上帝的生活必有令人愉快的美好事物相随(30:21—25;40:26—27),而轻视上帝及轻视蒙上帝喜悦的行为会使人失去拥有幸福生活的条件。但是,便西拉也注意到许多罪人依旧在奢华地享受着生活,因此暗示恶人临死之际,上帝会抹除掉他们全部的幸福记忆,因为上帝要用这种焦虑和凄惨惩罚罪人(11:21,25—28,见 Crenshaw 1975:54)。这具有一箭双雕的功用:不会轻易受到质疑但又令人绝望。便西拉也知道坏事会降临到敬神者身上,对于这种情况,他只能劝告人要有毅力——因为上帝的良好意图在"指定的时刻"一定会实现(39:17,34),那时"所有这样的问题都会得到解答"(39:17)。这需要对上帝的仁慈充满信任,即使当这种仁慈隐晦不明的时候(2:1—17,尤其 2:17)。在这个方面,他已经从约伯身上学得一些东西:约伯虽然一直指责上帝对他犯了可怕的错误,却仍然坚信上帝是公正的,一切事情到最后都会水落石出。他也让学生们做好准备,把苦难视为试探和锤炼智慧寻求者的试金石(2:1—6;4:15—19;6:22—31,见 Boccaccini 1991:118—119;Crenshaw 1975:55)。因而,忍受苦难已不是犯罪的受罚或上帝审判的失误,而成了能够锤炼品格、证明自己对上帝坚定不移,以及证明自己值得领受上帝奥秘的机遇。

　　便西拉在上帝的创造里,从一个更宏大的层面上看到某种神秘的秩序和平衡,它们共同作用着,使上帝公正而仁慈的意图得以实现。关于创造中包含好与坏的"对立成双之物"的教导,就是这种探究的一部分——也许这是对斯多葛派学说的模仿,这个学说认为一对对立事物的一方,如正义,在缺失另一方"不义"的情况下,是不能存在的(Collins 1997b:85)。便西拉盛赞上帝创造的一切都是用来体现上帝意图的,也就是既要奖赏那些敬神者,也要惩戒那些恶人(39:25—31;40:8—10)。上帝所行的道对于人类而言,一直是神秘莫测的;但是作为造物的人类,最终必须敬畏上帝、赞美上帝的作为;面对造物主的大智慧和至高权威,人类必须抛却自己的询问和质疑,仅存信任之心(39:16—35)。

190

　　对于上帝的审判是否会通过惩罚死后的恶人或奖酬离世的义人而得以彰显,便西拉未置一词。有几位学者曾试图在便西拉文本里为这些信念找到一席之地,例如,弗朗切斯科·萨拉奇诺(Francesco Saracino 1982)认为,便西拉为先祖们所做的颂赞辞里就有证据表明他对复活持有一种信念。他特别注意到46:1及49:10里"愿他们的骸骨放射出新生命"(或者"但愿十二先知的骸骨起而复生")一类措辞,并且指出植物开花的比喻是如何被同样运用在《以赛亚书》66:14及《西缅遗训》6:2里,以及如何在拉比文献里成为复活的一种比喻。他提出这个用语是暗指那些著名人物(如士师及先知们)的复活。他也注意到了关于以利亚(一位人们期待他能回来复兴以色列的人)的篇章(48:10;便西拉把《玛拉基书》4:1—6纳入以利亚之功绩、过去及未来的"历史"中),以及以利沙的尸身"发出预言"(48:13)的宣告,并将其视为复活的征兆。

　　然而,在所有这些篇章中,萨拉奇诺把一种复活的观念强加于人,而其他某些阐释在这些地方显得更合乎自然。便西拉在祈祷那些先知及士师们将来能成为以色列新一代人的力量源泉,仅此而已。这一点在46:12b对46:12a的限定和阐释里表现得最为明显;便西拉希望士师们获得的那种新生是体现在他们现在及未来的子孙后代——犹太人身上的。正是他们的"名字"、他们的荣耀、他们的盛誉及他们的品德,将会在每一代勇敢的、谨守《托拉》和敬畏上帝的犹太继承者身上复活。

"新生"并非赋予他们的骸骨而是源于他们的骸骨,它会给那些从以色列大地的圣洁土壤里成长起来的一代代新人以某种精神滋养。不仅于此,在《西缅遗训》6.2 中,人们所期待的西缅骸骨之昌盛也是指其后代子孙的繁盛而非西缅个人的来世将临;而且,《以赛亚书》66:14 根本没有明确地表达复活的意味,它可能仅仅指上帝把敌人赶走时以色列重获复兴。《便西拉智训》48:11 在文本上存在的不确定性和模糊性使它远远不能作为证据来证明便西拉对复活存有一种期盼。然而,以利沙的故事却提到一个复活的尸身临到以利沙的坟墓上。即使希伯来文本里写到"他的肉身得以重造"而非"他的肉身发出预言",这有可能是抄写混乱造成的,使人误以为一个复活的尸身临到了以利沙的坟墓;这当然并不意味着便西拉本人对一般意义上的复活乃至永恒生命之说持有一种所谓的信仰。

191
可以确定的是,便西拉的上帝正义论并不能满足随后几十年人们的需求。当痛苦和死亡恰恰是由对圣约的忠诚所导致时,有一种信仰一跃而居于突出地位,这种信仰坚信上帝会给忠于圣约者提供一种超越死亡、为上帝所福佑的生活(正如《马加比传下》及《但以理书》第 12 章所示)。最终将由《所罗门智训》把针对个人的末世论和智慧传统两个支流汇为一处。值得注意的是,无论是最初的译者、后来的缮写者,还是当代的一些学者,对于便西拉在复活问题上的沉默都感到不适。看起来便西拉的孙子曾在祖父原作的 7:17b 和 48:11b 加上了对复活的希望。篇幅稍长的《希腊文本二》之校订本在 2:9c、16:22c 及 19:19 对这个倾向予以扩充(Collins 1987:95)。和《希伯来文本一》比较一下,可看出这些内容与便西拉的思想或原作根本不相符,应是后人增添上去的。

倘若神圣审判的明证——奖酬和惩罚——彰显在精神领域(给恶人带来诸多噩梦及焦虑,见 Crenshaw 1975:57,59—60)和人死后所留的名声里(可能是荣耀的回报,也可能是第二次死亡),则它们应首先属于今生(Boccaccini 1991:119—124)。尽管如此,人们最好还是坚持抵制激情对自我的控制(18:30—31)、凭借上帝的帮助努力管束自己的言

辞和思想(22:27—23:6)、告诫自己不要接受坏影响(12:13—14;13:1;
22:13)、在酒、女人及财富问题上履行节制和公义之道、过虔诚和信守
圣约的生活(Boccaccini 1991:109—113)。这样的生活方式不仅会使
今世更为幸福,而且会在会众中留下永远被人追念的美名。

便西拉不仅期望在"指定的时刻"上帝的公义在每个人面前和各种
情形下彰显(39:16—35),也盼望以色列民族的希望得以实现。这种思
想主要在 36:1—22 流露出来,那是一篇作者代表以色列呼求上帝介入
的祈祷词。当便西拉呼求上帝使外邦人意识到他们对上帝的律法和准
则也应负有责任、以此在其眼前证实以色列世界观的正确性时,隐藏在
33:7—13 之后的选择神学观就突显了出来。便西拉想看到他所持的
真理积极地作用于他所处的时代,也想看到他所坚信的传统在实践中
得以证明和实现(要特别注意 36:21)。本杰明·赖特(Benjamin
Wright 1999:90)正确地评述道,"对于异邦人在任何时候对上帝选民
的统治,便西拉都有一个根本的困惑",因为这有悖于他的信仰——他
坚信只是在上帝的直接操纵下,以色列作为"主自身的一部分"才能成
为他的选民(17:17)。发生于大祭司西门二世时期之后的事件有可能
令便西拉更为失望。塞琉古政府控制犹底亚(公元前 198—前 188 年)
的最初十年中,推出了一些减税措施,这相对于托勒密王朝所施行的更
为沉重的税制而言是一个受人欢迎的变化。然而,当罗马给安提阿古
三世施加了沉重贡赋时,这些财政负担便转嫁给了塞琉古的附庸国,因
此赋税再次繁重起来(Wright 1992:92)。然而,无论外邦人的统治是 192
轻还是重,它基本上一直被便西拉视为"毫无秩序";在随之而来的年代
和几个世纪里,这种观念只会越来越强烈。

影 响

对犹太教的影响

尽管《便西拉智训》一直是一部不"染手"之书,即它从未被视作神

圣的经卷,但对拉比犹太教的领袖们而言却是一种很受尊重且颇具分量的资源。巴比伦及耶路撒冷塔木德、米大示及后来的拉比文学都频繁引用便西拉的话。[35]通常人们会冠名引用其著述中的一个篇章,这表明拉比们一直在阅读便西拉的书。有时某格言会被视为出自某个较晚时代的拉比之手,但是透过引文,人们能清楚地辨认出它源自便西拉文本的某个地方。在这种情况下,可以认为便西拉曾影响过这位留下姓名的拉比,虽然源头久远而被人遗忘。偶尔,人们冠名引用他的一句格言,但在《便西拉智训》里却找不到这句被归于他的格言。一个拉比甚至从便西拉那儿引用一句"作品集"(纪土宾,指犹太正典的第三部分)里也收录的话,[36]这被视为能表明《便西拉智训》在某时期曾被收入正典而后又被排除的证据。然而更大的可能性是,这位拉比以为自己是在引用《箴言》。

作为一本受人尊敬的读物,便西拉的著述何以未能成为神圣经文以供人们在礼拜时朗读和讲解,我们可从一些引文中发现相关线索。一位拉比悲叹道,便西拉的著作若未从正典中排除出去,他及其同事们就能对"里面的许多好东西"详加解释;同时,他随手举出一连串便西拉的引文,是告诫人戒贪、勿把陌生人领进家中以及不要过于随意地披露秘密的规劝。事实将会表明,便西拉蔑视女儿的言论严重影响了人们对其作品神圣意义的评价。[37]无论是拉比们还是早期教会,都不会支持他贬低女儿们的观点。

看起来便西拉也给赎罪日的宗教仪式留下了印记,这种仪式是在犹太会堂里举行的,对赎罪日所行圣殿仪式的描述是这种仪式的一个重要部分(在圣殿被毁、献祭停止之后的很长时期,这是犹太人和那个至关重要的礼仪保持联系的一种方式)。便西拉赞颂先祖们的开场部分(44:1—45:26)——对自亚当至亚伦之神圣历史的一一列举,看起来

㉟　一个极好的附带注释的引文辑录可见于舍奇特(Schechter 1891)的著作。

㊱　《巴比伦塔木德·巴巴卡玛》92b,参看舍奇特之论(Schechter 1891:690)。

㊲　皆见于《巴比伦塔木德·公会》100b,参看舍奇特之论(Schechter 1891:691—692)。

曾为《阿沃达》列举同一段历史的开场部分提供了范例;在《阿沃达》中,继这段开场之后,便是对赎罪日仪式的描绘(选自《密西拿》)。便西拉描述了大祭司西门从会幕后出现并实施祈福的过程(虽然这反映的并非赎罪日而是日常燔祭的仪式),该描述看来也给《阿沃达》对大祭司从至圣所出现之情感洋溢的叙述留下了印记。因此,便西拉歌颂先祖们的颂赞辞深远地影响了犹太历法中最肃穆的宗教仪式。[38]

对早期基督教的影响

便西拉对新约作者们的影响是彻底而深切的。作为一个寄寓耶路撒冷的智慧学者,便西拉以其在地理位置上的优势给这片土壤留下自己的印记,而两个世纪之后(基督)教会就将在这片土壤上扎根生长。在此,我们所关注的主要是便西拉的影响而非其他作者对这部作品的依赖程度。事实上,没有一位新约作者引用过便西拉的话,却有几位杰出作家(马太、路加、保罗、雅各)将这位耶路撒冷智者在其著述中早已确认过的教导化用到自己的训言里。很可能那些宗教领袖及学者曾研究过便西拉的材料,之后又将其中一些最富于教益的训言纳入自己在教会的布道里(显然未将其归于便西拉名下);[39]以致早期教会的犹太裔领袖们在对荣耀上帝之生活方式的改革中,能够权衡且应用这些训言。

《便西拉智训》与保存在《马太福音》、《路加福音》里的耶稣格言之间存在如此醒目的相似性,且相似处又如此之多,使人不得不确信耶稣·便约瑟*不仅了解而且很重视耶稣·便西拉的一些格言(虽然我们不必就此宣称耶稣曾直接研读过便西拉的作品)。由马太编纂的"登

---

[38]　劳斯(Roth 1952)对此有进一步的详论,亦见于鲍克斯和欧斯特利(Box and Oesterley 1913:298)的注释。

[39]　甚至在拉比亚基巴批判便西拉的著作之后,便西拉的影响力仍然持续不减。这表明在拉比领导人们努力阻挠人们过多使用这部著作之前,他很可能享有更大的影响力。

*　耶稣·便约瑟(Jesus Ben Joseph):即"约瑟之子耶稣",指福音书所载拿撒勒人木匠约瑟的儿子、基督教的创始人耶稣。——译注

山训众"中的格言、训诫与便西拉有千丝万缕的联系。耶稣通过扩展诫命的范围而详解律法的方法（例如扩展了谋杀的禁令，把发怒和贬低人的言论也包括在内）在便西拉文本中已出现过；对于便西拉而言，禁止谋杀的诫命也包括禁止经济压迫（34：25—27）。此外，便西拉早已把对邻居不可发怒和遵从上帝的诫命这两者联系起来（《便西拉智训》28：7；比较《马太福音》5：21—22）。便西拉和耶稣都极力主张满足索求者所要求的（《便西拉智训》4：4；《马太福音》5：42），且都宣称能够反映出上帝慷慨之爱的行为会使人如同上帝之子一般（《便西拉智训》4：10；《马太福音》5：45）。两者都告诫人们不要在重复的祈祷中做无用功（《便西拉智训》7：14；《马太福音》6：7）；两者皆在祈祷中称上帝为父（《便西拉智训》23：1，4；《马太福音》6：9；比较《雅各书》3：9）。《便西拉智训》中的一个新发展尤为引人注目。这位耶路撒冷智者教导那些希望得到上帝宽恕的人们，绝不能对与自己相同的人们怀有冷酷无情之心。如果有人期待无比荣耀的上帝宽恕他们对上帝本身的冒犯，则他们绝不能妄怀怨恨之心，否则就将"面临上帝的报复"（《便西拉智训》28：1—5；比较《马太福音》6：12，14—15；18：23—35）。

当然，《托拉》本身已然规定施舍是虔诚及忠诚于圣约的一个基本方面。两约之间的其他作品，譬如《多比传》，也让公众意识到了这个价值观念，但是，便西拉宣扬要把钱捐赠给急需者，却多少以讽刺意味将此行为比喻成自己"积蓄财宝"：

> 主曾经叫我们帮助穷人，不要拒绝给他们必要的帮助。把钱用来帮助兄弟或朋友总比丢在石头底下生锈好吧。按照主的吩咐来使用你的钱财，这要比把钱存在家里大为有益。济贫本身也是积蓄财宝。它会救你摆脱各种各样的烦恼。（29：9—12）

这个训诫与耶稣的教导惊人地相似，耶稣曾说：向急需者捐赠财产会为自己储藏财宝（《路加福音》12：33；18：22；《马太福音》19：21），但闲置而不用于慈善工作的积蓄最终会因生锈、虫咬、蠹蚀或贼窃而失掉（这是对便西拉之"锈蚀"所做的自然扩展,见《马太福音》6:19—21;《路加福音》12:33)。两者最显著的区别是:便西拉把这笔财宝视为一种获取援助的不竭之源,是用于今世去克服未来逆境的(无论是来自上帝作为补偿的援助,还是邻居因受到激励而对如此慷慨之人所施的援助),然而耶稣却视此财宝为人在天国所得的奖励———一种末世论的"个人归隐后的清算"。当然,这是由于便西拉并不持有来世奖惩的观点,而耶稣却坚信人有来生,且那时上帝的完美审判会得到彰显。

二者还有两点联系值得深思。第一,耶稣关于法利赛人和税吏的寓言(《路加福音》18:10—14)可能源自他对《便西拉智训》7:8—9的思索,便西拉说:"不要两次犯同一种罪;你一次也不能逃脱惩罚。不要说:'当我向至高的上帝献祭时,他会考虑到我所赠的礼物众多而接受祭品。'"这完全是寓言中法利赛人的逻辑,他理直气壮地站在上帝面前宣称,"我一个礼拜禁食两次,凡我所得的,都捐上十分之一"(《路加福音》18:12),心里却想着他应当从上帝那里得到别人所不当得的特殊恩宠(《路加福音》18:11)。然而耶稣声明,那个税吏只是为自己的罪过而悲叹并祈求上帝的怜悯,应当得到宽恕;那个以为仅凭自己的名声就能得到上帝恩宠的法利赛人却不应得到宽恕。《路加福音》对该寓言所做的序言式阐释(《路加福音》18:9)揭示出它的两个重要方面:唾弃犹太同胞的消极观念以及因自己的正直而在上帝面前沾沾自喜的消极观念。然而,它并未强调第三点,而这一点就耶稣的本意而言可能是最关键的,即,究竟谁的罪过会得到宽恕。法利赛人从不祈求宽恕,只是妄自以为凭借虔诚的行为便能得到宽恕,这正是便西拉所言不可为之的作风。

最后,耶稣敦请天下人到他近前、甘受训诫之缚、以绝少辛劳而得享安宁(《马太福音》11:28—30),这也是把《便西拉智训》之相同邀请中的某些要素做了概括(《便西拉智训》6:24—28;24:19;51:23—27)。如此的敦请,辅之以耶稣在自己教训中频繁使用的箴言、格言及训诫,可能表明耶稣引导同时代人理解其布道的一个重要手段,便是那种智慧

195

学者或智者所采用的手法:给人们指明道路,使其人生得蒙上帝的喜悦并给别人带来益处。综观之,这些相似点在很大程度上表明耶稣曾吸取犹太智慧传统的精华,并将其应用到他对蒙上帝喜悦之生活的宣言中;也表明便西拉对这个宣言曾作出很大的贡献。

《便西拉智训》与《雅各书》之间的关联也值得注意。这毫不奇怪,因为在雅各身为犹太裔基督徒领袖期间,他的安身立命之所是在巴勒斯坦的犹太裔基督教内的,事实上是在耶路撒冷城内。他身处犹太教的中心,虔诚使他赢得了许多非基督徒犹太人的尊敬,就身份而言,事实上他是犹太教内一所学校的领导人;这些都使他极有可能去研究或与别人共同探讨犹太道德伦理传统,从而更多地了解便西拉,使他据此所得的资料比他只从其兄弟的布道中去苦心搜集的要多得多。雅各涉及口舌危害的训诫是建立在便西拉所铺设的基础之上的,因为便西拉也注意到放纵的口舌是个祸根(《便西拉智训》22:27;比较《雅各书》3:6)。便西拉曾惊异地认识到:人的口舌既可成煽火的风,也可成灭火的水(《便西拉智训》28:12),因此他敦促人在口舌四周圈上篱笆,避免因它出错或犯罪。雅各也惊叹于这样的异事:同出一口既能发出祝福之语也能吐出诅咒之词,因而他敦促人把口舌的用途仅限于前者(《雅各书》3:9—12)。雅各甚至把便西拉的谚语"敏于听慎于答"(《便西拉智训》5:11)予以语境重构(如以化用的方式而非引用),使这句话变成"你们各人要快快地听,慢慢地说,慢慢地动怒"(《雅各书》1:19);他像智者那样"对格言赞叹之且增其美益"。这两个作者对其他问题也有共同的关注。两者都指出上帝既非罪的起因亦非罪的怂恿者,犯罪的根源更应寄寓于人类的选择中(比较《便西拉智训》15:11—20与《雅各书》1:13—14对此训言的缩写部分)。两者都视考验为履行上帝之道的自然结果,且都极力主张人们接受考验、把考验当作培养自己的坚定信仰和证明自己能被上帝接受的机遇(《便西拉智训》2:1—6;《雅各书》1:2—4;亦比较《便西拉智训》2:5和《彼得前书》1:7)。

虽然偶尔在其他声音里也出现过一些与便西拉相似的内容,但那

些声音听起来并未受到便西拉的深刻影响。例如,约翰可能曾从便西拉那里学到清白良心的种种益处:

> 幸福的人儿[受到恩宠的人、得荣耀的人]是那些从未受到过内心谴责的人,也是那些从来不曾放弃希望的人。
>
> (《便西拉智训》14:2)

> 亲爱的弟兄啊,我们的心若不责备我们,就可以向上帝坦然无惧了。并且我们一切所求的,就从他得着。
>
> (《约翰一书》3:21—22)

在此值得注意的是,求助于上帝的希望或信心与从未冒犯过上帝的良心之间有一种特定的联系。

同样,保罗也时不时地摹仿便西拉,譬如他的告诫"与喜乐的人要同乐,与哀哭的人要同哭"(《罗马书》12:15),就是把便西拉的规劝"要与哀悼的人一同哀悼"(《便西拉智训》7:34)做了语境重构,只是增加一个正面的对应物,把后者予以了扩展。保罗也使用了陶匠及其随意拿捏陶土形状的意象影射上帝对人类及其命运的无上权威:

> 受造之物岂能对造他的说:"你为什么这样造我呢?"窑匠难道没有权柄从一团泥里拿一块作成贵重的器皿,又拿一块作成卑贱的器皿吗?
>
> (《罗马书》9:20—21)

这个意象的运用方式与耶路撒冷的那位智者丝毫不差:

> 他祝福一些人,使他们得荣耀而且圣洁,待在主的身边。他诅咒另一些人,使他们卑微,到处迁徙。正如黏土在陶匠手中,任其随心所欲地制成各种形状一样,我们在造物主的手中,也由他任意摆布。
>
> (《便西拉智训》33:12—13)。

这很容易让人产生一种印象,即保罗是从便西拉那儿学到这一点的,尤其在我们获悉保罗对《次经》的另一个智慧文本——《所罗门智训》的熟悉程度之后。保罗在大数和耶路撒冷做学生期间,两者都可能被他列入必读作品之内。

在此,我们要考虑的最后一个文献是《十二使徒遗训》——一部最早的关于道德伦理行为、敬拜及教会生活的基督教手册(约 100—125 年)。很显然,该手册的编纂者相当重视便西拉有关施舍的训诫。《十二使徒遗训》4.5 收入了便西拉的忠告"不要总是在接受之时伸出手去,而在给予之时把手闭合"(《便西拉智训》4:31),并且宣扬应把施舍视作"赎罪的行为"(《十二使徒遗训》4.6;比较《便西拉智训》3:30)。《十二使徒遗训》1.6 也引用了一个谚语,其后半部分便保存了便西拉的一个忠告:"要知道你在向谁施恩。"(《便西拉智训》12:1)——这样才能有效利用你的慈善,把它施予急需的人和品德高尚的人,而不是让自己反被(小人)利用(Skehan 1963b)。基督教伦理学在形成时期所受到的来自便西拉的影响从一开始就非常强大,并且在随后几个世纪里仍然受到他的强大影响(参见 Schürer 1986:3.1.207—208;Box and Oesterley 1913:298—303)。

《巴录书》

"以十倍的热忱回归家园去寻找上帝"

　　《巴录书》有时被称为《巴录一书》,以区别于其他归于这位耶利米书记名下的一些伪经;它由三种截然不同的文学形式组成:忏悔和求助的祈祷文、智慧诗以及哀挽锡安之歌和激励锡安的预言诗。这些整合在同一部作品中的不同部分再次表现了犯罪、惩罚、悔罪、洗心革面的顺从以及复兴的过程;这个过程明确出自《申命记》第28—30章,在"申命派史书"(自《约书亚记》至《列王记上、下》)中始终有例可证,且为耶利米一类先知欣然接受。《巴录书》的每句行文几乎都有赖于旧约文本,以致它向读者呈现的是对整个希伯来圣经传统的概述,且将读者的视点集中于传统中被其作者和最后编纂者视为最显著、对处于异族统治下的犹太人持守其身份和文化最有利的那些方面。

结构与内容

　　《巴录书》的开场是一篇近似于以色列历史编纂的叙事文,先是呼吁公众诵读律法,而后响应以悔罪(《巴录书》1:1—14;比较《列王记下》22:8—13;《尼希米记》第8—9章)。这篇叙事文为整部作品创造出虚设的背景,以巴录为其作者,展现出一位于圣殿被毁五年后(如公元前582年)在巴比伦向流放人群宣读《巴录书》的巴录。流亡的人们向耶路撒冷的祭司和百姓送去此书以及募捐,要求他们代表自己献祭和祈祷。第一大部分(1:15—3:8)含有忏悔的祈祷内容,犹大的祭司们和残余民众将以此恳求上帝向这个流散的民族施与恩惠。在祈祷词中,因以色列遭遇的一切灾难而使上帝背负的冤屈得以洗刷,人们视上帝为公正;所有灾难都被归因于以色列背约为自身招来的诅咒,这些在细节里都一一唤起人们的记忆。恳请者哀恳上帝的帮助以确保上帝在万民中的声誉,因为这密切关系到这个由上帝来命名的民族的命运,而且上帝曾经许诺,当其子民在流放中"苏醒过来"并以谦卑和顺从之心转向上帝时,他会以怜悯之心去倾听他们的苦难。

祈祷文本身结构完备。2:6 对 1:15 的重复常被视为分水岭,将祈祷文一分为二,第一部分针对犹大的犹太人而言,第二部分针对流放的犹太人而言。然而,如此划分却未考虑到 1:15—2:5 并不包含祈求的内容,因此是不尽如人意的。2:6 应是 2:11—18 祈求内容之前的一个扼要综述,表明忏悔已结束。2:19—35 通过驳斥那些将功德归之于以色列的言论,阐明祈祷文的内在动机,并声称只有上帝自身的怜悯和意愿才能使其子民的生活复兴。祈祷文在 3:1—8 处收尾,该部分与其说是继续祈求,毋宁说是断言人民已完成心意的准备(3:7)——这被上帝定为复兴的先决条件(2:31—34)。

《巴录书》3:9—4:4 与《箴言》第 8 章、《约伯记》第 28 章以及《便西拉智训》第 24 章相似,同属独立完整的智慧诗篇。言里言外,其目的皆在使听众重视以色列——寻求和发现智慧之所在——的独特传统,且要明确否认其他民族已经找到通向智慧的钥匙。事实上,它再现了《申命记》30:11—20 的智慧言谈模式,囊括了同样的话题:幸福生活来自对上帝诫命的遵从、灾难源于对上帝诫命的不忠,以及摩西律法的正确训导具有仿效性和获益性(《巴录书》3:29;《申命记》30:12—13)。在当下的语境中,它乃是要肯定和鼓励人们去追寻通向民族复兴的唯一之路:全心全意地遵行上帝的律法——它和智慧是同一的。

在最后部分(4:5—5:9),一个人格化的耶路撒冷看到她的孩子们被掳掠到流放地时表达了悲痛,鼓励他们重返上帝之路,使之确信上帝必将拯救他们(4:5—29)。在锡安的言语之后,先知的声音以向耶路撒冷顿呼(向一个无人格的客体直接致辞)的形式传达了慰藉的神谕(4:30—5:9),使她确信以色列的压迫者会受到上帝之火与荒芜的审判,而届时所有流散的犹太人都会重新汇聚到耶路撒冷,耶路撒冷的荣耀和辉煌将会全部复兴。致耶路撒冷的安慰辞表现出作者有意识进行构造的特征,这主要是通过对劝诫的一再重复(采用呼格的祈使句,如称"鼓起勇气来,耶路撒冷")来完成的;最初三个重复鼓励流散于耶路撒冷的"孩子们"(4:5,21,27),最后一个在孩子们回归的问题上鼓励耶路撒冷(4:30,36;5:1,7,见 Moore 1997:313;Harrington 1999:98—99)。其他一些文学匠心的运用标志可见于 4:11 及 4:23 对事件的逆转式叙述:"养育他们时我心怀喜悦,却又哭泣着、伤心着将他们送离。"(4:11)"我哭泣着、伤心着把你们送离,可是上帝将会把你们送还给我,而欢乐和喜悦将会永存。"(4:23)改换外袍的主旨表明作者试图把哀叹和安慰之辞编织在一起:"我剥除和平之袍、披上丧服去祈求。"(4:20)"哦,耶路撒冷! 剥除你的忧愁、灾难之袍,……披上上帝赐予的正义之袍吧。"(5:1—2)

《巴录书》通常被视为一部合成作品,一个明显的差异可在 3:9 的散文体向诗体的突转中(及在祈祷词向训导式智慧言辞的突转中)让人轻易地辨认出来(Moore 1977:303)。[①]在前半部分,忏悔的祈祷词居主导地位;后半部分进一步划分为智慧诗和安慰耶路撒冷之辞(Pfeiffer 1949:413;Schürer 1986:3.2.734)。这些部分也汲取了主要来源资料中那些极为不同的材料:对 1:1—3:8 而言的《申命记》、《耶利米书》及《但以理书》,对 3:9—4:4 而言的智慧文学,以及对耶路撒冷的挽歌和安慰辞而言的《以赛亚二书》、《以赛亚三书》(Whitehouse 1913:570;

---

① 然而,我并不把 1:15—3:8 视作"预言体",尽管其中的祈祷词和先知书的内容多有重叠。《巴录书》4:5—5:9 确实在形式和内容上都体现了《希伯来圣经》中先知传统的言说模式。

Oesterley 1935:262)。除此之外,对外邦统治者所持的截然不同的态度也暗示着多位作者的存在:开篇序言吩咐读者为巴比伦王尼布甲尼撒及其子做长寿祷告;而在安慰耶路撒冷之辞中,上帝对于压迫者的判决不再是长寿而是理所应当的毁灭(Whitehouse 1913:570;Oesterley 1935:261)。②

《巴录书》是这样一部作品:在它那里,文学形式的划分原理具有可充分解释编撰者的编撰策略及依据的优势。整部书的进展节奏最早为公元 5 世纪上半期的迪奥多尔所注意:"令人赞赏的《巴录书》将人们的这个祈祷词安插到书中,并[在那儿]放入了神圣的答案。"(Pfeiffer 1949:412)《巴录书》开篇是对有待于补救的局势所作的叙述性描述:以色列民的流散及其民族独立性的丧失。运用《申命记》第 28—29 章中令人熟悉的措辞,忏悔文阐释了这种局面,字里行间透露出那种将会造成局势逆转的悔罪行为。1:15—2:26 是对罪行极其坦白的忏悔;及至 3:1—8,说话人开始使他们与祖先的罪保持距离。这种前后态度的转变表明:经历过《申命记》第 30 章所示惩罚及命运逆转的阶段之后,这种进展节奏又迈进了一步。《巴录书》3:7—8 远非要表明他们"自身的正直"(Moore 1977:293),而是要表现上帝对所允诺言的实行:即去改变流放者们的心意,使之在令人敬畏的上帝面前重新顺服(《申命记》30:2,6,8)。

《巴录书》的核心部分极力推崇《托拉》,《托拉》对于每个犹太人而言都是万能的,他们可以把它作为解决异邦统治及流散之苦的方法并付诸实践。正是借助于《托拉》,1:15—3:8 的祈祷词才获得答案,4:

201

---

② 两位学者都提出,第一、二部分以互不雷同和不能兼容的方式指出了灾难的缘由以及复兴的道路:1:15—3:8 强调因违背上帝而犯罪是导致灾祸的原因,3:9—4:4 强调背弃智慧之道即会通向悲惨。然而,当我们认识到对于 3:9—4:4 的诗人而言,抛弃智慧与悖逆托拉具备同一内涵时,这种所谓的不一致就销声匿迹了。两个部分所持观点与《申命记》甚为相同;前者广泛运用与《申命记》、《耶利米书》及《但以理书》第 9 章(后两个文本自身就充满了《申命记》的因果模式)相互交织的内容明确地表达出这一观点,后者是对那种解答智慧之特殊神义论的一种变体。

5—5:9 所表现出的勇气和信心才令人极为关注。3:9—4:4 所呈现的解决方式——对《托拉》的持守即是生活之路、智慧之道——被作者内化到书中,这正是耶路撒冷的孩子们之所以能接受 4:5—29 中来自锡安自身之鼓励的基础,也是他们之所以能相信 4:30—5:9 中的允诺确实会实现的依据。

文本的流传

《巴录书》主要由七十子希腊文译本的传统保存下来(梵蒂冈抄本、亚历山大抄本、维尼特抄本;西奈抄本是残本。参见 Ziegler 1957)。已有一些令人印象深刻的论据证明《巴录书》的后半部分(3:9—5:9)应当为另一位译者所译,而非该书 1:1—3:8 的作者所写,后者常被认为与那位负责《耶利米书》第二部分的译者同为一人(Thavkeray 1903;Tov 1976)。这种观点若属实,就会给《巴录书》的编纂史带来一些重要的暗示,意味着 3:9—5:9 是在一本名为"巴录书"的著述知名之后为 1:1—3:8 所作的增补;与此同时,由于该书与《耶利米书》的密切关系会有助于它作为神圣卷籍被早期教会接受,这种观点对于研究《巴录书》的接受历史也有重要意义。所有知名版本,从古叙利亚文本和六文本圣经合参(出自泰拉的保罗,约公元 617 年,见 Whitehouse 1913:577),到古拉丁文本、阿拉伯文本、埃塞俄比亚文本、科普特文本及亚美尼亚文本,全都有赖于上述希腊文译本。只有古叙利亚文本被一些学者认定为有可能看到假设之"闪语原文本"的视窗(Whitehouse 1913:577—579;Burke 1982:12—14)。

尽管《巴录书》所有篇章的古希伯来文抄本都未面世,但学者们一致认为,至少 1:1—3:8 最初是以希伯来文创作的(Whitehouse 1913:571—572;Tov 1975:3—7;Moore 1977:257—258;Schürer 1986:3.2.735)。这个部分可轻易地回译至希伯来文,而希腊文译本却处处给人一种自身乃是"闪语原文本"之生硬译本的印象。此外,若假定希腊文本中那些措辞不当的词语或者奇怪的短语纯属对希伯来原文的误译，疑团便可一目了然。试看一些例证：在希腊文本 1：10 中读作玛拿（manna）的词若改为弥察（minchah）或者"施赐谷粮"（grain offering），应当更为恰切。2：4 里的词语"荒芜"或"废墟"可能来自希伯来原文的沙玛（shammah），该词可被译为"荒芜"或"恐怖"，在这种语境中恐怕第二种译法更可取。3：4 的希腊译文中"以色列亡者的祈祷"极可能是对希伯来原文之"以色列人的祈祷"的误读，"死亡的"与"人们"两个词语只是由于元音标点的不同才得以区分（Pfeiffer 1949：416—417）。

有几位学者认为 3：9—5：9 也是以希伯来文创作的（Torrey 1945：62—63；Harwell 1915；Pfeiffer 1949：416—417），但人们对此有更大的争议。该部分的希腊文本成语更加丰富，而且在对希伯来惯用语的翻译中，明显且生硬的译文更少些（Pfeiffer 1949：419）。也有若干地方作者看起来在追随《旧约》之七十子希腊文译本的一些篇章，并对它们进行语境重构，与《马索拉文本》形成对比（Whitehouse 1913：573；Tov 1975：7 及注释⑤）。然而，这也可能是由一位希腊文译者造成的，他辨认出了那些圣经典故，并且精通它们在希腊文本中的对等语，以致在翻译时受到后者的影响。《巴录书》4：37—5：8 与《所罗门诗篇》11.3—8 之间密切的一致性使怀特豪斯（Whitehouse 1913：572—573）产生一种印象，认为这是证明《巴录书》最后一部分的原文乃是希腊文之最有力的证据。

学者们赞同 3：9—4：4 的原文为希伯来文，并指出该部分可能源于巴勒斯坦。当 3：22—23 宣称智慧并未在迦南、提幔（位于以东）、麦兰（米甸？）或者夏甲的任何一个子孙那里露面时，作者是在把巴勒斯坦的邻人视为犹太人的陪衬，因为犹太人确实在《托拉》中获得了智慧（Pfeiffer 1949：420）。如同 1：1—3：8 一样，虽然程度上不比其更甚，该部分也可回转至希伯来文，其某些词语具备不同发音的可能性，这为希腊译文中的一些奇怪措辞找到了答案，同时也使翻译的特征得到强烈暗示(Pfeiffer 1949:420—421)。最后,学者们能够运用某种形式的诗歌韵律把这些章节回译至希伯来文,这一事实更让人确信该部分的原文乃是希伯来文(Harwell 1915)。[③]希伯来文抄本的缺失可能仅仅意味着该书在巴勒斯坦的犹太圈子里受到了冷遇。

作者、日期和背景

本书的合成性质为人们探讨其作者及写作日期增加了难度。本书将其著作权归于巴录——先知耶利米的那位同伴,这只是文学虚构。没有可靠证据显示巴录曾经去过巴比伦;他更有可能与耶利米及埃及的犹太民众一起居住在埃及。圣殿被毁五年之后,圣殿的任何器皿(在圣殿初次遭到袭击之后及最后被摧毁之前,西底家曾制作一套替补器皿)都不可能被归还,它们只会随着古列[*]颁布敕令,于犹太人可以返回犹底亚重建其圣殿之时才被带回。最后,令人难以置信的是,尼布甲尼撒的同时代人竟然把伯沙撒误认为他的儿子和即将继位的继承人(1:11)。

因此,学者们已经开始寻找其他线索来确定本书(及其合成部分)的创作日期,但是本书作者之历史环境资料的缺失使这项工作很难进行。捐赠钱财给巴勒斯坦用于献祭(1:10),其先决条件是耶路撒冷的崇拜仪式需处于有效的状态中(Bissell 1899:414),但是《耶利米书》41:5却有证据表明,当时的献祭及崇拜仪式只是在圣殿废墟上以某种形式延续着(Whitehouse 1913:570)。除此之外,唯一可利用的背景就是犹太人的大流散及外邦对犹太王国的统治;除了约公元前141至前63年之间本族哈斯蒙尼王朝的复兴时期外,这些是公元前587至公元1948年间绝大部分时期状况的特征。《巴录书》成书时间的一个明确

203

---

③ 较之哈维尔(Harwell 1915)译文中更为强硬的韵律,布尔克(Burke 1982)译文的韵律不是那么生硬,因而更为人称道。

* 古列(Cyrus):波斯皇帝,亦译居鲁士。——译注

下限（*terminus ad quem*）是由阿特那哥拉斯的《代表基督徒之答辩》———一部可追溯至公元 177 年的作品———引用《巴录书》3：35 所限定的（Moore 1977：260）。

学者们由此转向标示文学依赖性之处，将其作为确定成书时间的线索。《巴录书》和《但以理书》犯了一个共同的历史错误：认为伯沙撒是尼布甲尼撒之子（《但以理书》5：2，11，13，18，22；《巴录书》1：11）；保存在《但以理书》9：4—19 里的祈祷词绝大部分内容亦如此（比较《巴录书》1：15—3：8）。由于《巴录书》的作者予以扩充的材料源于《但以理书》第 9 章，后者又吸取《耶利米书》及《申命记》的材料，因此《巴录书》的祈祷词可能是以《但以理书》第 9 章的祈祷词为基础的，但是反之则不然。因而，在《巴录书》的 1：21—22 及 2：3—4 中，作者突然放弃对《但以理书》有关材料的语境重构，转而趋同《耶利米书》的材料；这样一来，在详尽阐述但以理式的祈祷词之后，《巴录书》2：20 就把《耶利米书》的材料全盘接收过来。

这种依赖性对于《巴录书》1：1—3：8 而言，可能暗示着它的成书时间应当推迟至公元前 164 年（《但以理书》编写的日期）以后（Torrey 1945：63；Oesterley 1935：259）。然而，由于《但以理书》第 9 章的祈祷词实际上可能比《但以理书》的最后编订时间早几个世纪，故《巴录书》1：15—3：8 可能对现今发现于《但以理书》第 9 章的祈祷词存在依赖性，但它又有可能发源于公元前 4 或前 3 世纪；这样一来，情况就变得相当复杂（Pfeiffer 1949：415；Moore 1977：291—293）。伯纳·瓦姆巴克（Wambacq 1959：475）已证明《巴录书》的祈祷词删除了《但以理书》9：17—18 里所有涉及耶路撒冷城及其圣殿被摧毁状态的内容，如此《巴录书》可能会包含着后世祈祷词的形式，而且它应当编订于这样一个年代：当时城市有人居住，圣殿完好矗立且正常运作着。这至少会把《巴录书》前半部分的完成时间确立在犹太人流散至巴比伦之后（Whitehouse 1913：574）。

现在一个相对而言并不那么富有成效的视察点已转移到如下假

定:《巴录书》所反映出的流放及散乱的状况必定折射了以色列人生活中的一些新近的灾祸或重大迁移。因而,尼克斯伯格(Nickelsburg 1984:145)认为尼克甲尼撒及伯沙撒应是安提阿古四世及其子安提阿古五世的"替代者",而且该书正是在这种情况下主张人们平静地接受而非激怒安提阿古五世的政权。瓦姆巴克(Wambacq 1996)认为庞培围攻耶路撒冷、放逐持有异议者及侵犯圣殿的周邻应当是《巴录书》编订及合成之日最具可能性的背景,这样祈祷词就不用更新,智慧诗也只需插入 3:10—13 的部分,以便把它同战败及流放的事件联系起来。其他一些人认为尼布甲尼撒及伯沙撒的浅浅面纱之下隐匿着韦斯巴芗和提多,而且公元 70 年后的某个日期理所当然地应至少是《巴录书》最后编订的时间(Whitehouse 1913:569,574—575;Oesterley 1935:263—265)。关于公元 70 年耶路撒冷遭围困时期母亲食子的那些故事是由约瑟福斯讲述的(《犹太战争史》6.201—203),但是既然《申命记》及《耶利米书》都曾把此事作为毁约的后果论述,那么《巴录书》的作者并不需要经历一场真正的围困,只需通晓那些文本足矣。在《巴录二书》的启示中,圣殿的首次被毁提供了"一件薄薄的历史之衣,它笼罩着犹太民族在公元 70 年遭受的更大悲剧"(Whitehouse 1913:569),这一点当然属实,然而对于《巴录书》而言,这个断言却远不能令人信服。这种调查线路的主要问题是,即使对新的放逐事件(无论如何,较之公元前597—前 587 年的事件,甚至与公元 70 年的事件相比,所有的这些放逐都是暗淡的)置之不理,人们也能在公元前 587 年之后的任何时候悲悼犹太历史上的流放及大流散事件。犹大王国沦落于尼布甲尼撒之手的事件不仅在某个特殊的灾难时代,而且在第二圣殿期间的任何一个时间点上都会给处理外邦统治及犹太人四处流散的状况提供一个自然而然的比照标准。

为《巴录书》的后半部分(3:9—5:9)确定成书时间呈现出类似的挑战,特别是当 3:9—4:4 及 4:5—5:9 皆有可能出于独立的创作时。3:9—4:4(尤其 3:36—4:1)与《便西拉智训》24:8 和 23 皆认为智慧局限于以色列内部，而且智慧和《托拉》是同一的，这暗示着该部分的完成日期应当晚于公元前 180 年（《便西拉智训》之希伯来文本的最迟日期，见 Oesterley 1935：264）；如果该诗确实是以希腊文创作的，那么该日期约可以向前推至公元前 120—前 110 年，即在《便西拉智训》译成希腊文之后。然而，谁又能确定便西拉未曾接触过《巴录书》呢？智慧诗的开场提及流放时把它视为一个早已确立的事实而非一个新近的动向——"为什么你们在异乡渐渐衰残？"（3：10）——但是即使公元前 3 世纪初的某个日期也会与这个询问相当一致。④

《巴录书》5：5—9 与《所罗门诗篇》11.3—7 之间的关系也被人们自然而然地和《巴录书》的成书时间问题联系起来。《巴录书》5：5—9 有可能取材于《所罗门诗篇》11.3—7，反之则不然（Wright 1985：647—648）；后者的布局更为紧凑且更为简洁，然而正如《巴录书》1：15—3：8 的作者对取自《但以理书》第 9 章的祈祷词进行了扩展一样，《巴录书》5：5—9 的作者看起来也汲取《以赛亚二书》及《以赛亚三书》的语言，对《所罗门诗篇》第 11 章进行了修饰。⑤ 但是，尽管《所罗门诗篇》的那些更为著名的篇章反映了公元前 63—前 48 年间的事件（庞培入侵犹底亚的事件及其在埃及的命运），《所罗门诗篇》第 11 章却有可能在最后被收入书卷之前已经历过更漫长的历史时期。除此之外，摩尔（Moore 1977：315—316）提出《巴录书》5：5—9 是个补录，以希腊文创作，而且是唯一需要依赖《所罗门诗篇》第 11 章的部分；该书其余各部分有可能都是在公元前 4 世纪至前 2 世纪之间创作成书的。

正如《次经》中的其他几个文本一样，我们既不能精确断定《巴录书》的成书年代，也不能确定它的编辑历史。如果它最初是以希伯来文创作的，则其大部分合成内容很可能都早于公元前 175—前 166 年间

---

④ 托里（Torrey 1945：64）把 3：9—5：9 的年代断定为公元前 3 世纪。

⑤ 例如，《巴录书》的作者使 5：7 充满了与《以赛亚书》40：4 的呼应，既提及山洼的填满也提及山冈的削平，然而《所罗门诗篇》11.4 仅提及后者。《巴录书》在 5：6 也引介了《以赛亚书》66：20 的思想，由此完成对《所罗门诗篇》第 11 章的语境重构。

的希腊化危机时期,而且它们也许会源于巴勒斯坦或者东部犹太人散居区的一个居住地。假若 1:1—14 是作为一篇早期祈祷文的序言(1:15—3:8)进行创作的,那么对于 1:11 所犯历史错误的最佳解释,便是那个错误来自《但以理书》,由此我们可把那篇序言的日期确定在公元前 164 年之后。如果 1:1—3:8 同属一部作品,则整部作品会晚于《但以理书》。《巴录书》1:1—3:8 和 3:9—5:9 两部分的希腊译文来自不同的手笔,这表明无论 3:9—5:9 的起源何在,它在公元前 2 世纪晚期或前 1 世纪初期才被最终补录到《巴录书》中。

文类和写作意图

将《巴录书》归类为"典型希伯来预言的将熄之焰"的看法(Torrey 1945:62)使人很感兴趣,该书开篇尤其使用了典型希伯来预言的序言形式。然而在这种宏大文类的框架下,《巴录书》把若干种不同文类纳入了同一部作品中。它的开场是一个历史叙事文体,转而到祈祷词,然后是智慧诗,最后是挽歌及神谕的安慰词,最终使人们回忆起对流放命运的预言。它每个合成部分的目的(或者毋宁说效果)是足以让人辨察的。然而,编订者对于该书效果的贡献要远远大于各部分的总和。

虽然该书常被批判为缺乏原创性,但是它的编订者通过把各个独立材料重组到同一个文本中,创造出了一种运动节奏和处理方法,为犹太民族所经历的大迁徙、外邦统治及大流散这样的挑战性局面提供了一种潜在地具有巨大疗效的方案。编订者首先使用《申命记》、《耶利米书》及源自《但以理书》第 9 章的祈祷词等原材料,使这些状况变得易于驾驭,因为这些状况可能会把犹太世界观的意义之所在完全摧毁。大迁徙、外邦统治及大流散并非超出犹太人的控制而令其无能为力或不可改善的情势,亦非由于犹太人对上帝的信仰及自身在一个有序宇宙中之位置的错误观念所造成。相反,是因为他们事实上对犹太教的信仰不够充分——即他们对于犹太经卷中所明确表述的人类美景未能全

206 力地践行。《申命记》为应对如此险恶的环境提供了基本的理论纲领，《巴录书》的编订者为犹太人构筑了一种宗教仪式的和诗意的体验，使之能够控制那超越个人掌控的局势，重新回到希望的居所。

犹太幸存者及流亡者的忏悔为其自身免除了造成大迁徙后果的罪过，由此为他们充满希望的未来消除了障碍。即使单个犹太人无法为所有同宗派者的政治自由而战，他们（及其社群）也有策略去应对"罪"，而藉着将造成这种混乱局势的起因称为"罪"，这种局势事实上也得到了控制。忏悔是一种释放感情的体验，直接目的是确认其当前局面的公正性（在犹太传统世界观的观照下它是正当的，现在这种迁移状态对其没有任何质疑，更多的是肯定），以及免除读者的罪——即对契约关系的背弃，这种背弃是造成犹太人现实处境的"真正"原因。在这篇祈祷词的结语中，智慧诗歌恳请读者们再次献身于遵守《托拉》之独特的犹太生活方式中，因为这种生活方式将会使之征服动荡不安的险恶局势。

这样一来，得以免除罪恶和得到医疗的读者便处在这样一个位置：听到了 4:5—29 中祖国的悲叹和鼓励，其间最重要的效果可能是使他们确信：正像犹太人渴望本民族的复兴一样，他们祖先的国土——被具象化和人格化的锡安，也在渴望着每一个犹太人。悲叹和鼓励重新恢复了正处于认知失调状态中的犹太人和代表人民自身也在遭遇着同样压力的国土之间的联系。作者所构筑的这样一个双方情感的相互依附，其效果在"母亲"意象（指耶路撒冷，她渴望着接纳所有的孩子）的运用中得以强化。最后，读者意识到自己的故国和人民在这种相互的渴望中联为一体，因此尽管有种种迁徙迹象，彼此之间的心意还是相通的（无论读者在巴勒斯坦境内还是国土之外）；由此他们再次听到了上帝要使二者恢复到他意欲恢复之状况的应许（4:30—5:9）。

因此，对于犹太人而言——正处在异族及其文化的统治下，且被逐出自己的国家——（或者对于巴勒斯坦的当地居民而言，他们亲眼看到自己的国土被那些立约之民占有和统治）可能会产生的潜在性、侵蚀性影响也消解了。历史的受害者被赋予一套方法和手段，用以掌控他们的局势(通过忏悔来远离和免除罪恶)。最重要的是,这会迫使读者再次把居于犹太身份及文化之首的《托拉》及其生活方式视作扭转不幸遭遇的途径。尽管《巴录书》"不具原创性",然而却对发掘一个最令人吃惊的历史资料——犹太人民能够免疫于异族千年的政治压迫而持守其自身独特的文化及生活方式——作出了贡献。

207

形成时接受的影响

对《巴录书》产生主要影响的是希伯来经卷,这是一种在《巴录书》绝大部分字句里都能看到的影响。虽然《巴录书》尤为需要人们研究它那丰富的互文性对话,但在此只能尝试做某些研究,向读者介绍那些更古老的传统是如何被纳入这个新文本的。

在《巴录书》的苦修祈祷文或忏悔祈祷词里,互文性是最浓厚的。[6]它所使用的主要资料是《但以理书》9:4—19 的祈祷文,后者转而受到《申命记》神义论之基本原理的深刻影响。它们之间的相同内容及结构可概括如下:

1. 在上帝给以色列降灾的处置中,确认上帝的公正性(《但以理书》9:7,14;《巴录书》1:15;2:6)。

2. 确认以色列所遭遇的是耻辱(《但以理书》9:7—8;《巴录书》1:15;2:6)。

3. 确认以色列的犯罪是当前灾难的起因(《但以理书》9:8—11,14b;9:5—6 亦属此例;《巴录书》1:17—18,21)。

4. 肯定了这样一个原则,即违背上帝律法的犯罪会导致上帝把以色列交到"敌人之手",同时把摩西律法作为这些措辞细节的出处而加以援引(《但以理书》9:11—13;《巴录书》1:20;2:2)。

---

⑥　托弗(Tov 1975:12—27)述及一个极有价值的资料,它提供了源自《希伯来圣经》之所有相关的平行文本。亦参看摩尔(Moore 1977:267—294)的论述。

5. 为上帝提供保存和复兴以色列的动机:即维护上帝本身的声誉——因保护子民出埃及和征服迦南,上帝在列国中已经拥有伟大且令人畏惧的声誉(《但以理书》9:15,17—19;《巴录书》2:11,14—15)。

《巴录书》所忽略的唯一重要内容涉及《但以理书》9:17—18 之圣殿和耶路撒冷的被毁状况,这使《巴录书》的祈祷文在圣殿已修复、耶路撒冷再度有人居住的时代显得亲切感人。

除《申命记》模式——罪能导致惩罚,流放及忏悔会带来复兴——之外,作者还直接从《申命记》对惩罚(必降临到不忠之以色列的惩罚)的描述中引入许多其他细节。《申命记》述及的威胁在《巴录书》中被当作既成事实来叙述。这就导致一些后果,例如耶路撒冷居民在围困期间竟然沦落到食其幼子的地步(《巴录书》2:3;《申命记》28:53),[⑦]以及以色列的人丁数目急剧减少(《巴录书》2:29;《申命记》28:62)。《申命记》30:1—6 允诺全心全意的忏悔会带来命运的扭转及复兴的希望,这为《巴录书》2:30—35 提供了主要的资料来源。

《巴录书》前半部分的第三大资料来源当属《耶利米书》。在历史引言中,《巴录书》1:11—12 折射出《耶利米书》的诫命:"为那城〔巴比伦〕向主祷告,因为那城得平安,你们也随着得平安。"(《耶利米书》29:7)耶利米关于人们要顺服尼布甲尼撒及接受上帝管制的训诫(《耶利米书》27:11—12)为犹底亚的统治者所忽视,直至其灭亡之日,然而《巴录书》2:21—23 却明确唤起人们对它的回忆。此外,《巴录书》1:15—2:15 中的两个篇章都曾中断对《但以理书》祈祷文的语境重构,转而收入耶利米的预言内容,并再次将预言转变成过去式的叙述(分别比较《耶利米书》7:25—26;26:5;32:30 与《巴录书》1:21—22、《耶利米书》19:9;26:

---

⑦　或者,这个细节可能直接取自《耶利米书》19:9。在来源文本及《巴录书》中,食其后代的内容并不像哈灵顿(Harrington 1999:95)所述是作为以色列人罪孽之巅峰来描述的,而是作为以色列人因罪而将临灾祸之顶点来描述的。

18 与《巴录书》2:3—4、《耶利米书》7:34 与《巴录书》2:23)。总之,《巴录书》1:1—3:8 的作者在《但以理书》祈祷文的基本框架下,将耶利米的信息缜密地整合了进去。

智慧诗,可能是《巴录书》最具原创性的部分,显然受到了《约伯记》28:12—13,23—28 的启示。《巴录书》3:15—31 详论了《约伯记》28:12—13 的主题:"然而,智慧有何处可寻?聪明之处在哪里呢?世上无人通晓智慧之路,在活人之地智慧无迹可寻。"在约伯继而断言没有任何财富能购买智慧之际,智慧诗谈及人类(富人、显贵尤其是临近非犹太国家的居民)抵达智慧的不可能性。《巴录书》3:32—4:4 中明确与之对应的部分再次以《约伯记》28:23,27 中的"神明白智慧的道路,晓得智慧的所在,……他确立智慧,探查出智慧"为起点,但是继而以也可在《便西拉智训》24:23 里发现的独特方式——即智慧存在于《托拉》中——铺展开来。在此,作者又适当汲取《申命记》的材料:《巴录书》4:1 让人联想起《申命记》30:15—19 中的对照,即摆在听众面前的生与死,前者是遵从《托拉》的结果,后者是背弃它的后果。《巴录书》4:3 对源于《旧约》的一个材料所做的重构尤能引发人们的兴趣。上帝拒绝将其荣耀给予他者(一尊偶像或者异神;《以赛亚书》48:11),这即是在训示以色列不要因摈弃自身独特的生活方式而将其荣耀拱手让给别人(异邦人),因为只有通过这种生活方式,以色列才能表明他们对唯一上帝的无限忠贞和崇敬。由于以色列按上帝应得之份来荣耀上帝、拒绝因膜拜偶像而激怒上帝,他们必定也会由此维护自己在万邦之中的荣耀和身份,而非屈从于异邦的统治和民族的耻辱(《巴录书》1:15;2:6)。

作为最后一部分,致耶路撒冷的安慰辞运用了以下形式:先是锡安发出的悲叹,继而是曾在《以赛亚书》49:14—21,22—26 中出现过的神谕之安慰(亦见于《以赛亚书》52:1—12;54:1—17;60:1—22;62:1—12)。《以赛亚二书》和《以赛亚三书》除了在整体上为该部分提供范式外,也提供了许多特定的细节或意象。譬如,《以赛亚书》61:10 暗示外袍的改换是拯救的意象(参照《巴录书》5:2);《巴录书》5:5 对《以赛亚

209

书》60:4 要求耶路撒冷振作起来、庆祝孩子们重归的诫命进行了语境重构;《巴录书》5:6 接纳了《以赛亚书》49:22 的美景蓝图:流亡者将会坐在其以往外邦统治者的肩上或者怀中,回归家园。

并不令人吃惊的是,《申命记》继续向该书提供细节上的养料,以致它的各个部分都与《申命记》的神义论息息相关。由此,在《巴录书》4:7 中,耶路撒冷使用了《申命记》32:16—17("向恶魔而非上帝"献祭以致触怒了上帝)的言辞来控诉她那遭到流放的孩子们。类似的是,《巴录书》4:15 对《申命记》所诅咒的另一个细节也进行了语境重构,并视之为既成事实:"圣主要从远方地极带来一国的民,如鹰飞来攻击你。这民的言语你不懂得,这民的面貌凶恶,不顾恤年老的,也不恩待年少的。"(《申命记》28:49—50)

正如此前所提及的那样,《巴录书》5:5—9(也许包括第 5 章的全部内容)对《所罗门诗篇》第 11 章亦步亦趋,在某种程度上做了逐字逐句的语境重构,后者很可能是较早期的文本:

> 耶路撒冷,去站在高高的地方,看看你的孩子们吧:自东向西由主全都招聚起来。

> （《所罗门诗篇》11.2)

> 起来吧,耶路撒冷,站在高山之巅,看看圣主之言正在将你的孩子们从东方和西方招聚到一起。

> （《巴录书》5:5)

> 他为他们把高山削成平地;群山在他们面前逃逸。

> （《所罗门诗篇》11.4)

> 上帝已经下令,将高山和峻岭降低;他已经下令,将沟谷填满,将地面铺平,好让以色列人在上帝的荣耀中平平安安地返回家园。

> （《巴录书》5:7)

> 森林在他们经过时为之庇荫,上帝命令每一棵香木为之生长,以便以色列人在上帝荣耀的指引下前行。

> （《所罗门诗篇》11.5—6)

因上帝之命,森林和每一棵香木都为以色列人庇荫。

（《巴录书》5:8）

耶路撒冷啊,披上你的荣耀之衣,备好你的神圣之袍。

（《所罗门诗篇》11.7）

穿上上帝荣耀而永恒的光彩,将上帝的正义斗篷披在你的肩上。

（《巴录书》5:1b—2）

当然,《巴录书》5:1—9 的作者主要采用《以赛亚书》的材料对《所罗门诗篇》第 11 章的内容进行了补充和扩展,譬如以下两个意象的来源即如此:上帝削平山冈(《所罗门诗篇》11.4)和《以赛亚书》40:4 中相应的填满山洼。

210

不去尝试正面评价该书的成就,就把它视为非原创性的转引作品而处理掉(见 Moore 1992c:702),是一种过于简单的做法。有着《申命记》第 28—32 章所提供的统一主题,以及以色列智慧及预言传统——为忏悔、悔罪、再次顺服及以色列遭遇的逆转之整个方案扩充了细节——所提供的资料来源,《巴录书》创造性地综合了犹太传统的核心观念。随着读者渐渐受到该书疗救过程的感染,他们得以沉浸于并再次置身于犹太经卷中那些最富有意义的传统之中(参看"文类及目的"的有关部分)。

神学贡献

对《申命记》历史神学观——以色列放弃对上帝及其契约(《托拉》)之全心全意的忠诚会导致民族的不幸,而至诚的悔悟、真挚的重新顺服会带来民族的复兴——的严格遵从把《巴录书》的各部分整合在一起。[8]这一点不仅在此种神学观占统治地位的祈祷文(1:15—2:5;2:

---

⑧ 正如摩尔(Moore 1977:259)所指出的那样,它们并不由于各部分的放逐背景而产生相互联系。

27—35)中显而易见,在智慧诗篇(3:10—13;4:1—3)⑨及耶路撒冷的哀歌(4:6—8,12—13,28—29)里也很明显。这种神学观在"上帝以仁慈而非完全摧毁的方式来磨炼以色列"的观念中得到调和(2:27,31—34;比较《马加比传下》6:12—16)。

《申命记》的苦难神学观为理解民族的不幸遭遇提供了一个框架;当国家的结构动摇之际,它也确实发挥了激发人们去保存犹太文化的作用(通过向他们指出要把回归《托拉》及其独特的生活方式作为复兴之路)。然而,正如《约伯记》事实上所证明的那样,它并未给个人的不幸提供一个一以贯之且有所助益的框架。然而,《巴录书》的起点就是上帝的公正,这是对待任何不幸的重要一步。一个人在历经指责上帝以及迁怒于上帝的阶段、重新确立上帝在坏事发生时也同样公义的信心之后,就会找到恢复和重建生活的途径。

211 上帝观念在不同部分似乎互有差异。关于身形、情感及诸如此类的神人同形论大量存在于 1:1—3:8 之中,却未见于 3:9—4:4(Pfeiffer 1949:424)。上帝的称谓在该书前后两部分也存在差异。"主"及其限定词(如"主我们的上帝")主导着 1:1—3:8,而"上帝"、"永生者"及"圣者"却被用于该书的其余部分(Metzger 1957:90;Moore 1977:259,304)。这就产生了一本清楚地表明圣经对上帝形象之整个见证过程的书;上帝形象摇摆于内省性和超然性之间、摇摆于同被造物的相似和完全不同之间。

祈祷词尤其强调上帝和以色列之间的那种独特关系。上帝在世上的声誉与以色列在世上的命运紧密相连,像以色列人在出埃及时作为一个独立的民族而诞生,上帝的国际声誉也随之建立(2:11)。然而,这

---

⑨ 我不赞同哈灵顿(Harrington 1999:100)的评价,他认为智慧诗所处理的问题是:"在允许流放事件发生时,要人类掌握真正的(神圣的)智慧及理解上帝之道是多么困难啊。"相反,作者把 3:12—13 对此问题的解答视为显而易见(尽管是过分简单化的)。该诗强调以色列被赋予一种独特的权利,使之拥有托拉经卷传递给他——唯独传递给他——的神圣智慧。通过践行契约来踏上智慧之路是一个劝诫,这在该书的进展节奏中对以色列的命运是一个转折点。

就意味着以色列遭遇的耻辱及其地位的丧失对上帝在世上的"名声"或者名誉也构成了一种威胁(2:14—15)。因此,即便不为别的而只为保存上帝自身在世上的荣耀,上帝也绝不能丢弃以色列而任其灭亡(参看2:14—15;3:5中那些劝导的句子)。既然外邦人从来没有也不可能去荣耀唯一的上帝,除非世人再次目睹以色列复兴,否则,倘若犹太人继续如此堕落下去,结果便是无人承认上帝的品德及荣耀。

《巴录书》断言上帝会始终如一地坚持复兴以色列(2:27—35);它的末世论完全聚焦于以色列民族命运的复兴,尤其聚焦于耶路撒冷——犹太人民的"母亲"。在这方面,耶路撒冷安慰辞的后半部分与《多比传》第13及14章极其相似,并且令人吃惊的是,它并未受到启示论及彼岸思想的影响。

为了同贯穿全书之申命派的脉搏起伏相一致,智慧诗篇的节奏应当再次被强调。正如《便西拉智训》24:8,23一样,智慧传统同其他趋向民族排他主义的运动相似。以色列独自接收了智慧,智慧来自上帝的启示,而非仅靠人类自身能够发现。解开这种神赐智慧的密码在于《托拉》;当人们身体力行《托拉》的训诫时,这种智慧就会显现。

影响

《巴录书》在犹太圈子里并未享有恒久的影响力,它被使用、受尊重的程度或知名度从未大到能够成为神圣"经典"的地步。要想知道《巴录书》对后世文学可能作出贡献的程度,最主要的困难当然在于《巴录书》自身的转引性质上。然而,《巴录书》中那些能让人辨认出当属于某个合成部分之"原作"的内容,看起来只对早期基督教文学产生过影响,而并未影响到公元2世纪及后来的犹太文本。根据《使徒法典》(5.20)中有关习俗的参考资料,有几位学者相信《巴录书》曾部分地作为圣殿挽歌于犹太历五月九日或十日在犹太会堂中宣读(Metzger 1957:93)。《巴录书》自身责令人们在肃穆的场合当众宣读(1:3,14),《使徒法典》

212

的描述可能并不确切。[⑩]

《巴录书》虽然提供了一些与《新约》类似的思想，在对照或比较下它们对阅读《新约》的一些特定文本会有所裨益，但却缺乏明显的迹象表明《新约》对《巴录书》有依赖性。例如，外邦人膜拜偶像供奉魔鬼的非法性（《巴录书》4:7；基本上源于《申命记》32:16—17 及《诗篇》106:37）使人联想起《哥林多前书》10:14—21 所载保罗的话语。[⑪]作为散布在全世界所有犹太人的母亲，耶路撒冷的人格化为保罗对此主题的发挥提供了一种信息背景。对于保罗，尘世的耶路撒冷成为奴隶的母亲；天国的耶路撒冷对于基督徒而言，无论他是犹太人还是外邦人，都是他们的母亲（《加拉太书》4:21—31）。最后，巴比伦的骄傲和蛮横遭到公开指责，其未来被描述为将由大火吞噬和魔鬼居住，这些在预表《启示录》18:2—8 的历史长河中占有一席之地。

只有在公元 2—3 世纪的教父那里，人们才开始明确发现对《巴录书》原材料的一些引证。最早一位是阿特那哥拉斯，他于公元 177 年致皇帝马库斯·奥勒留的《为基督徒辩》（《护教篇》9）引用了《巴录书》3:35（"他是我们的上帝，谁也不敢跟他相比"），为基督教辩护，称基督教为理性而虔诚的宗教，理应得到宽容的对待（Whitehouse 1913:577；Moore 1977:260）。伊里奈乌斯认为上帝会于末日在尘世建立上帝的国度，他（《反异端》5.35）引用《巴录书》4:36—5:9 进行辩护，尤其运用 5:3 来驳斥那种认为此国度应属天国的看法。伊里奈乌斯在神学论辩中把《巴录书》作为权威使用，这表明他本人把该书视为权威经卷，同时期望自己的读者和对手也是如此视之。伊里奈乌斯把该篇归于耶利米的手笔，亚历山大的克雷芒（《教导者》1.10.91—92；这部分引用了《巴

---

⑩　这一习俗可能局限于叙利亚的犹太民众内部，而且，他们当时使用的可能是希腊文译本，这些可能性会帮助人们克服在接受《使徒法典》的描述时所遇到的主要障碍：奥利金及哲罗姆都否认他们那个时代的犹太人会拥有《巴录书》的任何希伯来文本。参看舒热尔（Scherer 1986:3.2.739—740）的论述。

⑪　保罗首次把这种偶像与魔鬼等同的观点运用到外邦人对天的膜拜中去。

录书》3:9—4:5 中智慧诗的一些章节)及拉克坦提乌斯(《神圣教规》
VII 4. 38;引用了《巴录书》3:36—37,见 Whitehouse 1913:576,580)也
都如此认为,这表明了《巴录书》是如何被人们逐渐视为权威作品的。 213
事实上,人们认为如此保存下来之更多的是耶利米的材料,而且是由巴
录——耶利米的书记(毫无疑问,人们认为他在《耶利米书》的记录和传
播过程中发挥了很大作用)传承下来的。之后,哲罗姆特意把《巴录书》
从《耶利米书信》分离出去,因为前者并不属于希伯来的圣经传统,但是
那时《巴录书》作为《耶利米书信》附录的印象已经变得根深蒂固。《巴
录书》3:36—37 看起来一直是人们运用最广泛的章节,因为这部分本
身很容易被视为基督论的读本,尤其被视为道成肉身的一个预言(奥利
金《〈约翰福音〉评注》;西普里安《致反犹者屈里纽书》2.6;德尔图良《反
驳普拉西安》16,参见《巴录书》3:37;拉克坦提乌斯《神圣教规》VII4.
38,见 Whitehouse 1913:579—580)。

《耶利米书信》

9

"它们不是神，不要畏惧它们"

　　《耶利米书信》尽管组织得欠佳，却是一篇有效抨击偶像崇拜的论辩文章。作者以耶利米的口气，如同在教导最初被放逐至巴比伦的流亡者，试图在一个多神信仰和偶像崇拜重重包围犹太人的世界中，帮助犹太人致力于一神信仰和宗教的非偶像化。作者不允许犹太人改变他们对唯一上帝的信仰，因为上帝的形象是不可复制的。作者试图避免犹太人产生这样的印象，即大部分外邦人的崇拜活动是一种表达虔诚的正确方法。这部作品主要受到漫长历史中那些反对偶像崇拜的论辩性著作的影响，那类著作可见于希伯来圣经。在整个两约之间时期，对偶像崇拜的嘲弄是保护犹太人免受主流文化不良影响并使之持守独特民族文化的一种手段。一如《彼勒与大龙》、《所罗门智训》和《亚伯拉罕启示书》，《耶利米书信》也是作为具有持续实用性的样本而存在的。

结构和内容

　　作者在引言部分说明偶像崇拜是生活于流亡中的犹太人所面临的主要挑战（第1—7节）。接下来，他把偶像崇拜作为宗教信仰的一种表达，对此行为的真实性作了长篇驳斥。驳斥的内容分为十部分，每部分都以否定异邦偶像的正确性为结束的标志，这些标志以重复的方式出

现:"所有这一切都证明,它们不是神,不要畏惧它们。"(第 16 节;亦见 23,
第 29,65,69 节)"怎么能够想象它们是神,或者把它们叫作神呢?"
(第 40 节;亦见第 44,52,56,64 节)①最后一段通过明确肯定远离偶像
崇拜的义人会获得更多的荣誉来结束长篇抨击之言(第 73 节),它们与
引言部分的结束语遥相呼应,后者断言上帝是以色列民族独一无二的
神,必定会保护他们(第 6—7 节)。

文本的流传

《耶利米书信》主要保存在七十子希腊文译本的传统中,见于亚历
山大抄本和梵蒂冈抄本中(西奈抄本的结尾已散佚,见 Ziegler 1957)。
后来所有的版本——古拉丁文本、拉丁文本、六文种圣经合参、古叙利
亚文本和阿拉伯文本——都是依据七十子希腊文译本翻译的,古叙利
亚文伯西托本或许是最自由的翻译(Moore 1977:330;Mendels 1992:
722)。《耶利米书信》被看作《耶利米书》的几个附录之一(正典经卷《耶
利米哀歌》和次经的《巴录书》是其另外的附录),但它原本是一部自成
单元、独立存在的著作。

在梵蒂冈抄本和亚历山大抄本(以及六文种圣经合参)中,耶利米
文集的排列次序是《耶利米书》、《巴录书》、《耶利米哀歌》、《耶利米书
信》;但在其他希腊文本、古叙利亚文本和拉丁文本中,《耶利米书信》被
置于《巴录书》的末尾,且与该书合并在一起。在许多后来的译本(如詹
姆士王译本)中,它被编排为《巴录书》的第 6 章(Metzger 1957:95)。

尽管事实上至今尚未发现这部文献之古代闪米特文的手抄本(甚
至未见于库姆兰古卷,虽然从该古卷中发现了一个希腊文抄本的小块
残篇),学者们仍倾向于它的原始语言是希伯来文(Ball 1913:597—

---

① 第 64 和 65 节被置于一个由两个段落(第 57—59,60—63 节)之后,作为一个双重副
歌发挥着功能。

598；Oesterley 1935：270；Nickelsburg 1984：149；Moore 1977：326—327)。希腊文本中的某些不当之处可解释为对一种未注元音的希伯来文本(一种仅由辅音字母构成，元音字母只能由读者补充的希伯来文本)的误读或曲解。例如，第 12 节的希腊文说那些偶像"不能使自己免于生锈和充当食物"，"食物"的希伯来语词若添加另外的元音，便有"来自吞食者"之意，而这个意思肯定更能讲得通。同样，第 68 节的希腊文提到野兽能逃避危险而"保护它们自己"，但对这句话的希伯来文进行重读，却得出"隐藏它们自己"，后者更直接地与上下文相一致。此外，第 72 节的希腊文说那些"紫色大理石的"偶像会烂掉，但这是一个希伯来文多义词[שׁשׁ]造成的结果，该语词兼有"好亚麻布"(即紫色亚麻布)和"大理石"之意，其中前者应是较好的选择，因为大理石不会腐烂。作者使用了《耶利米书》的希伯来文本而非希腊文本(该版本缺少《耶利米书信》70 节从《耶利米书》10：5 中汲取的"黄瓜地里的稻草人"这个重要比喻)，这一事实为论证该书的原始语言是希伯来文而非希腊文提供了辅助性的支持(Moore 1977：323)。[②]

作者、年代和背景

称耶利米是本书的"作者"，仅仅是因为耶利米提供了基本的原材料(《耶利米书》10：2—15)，而那个真实的匿名作者就此主题对那些资料作了冗长的改动。关于创作时间，摩尔论及《但以理补篇》时提醒道，人们必须把它的创作时间和它被翻译成希腊文的时间细加区分，这个提醒对《耶利米书》的补篇同样适用(Moore 1977：128)。翻译是在公

---

② 托里(Torrey 1945：64—67)认为巴尔的辩论是不可信的，所以改选阿拉米文为原始语言。他对第 11 节将妓女们安置"在屋顶上"的妥帖性感到怀疑，提出'al iggārā ("在屋顶上")是对阿拉米文'al agrā ("出租")的误读。但是妓女们居于 epi tou tegous ("楼顶上")或许简明地反映了东方生活方式的实际状况，该地区通常把屋顶的外层用作生活区域。谁都会马上想起拔示巴是在房屋的平顶上沐浴，犹滴也居住在房顶上支搭的小棚子里。这使托里的辩驳成为多余。

元前 2 世纪末完成的,因为人们在库姆兰古卷中发现了《耶利米书信》的一个希腊文残篇(7QLXXEPJer)。③ 创作的时间难以确定。一些学者特别强调那个与年代有关的内在迹象:作者预言犹太人将在巴比伦流放"很长时间,长达七代人之久"(第 3 节),在这之后,上帝会引领他们返回祖先的家园。这个预言所陈述的时期是《耶利米书》所谓"七十年"的变体(《耶利米书》25:11;29:10;《但以理书》中的"七十个七"也是一个变体,载于《但以理书》9:24;参看 9:2;见 Ball 1913:596;Moore 1977:328;Mendels 1992:722;Metzger 1957:96)。这些学者们辩论道,作者必定是在已经逝去的那个时期之前创作的,因为很难想象一个作者会以此种应当已经被证伪的方式故意更改耶利米的预言。在公元前 317 到前 306 年之间的某个年代,即其第一次或第二次被流放至巴比伦(公元前 597 或前 586 年)以后二百八十年之间的某个年代,被看作原始希伯来文本创作的最晚年代。事实上没有内在证据表明必须采纳某个更晚的年代,虽然当时间长度有"一代人"之久时,它的模糊性会使我们对实际上过于精确的年代范围持一种小心谨慎的态度。

　　作者考虑的似乎主要是巴比伦的宗教,正如文中的阐释性背景("在巴比伦你将会看见许多神祇",第 4 节)所示。作者提及彼勒(第 41 节)、论及礼拜巴比伦丰收之神塔模斯的仪式时,提到了吼叫声并杂以某些丧葬仪式(第 30—32 节);在描写妇女们充当狂热的妓女时(第 11,43 节),某些要素回荡着希罗多德描写巴比伦仪式时的声音(《历史》1.199):二者都显示了一个"在屋顶上"或在彼勒庙宇上层的女人(《历史》1.181;《耶利米书信》第 11 节可能把彼勒的"新娘"误写为一群

217

---

　　③ 《马加比传下》2:2 一直被看作《耶利米书信》的一个参考资料,尤其因为它提到耶利米指示"那些即将被掳的人"不要"被他们即将在流放之地见到的那些披金挂银的偶像所迷惑"。但是,《耶利米书信》本身在很大程度上受到《耶利米书》10:2—15 的启发,《耶利米书》10:2—15 的内容也是《马加比传下》2:2 的作者应当熟知的。而且,《耶利米书信》并未多出一些有助于对那些存在于《马加比传下》2:1—3 中之其他耶利米传统(例如,从圣坛上取来圣火,以及把律法写在卷轴上)加以解释的内容。参见法伊弗(Pfeiffer 1949:429 和注释④)的论述。

狂热的妓女），且表明宗教仪式中的通奸是为了荣耀神祇，妇女为此应捆绑自身等候一个男性的挑选（Ball 1913：596；Pfeiffer 1949：431；Metzger 1957：97；Moore 1977：329）。无疑，作品对埃及仪式没有任何明确的关注，尽管第 22 节提到了"猫"（Lee 1968）。作者在那里幻想出的猫并非埃及的崇拜对象，而是和蝙蝠、鸟类一样大批孳生、出没于庙宇的有害之物。

然而，作者对巴比伦偶像崇拜的批驳并未直接表明起源问题，摩尔赞成将巴勒斯坦作为最有可能的来源地，他提出，尽管作者似乎对巴比伦的宗教膜拜习惯有一些了解，表明它乃是"从远处来"，却未提到对巴比伦宗教信仰来说同等重要或更为重要的事情，比如占星术和占卜（Moore 1977：329；Pfeiffer 1949：431）。然而，作者对这些话题的沉默可以通过其题目的重心得到很好的解释：他并未打算写一篇反对巴比伦宗教信仰所有方面的论辩文章，而只是反对某个单一的、突出的、明显的方面——并且是最容易被揭穿的方面——对偶像的崇拜。④　总的来看，似乎没有明确线索来确定这部作品是源于巴比伦的犹太社群还是巴勒斯坦的犹太社群，两个社群都会获益于文本提出的那种隔绝的意识形态。⑤

文类和写作意图

《耶利米书信》不是一封书信，而是一篇檄文（Moore 1977：317）。

---

④　门代尔斯（Mendels 1992：722）认为，《所罗门智训》有可能使用了《耶利米书信》，而《所罗门智训》表明，"从亚历山大死后继承他的马其顿将军们（Diadochi）到整个罗马时代，在巴勒斯坦的反希腊化运动中，偶像崇拜一直是一个焦点问题"。这成为门代尔斯证明"没有理由断言该书信是在巴勒斯坦之外写成"的依据，也证明作者似乎使用了希伯来文本的圣经（著名的《耶利米书》10：5）。这个推论是值得怀疑的，因为《所罗门智训》是埃及犹太人的作品，用希腊文写成，因而也是那里犹太社群中意识形态斗争的见证。而且，希伯来文本的圣经想必是东方大流散中犹太人和巴勒斯坦犹太人之共同的天然资源。

⑤　欧斯特利（Oesterley 1935：269）设想巴比伦犹太人是这本小册子的基础读者，小册子应当既不排除也不断言它成书于巴勒斯坦。

它属于辩论性文体,而不是辩护词,后者试图证明某人观点的价值或正确性,前者则竭力否认另一人观点的正确性。它与《彼勒与大龙》、《所罗门智训》11—15,以及其他犹太人对外邦礼仪性质的"解释"有相似的意图:力求使犹太人避免赏识且同化于他们周围之另一些群体的礼拜仪式(Ball 1913:597;Mendels 1992:722)。其他可用的宗教表达方式不断增多,许多外邦人寻求真挚而虔诚的表达方式,无疑都使犹太人有理由开始怀疑自己过去一直被教导的绝对信念,且开始接受他们自己的宗教是一种完全不允许"其他神祇"存在的宗教。辩论在此达到"世界合理性"的目标,"世界合理性"主张维护真理所要求的"不言而喻"的特征和处于犹太文化身份核心部分的真实性的定义(见 Berger 1967:第 2 章)。通过否认另一选择的正确性,犹太人对其自身世界观之正确性的坚持得到了维护。

法伊弗(Pfeiffer 1949:432)大胆提出,《耶利米书信》是"写给犹太人的,至少也同样是写给外邦人的",因为在思想斗争中,强大的进攻也是最好的防御。但由于两个原因,这种说法不太可能。首先,如果作品事实上是用希伯来文创作的,想必没有外邦人能读懂它;第二,其进攻毫不强大:外邦人拜神的方法是简化论者的方法,且很容易被外邦人驳倒,他们知道偶像并非所敬拜的神祇本身,并且,石头雕像的无能绝不反映其神灵的无能。

形成时接受的影响

作者似乎借用《耶利米书》作为他创作的基本资料。在内容方面,《耶利米书》10:2—15 已经含有《耶利米书信》论辩的许多话题:偶像来源于手艺人用铁和木头做成的工艺品(《耶利米书》10:3—4,9;《耶利米书信》4,8,11,39,45,50);它们穿着紫色的衣服(《耶利米书》10:9;《耶利米书信》72);被比作黄瓜地里的稻草人(《耶利米书》10:5;《耶利米书信》70);那些偶像不会说话,也不能用自己的脚走路,而是要依附于它物才能移动(《耶利米书》10:5;《耶利米书信》8,26);断言那些偶像既不能帮助人,也不能伤害人(《耶利米书》10:5;《耶利米书信》34—37,64);要求人们不必畏惧它们(《耶利米书》10:5;《耶利米书信》16,23,29,65,69);申明崇拜偶像者将由于他的或她的偶像而蒙受羞耻(《耶利米书》10:14;《耶利米书信》26,39)。⑥ 耶利米教导流亡者之书信的概念溯源于《耶利米书》第 29 章,该章也是耶利米写给流亡者社群的书信,督促他们服从巴比伦的统治,对于将在那片异国土地上生存七十年要有所准备。

当然,《耶利米书信》与其他一些探讨偶像崇拜话题的文本也彼此呼应(Torrey 1945:64—65;Pfeiffer 1949:428;Roth 1975;Nickelsburg 1984:146)。《申命记》4:27—28 表明偶像乃由人手所造,由无生命的材料制成,"既不能看,也不能听、不能吃、不能闻"——冗长地述说了偶像的一无所能。这段话在《诗篇》115:3—8;135:15—16 中得以重置和扩展。除了这种一般的传统,《耶利米书信》似乎应当特别感激《以赛亚书》46:6—7,后者兼有以下论题:偶像来源于人手所制物品,它们无力行动,依赖于他人(要被人扛在肩上,如《耶利米书》26),更无力拯救那些向它呼求的人(《耶利米书信》36—38)。

思维策略

作者的基本思路从犹太人的圣经遗产中学得,是把异教神祇等同于该神祇可见的替代物,即偶像。外邦人想必不会以这种方式理解其

---

⑥ 一些学者把注意力集中于《耶利米书》10:11(这是该书仅有的一节阿拉米文经文),认为它是《耶利米书信》创作灵感的特别源泉(Torrey 1945:64—65;Metzger 1957:96)。托里(Torrey 1945:64,67)认为《耶利米书信》是用阿拉米文原创的,他在书中找到了对这种奇怪现象的解释:《耶利米书信》受到了这节的启发,转而,为了证明《耶利米书信》的真实性,人们又把这节从希伯来文译成阿拉米文。这些学者似乎一直被这个以阿拉米文问世的小书之奇异处所误导;再经更仔细的观察,发现在《耶利米书信》中实际上并没有与该节之具体内容相呼应的内容,却有许多与《耶利米书》10:11 之前那些章节彼此呼应之处。

宗教:尽管偶像的境域是神圣的,但偶像仅仅是神性之可见的替代物,它自身并非人们礼拜的对象(Pfeiffer 1949:428;Harrington 1999:104)。作者无意于用外邦礼拜者的观点去理解异教徒的宗教,因为其目的不在于解释,而在于揭示它的非法性。

但是,一旦鉴别出冰凉的石制偶像和异教神祇的身份,作者就能进一步把无生命物体的无能解释为异教徒虔诚的无能。《耶利米书信》的大部分篇幅用于陈明偶像是无生命的,不能做永生之主所能做的事情,例如"立人为王,……或者降雨,……决定它们自身的事务,或者为蒙冤者伸张正义"(第 53—54 节),甚至也不能做普通人所能做的事情,例如说话、走路,或者从失火的房屋中逃命(8,26,55 节,Nickelsburg 1984:147)。人们也不能从偶像崇拜中受益,所以即如偶像不能保护或帮助它自己一样,它也不能被指望帮助它的敬拜者。由于偶像崇拜的虚妄,崇拜者因着他们的无知将蒙受羞耻,而那些拒绝陷入此类愚昧中的人将是无可指责的(第 26,39,72,73 节)。

在作者揭穿偶像崇拜仪式之名不副实的过程中,一个反复出现的(即使是次要的)主题是:那些主持和鼓励偶像崇拜的祭司们都极为重视物质利益(第 10—11,28,33 节)。祭司们当然了解他们所支持的假宗教(见《彼勒与大龙》),他们之所以欺骗普通民众,是为了他们及其家人能有持续不断的食品和物资供给。作者也把罪恶行径同偶像崇拜相提并论(尽管未用《所罗门智训》14:22—31 中那种从诸多角度论述的方式):祭司们亲自参与神庙里的偷窃活动,还在偶像的庙宇里为淫乱放荡行为大开方便之门。

在写到第 29 节时,作者假定读者拥有与其相同的犹太文化识别力,因为他提到,正值经期或刚刚生过孩子的妇女都能随便参加偶像崇拜的仪式,这被视为偶像崇拜虚妄性的证据。一个"真"神应能意识到某些不洁净事物或亵渎神明之物的侵犯,并且给它以突如其来的打击。或者,作为一种选择,如果那些偶像确有某种神圣性,祭司和崇拜偶像的民众应当明白,这种亵渎是不能允许的。既然那些偶像显然无动于

220

衷,它们的神圣性也就不可能被人真正认同。

作为一个抨击偶像崇拜的文本,《耶利米书信》不像《所罗门智训》那样思想敏锐或见解深刻。尽管后者也经历过一个简化的过程,它对某些异教仪式之历史起源的描述[神灵崇拜源于对死者的崇拜(《所罗门智训》14:15—16)和对统治者的崇拜(《所罗门智训》14:17—21)],事实上对古代宗教之"宗教史"的研究依然作出了有益的贡献。在《耶利米书信》中,作者并不试图思考异族偶像崇拜的起源,虽然他对异教的批评——在异教中祭司们把宗教当作维持其物质利益的手段——最接近当今人们所谓的"意识形态批评"。

影响

《耶利米书信》未对后来的犹太著作形成深远的文学影响。后来出现的旨在揭穿外邦偶像崇拜实质的著作如《亚伯拉罕启示书》,是一部源于同时代早期的作品,和我们的文本拥有一些共同的话题:偶像是能工巧匠的作品,毫无神性可言;偶像自身跌倒时没有站立的能力,也不能靠自身从火灾中逃命;偶像不能自助,更不能救助那些有求于它的人。然而,这并不能确凿证明该作品受到过《耶利米书信》的影响,因为它受到的启发可能仅仅来自《旧约》的大量卷籍和两约之间反对偶像崇拜的其他辩论文章。

考察《耶利米书信》在《新约》中的反响也是一项富有启发的研究,但它不能表明直接的影响。例如哥林多人的口号"偶像是虚无"无疑与《耶利米书信》所持的观点相一致,那些观点常见于犹太人的辩论文章中,然而在哥林多信徒们那里,该口号的实际用法其实完全不同,哥林多信徒们想在异教的筵席上为他们与其老朋友及支持者群体的交往寻找正当的理由。这里有两种看法,一种称偶像是虚无;另一种是保罗的答复语,称偶像背后潜藏着撒旦与其同僚(《哥林多前书》10:14—21),此乃外邦人宗教崇拜的真正对象,这两种主张之间的张力反映在以下两个观点之间的同样张力之中,即《耶利米书信》有关偶像的见解和《巴录书》4:7 对偶像的看法,后者认为偶像崇拜也是恶魔崇拜。

公元 1 世纪后,随着此书作为耶利米文集的一部分在东方和西方被正典化,人们发现了一些直接影响的例子。直到哲罗姆时此书才遭到认真的质疑(被哲罗姆称为伪经)。这部作品被用于如下语境中,其间的基本主题是传统宗教的愚蠢,或持守基督宗教的特殊见证。例如,在公元 2 世纪,阿里斯提得斯的《辩护词》(为反对异教徒批评者而对基督宗教进行的"辩护")似乎受到《耶利米书信》的影响。论及那些被奉为神祇的星象之可视性替代物时,阿里斯提得斯写道:"他们把它们关在圣祠里,敬拜它们,称它们为神,甚至必须保护它们的安全,以防它们被盗贼偷窃……。如果他们的神无能力确保自身的安全,它们又如何对其他人施以保护呢?"(《辩护词》3;比较《耶利米书信》18,49,57—58)。后来,在第 13 部分中,阿里斯提得斯也强调了偶像饰品之显见的易腐烂,以及这些"神祇"在匠人店铺里的起源,不过这类话题想必为《旧约》反偶像崇拜的文本所共有。在公元 4 世纪,菲尔米库斯·马特努斯攻击异教徒时(《论渎神宗教之谬误》28.4—5)引述了《耶利米书信》第 5—10,21—24,28—31,50—57 节(Metzger 1957:98;Moore 1977:324 注释②)。

德尔图良为殉教辩护时引述了《耶利米书信》第 4—6 节,殉教乃是基督徒对上帝的义务(《防蝎毒之药》8)。在复述但以理的三个伙伴拒绝敬拜尼布甲尼撒王竖立的偶像时,他引用本书作为那些被流放到巴比伦的犹太人之假定常识的一部分,且毫不迟疑地指出,那些话皆为耶利米所言。正是这种宗教义务的定义——"在内心深处说:'只是你,主啊,我们必须敬拜的'"——成为三个伙伴发出自己勇敢宣言时所依据的准则(《但以理书》3:16—18)。在一个相当不同的语境中,迦太基的西普里安(《论主祷文》5)则以意译重述了《耶利米书信》第 6 节,与德尔图良所提及的章节相同。

《但以理补篇》

10

"让他们知道唯有你是上帝"

　　希腊文版本的《但以理书》中含有一些重要资料,未见于犹太教及后来基督新教正典的希伯来—阿拉米文版本的《但以理书》中。这些补充的资料在两个方面扩展了《但以理书》。首先是礼拜仪式:被添加在《但以理书》第3章中的《亚撒利雅祷词》和《三童歌》极大地强化了人神之间的交流及对上帝的赞美。其次是传奇:但以理故事的全部内容在补篇《苏撒拿传》及《彼勒与大龙》中得以加强。《苏撒拿传》讲述的是但以理及时干涉一桩错案的故事,《彼勒与大龙》讲述的是但以理代表永生之神成功战胜假神的故事。

　　连同在库姆兰发现的其他典外的但以理传奇故事,《苏撒拿传》和《彼勒与大龙》的故事表明,那六篇被认为出自希伯来—阿拉米文版本《但以理书》的故事,其实只是那些独立流传的但以理故事之庞大体系的一部分。那些包含在《但以理书》第1—6章中的故事和该书第7—12章的异象连贯起来,成为巴勒斯坦犹太人之《但以理书》的标准形式,但其他故事仍独立于这种形式的《但以理书》之外,另一些则被插入《但以理书》的某些版本中(可能被插入某些闪族文版本中,但肯定被插入希腊文版本中)。在首先对所有补篇的文本流传进行论述之后,我们将对每一个补篇做分别论述。

文本的流传

据了解《但以理书》的较长译本主要来自希腊文,幸存于两个相当
不同的版本中。① 较早的是七十子希腊文译本,全部保存于一份独立 223
的手稿中,即 9 世纪的奇散纳抄本(抄本 87;包含第 5—14 章的蒲草纸
967)和七十子希腊文译本之奥利金版本的叙利亚文译本中(Pfeiffer
1949:433,441;Moore 1977:33)。较晚近的版本称作提奥多田译本
(Θ),到 3 世纪末期基督教会用它取代了早期的七十子希腊文译本,所
以,我们称作七十子希腊文译本的所有主要手抄本其实都含有提奥多
田译本的《但以理书》。多数译本(如拉丁文通俗译本、别西大译本、埃
塞俄比亚文译本、科普特文译本、阿拉伯文译本和亚美尼亚文译本)都
以提奥多田译本为依据,叙利亚文译本主要因释义而有所区别;目前仅
保存于教父著作中的古拉丁文译本也显示其深受七十子希腊文译本和
提奥多田译本的影响(Bennett 1913:626;Moore 1977:34)。

较早的七十子希腊文译本可能成书于公元前 2 世纪末期,因为《马
加比传上》的希腊文译本显示有依附于它的迹象(Hartman and Di
Lella 1978:80—81;Pfeiffer 1949:440,442)。例如,《三童歌》第 66 节
的人名顺序是"哈拿尼亚、亚撒利雅和米沙利",就有别于希伯来正典
《但以理书》中相关人名的顺序"哈拿尼亚、米沙利和亚撒利雅"(或者与
其对应的阿拉米文名字沙得拉、米煞和亚伯尼歌),这种名字顺序也出
现在《马加比传上》2:59 及希腊文犹太文学中(见《马加比传四书》16:
21;18:12)。此外,"毁坏可憎的行为"之类专用词汇似乎已经从七十子
希腊文译本的《但以理书》11:31 中被采用至希腊文译本的《马加比传

① 在科林斯(Collins 1993:195—198,405—408,420—425)、毕塞尔(Bissell 1899:450—
466)、凯(Kay 1913:638—651)、戴维斯(Davies 1913:652—664)的著作里能找到七十子希腊
文译本和提奥多田译本的英语译文。1979 年拉尔弗斯提供了七十子希腊文译本和提奥多田
译本的希腊文版本。齐格勒于 1954 年出版了较可取的评论性版本。

上》1:54 中。

提奥多田在公元 2 世纪早期着手翻译其译本,但好像使用了《但以理书》一个更早的希腊文版本,该版本与七十子希腊文译本截然不同(Grelot 1966)。这种假设是有据可查的,即提奥多田译本的《但以理书》片段在《希伯来书》11:33 中已有所显示(与提奥多田译本之《但以理书》6:23 的文本传统相一致,即在七十子希腊文译本里删掉一句话"他堵住了狮子的口"),而且通过《启示录》,表明公元 1 世纪已经有了《但以理书》的版本,它与提奥多田译本大体相似而不同于七十子希腊文译本(Swete 1894:46—49;Montgomery 1927:46—50)。提奥多田译本比七十子希腊文译本包含更多希伯来文,这个事实有力地说明从希伯来手稿的角度看,提奥多田译本(或其使用的希腊文版本)代表着当时通用希腊文的一个改编本。无论提奥多田译本还是它之前的译本都以七十子希腊文译本为改编依据,这一点虽然尚不确定,但是提奥多田译本和七十子希腊文译本之间的逐字协调却能说明后者在某些方面深刻地影响了前者(参见 Moore 1977:80)。

尽管在《但以理书》的希伯来—阿拉米文抄本甚至《死海古卷》中确实未发现这些补篇,[②]但无论如何,学者们都赞同这些仪式性作品源于希伯来文,增补的传奇故事则源于希伯来文或阿拉米文。这是由于其希腊文中存在着闪族语风格,但这一点必须慎下结论,因为它能以三种理由作出解释:(1)某个希腊文作者刻意模仿七十子希腊文译本写作;(2)某个基本语言框架是希伯来文或阿拉米文的作者以希腊文写作;(3)某个希腊文译者笨拙地翻译一本闪族语文原作(Bennett 1913:627)。并不仅仅由于存在闪族语文风格,闪族语词的过量使用也强有

---

②　迦斯特(Gaster 1894—1895)认为一个 14 世纪的阿拉米文版本是独立的证据,见证了《苏撒拿传》最初用闪族语写成。许多人反对这一论点,例如戴维斯(Davies 1913:656)、摩尔(Moore 1977:49)、凯(Kay 1913:639—640)都认为,阿拉米文和 17 世纪的希伯来文手稿只是这个故事在犹太文化中具有持续生命力的一个标志。然而,科林斯(Collins 1993:202,205,410—411)建议,迦斯特所说的阿拉米文版本不该由于是希腊文本或者已知叙利亚文本的重译而被忽略,而应被当作一个中世纪之前的版本。

力地支持了这些补篇源于希伯来文或阿拉米文。③ 另外,关于仪式性
补篇,已有人注意到《亚撒利雅祷词》第 2、26 节和《三童歌》第 66 节的
主人公皆为希伯来名字,而非希伯来正典第 3 章中的阿拉米文名字,这
说明希腊文译本是依据希伯来原文确定的。还有,这个文本甚至能以
清楚的诗韵转换成希伯来文(Moore 1992d:19,引自 Kuhl 1930:154—
159)。④ 早在裘利乌斯·阿弗理卡纳斯给奥利金的信中就提到,希腊
文《苏撒拿传》里的双关语可以用来论证这个故事的希腊文起源。然
而,既然一个聪明的译者能够在希伯来文和所选的希腊文语词中发现
双关语,并且重造那些双关语(即使这意味着对那两棵树选择不同的名
字,或对上帝处置长老的行为选择不同的动词,见 Kay 1913:642;
Moore 1977:84),这种争辩对于反对希伯来文起源几乎不起决定性
作用。

极有可能是《但以理补篇》从一开始就存在于希腊文版本中(而非
后来被插入希腊文的《但以理书》中),因为在希腊文《但以理书》的各部
分之间存在风格的一致性(Pfeiffer 1949:442;Moore 1992d:19)。⑤ 摩
尔相信这些补篇已经在作为七十子希腊文译本和提奥多田译本基础的
希伯来文《但以理书》抄本中存在。事实是"学者们从来不曾在补篇的
希腊文与《但以理书》正典部分的希腊文之间觉察到句法、风格或者词
汇的不同"(Moore 1977:29),然而,这个事实并无确切需要,因为译者

225

---

③ 凯(Kay 1913:641)对 *waw* 连续出现的现象作了很有说服力的研究,将其作为闪族
人用 *kai* 作希腊文句子开头的一个内在解释。《苏撒拿传》所包含的相当于连续使用 *waw* 的
这类 *kai* 的次数,是《约翰福音》在同样数量语句中的两倍多(是《路加福音》或约瑟福斯的三
倍多)。因此,一个基本语言被假设为希伯来语或亚兰语的人(约翰或者约瑟福斯),或者一个
有意识模仿七十子希腊文译本风格的作者(路加),仍然有可能让步于较低数量地使用这些独
特的闪族语。关于这些补篇中的闪族语风格,参见柏尼特(Bennett 1913:628)和戴维斯
(Davies 1913:655)的论述。

④ "希伯来语就事实而论是犹太人祈祷和礼拜的语言",这一论点(Moore 1992d:19)是
有争议的,因为一个说希腊语的犹太人也可以同样有效地用希腊文向上帝祷告。虽然成书日
期在一个半世纪之后,但《路加福音》第 1 章中的《马利亚之歌》和《撒迦利亚之歌》却显示了七
十子希腊文译本的希腊文如何为祷词和赞美诗提供了精美的载体。

⑤ 斯迪尤斯(Steussy 1993:193)作了相反的假设。

可能要对这些来自不同出处的补篇的翻译和收录承担责任。⑥ 无论如何，《死海古卷》已经告诉我们，希伯来文的不同版本可能存在并同时被使用（例如《撒母耳记上》和《耶利米书》都有长短不一的版本），而这为论证《但以理书》的相关问题保留了理论上的可能性。

《亚撒利雅祷词》和《三童歌》

内容和结构

这些补篇被插在马索拉经文的《但以理书》3：23 和 3：24 之间，当时但以理的三个同伴由于拒拜尼布甲尼撒所立的偶像而被投进燃烧着的火窑中，在马索拉经文之《但以理书》3：24，尼布甲尼撒惊奇地看到四个人（而非三个）在火窑中行走（而非被立刻焚化）。在这篇祷文中，亚撒利雅忏悔了其民族对上帝之约的违背，宣布上帝就在所有降临于犹太人的灾难中，并祈求上帝的拯救以及对上帝之民的保护（《亚撒利雅祷词》1—22）。随后的五节叙事体诗将两个仪式性篇章连接起来，讲述站立在火窑边的迦勒底人被烧焦和天使降临在火窑里（《亚撒利雅祷词》23—27）。⑦ 紧跟其后的是直接赞美上帝的诗篇，最后以相当长的篇幅呼唤所有被造物赞美和荣耀上帝（《三童歌》28—68）。

《亚撒利雅祷词》的开头与《三童歌》的开头惊人地相似（在希腊文中尤为明显）：

"啊，主啊，我们祖先的上帝，我们赞美你崇拜你，愿你的名字

---

⑥　科林斯（Collins 1993：418，419，437；亦参见 Julius 1903：15—18）对此理论表示出明显的偏好，利用该理论说明任何手稿中都缺乏证据，能表明 2 世纪的希伯来—阿拉米文《但以理书》中包含有补篇，对此我也表示同意。

⑦　库尔（Kuhl 1930：161—164）断定，当《三童歌》被引进人但以理的叙事文本时，这段连接的散文是用来介绍《三童歌》的（并用以填补马索拉经文《但以理书》3：23—24 的可见空间，叙述尼布甲尼撒惊异的原因）。《亚撒利雅祷词》后来做了这段散文的前言，其目的有点尴尬，因为在有关天使介入的任何文字之前亚撒利雅已做了很从容的祷告。这既然有可能性，由于缺乏与此补篇相关的《但以理书》之希伯来—阿拉米文手稿，依据这些补篇去推测假设的希伯来—阿拉米文《但以理书》的发展阶段，就显得不大合适。

永披荣光。"(《亚撒利雅祷词》3)

　　"啊,主啊,我们祖先的上帝,我们赞美你。"

(《三童歌》29)

226

　　《多比传》8:5—8 的祷文也以同样方式开篇,表明在此时期这是向上帝祈祷的典型开篇方式。无论表现何种事件,仪式性诗文都精确地以同样词语开头,这种格式成为由相互平行的两部分组成的文学作品的结构,首先描述得救前的画面,其次是得救后兴高采烈的场面(然而当得救只是在瞬间发生或根本未发生时,火窖中的"历史"背景就会显得牵强附会)。

　　不论在诗文主题的一致性方面,还是在总结每一节下半部分的叠句中,《三童歌》的结构都非常紧凑(在第 29—34 节中出现一个叠句,在第 35—66 节中出现第二个叠句):

　　　　29—34:直接唱给上帝的祝福辞

　　　　35—68:祈求天地万物赞美上帝

　　　　35—41:天上万象

　　　　42—51:各种气象

　　　　52—59:世间万象与非人类居民

　　　　60—66:人类(前三节显示出对人类进行犹太式划分的同心圆:所有人、以色列人、祭司)

　　　　67—68:结论

七十子希腊文译本和提奥多田译本在这个补篇中的区别非常小,主要涉及《三童歌》的诗节顺序有几处倒置。

文类和写作意图

　　《亚撒利雅祷词》是一篇忏悔的祈祷文,在内容和形式上与《但以理书》9:4—19 和《巴录书》1:15—2:15 极为相似。《三童歌》是一篇赞美诗,创作手法模仿了《诗篇》136 篇(形式方面)和 148 篇(内容方面)。

或许那些为敬拜所创作以及只是后来才被插入圣经叙事中的诗文都是用于礼拜仪式的篇章,这方面的显著例子包括《出埃及记》15:1—18(一篇显然源于定居迦南后某时期的救赎诗篇,却被插入《出埃及记》的叙事中,作为一种方法突出上帝子民在红海上得到的戏剧性的断然拯救)、《撒母耳记下》第 22 章和《约拿书》2:2—9。

摩尔(Moore 1992d:19)认为忏悔语气"完全不合适",因为"这三个年轻人只是由于忠诚于上帝才陷入目前的困境"。虽然摩尔(Moore 1977:40)宣布亚撒利雅及其同伴未曾犯罪是正确的,但是犹太人具有共同身份和共同责任的强烈意识亦是事实。亚撒利雅及其两个朋友可能未曾犯罪,但是以色列却犯有悖逆上帝之罪,所有以色列人都该自食其果。这就有足够的理由来说明亚撒利雅何以成为忏悔祷告和祈求拯救的文学形象。从《马加比传下》7:18,32—33,37—38 中能发现类似现象,在那里,七个殉道者像亚撒利雅一样,恰恰由于忠诚于上帝而陷入困境,但是他们意识到了其人民之罪——其同一团体之罪——因此在异族统治和宗教迫害的更大灾难中坚韧不屈。

致使这篇祷文"不适合"其新文学背景的原因是它的一般特征不甚明确。既没有线索暗示那恳求者是站在燃烧的火窑中,也没有线索表明他能在火窑中念诵求救的祈祷书——或者在说话前已得到担保,或者根本就没说一个字。同样,联系《三童歌》第 66 节纯粹插入式的叙事,《三童歌》的大致特点表明这篇作品被收入但以理系列传说之前,已经有了用于礼拜仪式的历史。

收入这些补篇的目的不是纠正从《但以理书》中发觉的某些缺陷(与《以斯帖补篇》不同),而是在故事中强调拯救的奇迹,同时保存两篇用于礼拜仪式的佳作以免散佚。这使《但以理书》第 3 章益发成为对个人祈祷和奉献的一种宣言,还成为传达该诗神学的通道(祷文再次肯定了《申命记》的神学理论和上帝的伟大以及歌中所表达的创世神学)。

作者、日期和背景

显然,匿名作者或作者们对两约之间忏悔祷告的仪式性诗文传统以及旧约诗篇中更富于仪式性的赞美诗非常敏感而熟悉。《亚撒利雅祷词》和《三童歌》的原文可能是希伯来文,若非相连二者的叙事(《亚撒利雅祷词》23—27),它们还指向一种巴勒斯坦的起源。为祷文和赞美诗确定日期相当困难,但《亚撒利雅祷词》第9节里却有希腊化危机的某种反映,谈到虔诚者被交给背教者和一个最坏的国王(Harrigton 1999:10;Metzger 1957:103;Moore 1992d:19)。《亚撒利雅祷词》第9节对短语"没有法律"(*anomōn*)和"背弃信仰者"(*apostatōn*)的运用使这种暗示更加可信,前者可能被用来指代外邦人,后者则指那些以前遵守托拉但在某些时刻却迷失方向者。叛教的犹太人和一个作为托拉守卫者之"敌"的异族国王之间的结合,自然被想象为在公元前175—前164年之间出现。相反,《三童歌》并未提供那些回忆,而且有可能比《但以理书》的其余部分成书日期更早。至于其他补篇,较合适的日期是大致于公元前100年之前被翻译成希腊文(七十子希腊文译本版本,Moore 1977:29)。

228

形成时接受的影响

以下几个形成于两约之间时期的忏悔祷文在主题方面具有显著的和谐性:《亚撒利雅祷词》、《但以理书》9:4—19、《巴录书》1:15—2:15和《尼希米记》9:26—37。当然,《尼希米记》可能形成得最早而《亚撒利雅祷词》形成最晚。《但以理书》第9章和《巴录书》第1—2章互为依赖,或者都依赖于一个共同的仪式性原始资料,其成书日期尚有争议。⑧《但以

---

⑧ 摩尔(Moore 1977:292—293)赞成这种可能性,即《巴录书》第1—2章不仅是《但以理书》第9章的一个改编本,还折射出一篇能够"追溯到公元前4世纪末期"的祷文。而且,《但以理书》第9章中的祷文具有插入文字的特征,因此可能古老得多;即使它是《巴录书》第1—2章的资料来源,也不意味着《巴录书》第1—2章肯定写作于公元前166年之后,当时《但以理书》已被汇编。

理书》第 9 章肯定促成了《亚撒利雅祷词》的写作并为之赋予活力，或许还赋予《巴录书》1：15—2：15 以可能的古旧文风。

所有这四篇祷文都阐明了《申命记》的基本前提：以色列人违反上帝的契约，导致灾难和全民族的不幸，而忠于上帝契约者则获得幸福。显见于所有祷文中的是承认上帝以降灾处罚以色列的公正性（《尼希米记》9：33；《但以理书》9：7，14；《巴录书》1：15；2：6；《亚撒利雅祷词》4—5），并承认以色列人遭受目前苦难的原因是犯罪（《尼希米记》9：34；《但以理书》9：5—6，8—11，14b；《巴录书》1：17—18，21；《亚撒利雅祷词》6—7）。这些祷文都含有对一项原则的明确肯定，即背叛上帝律法之罪导致以色列人被上帝交付在"敌人手中"；在陈述这类内容时，《但以理书》和《巴录书》引用了摩西律法（《尼希米记》9：26—27；《但以理书》9：11—13；《巴录书》1：20；2：2；《亚撒利雅祷词》7，9）。

《亚撒利雅祷词》回应《但以理书》第 9 章和《巴录书》第 1—2 章，继续承认降临于以色列的耻辱（《但以理书》9：7—8；《亚撒利雅祷词》10）；更显著的是，继续呼求上帝维护与重建以色列。三篇作品都请求上帝为了自身的荣誉而介入历史，复兴以色列（《但以理书》9：15，17—19；《巴录书》2：14—15；《亚撒利雅祷词》11：20，22）。

《亚撒利雅祷词》和《巴录书》都含有以色列人口锐减的细节（《巴录书》2：13；《亚撒利雅祷词》14）。这一细节不但悲哀，而且承认了《申命记》28：62 对其人口锐减的警告（"你们所剩的人数就稀少了"）已经实现。《亚撒利雅祷词》进而表明，这种灾难已危及上帝对亚伯拉罕的许诺（《亚撒利雅祷词》12—13；比较《创世记》15：5；17：6；22：17），而正是在此许诺的基础上，其作者反过来希望亚伯拉罕的后裔都能健康成长。

这些祷文的独特之处是，一如《诗篇》51：16—17 中的忏悔诗，《亚撒利雅祷词》也以呈献一颗痛改前非之心取代献祭，作为与神和解的有效方式。由于利用了这些互文性资源，《亚撒利雅祷词》的作者较其前人具备了实在的心理优势，前人的祷文显然缺乏在绝望的困境和被上帝接受的信念之间进行调解以减轻痛苦的媒介。

《三童歌》主要受旧约诗篇影响而显示出现存的状态。"称颂主如何如何"的语式显见于《诗篇》103:1,20—22,可能为《三童歌》每节诗的开头部分提供了基础。在内容上,世间所有被造物都被要求荣耀上帝,这可能是从《诗篇》148篇中学到的,该诗固然缺乏如此精良的结构或兼及百科的特征,却也是这样教诲万物。最后,《诗篇》136篇显示出对《三童歌》发生了双重影响,一是在形式上每节诗的第二部分都反复使用叠句,二是内容上第67—68节对《诗篇》136:1—2进行了释义性扩展。

神学与敬虔

由于依据了表达出申命派神学意义的资料,毫不奇怪,《亚撒利雅祷词》也同样清楚地表现出这些信条。一再确认忠实于契约和以色列人的命运之间具有直接关系,是两约之间文学反复表现的主题(见《多比传》3:2—5;13:5—6;《犹滴传》5:17—21;8:18—20;《巴录书》1:15—2:15;3:10—13;《马加比传下》7:18,32—38)。在这样的框架结构里,其作者和《但以理书》第9章与《巴录书》第1—2章的作者分享了共同的信念:上帝的荣耀是由其子民的命运,以及由以"上帝之名"命名城市的命运赋予的。而对那些敬拜异神的外邦人而言,其盛衰沉浮都不能显示上帝对那些不知上帝者的优待。如同《但以理书》第9章,《亚撒利雅祷词》也将对上帝拯救的呼求置于对上帝的呼求之中,通过对那些寻求上帝支持与保护者的救赎,断言和显示上帝的荣耀(deSilva 1995:190,293)。最后,上帝在万族中的声誉(《亚撒利雅祷词》22)与以色列的兴衰密切相关,这种联系乃是诗人希冀以色列再度强盛的根源。

《亚撒利雅祷词》与许多诗篇和先知文献在道德、伦理及以内心理性献祭方面产生了共鸣。以色列人未把动物献祭的体制留给外来宗教,而是提供了一个框架,通过它去表达并关注人的内心活动(例如《亚撒利雅祷词》第15—17节或《诗篇》51:16—17中的悔悟和忏悔,或《诗篇》50:23;141:2中对上帝的敬拜),思考人类关系领域中的公正行为(《箴言》21:3,27;《何西阿书》6:6)以及对契约的遵守(《撒母耳记上》

15:22;《诗篇》40:6—8）。在此,使献祭理性化的原因——替代了利未人献祭的可得到且可接受的发现——是无法接近耶路撒冷的祭拜中心（此系安提阿古四世时期在与祈祷相关创作中的反映之一）。

《三童歌》称颂上帝是有生命和无生命之万物的创造者,呼唤所有被造物都承认对造物主负有感恩之债（如《三童歌》第35节所示）。从众天使到亚撒利雅,构成此歌主要内容的各色接受者被一条共同纽带聚集在一起,该纽带即所有被造物都是主的"作品"。他们被呼唤担负起崇敬其创造者的责任。[⑨]《三童歌》第66—68节体现了对于该颂歌的几条理性概括,与正典《诗篇》颇为相似,即个人的拯救、上帝的完美,和上帝怜悯之心的永世长存。

插入但以理故事系列

将这些仪式性诗篇插入但以理故事系列之中,是在对原作进行细微的改编后完成的。《亚撒利雅祷词》只有一篇简短的散文引言,它和另一段散文叙事共同构成祈求和赞美之间的桥梁。在《三童歌》里,唯有第66节述及《但以理书》第3章中的故事,以致被那个将这首赞美诗收入故事中的编者视为一段增补。

这些插入的文字影响了人们阅读《但以理书》和仪式性作品的方式。首先,这篇非常适合众人在各种背景里使用的祷文和赞美诗被限定了具体时间和背景,它们都被特别读作但以理的伙伴对其在《但以理书》第3章中处境的反应,而反过来,他们的反应又强调了处于困境中的个人借助忏悔和祈祷所能达到的令人惊奇的可能性,并暗示了对于上帝拯救的适宜反应:感谢上帝的赞美诗应推及整个宇宙。这些补篇也戏剧地改变了《但以理书》第3章的特征。以前,这个故事的焦点集中于金像和要求敬拜它的妄言上,后来则集中于尼布甲尼撒对于忏

---

⑨　关于认知上帝或诸神赋予生命和存在的普遍表现,参见德席尔瓦（deSilva 2000b:126—127）之论。

悔者及其出乎预料之命运的反应中。但增入补篇后，焦点却大致转向那三个人所侍奉的上帝身上，转向并非围绕偶像而是在火窑中对唯一上帝的敬拜。补篇可能会妨碍情节向前发展，但它们也把火窑转变成一个优美从容、井然有序的礼拜场所，该场所最终成就了情节中的奇迹。

影响

　　这些补篇的最初影响是通过它们被用于公众礼拜活动来实现的。它们能被但以理故事所接纳，表明这些仪式性诗文在其编者的读者中颇受推崇。另外，这些仪式性诗文也进入早期教会的礼拜仪式中（它们被收入七十子希腊文译本之若干抄本的颂歌中可资证明），且迄今在天主教、圣公会和主教制教会中广受欢迎。

《苏撒拿传》

内容和结构

　　苏撒拿的故事发生于囚居巴比伦时期，地点在一个名叫约雅金的住房内外。约雅金是个富有且受人尊敬的犹太人，他家被那个地区的囚居者作为聚会中心。两个被任命为士师的长老对约雅金的妻子苏撒拿生出淫欲，对她提出最后条件：必须满足其欲望，否则就遭到他们的控告，指控她正在与一个匿名青年男子通奸时被抓获，而那个男子逃脱了。虽然这意味着她将失去贞节的名声甚至生命，她还是选择了对上帝律法及自己丈夫的忠诚。在法庭上，作为士师的长老骗取了人们的信任，而苏撒拿则被判处死刑。上主听见了她要求澄清罪名的哭求，遂派但以理前去插手此案。但以理制止了审判程序，并因在证词中发现前后矛盾而抓住那两个作伪证者，结果是苏撒拿被释放，长老们被判处死刑，但以理的名声得以传扬。

　　由于提奥多田译本提供了更为丰富的故事轮廓，两个希腊文版本在此表现出显著差异。其区别可概括如下：

1. 14—19节：提奥多田译本提供了一个额外场景，即苏撒拿在花园沐浴，让仆人离开，以及被长老引诱。在七十子希腊文译本中此处被删去，取而代之的是在19节中简要叙述长老决定对苏撒拿设圈套。

2. 20—21、24—27节：在提奥多田译本中，长老承认了他们的欲望并发出威胁，苏撒拿尖叫之后她的仆人再度出现，长老谴责了她。而在七十子希腊文译本中长老的直接陈述被删去。

3. 35节：七十子希腊文译本显示在法庭上苏撒拿面对长老的证词祈求拯救，提奥多田译本则将祈祷词推迟至死刑判决被取消之后（42—43节）。

4. 39节：七十子希腊文译本让长老陈述的借口是那个"年轻人"戴着面具，以致无法辨认。

5. 44—45节：在七十子希腊文译本中，一个天使赋予但以理洞察力，但他对长老并未立即表态。而在提奥多田译本（44—46节）中，是上帝直接激励了但以理，他一开始就宣布苏撒拿无罪。

6. 52节：七十子希腊文译本增加了一个警告："不要认为他们的身份是长老，也不要说'他们永远不会撒谎'。"

7. 56节：七十子希腊文译本将提奥多田译本中的"迦南"改作"西顿"。

8. 60节：提奥多田译本增加了一句"他们赞美上帝，上帝拯救了那些仰望上帝的人"。

9. 62节：七十子希腊文译本添加了死刑的方式和天使在长老尸体上燃起熊熊大火。

10. 七十子希腊文译本以对一个真诚青年的简略赞美结束，且劝告众人协助训导年轻人，使之表现出知识和洞察力。提奥多田译本则以叙述全家释然于苏撒拿得拯救结束，并强调但以理的名望得到提升。

文类和写作意图

《苏撒拿传》被称作第一篇“侦探小说”(Pfeiffer 1949:448)，人们已不再为它的历史真实性极力辩护。据说《苏撒拿传》最初反映了对撒都该人审判程序的反对，因为西缅·本·舍塔赫曾试图通过支持严格盘问法庭上的证人而进行法庭改革（参见第 48—49 节），并且坚持《申命记》惩罚假证人的原则，不管审判是否被执行，都要根据等待控告者的潜在命运对假证人进行惩罚(Brüll 1877；Kay 1913:643—644)。这样做的目的对于普通读者而言过于费解，更令人难解的是，如同这篇传奇的“寓意”一样，两个希腊文本在结尾对此都未予以揭示，而是各自给出一个不同的结论(Delcor 1971:278)。另外，这桩审案本身远非一个公正范例，但以理是依靠上帝赐予的灵感而非法官的理智完成审判的(Delcor 971:278)。然而这个故事也不该被当作一种解码式的努力，意在推动司法改革的具体程序，它只是强调了由《托拉》呈现出的法律制度之潜在问题之一：两个证人密谋提供假证词的可能性，以及法官或许因此被人操纵而冤判无辜者的危险性。⑩

如同《犹滴传》和《多比传》，苏撒拿故事具有单纯的娱乐价值，但它也强化了犹太教的某些核心价值观。其中最重要的是对上帝及其命令保持忠诚，尽管在此过程中可能会遭遇暂时的危险（通过默许罪恶而寻求逃脱危险是永远禁止的），然而上帝会为正直人澄清一切，并最终对罪人施行惩罚。

作者、日期和背景

苏撒拿故事可能是流传于犹太社群之外的一个犹太传奇故事的改编本。有关“无辜妇女被诬告”和“年轻机智法官”的民间故事不胜枚举 233

---

⑩ 虽然福音书所载审判耶稣的历史真实性曾遭到质疑，故意使用假证词以求得权势者所希望判决的情况依然常见，亦遭到谴责。

（Delcor 1971：277）。一个相似的故事甚至出现在《一千零一夜》中（Pfeiffer 1949：453）。就其目前形式而言，这个故事完全是对犹太文化及世界观之驾轻就熟的表现——也就是说，没有任何证据表明它可能来自非犹太源头（Moore 1977：89）。既然但以理的出现对故事而言突兀而不必要（任何一个无名年轻人都能履行同样的职责），那么插入这个故事中给所有人带来公正的年轻人就可能是在第二阶段被确认为但以理的（Pfeiffer 1949：449；Kay 1913：642）。

确定这个故事的成书日期很困难。尽管但以理的名字可能只是后来才被编进去的，这个故事本身却经历了波斯及希腊化时期的大半历史，在犹太环境中产生了积极的影响。故事中所呈现的犹太社群在外邦人统治下享有高度自治，两约之间时期的犹底亚和若干散居的犹太社群亦大致如此。故事可能用闪族语原创，此亦暗示了写作地点是巴勒斯坦或东部散居地区。犹大的女儿勇敢地抵制了长老的压力，较之以色列的女儿（例如北方部族）过去屈服于长老，这种优越性暗示出作者自认为是个犹大人（Collins 1993：438）。

形成时接受的影响

除了为故事提供重要素材的民间主题，《苏撒拿传》的灵感和细节大都取自希伯来圣经。学者们经常引用《耶利米书》29：21—23 说明其来源，认为《苏撒拿传》是对那篇严谨而凝练之神谕的一种叙事性扩展。尽管二者确有值得关注的共同情节——处于权威地位的两个人滥用职权，与"其邻居的妻子"通奸，撒谎（虽然在《耶利米书》中是先知而非士师），最终都受到公正的惩罚——它们仍有重大区别。如果《苏撒拿传》仅是《耶利米书》29：21—23 的释经作品，那么，作者决定把先知转换为士师，把说假预言之罪转换为在法庭上作伪证，把来自尼布甲尼撒的有关正义的法律文书转换为来自犹太社群，这种决定便表现出与其原始资料不必要的背离（即如与《耶利米书》29：21—23 之真正释经作品相比较所显示的那样)。⑪

　　由于在已知的圣经文本中无处可寻,第 5 节的明确引文就显得难以追溯。这是马丁·斯迪尤斯(Martin Steussy 1993:146—152)论证雄辩的一个调查对象,他认为该处引文是《耶利米书》23:15c("因为亵渎的事出于耶路撒冷的先知,流行遍地")的一种反映,指代巴比伦的邪恶先知,依据了七十子希腊文译本之《耶利米书》36:21—23(《马索拉经卷》29:21—23)。从后流放时期的背景看,《苏撒拿传》的作者很自然地把巴比伦看作邪恶衍生之地,而把耶路撒冷视为希望和神圣的中心(这与《耶利米书》把耶路撒冷当作邪恶之地,而把巴比伦当作希望与复兴之地恰好相反)。尽管与圣经有某些相通,作者还是以多种技巧使他的"引用"合于自己的故事。⑫

　　这个故事涉及律法的内容几乎全部取材于五经而未经任何修改。所以,在第 41 节中通奸需以死刑相惩罚(《利未记》20:10;《申命记》22:22)。第 62 节含有一个隐藏在《申命记》19:18—19 中的典故:"审判官要细细地查究,若见证人果然是做假见证的,以假见证陷害弟兄,你们就要待他如同他想要待的弟兄。"死刑是长老自作自受,因为他们原想通过做假证使苏撒拿遭受那种刑罚。这和巴勒斯坦公元 1 世纪早期的审判程序有所不同,那时根据撒都该人的做法,除非受害者确已被实施了死刑,做假证者是不能被实施死刑的。

　　最后,在第 53 节中但以理相当严密地引用了《出埃及记》23:7b:"不可杀无辜和有义的人。"《出埃及记》引文之更大的上下文极好地适应于苏撒拿的故事:"当远离虚假的事……因我必不以恶人为义。"(《出埃及记》23:7a,c)发现长老通过做假证进行谋杀的阴谋,表现他们的命运,都证明了上帝对公正的承诺,一如《出埃及记》23:7 所示。

---

　　⑪　参见《巴比伦塔木德·公会》93a,引自摩尔之论(Moore 1997:85)。
　　⑫　这种现象对《苏撒拿传》来说并非独一,即如《马太福音》2:23 一样,马太也偶尔使经文符合其叙述。

神学与敬虔

作者在第 8—11 节通过给读者提供一个了解堕落长老精神蜕变的视窗,说明一旦人的心灵背离上帝,其面对上帝律法的羞耻心趋于泯灭,即使受人信赖的士师也能成为感官冲动和妄作伪证的奴隶(Kay 1913:646)。相比之下,苏撒拿体现了"敬畏上帝"的人格,进而体现出以色列的智慧传统,其中"敬畏上帝"是基本的价值观(Delcor 1971:263)。在《苏撒拿传》的人物和思考中,这个故事强调了亦见于《马加比传下》6:26 中的教训,即人生中尽管可能遭遇暂时的危险,重要的是保持对上帝及其诫命的忠诚。便西拉也曾尽力使其学生将上帝意识牢固地置于思想和心灵中,因为上帝是神圣的审判者,能够超越一切而俯瞰众生,且能超越具有终极重要性的判决(《便西拉智训》23:18—19;17:15)。这恰恰是士师所背离的,也正是苏撒拿所首先持守的(9,22—23 节)。

235   苏撒拿的祈祷表明,她相信上帝了解被虚假表象掩盖的事实,这是希伯来圣经精心建构的一个主题(参见《撒母耳记上》16:7;《但以理记》2:22),论及上帝的预知能力。《犹滴传》9:5—6 对这一点有更充分的揭示。这个故事也支持了一种信念,即上帝是绝对公正的,对待人类事务绝不允许存在任何不公正的私情。上帝为那些行事正直者洗清罪名,并最终给罪人和压迫者带来惩罚(Delcor 1971:278)。上帝不仅在总体上关心其子民,还会为了某个人的利益施行干预(Moore 1977:28)。

插入但以理故事系列

一旦这个法庭英雄被确认为但以理,该故事就将被增补到希伯来正典的文集之中。在希腊文版本里,《苏撒拿传》被置于正典《但以理书》第 1 章之前(提奥多田译本传统),成为对这个年轻人的一种介绍,其经历和见解将影响这本书的其他篇章。然而,在苏撒拿故事里,但以理是在巴比伦长期定居的流放社群中的一员,而在《但以理书》第 1 章中他是新近被驱逐出境者中的一员,这种身份定位难免导致二者之间的某些张力。把这个故事纳入但以理故事系列的轨道之中,则产生一种效果,即将此故事转换成了称颂侍奉上帝的聪明人但以理之智慧的颂歌。提奥多田译本对这个故事的总结就明确地以此颂歌作结尾。

较早的七十子希腊文译本把《苏撒拿传》放在《但以理书》第 12 章和 14 章之间,使其比起一篇序言来更给人以补记的感觉。较之它被收入但以理故事系列之中,以鼓励犹太社群去培养这种青年男子(妇女在犹太会众中永远不可能扮演此类角色),使之能充分利用其智慧去识别背叛并确保公正,它的结论亦更适合作为一个独立故事而事先存在。

影响

《苏撒拿传》并非希伯来正典《但以理书》的一部分。据说《苏撒拿传》由于与一篇《哈拉卡》*相矛盾而被排除在正典之外(《密西拿·公会》5.1):一个受到怀疑之假证人的罪行必须被另外的证人确定,该证人能够见证他或她不在犯罪的事发现场(Moore 1977:80 引用过的一个观点)。然而在《苏撒拿传》中,该特定案件的情况却不适合这条规则(实际上假证人与苏撒拿是在一起的;他们不仅对地点而且对所看到的都撒了谎)。既然我们从未发现或听到有关希伯来文《但以理书》带有这些补篇的确凿报告,更有可能的便是,《苏撒拿传》很晚才汇入但以理系列,以致不曾被视为该书的权威部分,它可能一直是自行流传的希伯来故事,与《但以理书》无关,直到七十子希腊文译本把这些不同的故事编在一起(Collins 1993:437)。所以,《苏撒拿传》或许并非被正典排除在外,而只是由于出现得太晚,才无法在经典文学中找到一席之地。⑬

另有说法,谓该书对长老的描述阻碍了正典对它的接纳,这提供了教会选择提奥多田译本而非七十子希腊文译本(它曾更直接地贬低"长老"的品行)的线索。虽然许多有识之士都认同此说(Moore 1977:

236

---

* 《哈拉卡》:犹太教释经大典《塔木德》的某些注释和评论汇编。——译注
⑬ 关于《苏撒拿传》对犹太文化和思想的持续影响,参见列维之论(Lévi 1993)。

80—81;Collins 1993:438),我仍不能做此假定。或强调长老应负的责任以确保公正,或隐匿对责任的倡导以维护某人的地位,如果在这二者之间作出选择,一个长老必定会倾向于后者。

实际上,与神谕圣经的权威性相一致,对《苏撒拿传》的一种早期运用便恰恰涉及这一点。伊里奈乌斯(《反异端》4.26.3)引用第56、52—53节(按该顺序引用,依据提奥多田译本)谴责教会里那些利用其地位"满足私欲"的长老,说他们以为自己能逃脱人类和上帝的判决。但伊里奈乌斯又指望这些长老只出现在异端阵营中,而非那些持守使徒训导之人,还认为所有长老都被要求不仅思想纯洁,而且"行为无可指责"。所以,长老将完全乐意把《苏撒拿传》用为受过灵感的经卷,从中发现思想和行为的绝对标准,那些标准所有长老都应信守不渝。⑭

如地下墓穴中的壁画所示,苏撒拿故事对早期基督教艺术产生了影响。苏撒拿形象引起其敌对者的注意,使之成为早期教会在极端压迫之下极力保持对上帝忠诚的一个合适形象(Boitani 1996:7—10)。在对《但以理书》的评注中,希坡律图把(提奥多田译本中的)苏撒拿故事当作早期教会反对犹太人和异教徒的寓言来读,是他们告发并判决了苏撒拿(Boitani 1996:11—17)。⑮ 约翰·克里索斯托曾为苏撒拿布道,赞扬她面对诸多损失和危险时对上帝的坚定不移。⑯ 这个故事在中世纪、文艺复兴和王政复辟时期的诗歌和戏剧中一再重现,⑰已激发出大量艺术作品(参见 Spolsky 1996),⑱并开创了亨德尔之清唱剧《苏撒拿传》的音乐风格。

---

⑭ 至于早期教父论述《苏撒拿传》的其他资料,一如他们对《但以理书》其他补篇的讨论,参见朱丽叶丝之论(Julius 1903)。

⑮ 作为对每个基督教殉道者之困境的描述,希坡律图对第22节的评论特别引人瞩目。

⑯ 从梅茨格尔(Metzger 1957:112)著作中能看到一段引文。哈尔泊恩·阿玛录(Halpern-Amaru 1996)提供了一篇早期教父阅读《苏撒拿传》的精致的阐释性文字。

⑰ 其中两种曾由杰弗里(Jeffery 1996)和卡普兰(Kaplan 1996)讨论。

⑱ 梅茨格尔(Metzger 1957:227—228)提供了一个目录。斯鲍尔斯基(Spolsky 1996)注意到,文本中从未暗示苏撒拿在长老与其搭讪时没穿衣服,虽然她所考查的每个画家都是如此表现的。

《彼勒与大龙》

内容和结构

巴比伦王(在提奥多田译本中是波斯王居鲁士)问但以理,为什么他不敬奉在巴比伦被众人膜拜的彼勒。但以理回答,他不拜人造的偶像,只拜创造了万物的永生上帝。国王反驳道,彼勒享用了大量食物,肯定是活着的神。但以理嘲笑着断言,彼勒从未吃过任何供奉在他面前的食物,因为他不过是黏土和青铜。国王被激怒了,提出一个挑战:要么祭司证明彼勒是能吃东西的活神而避免一死,要么但以理证明彼勒不能进食而免于死刑。

偶像前面摆放了食物,祭司们都被驱散。但以理在地面上撒一些灰,关上庙门,请国王在门上贴了封条。第二天早上,封条完好无损,食物却不见了。但以理为国王指出留在灰上的男人、女人和小孩子脚印。国王迫使祭司们供出地板上的暗门及那些人如何夜间从那道暗门进入神庙,吃掉食物。国王将他们处死,授权但以理捣毁彼勒及其神庙。

第二部分述及巴比伦人崇拜的一个活物(可能是一条蛇,通常被称为大龙)。国王让但以理奉拜它,因为它显然是一个活着的神。但以理用脂肪、沥青和头发制成的混合物杀死大龙,反驳了国王的说法。这时巴比伦人找上门来,要求国王把但以理交给他们,否则就暴乱。但以理(再次)被投进狮子坑里,狮子虽然饥饿却不吃他,即使他在坑里待了一个星期。第六天,但以理被上帝奇迹般地赐予食物,一个天使奉命从巴勒斯坦带来哈巴谷,送来菜肴和面包。第七天,国王发现但以理依然活着,遂承认唯一的上帝,并把害人的元凶投进狮子坑,那伙人立即被狮子吞吃。

两个希腊文版本之间的差别虽不如在《苏撒拿传》里那么明显,却也值得再次注意:

1.1节:七十子希腊文译本只把这个故事当作"来自哈巴谷

的预言",国王则隐姓埋名,而提奥多田译本称国王为居鲁士。

2. 5节:在七十子希腊文译本中,但以理仅以对一神的肯定性表白拒绝国王的要求;在提奥多田译本中,但以理的拒绝还包括其言论:"我不拜人手制造的偶像。"

3. 8节:在七十子希腊文译本中,但以理接受国王的挑战之前,彼勒的祭司们实际上对国王撒了谎,说:"是彼勒自己吃了这些东西。"

4. 12节:提奥多田译本泄露了暗门的存在,而在七十子希腊文译本中,直到情节发展到最后国王才发现那个秘密。

5. 21节:七十子希腊文译本中有一个额外的简短场景:国王和但以理在祭司房间里惊奇地发现彼勒的食物。

6. 22节:在七十子希腊文译本中,是国王捣毁了彼勒,但以理杀死了祭司。

7. 25节:提奥多田译本让但以理重复表白对一神的认信。

8. 29节:在提奥多田译本中,人们明确要求把但以理交出来;在七十子希腊文译本中,国王作为平息暴乱的一种方式而自己主动这么做。

9. 32节:七十子希腊文译本增加了"他不接受葬礼",作为但以理预先受辱的一部分。

10. 39节:七十子希腊文译本增入"上主想起了但以理"。

有人提出,但以理故事与彼勒及大龙故事相遇时,后二者原是分别形成、孤立存在的叙事文本。然而就其现存的叙事样式而言,这两个故事是紧密联系并巧妙编织在一起的(至少,第二个故事最初是从第一个故事衍生出来的)。第一个讲的是不能进食的神,第二个讲的是能进食且有生死的神(Delcor 1971:291)。另外,第二个故事中确有回应第一个之处:(1)第二个故事中国王对但以理的开场白("你不能再否认这是一个活着的神",第24节)预设了但以理先前由于彼勒只是无生命的手工制品而拒绝崇拜它(第4—7节);(2)在第二个故事中巴比伦人反叛国王是因为他允许除掉彼勒、大龙以及彼勒的祭司(第 28 节),这是第二个故事对第一个结局部分(第 22 节)的重要引用。[19] 实际上彼勒故事虽然在某些方面独立于大龙故事,相反的推论却难以成立,即大龙故事在很多方面是彼勒故事的陪衬。

文类和写作意图

《彼勒与大龙》与《但以理书》第 1—6 章宫廷故事的情节相一致,并与其分享(可能是从中学到的)以下主题:有关虔信对象的冲突(谁是真正的上帝?);唯一上帝被外邦国王承认之争;犹太主人公面临某种生命危险,随后被神圣的拯救者解除。其区别在于但以理向偶像崇拜发起了更富于进攻性的打击(与《但以理书》第 1 章中由但以理发起的争论相似,但那里讨论的是有关食物而非神灵问题),而在其他涉及崇拜的故事中,犹太主人公并未引起争端,或采取反对外来宗教的直接行动。

239

如同《苏撒拿传》,《彼勒与大龙》也不被当作历史性的叙事文本。故事中描述的主要"历史性"事件——捣毁巴比伦的彼勒及其神庙——在囚居巴比伦期间甚至根本没有发生过。彼勒的神庙及其雕像虽然被亚历山大大帝发现时已成废墟,但在曾经掠夺它的薛西斯一世当政时还是存在的(Delcor 1971:289)。当然,这篇叙事是犹太教反对偶像崇拜的又一个明证,表明那场论战早在《申命记》4:28 就已开始,该处称其他神皆"用木石造成,不能看,不能听,不能吃,不能闻";《耶利米书》第 10 章、《哈巴谷书》2:18—19、《耶利米书信》及《所罗门智训》第 13—16 章进一步发展了上述观点(参见 Roth 1975)。

作者反复回到偶像崇拜之愚蠢的主题上,这一事实表明该主题对犹太人,尤其对散居犹太人具有重要意义。在巴勒斯坦,这通常更是一个知识性问题:偶像崇拜被视为外邦人对真神无知的表现。犹太人与

---

[19] 一如摩尔(Moore 1977:121)所述,这已不只是"对彼勒事件的偶然暗指"。

外邦人接触得越密切，越融进外邦人的圈子，就越多地展露在偶像崇拜面前，被他们的外邦伙伴邀请——或者期盼——去参与那些仪式，以示其虔诚和坚定。犹太人不拜当地的神灵，突出表现在诸如公元前1世纪和公元1世纪各城市有关居民权问题的争端中（参见约瑟福斯《犹太古事记》12:119—126）。除了这些特例，还有一个"维护世界"的重要工作——使犹太世界观合法化，进而使独特的犹太文化能持续存在，途径是对其他重要的世界观之显著方面进行非合法化。

作者、日期和背景

由于作者一直匿名，一些学者大胆假设了具体的成书时间和环境。例如，戴维斯（Davies 1913:656）提议成书于一个残酷的宗教迫害时期，如安提阿古七世希得提斯统治时。对于"这篇短文之总体特征"的认定表明，在一个残酷迫害时期，作者在社会中缺乏根基，这无疑是作者本人时代的反映，由故事第二部分中那些毫无道理地反对但以理的言行体现出来。另外，约瑟福斯所作的安提阿古七世画像（《犹太古事记》13:236—248）并未支持他是犹太教本质上的敌人之说。虽然他以侵犯犹底亚甚至围困耶路撒冷来报复西门的反塞琉古王朝行动，虽然他的围困如此残酷以至于许多人死于饥馑，他自己依然表明相当欣赏犹太人的虔诚，在约翰·胡肯努要求下，他允许在五旬节期间停战，甚至提供了公牛作燔祭，这为他本人赢得了"虔诚的安提阿古"称号。这种推崇犹太式虔诚的表现导致不久后的争端得以解决。

《彼勒与大龙》的创作灵感并非来自迫害，而是来自少数人的一神文化生存于一个偶像崇拜的世界里这一长久存在的问题。论及敬畏上帝的犹太人所遇到的宗教替代品，对于偶像崇拜和动物崇拜的打击使埃及成为这些故事最有可能的抨击对象（参见埃及犹太文献《所罗门智训》11:15—16;《亚里斯提亚书信》138，见 Roth 1975:43）。尽管其邻人对所崇拜的诸神大肆供奉以彰显其忠诚，犹太人仍能受益于自身宗教遗产之独特真理的某种强化物。有关此书出处的主要研究障碍来自如下事实:我们熟悉的埃及犹太文献中没有用阿拉米文或希伯来文写成的(Collins 1993:419)。因此,尽管这种成书地点并非不可能,既然并非所有埃及犹太人皆需被假设已经忘记其祖先的语言,这个故事更有可能来源于巴勒斯坦,那些偶像崇拜和动物崇拜行为仅仅被当作外邦人不信神的两种众所周知的形式而遭到攻击。

形成时接受的影响

在"宗教历史"学派的影响下,人们发现了《彼勒与大龙》与古巴比伦《埃努玛·埃立什》之间的一些联系。彼勒被确认为马尔杜克(《埃努玛·埃立什》中的胜利之神)的另一个名字,这便导致一个假设,即大龙或蛇是宇宙混沌状态下蒂阿玛的一个拟人化生命象征。齐默尔曼(Zimmerman 1958b)认为,从彼勒-马尔杜克吹出的"风"($sâru$)到蒂阿玛张开的大嘴,从她膨胀并裂开的身体到但以理喂大龙"头发"和"麦饼"而使之殊途同归,他已经从上述线索中捕捉到了故事演变的轨迹。从这个角度阅读,《彼勒与大龙》似乎是对伟大著作《埃努玛·埃立什》的拙劣模仿,《埃努玛·埃立什》中的古代英雄和对手都成为一神论之犹太辩护者的空洞幻想。与此背景不谐调的是,蛇与故事中的蒂阿玛缺乏任何联系,依我们对于该措辞的理解,作品的倾向是把蒂阿玛描绘成神奇的"大龙"(故事中与"大龙"相宜之词不是"蛇",见 Davies 1913:653—654)。那么有可能的仅仅是,蛇乃是被带进故事中,成为动物崇拜的一种象征。据犹太人之见,在埃及,动物崇拜与偶像崇拜本是相伴而行的。

希伯来圣经再次提供了广阔的领域,去发现该故事作者所采掘的资源。一些学者把《彼勒与大龙》读为《耶利米书》51:34—35,44 的一篇释经作品(Brüll 1887;Moore 1977:122)。然而经过进一步观察,《耶利米书》51:34—35 和这个故事仅有最模糊的联系。在马索拉经卷中,《耶利米书》51:44 提到彼勒之名("我必惩罚巴比伦的彼勒,使它吐出所吞的"),与这个故事确实发生一系列共鸣。《耶利米书》51:47、52 继

241 续承诺上帝对巴比伦"神像"、"偶像"的惩罚和毁灭。于是,《彼勒与大龙》就可能表示上帝要以但以理为工具,以叙事形式履行他所承诺的希望。

据说《以赛亚书》45:1—46:7被当作文学灵感的一种可能的资源(Nickelsburg 1984:39)。确实有许多主题彼此呼应:创造天地之一神的独一性(《以赛亚书》45:5—6,12,18,21—22;比较《彼勒与大龙》5,25);偶像的虚弱无能(《以赛亚书》45:16,20;46:1—2,7;比较《彼勒与大龙》5,7);外邦人对一神的最终承认(《以赛亚书》45:14,23;比较《彼勒与大龙》41)。值得注意的是,《以赛亚书》46:1论及彼勒的名字是不光彩的。提奥多田译本把这个故事归于居鲁士时期(七十子希腊文译本在该处只提到匿名的国王),也可能是受了以赛亚对这个外邦人之独特赞扬的启发,或许还为以赛亚的希望所激励;这个被上帝拣选并膏立的外邦国王(《以赛亚书》45:1)将会逐渐认识到,是唯一上帝选择并任用了他。

最后的情节清晰地回忆了《但以理书》第6章中那个较早也较简单的故事,在那里,狮子坑又一次为有关崇拜的争辩提供了结论(Delcor 1971:291)。在《彼勒与大龙》里,狮子坑的情节延及七天,巴勒斯坦先知哈巴谷和居住于巴比伦的但以理的事迹也被衔接起来,使这个情节得到加强。哈巴谷被天使抓住头发从一地带到另一地,使人想起《以西结书》8:3,在那里,以西结也被同样从一地带到另一地(但只是在一个幻想情景中)。上帝为其先知神奇地提供物品,亦使人想起以利亚在旷野中被乌鸦和天使所供养(《列王纪上》17:4—6;19:4—8)。

这些不同的传说线索都被《彼勒与大龙》的作者编入一个故事,其各自的信息亦被整合起来:上帝胜过任何形式的偶像,上帝供养并保护那些勇敢见证独一上帝为"永生之神"的人们。

神学和敬虔

《彼勒与大龙》提供了一扇窗口,使人看到当犹太祖先的上帝与其周围民族所崇拜的诸神发生冲突时犹太人的反应。不论在犹太人散居地区,在巴勒斯坦的许多希腊化城市(尤其在海岸地带),还是在随之而来的短暂而难忘的时光中(那时异教仪式被引进耶路撒冷圣殿本身,且用合乎犹太观念——上帝随时为人所需——的方式对其作出阐释),这些神灵都会大难临头。因此作者在第 5 节在造物主上帝和被造的诸神或偶像之间作出鲜明对比。这位犹太作者像许多反对偶像崇拜的论辩家一样,拒绝承认人工制造的偶像背后有任何超自然现实:它就是一块木头、石头或金属,此外什么也不是。犹太学者中也有人另持一说,承认撒旦的精神力量位于偶像崇拜仪式背后,并从中受益(《巴录书》4:7;《约伯遗训》2—5)。

242

　　上帝是一个能够行动、担当、讲述并创造奇迹的神,而偶像什么也不能做。作者表明即使其祭司也清楚这一点,他们却为了自己的利益而继续欺骗统治者和人民。至于动物崇拜,那些被异教仪式利用的动物虽然能吃、能看也能动,却终有一死。故事的最后场景(第 41 节所载国王的认信)是对犹太教基本希望的叙事体表达,即归根结底,这些偏离正道的民众将逐渐明白他们所谓的神灵之真实本质,以及以色列上帝的权力和现实性。

　　《彼勒与大龙》以一种主动积极的姿态独立于但以理反对偶像崇拜的其他故事之外。然而两约之间时期的另外几篇文献却以叙事体形式得出了犹太人在其世界里希望根除可憎的偶像崇拜之结论,即但以理对彼勒的做法,约伯在其权限范围内对一个偶像之庙的做法(《约伯遗训》2—5),以及亚伯拉罕对其父亲和家人由于惧怕邻国而崇拜之偶像的做法(《禧年书》12:1—14;见 Nickelsburg 1984:39,注释㊳)。

　　这个故事较次要的神学意义在于上帝对那些忠诚于他又陷入困境之人的留意(第 38 节)。然而,当此故事被插入突出该主题的但以理其他传奇中时(较明显的是《但以理书》第 1、3、6 章和《苏撒拿传》),该主题的作用又得以加强。

插入但以理故事系列

《但以理书》第 2 节的正式引言显示，《彼勒与大龙》起初是独立于正典文集之外的(Moore 1977:121)。这个故事或这部希伯来—阿拉米文《但以理书》未经任何修改，显示出有必要把二者放在一起。它被协调地置于希腊文《但以理书》的末尾。提奥多田译本把居鲁士之名加在开头，使之成为君主的名字，据说在他统治下但以理还活着。有关尼布甲尼撒(第 1—4 章)、伯沙撒(第 5 章)和大利乌(第 6 章)统治的故事已经存在，还有一些关于伯沙撒(7:1;8:1)、大利乌(9:1)和居鲁士(10:1)的异象。现在提奥多田译本使《彼勒与大龙》成为末代统治者的故事。[20]

我们已经注意到，把这个故事插入《但以理书》第 1—6 章，能突出故事里某种相当隐蔽的神学意义。斯迪尤斯(Steuddy 1993:192)指出一种更重要的效果，即插入这个故事将在总体上影响阅读。以一个故事作结尾，希腊文本否定了希伯来文《但以理书》(以异象结尾)的"启示性的民族性倾向"，反过来又强调了"与一直散居的犹太生活相关"的问题。这个故事的结尾不再是上帝子民的光荣证明和义人的复活(《但以理书》12:1—3)，而是一种在被偶像控制的外邦主导文化中期待并与人生现实相抗衡的岁月。

影响

和《苏撒拿传》一样，从希伯来正典中无从发现《彼勒与大龙》。它也不大可能像那些独立存在于正典《但以理书》之外的故事一样，由于收入的时期太晚而被排除在外(Collins 1993:419)。公元 1 世纪犹太教的《众先知生平》显示出知晓哈巴谷拜访在巴比伦的但以理之事(12:1—9)，哈巴谷的自传中对该事有所记录。在那个文本中，哈巴谷与但

---

⑳ 提奥多田译本第 1 节中有一个细微的历史问题：居鲁士是以武力从其祖父阿斯提基那里获得王位的，故"继位"在此是一个相当温和的语词(Grabbe 1992:1.122)。

以理同一时代,活跃于巴勒斯坦,死于从囚居地返回的两年前。因此
《众先知生平》的作者不可能把这个故事看作来自居鲁士统治时期(故
此也不可能读到提奥多田译本之前的文本)。

　　这个故事显示出它已作为《但以理书》的一部分被早期教会接受,
早期教会保证了它被不断阅读并用于教会的牧养事工。伊里奈乌斯
(《反异端》4,5,2)引用 4—5、25 节证明上帝是"活着的神",所以是"活
人的神"(参见《马太福音》22:30—32),且能够使死人复活。亚历山大
的克雷芒(《基质论》1:21)指出,大龙故事证明哈巴谷在西底家时期仍
很活跃。德尔图良(《论偶像》18)在论辩中提到《彼勒与大龙》,称某人
可能偶尔但非必须披上与偶像崇拜相关的外衣。但以理固然没有参与
偶像崇拜,却也没有拒穿标志他身份的紫袍,尽管那个颜色也被偶像的
祭司们所穿戴。[21]

㉑　这三本参考书列于摩尔(Moore 1977:126)的著作中。

《马加比传上》 11

"藉此家族获得拯救"

《马加比传上》讲述了玛他提亚及其五个儿子如何拯救以色列于安提阿古四世和犹太叛徒给犹太生活方式所造成的威胁之中,并在异族统治四个半世纪之后恢复了以色列的政治独立。这部精心塑造的历史由一位哈斯蒙尼王朝的拥护者所写,它把犹大及其兄弟们描述成上帝指定的拯救者,并提醒读者记住其民族所负玛他提亚家族的巨大恩情。《马加比传上》的观念在以后三百年里促成了犹太民族主义和对政治弥赛亚*的盼望。

结构和内容

《马加比传上》的故事可整齐有序地分成三部分:危机和玛他提亚最初的回应(1:1—2:70);犹大的英勇事迹(3:1—9:22),以及约拿单和西门的英勇事迹(9:23—12:53;13:1—16:24)。故事始于对安提阿古

---

* "弥赛亚"(Messiah):在希伯来文中意为"受膏者"。得自一种加冕仪式:入选的先知、祭司或国王接受职位时额头上需抹以膏油,以示此人乃上帝所选,其治理将得到上帝的佑护。先知时代,弥赛亚特指未来的理想君主。从希腊化中期起,弥赛亚观念与末世论思潮融为一体,弥赛亚日益具有属天性质,成为犹太人世代盼望的复国救主,将在末世出现,协助上帝进行最后审判。初期基督教诞生后,基督徒认为拿撒勒人耶稣就是弥赛亚(希腊文译名为基督)。"政治弥赛亚"以带领犹太人进行旨在推翻异族压迫的政治斗争为基本特征。——译注

四世——傲慢的亚历山大的继承者这一"邪恶根源"的介绍(1:1—10)。犹太叛徒一心想消除犹太人与外邦人之间的区别,享受显然属于外邦文化的利益,并获得建造一座体育馆和把希腊风俗引入耶路撒冷的权力,同时也想消除显示其犹太特征的标记(1:11—15)。第 1 章余下的部分叙述了安提阿古对耶路撒冷圣殿的掠夺(以便从财力上支持其埃及战役)和通过取消显示民族差异的地方风俗来统一其王国的计划。这使作者频繁用诗歌表达以色列所遭受的悲哀和耻辱(1:24—28,36—40)。在接受国王敕令的犹太叛徒与宁死不背弃上帝和圣约的虔诚犹太人之间出现明显的差别(1:43—63)。危机的结尾是"以色列遭受可怕的愤怒"(1:64)。

245

玛他提亚,一位来自某高贵家族的祭司,以哀悼耶路撒冷和犹大*的命运步入舞台(2:1—14)。由于强迫放弃宗教信仰的计划从耶路撒冷扩大到了周围村庄,安提阿古的一位使者出现在玛他提亚面前,让他第一个奉献违反律法的祭品,以便成为国王的朋友,获得荣誉和财产。当他拒绝而另一人站出来贪图恩惠时,玛他提亚有意以一种类似非尼哈之热忱(《民数记》25:6—15)的行为方式杀死那个见风使舵的犹太人和国王的使者(2:15—26)。他把那些"热衷于律法"的人召集在身边,开始在耶路撒冷乡间攻击犹太叛徒及其外邦保护者(2:27—48)。他临死时鼓励其五个儿子在以色列继续虔诚地维护祖先的传统信仰,"表达对律法的热忱"——一种通过圣战显示的热忱(2:49—70)。

革命领导权遂落在五兄弟中最卓越的勇士老三犹大身上。在一篇赞扬犹大英勇事迹的颂诗(3:3—9)之后,作者叙述了他战胜希腊—叙利亚联军的战役,收复圣殿并于圣殿被亵渎后为其重新献祭所做的准备(3:10—4:61)。然后又讲述了犹大、约拿单和西门如何营救周边地区正受外邦人压迫的犹太人(5:1—68)。由于希腊—叙利亚诸王与觊觎王权者卷入了国内纷争和权力斗争中(这种斗争也贯穿于整部书的

---

* 犹大:此处指代犹太民族,亦指巴勒斯坦南方的犹底亚地区。——译注

其余章节），一段缓解之后，他们重新开始反对犹大的战争，在战争中以
利亚撒（第四个兄弟）牺牲了。与安提阿古五世暂时的和平导致废除禁
止犹太教的敕令（6：55—63），此敕令即使在底米丢一世废黜了安提阿
古五世并重起反对犹大的战争之后也未恢复。此时，撒督人中的一员、
底米丢所指定的大祭司阿尔西莫登上历史舞台（7：5—25）。他是活跃
在整个故事中唯一的非哈斯蒙尼家族的大祭司，其背信行为与在十年
内将要继承大祭司职位的非撒督人哈斯蒙尼家族成员形成鲜明对比。
在一些令人震惊的犹太人的胜利（最著名的是战胜尼迦挪[7：26—50]
和向罗马派遣一位外交使者[8：1—31]）之后，犹大本人牺牲了，这使犹
太叛徒暂时重获优势（9：1—27）。

犹大牺牲之后，约拿单被人民推选为首领，领导反塞琉古军队战胜
了希腊—叙利亚联军的将军巴克西德（9：28—73）。该事件以巴克西德
和约拿单之间缔结和平条约而结束——"因此战争在以色列结束了"
（9：73）。然而，离完全的政治独立尚有一段距离，虽然维持它还需要更
多的战争，但今后完全获得它大体是通过外交和谈判。事实上，约拿单
任领袖的其余时间主要忙于外交，如为了给犹底亚赢得最大的特权，他
挑拨那些觊觎塞琉古王权的人互相争斗（包括授予约拿单大祭司职务，
10：15—21,11：57—59）。不过，约拿单本人对奸诈行为的屈从使他被
塞琉古王位的觊觎者之一特利弗俘虏（12：39—53），并于不久后被
杀死。

这时，西门自告奋勇地献身于人民，亦如其四个兄弟都为以色列尽
职并为之殉职一样，其领导地位因此得到人民的认可（13：1—9）。西门
仍然挑拨觊觎塞琉古王位者互相争斗，以便为犹底亚赢得政治独立
（13：10—53），结果解除了纳贡的负担，且获得解除安提阿古四世最初
驻扎在城堡里的防兵，以及铸造货币和采用一种新纪年体制——不再
基于塞琉古国王的统治而是基于西门的领导——的权力。第14章是
由赞美西门和回应他及其家族给以色列带来恩惠的各种片段组成的：
一篇庆祝伴随西门领导而来的黄金时代的颂诗（14：4—15），它与

3:3—9 中所提供的赞美犹大的诗歌形成绝妙的互补;外国政权罗马和斯巴达对西门统治合法性的承认(14:16—24);以及以色列人采纳的感谢西门及其家族的决议(14:25—49)。

最后的章节讲述西门及其儿子们面临安提阿古七世的重新挑战,维护了以色列的独立和自治(15:1—16:10);西门的女婿、亚巴巴之子托勒密*奸诈地谋杀了西门及其几个儿子(16:11—17);以及约翰·胡肯努一世接续其父升任大祭司职位和犹底亚的首领(16:18—24),从而开始了西门的后裔世袭先由约拿单、后由西门所确立的政权和显赫地位的历史,这是哈斯蒙尼家族几代人将会享有的王朝惯例。

这部书的文学完整性不时受到两方面的挑战:第一,学者们时而提出,文本中所引用的某些文献事实上是该书最初形成后由一位编辑插入的。第二,虽然这种观点长期以来已不受欢迎(Torrey 1945:74—75),由于约瑟福斯曾把《马加比传上》用作一种资料来源而把第 14—16 章从中分出,学者们据此质疑第 14—16 章的真实性(Tedesche and Zeitlin 1950:27—33)。然而,阿柏尔(Abel 1949:14)用大量证据表明,约瑟福斯也知道《马加比传上》的其余章节,却要在叙述占领城堡之后以另外的资料作为哈斯蒙尼家族的历史,被插入的文字最多只限于在整篇文本中所能找到之"历史文献"的一小部分(详见本章随后的进一步探讨)。

文 本 的 流 传

《马加比传上》能流传至今,主要是由于七十子希腊文译本的传统,它是我们获得最原始版本的主要途径。① 发现于西奈抄本和亚历山大抄本中的四部马加比文献在梵蒂冈抄本中并不存在。鉴于此,维尼特

247

抄本作为第三种主要的文本证据变得更加重要。叙利亚文和古拉丁文译本是由希腊文翻译而来的,而古拉丁文译本则被视为路迦诺(公元3世纪的学者和殉难者)修订本之前七十子希腊文译本原文的一种有价值的证据(Goldstein 1976:178;Bartlett 1998:15)。叙利亚文本乃是基于七十子希腊文译本的路迦诺版本。亚美尼亚译本是从古拉丁文译来的,对考证古拉丁文版本具有价值(Bartlett 1998:15)。

尽管《马加比传上》未幸存下手稿证据,但大部分学者都认定它最初是用希伯来文写成的(Oesterley 1913:61;Pfeiffer 1949:483;Tedesche and Zeitlin 1950:33;Metzger 1957:130;Harrington 1999:123)。把该书重译成希伯来文困难相对较少,且可用以解决希腊文版本中的难点,这一事实有力地表明七十子希腊文译本的传统背后有一种希伯来原文版本。反过来,希腊文翻译深受译者之七十子希腊文译本知识的影响,而七十子希腊文译本是依据犹太圣经译成的。[2]

这部书的名称来自早期基督徒对犹大及其兄弟们的称呼,犹大的绰号是马加比(《马加比传下》通篇用“马加比”指称犹大)。基督纪元以前,犹大及其家族并未被称为复数的“马加比家族”。这个名字的词源带有更多的推测性质,最恰当的选择是“锤子”或“执锤者”。[3]

作者、日期和背景

作者虽未给我们留下名字,却提供了一些基本情况的线索。第一,作者透露出他很熟悉巴勒斯坦地形,表明他在那里生活过相当长时间,甚至可能是一位当地人(Oesterley 1913:59;Metzger 1957:130;Torrey 1945:72)。这也证明该书曾有一种希伯来原文版本。作者是一位富人(或至少受文学资助者的鼎力支持),受过希伯来和希腊教育,

---

② 具体例子见法伊弗(Pfeiffer 1949:497—498)、泰德斯奇和泽特林(Tedesche and Zeitlin 1950:34)的著作。

③ 法伊弗(Pfeiffer 1949:462)对各种词源及其解释作了详细探讨。

能进入耶路撒冷官方档案馆(Bartlett 1998:33)。最初,人们根据作者表现的"对亵渎安息日的容忍态度"(2:41;9:43 及以下)和不相信死后重生(Oesterley 1913:59),试图将其归于撒都该派,但未成功。其实仅仅无法利赛人的倾向(如死后重生、弥赛亚盼望等)并不能证明是撒督该人,因为并非每一位犹底亚居民都隶属于某个或另一个党派(Pfeiffer 1949:492)。

248

这部书应该写于公元前 134 年约翰·胡肯努任职之后,因为在故事中这件事是最后叙述的。作者高度赞扬罗马人,并强调犹太人与罗马的友好关系以及罗马作为盟国的诚信,这使成书时间必定早于公元前 63 年(Oesterley 1913:60;Goldstein 1976:63;Fischer 1992:441;Bartlett 1998:34)。8:1—16 中对罗马人成就和名声的叙述是一篇颂词,这与后来由于狂妄、无礼和冒犯上帝而有损于罗马人征服和统治的行为形成鲜明对比。公元前 63 年庞培进入圣殿之事可能妨碍了作者对罗马人绝对赞赏的态度(与《所罗门诗篇》第 2、8、17 章对那件事的反映相比,也许更能说明问题)。

争论颇多的是把成书时间确定在该时期*中的哪一年。托里(Torrey 1945:72—73)置成书时间于更接近约翰·胡肯努一世开始任大祭司时,但大部分学者反对其说,这是理所当然的。鉴于作者有意与《撒母耳记》和《列王纪》平行对照,在整部书的结尾(16:23—24)采用那种方法无疑更为自然,而不必叙述到胡肯努死后的某一时期(Oesterley 1913:60;Pfeiffer 1949:301;Goldstein 1976:63;Bartlett 1998:33)。更具体的观点一般都和如下理论密切相关,即认为此书是拥护哈斯蒙尼王朝宣传的著作,是在一个有着强烈反哈斯蒙尼王朝情绪的时期出台的,有可能是在亚历山大·詹纽斯统治时。然而,不管这些理论多么引人注目,即使以最乐观的看法,它们也是含糊不清的——如果更多地考虑该政权出现于何时,人们会发现《马加比传上》最为有

---

* 该时期:指前述公元前 134—前 63 年。——译注

用,而不是什么可靠的有关成书所必需的时间。《马加比传上、下》之间的关系也成为一个因素,由于作者知道与这部书平行的另外一部,甚至可能是为了反对它而写,此因素便脱颖而出。因此,学者们似乎更倾向于认为《马加比传上》成书于公元前 104 年约翰·胡肯努死后,公元前 63 年罗马人插手胡肯努二世和阿里斯托布鲁斯二世之间争斗以前的某个时期。[④]

文类、环境和写作意图

《马加比传上》本身呈现出历史编纂的形式,该形式可见于《撒母耳记上、下》和《列王纪上、下》所体现的犹太传统之中。作者向读者提供了大量信息,表明他或她正在阅读"历史",该"历史"采用了精确的日期,包括官方文献和记录,以及所述大致真实的事件。这些信息在约瑟福斯和希腊史学家的历史著作中也留有痕迹。既然历史几乎都带有个人感情,且都与背景相关,那么这种对过去的特定看法或再现的写作背景理应得到特殊的关注。

从约拿单任大祭司到哈斯蒙尼王朝在其自身分裂的压力下垮台,哈斯蒙尼王朝的统治并非没有遭到反对。即如从《死海古卷》中所了解到的那样,库姆兰社团就是在反对这个"邪恶祭司"及其组织领导的圣殿膜拜教派时形成的。这个邪恶祭司尤指哈斯蒙尼王朝的第一任大祭司约拿单,那可能是不满的撒督人要求与耶路撒冷决裂的合乎逻辑的时间。库姆兰社团以外的其他犹太人也许认为,取代撒督家族做大祭司是一种无法接受的与传统信仰决裂的行为。另一个高度紧张和对抗的时期是世纪之交亚历山大·詹纽斯统治并任祭司时。法利赛人依据詹纽斯的祖先质疑他是否适合做大祭司,因为他母亲曾是外国朝廷的

---

④　梅茨格尔(Metzger 1957:130)和哈灵顿(Harrington 1999:123)认为可能在公元前 100 年,而法伊弗(Pfeiffer 1949:491)和欧斯特利(Oesterley 1913:301)建议在公元前 90—前 70 年之间。

俘虏,可能遭到过某种性虐待,[⑤]詹纽斯本人也想残杀其法利赛对手。

《马加比传上》颂扬了哈斯蒙尼王朝的创建者。它把犹大及其兄弟们,亦包括西门的后裔,描述成管理以色列人的合法统治者(始于约拿单)和大祭司。作者在整个故事中把圣经事例和文本互涉用作一种方式,马加比历史藉此方式从以色列的圣史中发端,并延续着以色列的圣史。作者描述犹大、约拿单和西门时也运用了拯救者和施恩者的模式,这就潜在地增进了其王朝职能的合法化(比如,他们视其享有的权利是当下领导人所做事务的合法结果)。鉴于《马加比传上》的作者明显拥护哈斯蒙尼王朝的态度,许多学者认为这部书事实上是哈斯蒙尼王朝的宣传品(Harrington 1988:57),是在王朝的合法性受到质疑时为其提供支持而写的。将《马加比传上》与《马加比传下》相比较时,这种可能在所有较可信的可能性中脱颖而出,二书的侧重点不同:"犹大及后来哈斯蒙尼家族成员的成就构成第一部书的主题;上帝眷顾其圣殿和子民是第二部书的主题。"(Pfeiffer 1949:482)然而,若说《马加比传上》 250
的作者是一个特殊党派的政治宣传家,并不能使每个人信服。[⑥]

争论似乎取决于目的而非潜在的作用。作者明显拥护哈斯蒙尼王朝,并认为以色列不仅欠犹大及其兄弟们,而且欠其家族——"西门的

---

⑤ 戈尔茨坦(Goldstein 1976:69)认为成书于詹纽斯统治的某一年,因为它"很符合《马加比传上》宣传的主旨"。

⑥ 法伊弗(Pfeiffer 1949:493)据以下原因质疑这种解释:当需要作出诸如是否在安息日战斗(2:40—41)或授予西门权力(14:25—49)一类重要决定时,作者把以色列描述成一个整体,或描述为"大会"。然而,这些资料并不妨碍这部书的政治宣传效果,因为通过它,作者表明哈斯蒙尼王朝并不将其意志强加给民众而是与他们合作,事实上还被民众邀请来领导他们。其实,这有助于确立其政权的合法性,以区别于专制政权。

巴特里忒(Bartlett 1998:30)也勉强认为《马加比传上》是为了给西门的继承者提供"政治支持"而写成的文本,因为作者并未继续讲述约翰·胡肯努的故事。他还指出,作者并不认为哈斯蒙尼家族成员是弥赛亚或大卫王权的继承者。不过,这些反对意见并不强烈。关于第一点,一个王朝的建立在14:25—26和16:2—3中已清晰可见,所负父亲的恩情无疑会理所当然地传给其儿子或孙子们。关于第二点,"弥赛亚"这一术语对公元前100年的作者来说可能没有特殊意义,但关于犹大或西门的成就、地位和真实性,作者讲得很清楚。他以先知们所许诺的复兴以色列这个光明前景粉饰其颂词。避免使用"弥赛亚"之术语并未使他们的功绩缺少任何"弥赛亚"色彩。而且,9:21中描述犹大时用"拯救者"的称呼可被看作对此的弥补。

儿子们"——的巨大恩情。作者可能是其政权之忠诚支持者中的成员。
然而,这并不意味着他写这部历史是对公开和恶毒挑衅该政权之合法
性的一种直接回应,如同人们在詹纽斯统治时所发现的那样。同样自
然的是,这样一部历史写于繁荣的高峰时期,如在胡肯努一世统治末
期,可能会成为引导首领回忆人们如何享受繁荣时代以及该把它归因
于谁的一种方式。即使政治宣传不是作者的主观意图(或有酬劳的职
业),在《马加比传上》的写作环境中,这部书无疑也会产生这样的效果,
并在该王朝占据犹底亚大祭司或统治者职位的合法性受到挑战时派上
用场。

历史议题

对于重构从安提阿古四世任职到西门统治时期的犹底亚历史来
说,《马加比传上》作为一种资料颇为重要。[⑦] 不过,围绕着约瑟福斯的
《犹太古事记》和《犹太战争史》,以及那些涉及安提阿古四世统治和活
动的希腊史学家(尤其是波利比乌斯)将《马加比传上、下》用作一种历
史资料,仍存在许多问题和争议。

第一,马加比时期的年代学是一个基本问题。《马加比传上》通常
刻意用塞琉古体制记载可靠的日期,但塞琉古年代可能是以四月(用于
塞琉古帝国东部)或十月(用于西部)为开端计时的。使之复杂的是如
下可能性,即《马加比传上》的作者使用了不同的资料,而这些资料是以
一年中的不同日期为起点计时的(Attridge 1986:319)。[⑧] 当重构《马
加比传下》背后的历史并使之与《马加比传上》的叙事相一致时,也会遇
到这一难题。

第二个争议是关于安提阿古四世计划的实质、目的和步骤。《马加

---

⑦ 参见本书第 2 章。
⑧ 巴特里忒(Bartlett 1998:第 3 章)详细探讨了这个问题。

比传上》以外的证据与其描述的安提阿古四世的实际所为相矛盾,这表明对地方宗教的袭击仅限于犹底亚,"藉废除支撑地方反叛组织的思想准则来消灭它"(Green 1990:516),而且它也并非全帝国范围内统一计划的一部分。什么原因促成安提阿古在犹底亚进行宗教"改革"? 在这方面,由于资料描述得如此简略,以致很难看清事实。"那行毁坏可憎的"是一种真实的邪教偶像,还是仅仅在原献燔祭的祭坛处竖立了异教祭坛?⑨ 圣殿重新献给哪个或哪些神? 使用哪种风俗的献祭仪式? 注意到这些困难,史学家们把《马加比传上、下》所描述的仪式与众所周知的叙利亚或希腊的狂热膜拜仪式联系起来,戈尔茨坦(Goldstein 1983:106—112)指出,安提阿古四世试图强加给犹底亚居民一种更纯更古老的以色列人或迦南人的宗教仪式,该仪式是安提阿古从招募来防卫城堡的调和论犹太雇佣兵那儿学到的,但尚无任何一种观点能结束对该议题的争论。

第三个历史问题集中于《马加比传上》中的资料与《马加比传下》的一致性方面,它们并非相辅相成而是互相矛盾的。首先,问题在于这两个文本如何把安提阿古在犹底亚的活动与其两次埃及战役统一起来。其次,在这两部"历史"中安提阿古去世的时间不同(《马加比传上》将其置于重献圣殿之后,《马加比传下》则置于之前)。再次,在这两部叙事中,犹大与邻近地区的战役所处位置不同(《马加比传上》把它们组合成整体放在第 5 章,《马加比传下》则把它们分散于犹大的整个生涯中)。第四,在这两部叙事中,吕西亚两次战役的时间和位置不同。最后,每次主要战斗所涉及的军队和伤亡人数明显不同(Pfeiffer 1949:476—482)。一般来说,这些分歧是以赞成《马加比传上》的纪事来解决的,但除了犹大解救犹底亚周边地区犹太人的战役外,它们在《马加比传上》中被集中起来似乎只是出于叙述的方便。

---

⑨　巴特里忒(Bartlett 1998:65)赞成后者的观点。温海姆(Wenham 1992)提供了对该问题的述评及各种解释。

第四个争议聚焦于《马加比传上》中所"保存"的外交信件及其他文献的历史价值和真实性。[⑩] 有关这些文献的一个次要争论是,它们是作者最初编织进《马加比传上》的,还是由一位后来的编辑或抄写者插入的。下面是这些最重要文献的一个清单:[⑪]

1. 犹太人的内部文献

a. 基列的犹太人给犹大的信(5:10—13)

b. 关于指定西门及其后裔为大祭司的法令(14:27—45)

2. 犹太人与罗马

a. 罗马参议院给犹太民众的信(8:23—32)

b. 来自罗马人的关于犹太人的通函(15:16—21)

3. 犹太人与斯巴达

a. 约拿单给斯巴达人的信(12:6—18)

b. 斯巴达国王阿利乌给大祭司奥尼亚的信(12:20—23)

c. 斯巴达给西门的信(14:20—23)

4. 犹太人与塞琉古国王

a. 底米丢一世给约拿单的信(10:3—6)——10:6 是一份该信内容的报告

b. 亚历山大·巴勒斯给约拿单的信(10:18—20)

c. 底米丢一世给约拿单的信(10:25—45)

d. 底米丢二世给约拿单的信(11:29—37)

e. 底米丢二世给西门的信(13:36—40)

f. 安提阿古七世给西门的信(15:1—9)

对这些文献的真实性存在着不同意见;或认为它们是《马加比传上》的

---

⑩ 有关该话题的进一步讨论,参见欧斯特利(Oesterley 1913:61—65)、法伊弗(Pfeiffer 1949:488—490)、泰德斯奇和泽特林(Tedesche and Zeitlin 1950:38—48)、巴特里兹(Bartlett 1998:81—83,87—99)的论述。一般认为,由使者口头传达的"信息"是作者编造的,例如 10:51—56,69—73。

⑪ 摘自欧斯特利(Oesterley 1935:303)之著。

作者所得到的一字不差的原文实录,或是对那种文本的富有想象力的
扩展或改写,或是那种文本的一份摘要,或是由作者虚构出来的。讨论
中所出现的一些因素涉及如下可能性,即:那种文献可能已被记载、保
存下来了,并且能用于作者的审视,而不管其文体是否与众所周知的某
种类型的官方文体(如罗马参议院的书信、塞琉古通信的惯例等)相一
致,也不管它们是否显出改动过的痕迹,以提升某个形象或维护作者希
望突出或倡导的某种利益。

　　一般来说,从犹大开始的哈斯蒙尼家族的首领对付外国列强和处
理内部问题的决议可能存有档案,这就使许多文献含有可靠的信息之
事实成为可能,即使它们留有对所讨论文献的观点进行过概括或改写
的痕迹。⑫ 一些信件,如底米丢一世给约拿单的信(10:25—45),表现
出作者做过文学加工的明显痕迹。那封信的文风在客观陈述与第一人
称叙事之间转换,末后部分也因其他原因含有一些令人不悦的材料。
因此,《马加比传上》中的观点部分保存了由作者最初编织进的修饰
(Murphy-O'Connor 1976)。最受怀疑的文献是与斯巴达的通信,但即
使那些信件可能只是文学虚构,在前马加比家族和哈斯蒙尼王朝时期,
犹底亚与斯巴达建立真正外交关系的可能性也不能排除(Bartlett

253

---

　　⑫　这无疑是一个复杂问题。哈灵顿(Harrington 1988:58)和戈尔茨坦(Goldstein
1983:29)认为,这些文献主要是插入《马加比传上》的真实资料,可能都是由作者加入文本中
的。欧斯特利(Oesterley 1913:61—65)针对每份文献提出了更带细微差异的观点:1a 是一份
概要;1b 是真实的,却是后来一位编辑增入的(因为一些细节与第 12—13 章中所述的历史不
符);2a 是一份真实文献的记录;2b 保存了一份基本真实的文献,却是后来一位编辑插入的;
3a 是一份伪造文献,不过反映了一种与斯巴达的真实外交关系;3b 是真实的;3c 是一份真实
文献,却是后来一位编辑插入的(作为所插入文字较多的一部分,14:17—23 美化了国际间对
约拿单牺牲的反应);4a 没有被讨论过;4b 是一封真实信件的概要;4c 是对一封真实信件的
极度夸张的改写;4d 阐释了一封真实信件;4e 是真实的;4f 是对一封真实信件的夸张描述。
另外,11:57 是安提阿古六世给约拿单的一封真实信件的概要。

　　巴特里忒(Bartlett 1998)根据它们自身的价值,提供了一份相似的有关每份文献的详细
研究:1b 是真实的,来自耶路撒冷档案馆(86 页);2a 基本上是真实的,尽管不能确定是否存
有此项法令或真实条约(83 页);2b 也许是真实的,可能始自西门统治时期,尽管它与约瑟福
斯笔下一位大使的类似叙述和置于约翰·胡肯努二世统治时期的答复很难达成一致(93—94
页);斯巴达人的信件(3a,3b,3c)是虚构的,尽管根据其他原因它们可能在一定程度上支持了
与斯巴达的外交关系(95—97 页)。关于塞琉古信件,巴特里忒基本上同意欧斯特利的观点。

1998:95—97)。

形成时接受的影响

254　　《马加比传上》的作者从哪里获得这部书主题的信息？研究该书形成时所受的影响，自然首先要探询作者在写作过程中所采用的资料。不幸的是，除了以上讨论的文献外，作者极少提供关于可用来构成其故事资料的线索。有关犹大的事迹，作者做了如下叙述：“犹大的其他业绩，他的战斗，他的壮举，他的巨大成就，实在太多，难以尽述。”(9:22)这是否暗示作者讲述的那些事迹以前就记载下来了，并能从一种书面资料中获得？尽管它充其量是一种模糊的证据，却涉及一种“犹大资料”。作者可能仅仅提到《马加比传上》自身的不完善方面，即其不可能包括所有可获得的有关犹大之英勇事迹的口头信息。这部书结束时还提到约翰·胡肯努一世任“大祭司职的历代志”(16:23—24)。尽管作者可能并不想较多地依据此类资料写作，但这些文字说明，类似的史志可能已被记载下来，并在约拿单任大祭司及西门任大祭司时为他们所用。[13]

　　然而，学术不会将其自身局限于档案文献这种可能的犹大资料和大祭司史志一类潜在（已在某种程度上假设的）资料上。例如，除了所有官方犹太大祭司史志外，舒恩克(Schunk 1954)还增加了一种塞琉古宫廷史志，一种玛他提亚传说资料，一种约拿单资料和一种西门资料。[14] 戈尔茨坦(Goldstein 1976:90—103)也假定一部以外邦人视角所写的塞琉古历史（它采用了塞琉古帝国西部的纪年体制）和一部关于迫害者毁灭的历史作为附加资料。玛他提亚、约拿单和西门英勇事迹的资料可能是口头的而非书面的，这似乎在所难免；然而，其他资料乐

---

[13]　参见欧斯特利(Oesterley 1913:61)和法伊弗(Pfeiffer 1949:302)著作中的类似目录。

[14]　参见巴特里忒(Barlett 1998:22)著述中的概要。亦见纽豪斯(Neuhaus 1974)对舒恩克的评论和抨击。

观地说是假设的,悲观地说是想象的(如关于庆祝敌人死亡的犹太人报道在其他场合就不为人知)。

犹太圣经也深深影响了《马加比传上》的作者。圣经词语出现在故事的每一页,其中许多显然把这部书与旧约历史书联系起来。作者还更宽泛地借鉴圣经,从赞美犹大为"小狮子"的《创世记》(49:9;比较《马加比传上》3:4),到把安提阿古的宗教改革描述成"那行毁坏可憎者"的《但以理书》(9:27;12:11;比较《马加比传上》1:54),乃至于对细心的听者来说,每部分的语言和风格都是那种神圣传统的重复(Pfeiffer 1949:484—485;Bartlett 1998:31—32)。这类例子太多,以致在此难以尽述;那些重复和语境重构中的大部分都引导我们去鉴赏这种圣经历史结局背后的思想,详后讨论。

255

《马加比传上》所创造的"历史"

《马加比传上》的作者理应被视为一位"审慎的"和"认真的"历史学家(Bartlett 1998:101)。作者试图提供一种条理分明的叙述,以便精心保存重大活动的日期,并采用尽可能多的档案资料以记录历史。在缺少有关日期的确切信息之处,作者尽可能把这类资料插入有日期记载的较可靠的叙事框架中去(Bartlett 1998:102)。然而即便如此,作者也不能被视为"公正的",或"未以个人言论渲染事实"。[15] 与《马加比传下》的主要观点相比,可以说本书作者的偏见比《马加比传下》的作者隐藏得更好,从而更接近于事实,因为当他们进入"历史"时,《马加比传下》作者本身的偏颇之见表现得很清楚。

每部历史显示其偏见和兴趣的一个方式都在于其选择性。对于《马加比传上》来说,当它与《马加比传下》相比时,作者的选择性显而

---

[15] 梅茨格尔(Metzger 1957:130)认为《马加比传上》"明显出自一位率直、诚实的史志作者之手,他把事实按历史顺序记载下来,几乎没有任何企图使它们理论化,或强调它们的重要性"。

易见。⑯《马加比传下》包括塞琉古四世统治下的事件、在虔诚的大祭司奥尼亚时期上帝保护圣殿免受海里奥道拉对宝库的抢劫、耶孙和麦尼劳斯的阴谋及其希腊化计划,以及九烈士的勇气。它也含有几场战役、几次大规模军队调动和几项条约,这些在《马加比传上》中皆未述及。另一方面,《马加比传上》把历史延续到约翰·胡肯努接续他父亲而任职,而《马加比传下》的作者却满足于以公元前 161 年尼迦挪的失败来结束故事,即使是在犹大牺牲之前(可能是由于昔勒尼的耶孙所致,《马加比传下》乃是其作品的缩写)。

首先,令人吃惊的是,《马加比传上》的作者不管怎样无意于叙述大祭司耶孙和麦尼劳斯的堕落,都提供了一幅导致马加比起义的颇为简洁明了的危机图。尽管作者自始至终肯定注意到了"一些叛徒"的活动,他们在文本中却似乎并非主要敌人。相反,安提阿古四世和"外邦人"通常是玛他提亚及其儿子们与之战斗的敌人。难道作者试图贬低把以色列引入歧途的大祭司的作用?⑰ 这很难确定,因为从历史的角度看,撒督人耶孙使其无资格成为大祭司的做法可能被作者渲染了,以有利于其哈斯蒙尼王朝的继承者。难道作者有意把外邦人作为敌人来诋毁(Pfeiffer 1949:496)? 在猛烈抨击叙利亚军队时,作者也不遗余力地谈论与外邦人的外交关系,这使某种绝对的"犹太人对抗外邦人"的心态也不能解释这些删节。也许作者仅仅希望尽可能快而有效地进入历史的中心。不像《马加比传下》那样,它为犹大的英雄行为提供了五章序幕(且不算两章引言性书信和序言),在《马加比传上》中,玛他提亚及其儿子们作为主人公出现在第 2 章的第一部分,从那以后就没有离开过舞台中心。作者极少刻意叙述为起义创造条件的详细情况和秘密

---

⑯　参见法伊弗(Pfeiffer 1949:474)的著作,该页有一个显示这两个文本之间的重合部分及不连续性的有用的简表。

⑰　作为一种选择,如戈尔茨坦(Goldstein 1983:67)所提出的,是一个"将某人从人们记忆中抹去的惩罚"(*damnatio memoriae*)之例在起作用吗? 那是从史书中删掉的一位叛徒或臭名昭著的罪人的回忆。明确关注阿尔西莫的事实,也许能为这种解释辩解。

安排,因为其主要目的乃是叙述以色列人的代表哈斯蒙尼家族的业绩。《马加比传上》的范围延伸到约翰·胡肯努任职,也与这一主要目的相一致。

《马加比传上》也是一部宗教历史。在整个故事中,"天国"或"天佑"作为引导力量证明了上帝在这部历史中的临在。没有提到上帝的名字,或上帝不像在《马加比传下》中那样通过天使式中介者直接发挥作用,这一事实并不能证明作者对历史中的宗教问题或上帝的作用不感兴趣。而且,对以色列神圣经典的有意重复和关联表明,作者在刻意写一部宗教历史的续篇,在该历史中上帝的临在和恩宠是藉一个特殊家族的勇气和领导来实现的。

对危机的描述

作者认为,在安提阿古四世统治下,犹底亚叛徒的活动及其发展是对以色列民众幸福的巨大威胁。叛徒被描述成力图消除以色列的民族身份,以此方式背弃托拉的基本感召而成为一个特殊的异己族类,而区别于上帝的子民。依据但以理对第四兽之"小角"(它向上帝说夸大的话并折磨圣民)的描写,安提阿古是作为以色列的傲慢之敌步入舞台的,并改变了圣殿中合乎律法的崇拜(《但以理书》7:8,24—25;《马加比传上》1:10,21,24,41—55)。前两章中的所有诗歌都认为这些新事态是对耶路撒冷及其圣殿之荣誉的挑战和攻击(《马加比传上》1:24,28,37,39—40;2:8,12)。因此,亟需一位以色列荣誉的捍卫者。同样,诗歌强调了欢乐在以色列的消失。详述这些耻辱和哀痛的情况致使对一位拯救者的需求变得更加迫切,当玛他提亚第一个站出来接受挑战时,作者清楚地表明了哈斯蒙尼家族所起的作用。这些情况在4:58叙述犹大领导举行重献圣殿的祭礼时将会明显扭转,以显示"藉此家族以色列获得拯救"的第一次主要胜利(5:62)。

对《马加比传上》中的危机缺乏理解是申命派神学观念造成的,或许也反映了复兴到来之前赎罪的需要,这将在《马加比传下》中有显著的体现。事实上,《马加比传下》8:1—5 并未把上帝止息对殉难者的愤怒归因于犹大,但《马加比传上》却写了一个更加简单的由于哈斯蒙尼家族的奋斗、奉献和领导而获得拯救和恢复民族荣誉的故事。

上帝拣选的合法代表——哈斯蒙尼家族

欲在这部再现马加比起义的历史中揭示作者本人的倾向,一个重要方法是仔细考究圣经范例的应用和《马加比传上》中的历史与以色列圣史之间所构成的互文性。作者所做的呼声即代表哈斯蒙尼家族所作的声明不能被忽视,它能揭示作者所述的那个家族在上帝为其子民的计划中是如何发挥作用的。

第一印象很重要。玛他提亚作为一个高贵的祭司家族中的一员出现在 2:1(《历代志上》24:7 中列在祭司家族第一位的是约雅瑞*),并在第 1 章的危机之后立即用哀歌表达了他对耶路撒冷之荣誉、安全和尊严的感情(2:6—13)。正是这种虔诚的焦虑使他在马加比起义的第一阶段就采取了暴力。当安提阿古的使者来到莫顶城迫使人们放弃宗教信仰时,玛他提亚杀死了使者和第一个站出来服从命令的犹太人(2:15—25)。由于唯恐读者联想不到如下联系,作者将这种行为和热衷于圣约的动机与非尼哈的类似行为相比拟,后者通过杀死一位以色列人及其米甸妻子为自己赢得了永久的祭司身份之约(《民数记》25:6—15)。作者在 2:54 中将再次提到该场景,在那里作者把反对叛教者的热忱和获得祭司身份的资格明确联系起来,并在 3:8 中赞美犹大击败叛教者,拯救以色列脱离上帝的愤怒(即如在《民数记》25:10 中一样),以扭转 1:64 中的情势。因此,读者第一次遇到玛他提亚及其儿子犹大时,看到了再生的非尼哈;当作者编织那个叙事结构时,哈斯蒙尼家族

---

* 约雅瑞:原文为 Joarib。但汉语和合译本称之为"耶何雅立"(Jehoiarib)。——译注

成员将继承大祭司职位的事实并未远离其写作意图。

　　紧接着非尼哈式的情节之后,玛他提亚召唤道:"所有热衷于律法、忠于圣约的人们,跟我来呀!"(2:27)追随他的人们继续袭击犹太叛徒及其外邦保护者。在此作者结构性地重组了金牛犊事件后果的故事,在那个故事中,摩西回应民众膜拜偶像时呼喊道:"谁是属于上帝的?"(《出埃及记》32:26)然后以叛教者为目标展开了一场军事行动。该事例也将暴力反对叛教的热忱与授予祭司圣职的礼仪联系起来(《出埃及记》32:29)。那时,拥护哈斯蒙尼家族被视为对托拉表达热忱的方式。

　　玛他提亚临终时的遗言也将犹大及其兄弟们的英勇事迹置于以色列人英雄信仰的背景中,同时亦作为以色列人英雄信仰的故事而延续(12:49—60)。犹大及其兄弟们勇敢地履行其祖先的信仰,表达对圣约的热忱,在现实危机所造成的夹缝中立场坚定。"所有遵守律法的人"都将召集到他们周围(2:67)。

　　尽管玛他提亚死后西门是家庭名义上的首领,但起初占据舞台中心的却是犹大的英勇事迹和军事领导。作者在3:3—9中以一首颂诗把犹大介绍给读者,称赞他"如凶悍之狮,咆哮着猛扑过去"(3:4),运用了《何西阿书》5:14中描述上帝使者的明喻(亦如《创世记》49:9中雅各对同名者犹大的描述)。3:6中的陈述,即藉犹大之手而获得拯救,重构了七十子希腊文译本之《士师记》15:18的语境,在该节中参孙战胜非利士人时发表了类似的宣言:"你藉你仆人的手施行这么大的拯救。"(van Henten 1996:204)通过从以色列清除叛教者,"他拯救以色列脱离上帝的愤怒"(3:8)——很像非尼哈故事中的语言(《民数记》25:10),这已在第2章中得到充分强调。因此,犹大给人的第一印象是:以一位圣经中的英雄形象步入舞台,并被委以光大"其人民荣耀"的重任(3:3),这种荣耀在第1章中已遭到彻底攻击和贬损。

　　作者也把犹大描绘成一个十分虔诚地遵守托拉之人。他的军队在战斗前祈祷、禁食和研习圣经(3:44—48);他带来祭品、什一税和拿细耳人(3:49—50),以及所有将在圣殿中奉献之物,以便为其军队重占耶

258

路撒冷涂上一层"圣战"色彩,并试图重进圣殿(需首先清除对圣殿的亵渎)。犹大本人在战斗前祈祷(4:30—33),该祈祷文含有大量涉及大卫和约拿单之战争的圣经典故。而且,犹大的行为和领导地位是按圣经准则塑造的,他组建军队如同摩西在《出埃及记》18:25 中管理民众一样井然有序(3:55);他根据《申命记》20:5—8 的要求免除其军队中那些毋需参军者的义务(3:56);胜利后,其士兵所唱的赞美诗令人想起圣歌(4:24 引用了《诗篇》118:1;136:1 中的叠句)。

犹大所发动的实际战役是以如下方式讲述的,该方式将其与士师们和大卫王朝的战役清楚地联系起来:在早先与强大的外邦军队一次交锋时,犹大的士兵问,他们如何能以少胜多。犹大回答道,上帝能使少数人胜利,就如使多数人胜利一样(3:18—22),其言读来像《撒母耳记上》14:6 中约拿单对其拿兵器者所讲的类似话语的一个米大示。犹大与装备精良且更强大的敌人的战斗像是另一个红海事件(4:9),犹大的胜利被解释为上帝藉"记住其圣约"恩宠以色列的迹象(4:10)。大卫和约拿单与非利士人的战争(尤其《撒母耳记上》17 章所载大卫击败歌利亚,和《撒母耳记上》14:6—15 所载约拿单攻击敌营)在 4:30 中明显成为祈求上帝保佑犹大军队攻击希腊—叙利亚联军的范本或先例。5:40—41 也使人想起约拿单攻击非利士人军营的情景,它结构性地重组了约拿单在《撒母耳记上》14:8—10 中所说之言(两处都认为首先攻击敌人者将获得胜利)。

尼迦挪对耶路撒冷圣殿的威胁继续在马加比史册中再现圣经中的历史(7:33—35)。当犹大听到尼迦挪的威胁并准备与之战斗时,他祈祷上帝消灭尼迦挪的军队,就如上帝于亚述领袖西拿基立对圣殿及其神灵口出妄言之后消灭了 185000 亚述士兵一样(7:40—42)。明确提到《列王纪下》19:8—37 的场景,确保了读者能把《马加比传上》7:33—50 理解成那个范例的再现。在两处记载中,一位外邦将领都傲慢地说出亵渎上帝及其圣殿之语,上帝都被祈祷者请求察看外邦人的傲慢无礼并守卫圣殿,外邦冒犯者则都被击溃而狼狈逃窜。

即使对死亡的叙述,犹大故事也延续着圣经故事。当他牺牲时,"全体以色列人"哀悼道:"这不可能啊!以色列的大英雄和拯救者竟然被杀!"(9:21)此语重构了大卫为扫罗和约拿单所写挽歌的处境(《撒母耳记下》1:19,25,27;却增加了相当不同又同样出色的另一行)。这部分文本的结尾述及犹大和约翰·胡肯努一世的领导(9:19—22;16:23—24)时亦模仿了《撒母耳记上、下》和《列王纪上、下》所载列王历史的结尾。作者将《马加比传上》所载的历史和圣经相联系,给人造成一种强烈印象:以色列的神圣故事必将延续下去,在马加比起义及其主要当事人中,上帝对以色列的长期目的是为玛他提亚家族成员服务的。互文的选择也清楚而非错误地表明,哈斯蒙尼家族对大祭司职位和以色列实存领袖地位(藉假定公元前104年犹大·阿里斯托布鲁斯一世的"国王"名号使这一情况更加清楚,该名号被其儿子和孙子保留下来)的占据是合法的,这个家族确实是用与非尼哈和大卫相同的方式攀升到那个地位:通过对律法的热忱以及军事方面的卓越成就。

上帝拣选哈斯蒙尼家族的迹象,不仅表现为其领导下所取得的一系列重大胜利和成功,也表现为那些脱离其领导而单独行动者所遭受的失败。这一点尤其体现在5:18,55—62中。当犹大带领精兵强将去帮助周边地区的犹太人时,约瑟和亚撒利雅被犹大留下保卫犹底亚。当他们试图通过不依靠犹大及其兄弟们而外出战斗以赢得荣誉时,他们失败了,都遭受巨大损失,因为"他们并不属于为以色列带来拯救的家族之人"(5:62)。与犹大意见不合的哈西典人试图与阿尔西莫达成和平之事给人一种类似的印象:只有与哈斯蒙尼家族合作并在其领导下,才能确立稳固的和平以遵守律法。没有他们的领导,所执行的军事和外交使命都会由于上帝恩宠的缺席而失败。

善行和外交:哈斯蒙尼政权职能的合法化

社会学家马克斯·韦伯研究合法权力(指那种被权力的行使者视

为合法的权力)时发现,权力可通过三种基本模式取得合法性。卡里斯玛式的合法性强调领袖的天赋,或他或她对上帝和政权的临近性,而这是人们通常无法获得的。传统式的合法性授予长期确立的官职而非现任者以个人权力。职能式的合法性强调当权者为当时人们所能做的或已经做的事情。尽管作者认为哈斯蒙尼家族获得统治地位的部分原因在于其特殊的卡里斯玛,即上帝已选择那个家族作为拯救的代理者,但第三种合法性却是作者试图理解和说明哈斯蒙尼统治乃合法统治的主要方式。

　　以色列人的代表犹大的业绩确实是伟大的。他被认为恢复了以色列的欢乐,除去了圣殿遭亵渎时以色列所遭遇的耻辱(4:58),以此回应第1章诗歌中所述的不幸。藉坚守圣约的以色列人收复圣殿对上帝进行合乎律法的崇拜、帮助以色列的夙敌所统治地区(以土买人之地、亚扪人之地、基列;见第5章)中的犹太人,以及迫使塞琉古国王废除禁止托拉和犹太风俗的敕令(6:58—60),都为犹大赢得了"以色列拯救者"的称号(9:21)。他被视为上帝的使者和"以色列的拯救者"(4:30)。称赞犹大为拯救者认可了犹太人所负他的巨大恩情,当他为以色列殉职时,所有这一切就更显巨大了。[18] 因此,以全体人民所负哈斯蒙尼家族的巨大恩情为开端,这个恩情的宝库将成为其政权的基础。[19]

　　约拿单被人民拥立而接续其兄弟为领袖(9:29—30),为以色列获得暂时的和平("战争在以色列结束了",9:73)。在其领导下,外交成为一种重要手段,也成为政治合法的一个来源(Harrington 1988:75)。约拿单作为犹底亚人民的合法代表得到外国政权的认可。在一个显著的命运转机中,亚历山大·巴勒斯授予约拿单"国王的朋友"之称号,但几十年前当需要以牺牲对《托拉》的忠诚为代价而获得此称号时,玛他

---

　　[18]　以利亚撒也通过献出"他的生命,拯救了他的人民,为他本人赢得了永久的英名"(6:44),故以这种方式迫使受惠者将恩情传递给那个家族的幸存者。

　　[19]　德席尔瓦(deSilva 2000b:第3、4章)述及对希腊化时期和罗马化时期恩人与受惠者之相互作用和义务的理解。

提亚拒绝了(10:20;比较 2:18)。他升任首领得到以色列人和塞琉古国王的认可,这是一种在每个时期伴随着对律法之虔诚热情的升任,而非试图通过对圣约的损害(此乃叛徒寻求晋升的方式)。

然而,西门的成就更加显著,因为第 1 章中的罪恶——其实是四个世纪以前尼布甲尼撒围攻耶路撒冷时以色列所遭遇的罪恶——只有在他领导下才被彻底清除。西门在起义开始时就已露面(2:3,65),并在约拿单任大祭司时相当活跃。但他在 13:1—6 中发表"就职演说",却是第一次真正作为一个显著人物出现。像其兄弟和父亲一样,西门(通过作者)给人留下深刻的印象。他以提醒人们记住由于其家族的特殊贡献和善行而使民族承载他们的恩情为开端(13:3;比较 16:2),确立了他本人对国家的慷慨态度(13:5—6),因此得到人民拥立,接续犹大和约拿单的职位而成为首领(13:8—9)。西门任首领时的最高成就是解除了"外邦人的枷锁"(13:41—51),恢复了犹底亚的政治独立。从1:33—34 开始,城堡就成为耶路撒冷的苦恼之源(亦见 6:18—21;11:20,41),但在西门领导下那些"邪恶者"的防兵被解除。解除向塞琉古纳贡的负担和采用一种新的纪年体制("在西门元年",13:42)亦表明犹底亚获得了新的独立。

作者以一篇颂诗庆祝西门的功绩(14:4—15),它与赞美犹大的诗歌(该诗开启了五兄弟的历史)形成绝妙的互补(3:3—9)。对圣经意象的模仿和关联再度频繁出现,这是作者传达其信息的重要媒介。"在西门的有生之年,国家一直处于和平中"(14:4),就如在所罗门时代一样(《列王纪上》5:4)。而且,西门的统治是一个复兴时期,恰如自先知时代以色列就得到的应许一样。《马加比传上》14:8—9 述及:老人悠闲地坐在街上,民众平安地播种,葡萄树结出果实,土地献出物产——此系《撒迦利亚书》8:4,12;《以西结书》34:27 所预言的意象。《马加比传上》14:12 称所有人都坐在自己的无花果树和葡萄树下,不受惊吓,明显重构了《弥迦书》4:4 的处境。一个有关重建的、复兴锡安的预言在西门统治下变成了现实。

262

人们对西门及其家族的反应显然表明,互惠主义和人们约定俗成的感恩观念不仅为哈斯蒙尼政权的合法化提供了语言表述机制,而且确实使我们了解了一些该王朝使其职能合法化的具体形式。人们问道:"我们如何表达对西门及其诸子的感谢呢? 他,他的兄弟们,还有他父亲全家,曾是我们国家的坚强堡垒。他们打败了我们的仇敌,为国家赢得了自由。"(14:25—26)民众决计感谢的形式是一篇铭文,公开宣布荣耀西门,并授予他及其后裔大祭司职位和世俗权力(14:27—45)。这些荣誉和权力被民众视为感谢哈斯蒙尼家族的唯一恰当的回报,因为他们为以色列作出了牺牲,对其民族保持了忠诚、坚定和慷慨(14:35清楚地表明了西门政权的职能合法性——他所做的事情——为此人们现在荣耀他。亦见 14:25—26,35,41,44)。因此,哈斯蒙尼王朝成员不是渴望权力的暴君,而是经过正式选举的以色列首领,他们的尽职赢得了所有以色列人的忠诚和服从。

叛徒和以色列人的范围

作者的党派立场也能从对待那些追求与其相反政治和宗教事项的犹太人的叙事态度中表现出来。以色列所有维护外邦人的影响和利益者,以及所有哈斯蒙尼革命政府的敌人都被称为"叛徒"或"罪人",排除在"以色列人"之外。而后者的神圣称号在整部书中主要指称哈斯蒙尼家族成员及其支持者。毫无公正或客观性可言,作者依据人们在圣地中对待外邦人的影响,以及对认同某个特定群体所作出的特殊反映,在能接受与不能接受的政策和行为之间进行了极其清晰的区分,甚至达到重新界定谁是以色列人的程度,这已经不是一种种族现象。以色列人在安提阿古四世宗教改革时期遭驱逐而躲藏起来,叛徒们却服从安提阿古的计划(1:43;1:52—53,Harrington 1988:62—63)。"所有以色列人"都哀悼玛他提亚的去世(2:70),故"以色列人"仅限于那些同情哈斯蒙尼王朝成员而攻击背教者和外邦侵略军的人。

另一方面,"叛徒"试图打破犹底亚与外邦人的隔绝状态,被指责"抛弃了圣约,与外邦人交往,出卖他们自己乃至干尽了坏事"(1:11—15)。作者强调了体育馆的建造和发泡技术(用于除去割礼的标记,其程序记载于盖仑*的文集中),认为它们是外国风俗入侵的迹象,直接违反了《托拉》。那些与叛徒沆瀣一气的驻扎在塞琉古防营里的士兵得名"阿卡拉",即"一帮罪人"(1:34)。把那些士兵描述成"叛徒",显然表明他们是异端犹太人而非外邦人(Goldstein 1983:106—112)。这两派在6:18—21中再度结盟,那时邪恶的以色列人联合来自防营的阿卡拉难民,向安提阿古五世呼吁,请求他帮助镇压马加比起义。在作者的描述和诽谤背后,显然有许多犹太人反对哈斯蒙尼王朝的计划,认为以色列的未来在塞琉古政府的统治下会更好更安全。

"叛徒和邪恶的以色列人"以及"所有扰乱其人民者"的支持者是阿尔西莫,一个"邪恶的"大祭司(7:5,9,21—22)。阿尔西莫作为撒督祭司家族中的一员,强烈要求获得权力,以致即使是捉摸不定的哈西典人也想与犹大决裂,而赞成在其视为那个政府之合法首领(即大祭司)的领导下和平解决争端。对作者来说,那些认为能够在外国统治下生活并安全持守律法的哈西典人是作为拥护哈斯蒙尼王朝事务的一例实际教训来写的,因此,阿尔西莫奸诈地谋杀了他们。他们的死其实被描述成一个预言的实现,这是作者以"如经上所说的"来明确引经据典的唯一一例(7:16—17;比较《诗篇》79:2—3)。

在余下的文本中,"叛徒"反复出现,试图获得其塞琉古领主的帮助,以反对逐渐统治以色列的哈斯蒙尼政权(9:23—27,58,68—69;10:61;11:20—26)。这个前后一致的画面清楚地表明了作者的坚定看法:从犹太教内部主动协助外邦人干涉犹太人事务,是一种背叛圣约和放弃个人在圣约之民中的地位的行为。然而,支持哈斯蒙尼家族和政治

---

* 盖仑(130?—200?),古希腊医师、生理学家和哲学家,以动物解剖推论人体构造,用亚里士多德的目的论阐述其功能。——译注

独立就是支持这种制度,只有在其统治下才能忠诚可靠地持守圣约,以表明自己是以色列的忠诚儿女。

《马加比传上》中的外邦人

作者对外邦人的态度不甚明确。一方面,认为亚历山大大帝和安提阿古四世是傲慢的,行为超出了合于伦理道德的准则(1:3;1:21,24)。安提阿古、他的将军及其军队是上帝的敌人,都被描述成"邪恶的"和"不守律法的"。而另一方面,作者又认为某些外邦人是适合结盟的伙伴。很明显,作者不仅表现出排外偏见,还在适合外邦人参与以色列人生活的方式与不适合的方式之间作出明确区分。对作者来说,在以色列的土地上出现的外邦人影响、控制和军队是应予避免的罪恶,因为它们威胁着以色列作为上帝圣民的身份。故那些与以色列发生如此关联的外邦人是"傲慢的"和"邪恶的",正在走一条上帝必制止其再走的路。

与外邦诸族联盟符合作者谋求以色列政治独立的目的,这是有能力从事外交和达成联盟的先决条件(Bartlett 1998:29)。特别是捏造的与斯巴达的外交信件可能特意向世界表明:一旦犹太人获得政治独立,"他们对如此希腊化的世界并无异议"(Bartlett 1998:95)。选择斯巴达这样一座以严格的法律和集中的军务价值而闻名的城市,可能是想把犹底亚描述成与古老而受人尊重的希腊城邦具有某种相同的精神(Bartlett 1998:95)。通过把犹底亚与斯巴达联系起来,作者表明犹大及其军队的军国主义和恪守祖先律法的热忱与最高尚的希腊精神并非不相融,而这些特征已为斯巴达在希腊城邦中赢得了不朽的声誉和尊重。

影 响

《马加比传上》通过孕育一种政治理念也许发挥了其最大的作用,

这种理念可能点燃了罗马时期的弥赛亚式运动。尽管这部书本身未以"弥赛亚"冠名,它却颂扬了一位政治和军事起义者,该起义者作为上帝指定的使者,领导上帝的子民"有力地回击了外邦人",恢复了以色列的政治独立并将外国势力逐出国土,而在整个罗马占领犹底亚时期的失败起义中有许多这样的起义者。上帝能给兵力严重不足的军队带来胜利、带来先知们预言的以色列将在其本族首领治理下再次享受经济繁荣的时代——《马加比传上》所倡导的这些信念,也许会对每位新的大卫王位的觊觎者或以色列的拯救者再度发挥作用。

藉犹大·马加比及其兄弟们的闪光范例所孕育的政治和军事弥赛亚的楷模也出现在《新约》的字里行间。例如,按其作者所述,雅各和约翰认为,他们与耶稣的关系使之有机会在革命后获得世俗权力(《马可福音》10:35—45)。审判耶稣时,他的犹太指控者及其罗马审判官都认为弥赛亚预言和政治颠覆之间存在某种联系。在《使徒行传》1:6中,信徒们仍然盼望以恢复以色列政治独立作为耶稣受难和复活的结果。

《马加比传上》也把"热衷于律法"与以暴力反对"叛变的"或"背教的"犹太人以及入侵圣地的外邦人联系起来,使之犹如回荡在整个时期的一个音符,从奋锐党和短刀党攻击犹太通敌者(不仅仅攻击外邦侵略者),到保罗惩戒和骚扰早期犹太裔基督徒以显示自己对律法的热忱,以及后来,保罗和其他犹太裔基督徒教师面临来自其狂热的非基督徒犹太同胞的迫害。

在文学影响方面,约瑟福斯在《犹太古事记》中把《马加比传上》第1—13章用作他记叙该时期的资料之一,并附以希腊史学家的资料。尽管《马加比传上》的故事影响并不大,主要限于马加比家族所提供的勇气和热忱的事迹,但拉比文学的作者们却很熟悉它,德尔图良和奥利金等早期教父也提到过它。而《马加比传下》,由于其首创的殉难观念,必定会产生更大影响,尤其在第2、第3世纪当官方迫害成为越来越迫切的问题时。

《马加比传下》 12

"上帝的大能在此彰显"

　　《马加比传下》讲述的也是安提阿古四世统治时期希腊化危机的历史,同时述及该时期犹太人成功的抵抗运动,以及对犹太生活方式的胜利回归。但它强调的重点明显不同于《马加比传上》(《马加比传下》对《马加比传上》并不了解,它的出现甚至可能早于《马加比传上》)。《马加比传下》高度重视犹太大祭司和上流阶层在推进希腊化进程中的作用,以及希腊化对犹太传统文化的威胁;介绍了耶路撒冷的殉教者,他们是抵抗运动中的煊赫英雄和模范人物;强调上帝直接而神奇的干预;以犹大殉难前击败尼迦挪结束这段历史。

　　《马加比传下》并不试图去合法化一个王朝,而是通过对新近发生事件的描述来证明《申命记》历史观的持久合法性,证明作为上帝保护和关注重点的耶路撒冷圣殿之合法性。它出于不同目的对历史做了与《马加比传上》相似的神学阐释,将对于犹太文化价值的持守作为实现国家安全和繁荣的途径。

结构、内容与文本的流传

　　《马加比传下》以两封信开篇,它们作为引言被作者附于正文故事之前。第一封信事实上乃是附于一封遗失之信后部的一个简短信函,后者曾邀请埃及的犹太同胞一起欢庆修殿节("基士流月中的住棚节"),而在该信中又重复这一邀请。第二封信据称来自犹大本人时期,对埃及的犹太社群发出同样邀请。它讲述对上帝献上感恩的必要,感谢上帝在光复圣殿过程中对整个犹太民族施行的拯救(1:11;2:16—18),报道了恶人安提阿古四世之死这条令人愉快的消息(1:12—17),并试图在大约八天的祭献所罗门圣殿(2:12)和第二圣殿(1:18)的庆祝活动中为一个新的节期打下基础。

这部历史书本身是以缩写者(删节者)的序言开始的,序言中展示了本书的基本主题、方法和目的:将昔勒尼人耶孙的五卷古老史书压缩为一种较易于为人接受的形式,使之以这种形式保存下来(2:19—32)。故事开始于公元前175年之前的塞琉古四世统治时期,当时奥尼阿斯三世做耶路撒冷大祭司,他以严格执行律法使耶路撒冷处于和平稳定之中(3:1—3)。一个投机取巧的犹太人名叫西门,他说服塞琉古去袭击圣殿宝库,但塞琉古的使者海里奥道拉试图进入圣殿时遭到神意的阻拦,差点丧命(3:4—40)。

安提阿古四世登上塞琉古王位(公元前175年)后,奥尼阿斯的兄弟耶孙靠行贿从国王那里获得大祭司职位,立即着手在耶路撒冷创立希腊制度,极力推行希腊习俗(4:1—17)。在西门的支持下,麦纳劳斯以高于耶孙的贿赂夺得大祭司职位,并依靠袭击圣殿宝库掠到他许诺给安提阿古的金银,这激起当地犹太人的抗议(4:23—50)。耶孙此时听到(虚假的)谣言说安提阿古已经在对埃及的一场战役中死去,便试图武力夺回大祭司职位,但被耶路撒冷居民击退。安提阿古将此视为整个犹底亚反抗其统治的信号,于是残酷地洗劫那座圣城。他还在麦纳劳斯引领下进入圣殿,抢劫了殿里的金银作为赔款(5:1—26)。就在这时,犹大和他的几个同伴为避免"受辱"而离开耶路撒冷,躲进荒山(5:27)。

安提阿古派一个使者去督促犹太人放弃其祖传的习俗。圣殿被异教徒的礼仪和祭品玷污,犹太人被强制庆祝狄奥尼索斯酒神节,而守安

267

息日、行割礼和遵守律法中的饮食规章则成为被强制放弃之事。在这一点上,以利亚撒、一个母亲及其七个儿子宁可在折磨中无畏地死去,也不背弃对以色列上帝的忠诚(6:1—7:42),而终止了上帝的愤怒。犹大此时进入中心时期,开始了成功反抗塞琉古首领尼迦挪、提摩太和巴克西得的斗争(8:1—29)。安提阿古试图为这些失败报仇,但遭到上帝的打击,遂忏悔自己的傲慢,并认信犹太人的上帝(9:1—29)。

　　犹大及其部队再度攻克耶路撒冷,重新在圣殿献祭,为纪念此事设立每年一度的节日(10:1—9)。随着犹大的进一步胜利,安提阿古五世允许犹太人重新遵守传统的生活方式(10:10—11:38)。犹大仍然面临困难,首先是解救居于约帕和雅迈尼亚的犹太人,救他们脱离那里的异教徒袭击(12:1—16),接着要同邻近的外邦总督军队做进一步的战斗(12:17—45)。安提阿古五世派吕西亚去安抚犹底亚,但犹大的军队再次获胜(13:1—26)。在国内权力的争夺中,底米丢一世从安提阿古五世手中夺走王权,派尼迦挪返回犹底亚以重获控制权,他趾高气扬地向耶路撒冷进军,对圣殿动用武力(14:1—36)。在这里作者展现了一个"高贵之死"的场景,主角是年长的拉吉,他为了免于落入塞琉古士兵之手而自尽(14:37—46)。在一个高潮式场景中充满了祈祷和对上帝干预的信心,包括犹大的梦,他梦见死去的奥尼阿斯三世正在为其人民祈祷(这是连接此前 3:1—3 的巧妙一环)。犹大的军队击败尼迦挪的武装力量,保护了圣殿。第二个节日,即后来为人所知的"尼迦挪日",就是为纪念这次胜利而设立的(15:1—39)。本书所有情节都集中于圣殿遭受的三次威胁,每次都在上帝的佑助下获胜,第二次威胁由于大祭司引发的叛变显得更加复杂。①

---

　　①　因此,哈灵顿(Harrington 1988:38)按照三个行动讲述该故事,尽管其他人如法伊弗(Pfeiffer 1949:510)和凡亨顿(van Henten 1997:26)都认为海里奥道拉事件是另两个主要行动的序曲(4:7—10:9;14:1—15:36)。这后面的事件的确展示了一个明显类似的结构:大祭司的背叛、塞琉古军队对圣殿和犹太人的袭击、表现对圣约的完全忠诚、拯救、对敌人的惩罚、设立节日以纪念神的拯救(van Henten 1997:26)。

与昔勒尼人耶孙所著的史书一样,《马加比传下》最初也用希腊文写成。它的风格与七十子希腊文译本极为相似,坚持用希腊文著述(一如《所罗门智训》和《马加比传四书》)而非从希伯来文和阿拉米文翻译。而且,这个文本中常有难以移译的修辞性装饰语(van Henten 1997:20—21)。亚历山大抄本和维尼特抄本是其主要依据,但一组小楷体抄本和古拉丁文译本为路加诺修订本(3世纪)之前的《马加比传上》提供了重要证据。古叙利亚文的语言风格过于松散自由,不利于原文校勘。[②]

作者、日期和背景

《马加比传下》是《次经》中一部独特的书。其作者事实上是一个改编者,昔勒尼人耶孙有一部记载马加比起义的五卷史书,《马加比传下》的作者是这部巨著的改编者和缩写者(2:23,26,28)。由于耶孙的著作已不复存在,很难确定哪些内容是耶孙原著中已有的,哪些内容是删改者后来添加的。进入耶孙的文本会帮助我们理解删改者的方法、兴趣和目的:有没有完全重叠的内容,是否对耶孙原作的内容做了进一步扩展? 如果耶孙著作含有更多的主题,改编者删节内容的模式是什么? 他是否添加了耶孙著作中所无的事件和资料? 尽管我们不能对二者进行比较,但仍能感到缩写本中有不协调之处。第3—7章的材料似乎占了较大篇幅,在比例上大于被严重压缩的对战役的描述(如13:18—23)。此外,《马加比传下》的叙述过程不甚流畅,表明作者对涉及神学训导和道德教化的部分有明显兴趣,对缺乏神学意味和道德训导的内容则过分压缩(Pfeiffer 1949:520—521)。

作者的观点、意图和兴趣在序言和结尾部分表现得很清楚,他力图

269

② 细节探讨见哈毕奇特(Habicht 1976a:191—194)、戈尔茨坦(Goldstein 1983:124—127)的论述。汉哈特(Hanhart 1959)对七十子希腊文译本提供了一个标准的评注版。

提供一个更易于接受的版本,使之更适合记忆(故口头流传对犹太民族而言,可能像一种新型叙事诗)。作者热衷于将教化训导与令人愉快的风格相结合,这类似于情节剧。夹在叙述中的冗长评注(4:16—17;5:17—20;6:12—17;12:43b—45)可能表明了作者的理解和神学倾向,这在下面还要进一步探讨。③

　　要确定这本书的写作日期很困难。耶孙的原创史书肯定晚于公元前161年,可能恰在犹大死前,或在其死后不久写成。戈尔茨坦(Goldstein 1983:71—83)将耶孙的著作置于公元前85年,在《马加比传上》之后。一般认为缩写本在公元50年之前已经完成,因为它对《马加比传四书》和《希伯来书》产生了影响;也可能在公元前63年之前完成,因为它正面描述了与罗马的关系(4:11;8:10,36;11:34—36,见van Henten 1997:51)。④ 缩写本如何与序言前面的两封信联结起来是一个应该考虑的重要问题,因此,那两封信的日期也进入讨论范围。后续的信(1:1—9)写于公元前124/前123年,那是犹底亚在约翰·胡肯努统治下处于稳定与繁荣的时期,适宜向散居外地的犹太人发出邀请,再次邀请他们一同庆祝犹底亚脱离希腊统治而获得独立(van Henten 1997:53)。⑤ 哈灵顿(Harrington 1988:38)指出,缩写本是为敦促埃及犹太人遵守修殿节而编写的,像是要提供有关那个节日的故事。⑥ 缩写本或许并非为此目的编写,因为作者的序言本身并未将修殿节列为

270

---

　　③　即使这是耶孙本人的评论,缩写本将其纳入,亦表明缩写者赞同这些评论,并认可它们的重要意义。

　　④　泰德斯奇和泽特林(Tedesche and Zeitlin 1954:27—28)提出,亚基帕一世统治时期(公元41—44年)不可能读到《马加比传下》。15:37表明,写作这部书时耶路撒冷是犹底亚的首都(忽略了一个事实:在公元6—41年罗马巡抚管辖时期,耶路撒冷已不被认为"归希伯来人所有"),卡里古拉任内(公元37—41年)曾出现紧张情况,卡里古拉欲在耶路撒冷圣殿安置自己的雕像,对此《马加比传下》有激烈反应。关于这件事我们从一些古老资料中可得到详细了解,它因此成为学者们研究的热点,他们一心使每段文本都与犹太历史上的著名事件相对应。

　　⑤　第一封信的真实性在1933年被毕克曼证实,尽管迄今还未能说服所有学者(见Pfeiffer 1949:508)。

　　⑥　亦参见科林斯(Collins 2000:80)之论。

大纲的一部分,但它对遵守修殿节肯定有所助益。就这种假设而言,耶孙与删改者均于公元前 124 年之前完成其著作。

　　至于地点,有学者认为作者"无疑是亚历山大的犹太人"(Metzger 1957:140)。另有学者认为,"《马加比传下》明显出自犹底亚"(van Henten 1997:50)。由于它用希腊文写成,不能排除后一种观点的可能性(Doran 1981:113)。鉴于缩写本附有一封再次邀请庆祝修殿节的信,后一种观点更有可能。

　　这使序言前面第二封"公文"信(1:10—2:18)的可靠性和日期成为遗留问题。它的可靠性之所以常遭质疑,是因为有关安提阿古四世之死的报道是错误的,该报道更多地反映了安提阿古三世之死的信息。在圣殿遭亵渎(公元前 164 年冬)后和重新献祭之前,这封报告安提阿古四世之死的信不可能及时送到犹太人那里(Wacholder 1978:91)。然而瓦乔德(Wacholder 1978:102—104)为它的真实性做了出色的辩护,称它反映了在圣殿重新献祭的第一个周年纪念日之前(公元前 163 年冬)的情况:上帝已经"把我们的圣地、国家、祭司职和祝圣礼重新交给了我们","洁净了圣殿"(2:17—18)。信中提到要庆祝净殿节,而未提到洁净圣殿本身(1:18;2:16)。这时犹底亚的犹太人听到了有关安提阿古四世之死的报道,但他们在模糊的官方报道中加入了自己认为可能真实的细节,一个这样的传闻在 1:13—16 中留下记载(Wacholder 1978:101,105)。另外,作者似乎一心想使这新的节日合法化,当它起码在犹底亚确立时,我们在后续的信(1:1—9)中并不能找到相关信息。[7] 这些探讨尚未结束,但有一个事实不容置疑:即这是"关于犹大·马加比本人之唯一存在的真实可靠的记录"(Fischer 1992:444)。[8]

---

　　[7]　信的作者将修殿节(当时称为净殿节)和住棚节,以及一个不甚重要但流行于被掳以后的"感谢圣火节"(Wacholder 1978:113—115)联系起来,后面两个都提供了八日节期的先例。

　　[8]　戈尔茨坦(Goldstein 1983:158)驳斥瓦乔德的观点,认为公元前 163 年耶路撒冷既然被围困,这封信就不可能被送出。

文类和写作意图

正如书中所呈现的,《马加比传下》是一个包含着两封信和一个五卷史书摘要的混合文本。缩写是一种标准的文学训练(是对其他留存史书的摘要),但把《马加比传下》也看作一部历史书或许更合适。它常被归入"悲剧历史"一类,但这是"波利比乌斯批评某史学流派时所用的言辞",并非实际上通常的分类(Doran 1981:87)。《马加比传下》的确与波利比乌斯批评的多数历史书相似,那些历史书试图以"夸张的描述"激起人们对历史的情感反应,为历史人物设计动人的言辞,包括戏剧性的表现、事件之间未经证实的因果联系、对人们得到公平奖赏的祝贺。多兰(Doran 1981:103—104)也指出《马加比传下》讲述了一个有名的历史故事:上帝对某圣地或圣城的眷顾。

尽管一些学者试图解释耶孙的写作意图,[9]多数人却满足于对缩写者之神学议题、见解和意图的研究(例如 Moffatt 1913:130),而缺乏如我们现在所做的对耶孙原著之外部要素的证明。缩写本最显著的特征是用新近的历史来证实《申命记》的历史观。这表明其教牧意图是劝阻犹太人,使之不要"转向异族生活方式",因为这是对国民福祉的真正威胁;而要持守对律法的忠诚,相信上帝在保护着他的子民和圣殿(见Doran 1981:110)。[10] 作者保留了原书推崇守安息日、行割礼、遵守饮食规章和圣约中其他诫命的内容,主张宁可忍受死亡的痛苦,也不亵渎神的律法(Pfeiffer 1949:513)。

---

⑨　例如,戈尔茨坦(Goldstein 1983:71—83)提出,昔勒尼人耶孙著书是为了纠正和反驳被称为《马加比传上》的哈斯蒙尼家族的宣传品。类似观点亦可参见法伊弗的论述(Pfeiffer 1949:514—518),他从缩写本中提炼出耶孙的观点和写作意图。

⑩　多兰(Doran 1981:12)稍后的论述则无太大的说服力,他认为编写者(或耶孙本人)写这部书,在某种程度上可视为对约翰·胡肯努一世政策的批评,此人在军队中豢养了一支雇佣兵小分队,不依赖上帝,因缺乏资金而盗大卫之墓,侵略邻近的非犹太人领土,比如以土买(在那里犹大只是为保护犹太人而战)。作者对该故事的特征未做较尖锐的评论,不是由于机智,而是因为他对此缺乏直接的兴趣。

序言中的信有其更特殊的目的,不可避免地对读者阅读这本书产生影响。信的作者试图让人达成如下共识:新近发生之事不仅能视为一次成功的军事行动,也能视为上帝对耶路撒冷和圣殿进行保护的预兆,到目前为止,耶路撒冷仍是犹太版图和精神家园的中心。信中也表达了将巴勒斯坦犹太人和埃及犹太人联结起来的强烈愿望,一再敦请居于埃及的犹太同胞与他们一同庆祝节日,庆祝神对其巴勒斯坦犹太同胞的拯救,以及为了所有犹太人的利益对圣殿施行的保护。犹太社区至少发出过三封信,如果它们都真实可靠,第一封是 1:10—28,时间在公元前 163 年;第二封于公元前 143/前 142 年发出,没有保留下来,但在 1:7 提到;第三封是 1:1—9,时间在公元前 124/前 123 年。这种使修殿节成为埃及犹太节期之构成部分的吁求要达到双重目的。

写最早那封书信的作者可能意识到,埃及的某些同宗信徒会因圣殿缺乏某些设施而认为第二圣殿不合法。为表明该地处于圣地版图的中心,作者回顾历史,声称上帝会在某个恰当时机重建一切(诸如约柜),并使所有犹太人重返家园;亦藉油液的故事将第二圣殿与所罗门圣殿联系起来,说明圣火已被保存下来。[11]

形成时接受的影响

对《马加比传下》的形成产生首要影响的当然是昔勒尼人耶孙的历史书。[12] 缩写者似乎不知道《马加比传上》,其写作时间可能确实早于《马加比传上》(Doran 1981:13—17)。《马加比传下》插入了几份官方

---

[11] 由于油液的奇迹,第二圣殿仍能供奉圣火,而非"怪火",并因此对上帝奉行合意的敬拜(比较《利未记》10:1—3,见 Wacholder 1978:115)。一些学者认为,这些信和《马加比传下》一同至少实现了一种暗含的目的:抵制奥尼阿斯四世——被驱逐和杀害的奥尼阿斯三世之子——在利奥多波里斯所建造的犹太替换性圣殿的诱惑,否定其持久的功用(Habicht 1976:186)。但这充其量是一种间接目的,并未得到普遍认同(Doran 1981:11—12;Collins 2000:81)。

[12] 参见多兰的论述(Doran 1981:81—83),他反对那种认为《马加比传下》的作者虚构了该原始资料之说。

272

文件,来源尚待商榷。安提阿古四世那封忏悔信(9:19—27)几乎肯定是犹太人一厢情愿的产物,但《马加比传下》第 11 章中的信件则可能真实可靠(Attridge 1986:323)。^⑬ 就其目前的上下文而言,有三封信放错了地方,因为它们写于安提阿古四世任内吕西亚被打败后,但在安提阿古五世即位之前(Bartlett 1998:49—52;Fischer 1992:444—445)。只有 11:22—26 所载之信才确实得自安提阿古五世统治时期。这些或许可靠的信件有可能是耶孙著作的一部分,它们现在的错乱状态是由不恰当的删节处理造成的。

　　《马加比传下》不像《马加比传上》那样明显地依赖犹太教圣经,这一事实使人不能妄下结论:《马加比传下》提供了较富于宗教色彩的历史,而《马加比传上》更为"纯粹"。不过,作者尽管在文体和语词层面没有摹仿圣经,却受到《申命记》历史哲学的深刻影响:遵守律法会确保和平,违背律法之罪必招致惩罚,悔改和重新顺服上帝将带来复兴。其他一些源于圣经的神学教训也在这部书中出现,如安提阿古四世本人无意识的狂傲使之遭受上帝的惩罚,^⑭尼迦挪的威胁和失败与西拿基立的故事也形成对照(15:20—24)。

《马加比传下》描绘的"历史"

　　一般认为《马加比传上》的作者是一个历史学家(尤其涉及编年史的历史学家,见 Dagut 1953)。尽管《马加比传下》对一些事件提供了重要资料,而《马加比传上》对它们却奇怪地只字未提。不少差异和年代上的错误已在前一章探讨过,^⑮其中几个差异关系到目前《马加比传下》研究的热点。

---

⑬　莫法特(Moffatt 1913:127)并未断言,只是暗示在"纯属捏造的文件"内部"最多……有某些历史基础"。

⑭　对照《马加比传下》5:17—20;7:18—19,33—35;9:5—12 与《以赛亚书》10:5—19;47:6—15;《撒迦利亚书》1:15。见多兰的论述(Doran 1981:92)。

⑮　亦见莫法特(Moffatt 1913:126)、法伊弗(Pfeiffer 1949:474)很有助益的概括性对照。

《马加比传下》以公元前 161 年对尼迦挪作战胜利结束,这与《马加比传上》所讲述的最后二十年历史不同。《马加比传下》未提及玛他提亚,亦未过多关注犹大的兄弟们(且西门在 10:18—23 出现时亦非重要人物)。但由此断定《马加比传下》是一部反哈斯蒙尼家族的历史著作则言过其实,因为一如科林斯(Collins 2000:82)所正确指出的,耶孙的著作可能于公元前 160 年之前就已完成,故不可能记载犹大之死及其兄弟们的功绩。缩写者未提及这些议题,可能是对既存文本进行删节而未作出补充说明所致。尽管如此,《马加比传下》也不是一部赞美哈斯蒙尼家族之作(van Henten 1997:53—56),它无意于颂扬某个特定家族,肯定其政权的合法性。

作品对上帝及其使者作用的突显暗示了一种较为可能的原因,表明作者何以未聚焦于"给以色列人民带来自由的马加比家族"(《马加比传上》5:62)。《马加比传下》与《马加比传上》同样表现了圣经的基本主题:依靠上帝而非军队的武器和数量获得拯救(《马加比传下》8:18;比较《诗篇》20:7)。《马加比传下》不同于《马加比传上》之处在于它对神迹的兴趣,作者在序言中就宣告神迹是历史的重要组成部分(2:21)。天国军队的重要作用(10:29;11:6—10;12:17—25)提醒读者,胜利全然掌握在神的手中,而不是犹大手中,他们在战争中虔诚地仰赖神的佑助,战争结束后唱诗赞美神(10:38)。本书强调上帝藉其所选之人施行拯救,而非某个家族对以色列的福祉作出贡献。犹大本人的观念与这种叙述视点似乎完全一致,如他在夜间为军队下达的战斗口令是"上帝会帮助我们"(8:23)和"胜利出于上帝"(13:15)。15:34 最后赞美上帝的作为道:"他是保护其圣殿免遭亵渎的神圣之主!"这与信中凸显的重点如出一辙:应该感谢上帝的拯救(1:11—12;2:16—18)。书信和缩写本都强调以节期作为表达感激的宗教法规。[16]

---

⑯ 科林斯(Collins 2000:82)也指出,将缩写本与这些信件放在一起,显示出作者有意在巴勒斯坦犹太人和埃及(大批前奥尼阿家族的)犹太人之间寻找共同基础,强调上帝对耶路撒冷圣殿的光复,而不是哈斯蒙尼家族的作用,哈斯蒙尼家族在耶路撒冷取代而非恢复了奥尼阿家族的大祭司地位。

第二个也许是更明显的倾向,是作者认为《申命记》的历史哲学依然是解释过去事件乃至平安的未来事件的明确原则。作者对起义之前的事件(第3—7章)特别关注,以解释性的评论出色地完成了这种论证。

与《马加比传上》的作者不同,《马加比传下》的作者(无疑是追随耶孙)以塞琉古四世统治时期为开端讲述这段历史,而非以大敌安提阿古四世的统治为开端。这样做是为了展现奥尼阿斯三世作耶路撒冷大祭司时的美好图景(3:1—3),当圣约得到遵守,圣城享受和平时,圣殿甚至得到外邦统治者的尊崇。海里奥道拉事件所展开的历史意在确立一种作为基本前提的信念:当民众处于托拉的管理之下、圣约得到严格遵守时,上帝必会保护其圣殿(3:28,38—39)。

接下来是对耶孙和麦纳劳斯叛教的详细讲述,[17]以及对其他邪恶祭司所犯之罪的叙述,如麦纳劳斯将圣库中的金钱据为己有,引导安提阿古四世进入圣殿且使之遭到亵渎等,这引出插入故事讲述中的第一组评论。在作者看来,灾难的发生与不守律法、不与外邦人及其生活方式划清界限有关(4:16—17)。一如《申命记》所载,因为叛教或以其他律法所禁止的各种方式与外邦人融合,变得"像外邦人一样",会使上帝以外邦人为其手中的鞭子,用来惩罚以色列民。安提阿古四世闯入圣地并顺利地掠走那里的金银,成为作者用以提醒人回想海里奥道拉事件的素材,表明安提阿古四世最初的畅行无阻不是由于上帝的软弱或圣殿不够圣洁,而是由于以色列民背逆了上帝(5:17—20);当人们背教违法时,上帝的恩宠及其对圣殿的保护会暂时离去。

安提阿古及其随从袭击耶路撒冷,犹太教遭禁止,谨守律法之人甚至被处以死刑,这些都被作者解释为其民族遭受的惩罚。在6:12—17作者清楚地论及一种神学理论,即民族灾难是上帝惩罚其子民而非消

---

⑰ 关于耶孙改革的性质和改革在何种程度上构成对《托拉》的偏离,仍是一个历史问题。由于献祭仪式和以往相同,《托拉》仍被虔诚的犹太人遵守。可能是引进和介绍更多的希腊法律为耶路撒冷的政治基础,对希腊制度和文化习俗(如健身房中的体育运动)以及类似的活动的介绍,都构成叛教的要害所在。

灭他们的方法(亦见 7:16b,33—35)。这是上帝的慈爱之举,以此促使其子民及时悔改并归向上帝,使国家不致因"积罪难返"而遭到圣洁上帝的灭绝。在上帝如何对待异教徒这一问题上,本书作者与《所罗门智训》的作者明显不同。后者坚称上帝也逐步惩戒外邦人,促使他们悔改,爱上帝创造的一切(《所罗门智训》11:24;12:2,8—10,20);而在《马加比传下》中,异教徒得不到任何类似的关心和供给,孤独无助,直到被彻底消灭(《马加比传下》6:14—15)。上帝对待以色列的特定方式和上帝永远不会抛弃以色列的信心全然源自一种信念:上帝本身的荣耀与被称为上帝"神圣与荣耀之名"的国家命运是紧密联系在一起的(8:14—15)。

上帝对国家的惩罚是群体性而非个体性的。义人认为自己应当受苦(虽然安提阿古四世尚未遭到应有的惩罚,见 7:18—19,32),尽管他们作为个体没有得罪上帝。他们作为国家的一部分遭受痛苦,然而他们为了上帝和神圣律法而自愿献身,这就成为一种维护国家利益的有效牺牲(7:37—38)。殉教者至死守法是《马加比传下》的转折点:他们对律法的忠诚及其对上帝怜悯以色列的祈求,终使"上帝的愤怒化为怜悯"(7:38;8:5)。正如个人的罪行会造成集体受罚一样,个人对律法的持守同样会带来转机,这是《马加比传下》明显区别于《马加比传上》之处。在《马加比传上》中,玛他提亚和犹大的战斗激情(尤其对犹太叛教者的斗争)驱走了上帝的愤怒(《马加比传上》3:5—8)。殉教者和犹大及其军队一同成为犹太民众的英雄,他们的勇气和忠诚为宗教及政治独立作出实质性的贡献(van Henten 1997:243—267,299—301)。正是在这一点上,犹大的斗争进入中心时期并取得胜利。

尼迦挪事件平衡了海里奥道拉事件,上帝和以色列重新进入圣约所祝福的和谐状态。又一次地,"犹太人是不可战胜的,因为他们遵循着上帝所赐下的律法"(8:36;此语酷似海里奥道拉在3:39所承认的事实),史书以耶路撒冷的和平安全结束,表明它又回到了3:1所述奥尼阿斯治理时的状态(van Henten 1997:31)。一些次经文献也明确赞同这种历史观(尤见于《多比传》、《犹滴传》、《亚撒利亚祷词》和《巴录书》),证明了它的普遍性、持续性及其作为一种思想体系的有效性,这种思想体系是:促进和维护独特的犹太文化价值是为公众寻求和平稳定的途径。

荣誉、耻辱和犹太文化价值观

《马加比传下》将两种生活方式对立起来,一种是异族或希腊生活方式,另一种是犹太生活方式。作者藉《申命记》对民族利益的强调和有关荣辱的社会规范来提升犹太文化价值观。希腊化时代大祭司和忠诚殉教者的故事证明了一个原则:忠于律法带来光荣,离弃独特的犹太生活方式则导致耻辱。

以希腊人的眼光追求荣誉,看重希腊的荣耀,都会导致采用外国的生活方式。然而,那些触犯神圣诫命且未与列国划清界限之人不将荣耀归于上帝,对他们需制定法律,以维护上帝之约的不可侵犯性。不以忠于圣约荣耀上帝,会导致灾难的发生(4:16—17)。耶孙关于荣誉的错误观念给他(5:6—7,10)和麦纳劳斯(13:3—8)带来极大的耻辱:死而无葬。作者对其罪有应得的看法难以掩饰:正是这种人生选择给他们带来了耻辱。

另一方面,作者将遭受贬损、嘲弄和严刑逼迫的殉教者——其个人荣誉遭到了绝对侵犯(折磨他们的人从中取乐,7:7,10)——转变为高贵之死的范型,值得纪念、称赞和效法的榜样(6:19,27—28,31;7:20)。在《马加比传下》中,典范的犹太人为自己的独特生活方式而献身(2:21;8:1;14:48),拒绝一切采用异国生活方式的行为(6:24)。为了其价值观和行割礼、守安息日、[18]遵守饮食规章(6:10—11,18—19)等

---

⑱ 欧斯特利(Oesterley 1935:315)无可争议地指出,虔诚的犹太人对安息日的遵守在《马卡比传下》中(8:26;12:38;15:1—4)比在《马卡比传上》中严格,尼迦挪认为倘若他在安息日发动袭击,一定会打败犹大(对此作者未提出异议)。在《马卡比传上》中,玛他提亚及其部下不得不作出决定,为了避免被消灭,即使在安息日遭到袭击也要奋起自卫(2:39—41)。

传统习俗而献身天经地义——它们乃是犹太身份最明显和广为人知的标志,是将他们与异族明显区别开的独特习俗。在此条例中还应增加施舍,即如虔诚的犹大将战利品分给寡妇、孤儿和希腊化危机中的罹难者(8:27—33)。

由此可见,《马加比传下》极力推崇犹太民族的独特生活方式,主张远离异族方式的侵害甚至玷污。[19] 用"未开化的"和"野蛮的"一类字眼描述希腊文化和帝国体制(2:21;10:4;13:9),这虽是微不足道的细节,却是表明缩写者可能也持守耶孙观念的一个好例子。在反对希腊文化与帝制观念的同时,《马加比传下》讲述了光荣而"文明"的人们是如何按照犹太方式生活的。

末世论

《马加比传下》在个人末世论领域作出了重要贡献。从这里可以找到有关义人复活(7:9,11,14,23,29;12:43—45;14:46)尤其肉体复活(7:11;14:46)的早期论据。对上帝作为造物主能力的强调为上帝在人死后能再度造人的信念提供了依据(7:28,见 van Henten 1997:178—180)。[20] 个人在来世会继续活着——这一观念的形成使作者持守申命派有关以色列集体命运的观念(以及忠诚的犹太人在此生需与悖逆的犹太人一同受苦的必要性),同时仍信奉上帝对个人的公义性。

这些信件也提供了未来以色列人将聚在一起、散居海外的犹太人将欣逢转机的证据,它们在《多比传》第13—14 章中已有描述。后一封信包含了有关巴勒斯坦犹太人如何看待散居犹太人的间接暗示:他们需要一些途径悔改,重新归顺上帝,与上帝和好,因为他们仍住在远离

---

[19] 很明显,耶孙和缩写者皆未彻底拒绝希腊文化带来的一切,但他们在感到最重要的地方划定了界限——该界限显然不是在语言层面,比如不是文学的产物。

[20] 《马加比传下》7:28 不经意地提升了"从无中创造"的教义,尽管这可能不是作者的本意(Winston 1971—1972)。

278　家乡之地(1:4—5)。末世论主题在那封较早的信中如同副歌一般反复出现(1:27;2:7,18),给整部书的末世论涂上强烈的民族主义色彩。以色列民在独立的国土上复兴是上帝为其子民安排的目标,这个目标会在未来的某个时候实现。

影 响

　　关于《马加比传下》(和《马加比传上》)的影响,一个较明显的标志也许是在犹太教的节日历法中修殿节逐步被接受(见《约翰福音》10:22,这是约翰描写耶稣时提到的节日之一,在这个节日中完成了礼拜仪式中的所有庆祝活动)。该节日并非由于这类文献资料才存在,但文学中对这个节日的庆祝以及对其故事的宣传肯定会促进对它的接受。在这一点上,序言前面的那些信件试图对埃及的犹太教产生某种直接影响。将这些信件与直接讲述上帝为其子民施行干预(上帝的干预多发生在节期中,如他在逾越节、普珥节和《马加比传三书》第7章所载之无名节日里的作为)的故事联结在一起,很好地实现了一个目的,即强调要设立节期(10:8的修殿节,15:36的"尼迦挪日")。实际上,民族的感恩需要永久的纪念活动,以纪念上帝之手对以色列民施行的新拯救。

　　在犹太文化中,《马加比传下》之最大最直接的影响是它对犹太殉道学的贡献,这类故事成为《马加比传四书》的基础,该书是对作为一种生活方式的犹太文化的哲学辩护:那种生活方式实现了激情被(虔诚的)理智控制的道德理想(diSilva 1998)。[20]"母亲和七个儿子"的故事在拉比文学中被多次改写,尤其出现在罗马帝国的背景中,证明了《马加比传下》之殉道者故事的永恒重要性(Doran 1980)。

　　《马加比传下》对早期教会的殉道学也产生了较深刻的影响。首先,义人为迁移上帝的余怒甘愿将自己交给逼迫和死亡,使其幸存的犹

---

　　[20]　扬(Young 1991)提供了对《马加比传下》和《马加比传四书》中的母亲的特别研究。

太同胞可以体验上帝的怜悯,这种观念使《以赛亚书》第 53 章与早期基督徒对耶稣之死的理解贯通起来。一个人承受上帝的怒火而使他人得以与上帝和好,以及上帝藉复活作出证实性的担保,这两个主题无疑显见于《马加比传下》及《新约》对受难节和复活节的解释中。

279

这些殉道者在早期教会中成为值得效仿的勇气与忠诚的典范。早在《希伯来书》11:35b 中作者就说:"又有人忍受严刑,不肯苟且得释放,为要得着更美的复活。"(见 deSilva 2000a:418—421)西普里安在《对殉道的劝勉:致福徒拿都》(《致福徒拿都书简 11》)中,奥利金在《对殉道的劝勉》(《对殉道的劝勉》22—27)中对《马加比传下》第 6—7 章都有详尽的阐释。优西比乌斯对布兰狄纳殉道的回忆(《基督教会史》5.1.1—61)也精心模仿了《马加比传下》中母亲及其七个儿子的范型,布兰狄纳先是激励一个年轻基督徒面对痛苦而不拒认基督,继而便以身殉道。奥古斯丁认为他们与火窑中的三青年同为忍耐和信心的榜样:"三个年轻人的上帝与马加比人的上帝是同一位真神。前者逃离了烈火,后者被烈火折磨,但他们都在永生的上帝里得胜。"

在早期天主教和东正教历的 8 月 1 日,这些殉道者被人们纪念,享有仅存的非基督教圣徒的殊荣。他们在基督到来之前"为神的律法而战以至于死"(奥古斯丁《上帝之城》18.36;见约翰·克里索斯托《论以利亚撒和七兄弟》2),这一事实使其事迹显得更为卓著而值得纪念。

《马加比传下》的影响还表现在,它的一些内容变成天主教徒和新教徒论争的源头,以致该书在新教改革者那里遭到冷遇。15:12—16 所载奥尼阿斯三世和耶利米在战前为以色列祈祷的梦中幻影成为圣徒为亡者代祷教义的依据。为死者祷告的仪式,尤其为死者之罪补赎的行为,在作者对犹大为赎罪祭募捐的解释中找到了正当理由。这种礼仪欲为死去的士兵赎罪,以便他们能在义人复活时有份(12:43—45),尽管这也许是对犹大意图的误解,犹大是要保护活着的士兵,使之免受因其中有偶像崇拜而招致的惩罚(Harrington 1988:51)。

《以斯拉上》

13

"留给我们根和名"

　　《以斯拉上》属于所谓"再写圣经"的文学类型,这种类型是两约之间文学作品中极其重要的一部分(例见《十二族长遗训》、《亚伯拉罕启示录》、《禧年书》及库姆兰社团的《圣殿卷轴》)。《以斯拉上》重述了《历代志下》第35—36章、《以斯拉记》及《尼希米记》第8章中的故事,但对那些材料做了改动,以便使未见于正典文学的事件如三卫士之争也能收录进来(《以斯拉上》3:1—5:6)。由于这次扩充,大卫王的后裔所罗巴伯作为重建犹大的领袖和主要推动者进入舞台中心,这个文本也因此保存了一个宫廷故事,否则该故事就不会成为犹太-基督教传统的一部分,故事中对真理力量的赞美也不会成为早期教会的重要资源。

　　关涉以斯拉的诸多书卷之名经常造成混乱;如此不同的宗教传统以各不相同的方式分卷,导致相关的卷籍更多。新教徒按照希伯来术语通称为《以斯拉记》和《尼希米记》的书卷在拉丁文通俗译本中被称为《以斯拉上》、《以斯拉下》,在许多古老的天主教译本中亦如此。然而,这些相同的书卷在七十子希腊文译本的传统中都被汇编为《以斯拉下》(《以斯拉B》)。依循七十子希腊文译本的传统,在詹姆士王译本、《标准修订版》、《新标准修订版》中被称作《以斯拉上》的次经以斯拉书卷亦被称为《以斯拉上》(《以斯拉A》),只是在拉丁文通俗译本及其衍生的译本中名为《以斯拉三书》。最后,在《标准修订版》和《新标准修订版》

中（因此也在现行的书卷中）被称为《以斯拉下》的次经以斯拉书卷根本未见于七十子希腊文译本，在拉丁文通俗译本中则被题名为《以斯拉四书》。[①]

281

结构与内容

《以斯拉上》始于约西亚十八年的一次重大的逾越节庆典（1:1—24），以及对约西亚亡于试图介入外交事务时的叙述（1:25—33）。随之而来的是犹太国势的式微，这种式微在巴比伦王尼布甲尼撒摧毁耶路撒冷及其圣殿时达到顶点（1:34—58）。在耶利米预言的七十年荒芜期满后，接着叙述了巴比伦王国的征服者波斯王居鲁士的著名敕令。居鲁士准许流散者回归的政策使他成为犹太流放群体的英雄，成为第二以赛亚赞美的"受膏的王"。居鲁士派遣设巴萨做愿意回归的流散犹太人的领袖，随之将被掠夺的圣殿中的神圣器皿交还，供他们重建圣殿和恢复对以色列上帝的祭礼时使用（2:1—15）。不过，在亚达薛西王统治期间，回归者遇到了阻力，以致建造"城市、……市场和城墙以及……圣殿根基"的工程被迫停止，"直到大利乌王在位第二年"（2:16—30）。

当读者被带到大利乌宫廷中的一场宴会时，文本的语调开始由编年史转向宫廷故事（3:1—5:6）。大利乌的三个卫士提议在他们之间进行一场比赛，看看谁能最圆满地回答一个问题："什么是最强的东西？"并且为自己的答案辩护（3:5）。大利乌及其廷臣将作为其答案的裁判，而王也将赐予胜出者以崇高的尊荣。三个卫士写下他们各自的答案——"酒"、"国王"、"女人，但唯有真理胜过世上一切"，之后将答案都放在王的枕头下面（3:4—12）。第二天，王和廷臣们倾听其解说，将胜利判给第三个卫士，其名为所罗巴伯（3:13—4:41）。他所要求的荣誉

[①] 由于《以斯拉下》或《以斯拉四书》被发现是由三个不同文本汇编成的，这个问题更加复杂化了：(1)一部原初的犹太启示著作保留了《以斯拉四书》的篇名；(2)一篇早期基督教序诗目前被称为《以斯拉五书》；(3)一个3世纪的基督教附录被称为《以斯拉六书》。

是王实现他在继位那天的誓言——如果不是这个故事,该誓言将不会为人所知:重建耶路撒冷及其圣殿,将流散者们重新安置在他们的本土上,并将被掠夺的器皿归还圣殿(4:43—46)。大利乌对此事表示全力支持;深信上帝为其智慧源头的所罗巴伯动身出发,去履行对其故土及其圣殿的重建计划(4:47—5:6)。

随后是按照宗族编制的回归者名单。该名单由于提供了多方面证据而值得注意:在漫长的流散年代中对保存家谱的重视,家谱规范以色列内在生活的方式(尤其明确祭司和利未阶层成员的资格),以及家谱划分以色列人界限的方法(5:7—46)。所罗巴伯很快恢复了祭坛,庆祝了住棚节(5:47—55),之后热切地开始了建造圣殿的工程。也是从那时起,那些生活在耶路撒冷周围的土著民被排除在外(5:56—71),建造圣殿的工程也再次被迫停止——"在居鲁士王掌权的日子……直到大利乌王当政"(5:72—73)。

这一次,又是在大利乌当政第二年,在先知哈该和撒迦利亚的推动下,建造圣殿的工程继续进展(《哈该书》尤可作为相关的对比资料)。当犹底亚毗邻地区的地方官员在呈奉于大利乌的一封信中表示担忧和抱怨时,王寻查了王室档案,发现居鲁士王确曾许可重建圣殿,于是下令准许犹太人继续建殿,他人不得阻挠,并予以全力支持,直到四年后完工(6:1—7:9)。此事件被另一个节期纪念,这次是守逾越节(7:10—14)。

以斯拉在这时出场了。他被波斯王亚达薛西委派去查究犹太人是否严守托拉规范,并带去更多被尼布甲尼撒掠夺的圣殿器皿,同时整饬犹底亚的司法秩序(8:1—27)。更多的流散者跟随以斯拉回归,他们被列举出来,乃是其家谱和家族中有资格的祭司受到格外关注(8:28—67)。自抵达犹底亚始,以斯拉便了解到那"圣洁的族类已经和当地外邦人混杂"的方式(8:70)。根据《利未记》18:19—30的诫命,以斯拉劝导负责任的男性同非犹太女子解除婚姻,与他们的婚生子女脱离关系,以便使圣洁的种子保持纯净。那些拒绝者将会从回归的群体中,从那个在流散后似乎已继承"以色列"之名的整体中驱逐出去(8:68—9:

36)。文本以以斯拉宣读《托拉》,利未人讲解和阐释《托拉》以及预备另一个住棚节作结(9:37—55)。

在现有的形式中,本书看起来没有贯穿始终的文学思想,反而给人一种印象:它是从一个更大的整体中截取出来的,这种印象是如此强烈,以致大多数学者都不相信我们拥有的《以斯拉上》是完整的。托里(Torrey 1910:82)提出,《以斯拉上》最初包含了《历代志》全书的一个替代性文本。然而,这种说法并不可靠。优西比乌斯曾经引述优波利姆斯(公元前2世纪的犹太史家)所用的《历代志下》2:11—13,该版本与著名的七十子希腊文译本差异显著。托里推测,曾有一种可供优波利姆斯使用的《历代志》替代本,由于优波利姆斯的《历代志》版本和《以斯拉上》论到上帝的创世行为时皆使用了动词"创造"(*ktizein*)而非"作出"(*poiein*),他的《历代志》版本很可能是《以斯拉上》作者之作品的一部分。可是,选择同一种翻译几乎无法认定共同的著作权,因为"创造"的上下文语境理所当然地表明,使用"创造"乃是为了迎合有文化的希腊人。②

283

看来托里夸大了事实,不过有可能成为开端的一些材料散佚了。文本在约西亚统治中期的一次逾越节庆典中突兀地开始。塔尔舍(Talshir 1999:21)正确地注意到,这部书如果从约西亚初登王位以及发现并宣读律法书开始,会更具平衡感和文学结构意识。律法的宣读及随后的庆典能为整部文本提供一个技巧圆熟的文学结构,因为末章仍能以宣读律法和庆祝节期为特征。同时,塔尔舍正确地承认这种需要并非事实,而只是一个从文学视角出发的称心如意的解决办法,就像说倘若《以斯拉上》以这种方式开始会写得更好一样。作品以"And"(*kai*,后接一个动词)开始之事当然并不表明某些开篇的材料先于作品存在,因为《约书亚记》、《士师记》、《历代志下》以及《以斯拉记》(七十子

---

② 见塔尔舍(Talshir 1999:10—12)的论述。他同时指出,由于约瑟福斯从《七十子希腊文译本・历代志》转向《以斯拉上》,《以斯拉上》起初就不可能包含《历代志》(如果包含了,约瑟福斯很可能更愿意使用它)。

希腊文译本中的《以斯拉下》)都是以这种方式开始的。

本书的最初结尾很可能散佚了。现有的结尾似乎是在一句话中间突然终止的:"并且他们聚集在一起……。"在其初始的形式中,或许《以斯拉上》一直延伸到把《尼希米记》8:13—18 中提到的一次住棚节庆典也容纳进来(Bissell 1899:71;Talshir 1999:6—8),那次庆典《以斯拉上》的最后几节亦曾提及,那时他们正在筹备庆典。然而,没有必要假设更多的文字散佚,因为这个简短故事能为一项工作提供一个合适的结局,在那项工作中,逾越节和住棚节可以提供主要的结构性设计(1:1—22,逾越节;5:47—73,住棚节;7:1—15,逾越节;9:55—?,住棚节)。作者是否扩充了那个故事?《尼希米记》中有关以斯拉的材料的确在第9 章中扩充了,在那一章,以斯拉提供了一个向圣约忏悔和为之再次献身的长篇祈祷,在第 10 章中该圣约得到民众的认可。那个材料原本可与《以斯拉上》相匹配,既在于将以斯拉传统从尼希米传统中遴选出来的愿望方面,也在于在以斯拉带领下恢复圣约的兴趣方面,那个圣约曾在约西亚带领下恢复过,但没有迫切的需要去考虑该材料是否曾经被收录过。

文本的流传

尽管越来越多的人认为《以斯拉上》最初是用希伯来文或阿拉米文写成的,这种闪语的初本并未存留下来。希腊文译本保存在七十子译本的亚历山大抄本及梵蒂冈抄本中。它没有在西奈抄本中出现,尽管那个古抄本在其目录表中将《以斯拉-尼希米记》列为《以斯拉 B》,从而间接证明了《以斯拉上》的存在。因此,《以斯拉 A》或《以斯拉上》是预设的(Cook 1913:4)。此外还有几份相当于希腊文《旧约》之卢西安修订本的希腊文手抄本,它们显示出依循正典《以斯拉-尼希米记》方向对《以斯拉上》进行的多处校勘(Cook 1913:4)。拉丁文本、叙利亚文本以及埃塞俄比亚文本看上去都出自七十子希腊文译本,而非闪语的最初版本。

构成与写作意图

　　确定《以斯拉上》的写作日期是困难的,因为它的首要兴趣在于反映过去的历史,而非反映作者当时的时代处境。因此,写作日期的确定依赖于对该书词汇的考察,而考察显示它与公元 2 世纪其他犹太文献的词汇多有共通之处(Goodman 1992:610;Cook 1913:5)。这就趋向于将书卷的写作设定在纪元之交前两个世纪中的某个时期。约瑟福斯将其用作《犹太古事记》11.1—158 的基础,优先于对七十子译本之《以斯拉-尼希米记》的使用,尽管其运用并不排他,也不排除对一些模糊历史记载的修订(Bissell 1899:70;Schürer 1986:3.2.714;Cook 1913:5)。因此,它必定在公元 1 世纪晚期之前已经完成。考虑到它暗示了不戴面具的妇女(4:18)、海洋远行和海盗(4:15,23),埃及被当作一个起源地(Cook 1913:5;Bissell 1899:64)。但我们对此缺乏证据,难以作出断言。

　　讨论《以斯拉上》的写作意图和研究它与《以斯拉-尼希米记》的关系密切相连。这两部书的读者很容易看到二者的对应之处(Coggins and Knibb 1979:7;Talshir 1999:4;Myers 1974:3—4):

《以斯拉上》1	《历代志下》35—36
《以斯拉上》2:1—15	《以斯拉记》1
《以斯拉上》2:16—30	《以斯拉记》4:7—24a
《以斯拉上》3:1—5:6	——
《以斯拉上》5:7—73	《以斯拉记》2:1—4:5
《以斯拉上》6:1—9:36	《以斯拉记》4:24b—10:44
《以斯拉上》9:37—55	《尼希米记》7:73b—8:13

重叠部分表明下列几种有关其文学关系的陈述必有一种是正确的:
(1)《以斯拉上》被《以斯拉-尼希米记》的作者用作原始材料(Howorth

1901—1902);(2)《以斯拉上》和《以斯拉-尼希米记》共同依赖于原初编年史家的作品,现在该作品只能通过这两个改编本才能依稀辨认(Torrey 1910:11—36);③(3)《以斯拉上》将《以斯拉-尼希米记》用为原始资料。最普遍的见解认为第三种选择是正确的,第一种选择的可能性最小。事实上,两者之间的差异很容易解释,假如优先考虑《以斯拉-尼希米记》是《以斯拉上》的资料来源,作者的基本理念最为清晰可辨。

《以斯拉上》和《以斯拉-尼希米记》存在诸多重大差异。首先,《以斯拉记》4:7—24 的材料在目前的事件顺序中被前置了(或如塔尔舍[Talshir 1999:108—109]所论,《以斯拉记》2—4 的其他部分被后置了,直到介绍所罗巴伯之后)。其次,见于《以斯拉记》2—4 中的情节对于这卷书意义独特。第三,《以斯拉上》的涵括范围不同,它包含了《历代志下》35—36、《以斯拉记》、《尼希米记》7:73—8:13(或许还延伸到8:18 所述住棚节的结尾,或者可能更多)。《以斯拉上》与编年史作品或《以斯拉-尼希米记》并无重叠部分,而是选择了自己的开端和结局。

《以斯拉上》的写作意图看起来与隐藏在这些差异后面的基本理念相关联。在这项研究中,第一步是探寻选择与重组材料的基本理念。可以确定的一点是,作者期望提供一个更具历史精确性的《以斯拉-尼希米记》的版本。从我们对波斯时期的了解来看,《以斯拉上》实际上提供了一个较为混乱的事件秩序,比从《以斯拉-尼希米记》中发现的错误更加突出,也更为繁多(就此而言,它们自身远非精确)。④

波斯国王们的先后顺序及其各自的年代现已被较为圆满地确定下来:居鲁士(公元前 530 年),继承其王位的是他的儿子冈比西斯(前530—前 522),大利乌一世(前 522—前 486),薛西斯(前 486—前 465),

---

③ 这个观点为法伊弗所接受并修正(Pfeiffer 1949:245)。法伊弗不相信那场比赛是该共同原始材料的一部分,随后被拉比们所用,而认为《以斯拉-尼希米记》与《以斯拉上》的共享部分代表了原初的内容,每一版本都从不同方向补充了原初内容,《以斯拉上》补入比赛故事,《以斯拉-尼希米记》补入尼希米的回忆录。

④ 库克(Cook 1913:5—11)和塔尔舍(Talshir 1999:35—59)提供了有关文学-历史问题的广泛分析。

亚达薛西一世(前 465—前 424,见格拉毕 1992:122—139)。将此承续脉络牢记在心,就能清楚地看出作者的四处年代错误:

首先,第 2 章开始于居鲁士当政(2:1),结束于大利乌当政之初,这使描述发生于亚达薛西治下事件的 2:16—30 完全处于不适当的位置(除非作者将亚达薛西混淆为冈比西斯,约瑟福斯在其故事版本中即这样假设,并予以修正)。

其次,发生在居鲁士当政时期的事件是在我们看到大利乌统治之后被叙述的(3:1—5:6)。

第三,在第 5 章中所罗巴伯在居鲁士的准许下行动(5:54—55,70—73),却毫未提及大利乌对他的授权,而那次授权是 3:1—5:6 的高潮。并且,5:70—73 显示本土的"当地人"于居鲁士统治期间在耶路撒冷以各种方式阻挠所罗巴伯和耶书亚,直到大利乌当政第二年,从而使在犹底亚的大利乌卫士过早地出现了。

第四,直到大利乌当政第二年才结束的建造圣殿两次受阻(2:30;5:72—73)。并且,通向重建圣殿之路受两个彼此矛盾的方式影响:所罗巴伯在大利乌宫廷中的胜利(3:1—5:6),以及先知哈该和撒迦利亚的劝勉对所罗巴伯、耶书亚和耶路撒冷人民的激励(6:1—2)。这是最重要的内在问题。作者重组了原初的故事以便既为三卫士的宫廷故事腾出空间,又保留关于先知哈该和撒迦利亚之劝诲使命的原初故事,而不是选择其中一个或另一个。

据其他原始资料中及其自身内在的矛盾之处分析,《以斯拉上》的主要兴趣不在于历史,尽管它是以编年史形式出现的。对《以斯拉上》中大部分历史问题的解释可以与作者的愿望联系起来,即在故事中为三卫士之争腾出空间,同时将此故事与所罗巴伯及重建圣殿连接起来。事实上,将这个宫廷故事并入所罗巴伯历史的意愿可能是作者写作《以斯拉上》的主要动力。不过,塔尔舍(Talshir 1999:46)关于作者试图使这种合并严丝合缝的努力是否成功的文学判断仍是正确的:"创造这种新布局的作者或编者仅仅做了一半工作:他小心翼翼地塑造出一个崭新的外部构架,但没有注意到这个故事不能被适当地并入周围的材料,因为它引领情节从相同的起点推进到相同的终点而成为另一个文学单元的情节,……年轻人的故事没有适切地融入书卷的结构中;在一系列事件的链条中它没有成为自然的一环。"

　　为三卫士之争制造空间的目标本身看起来是为另一个贯穿始终的目标服务的:抬高所罗巴伯(而导致对尼希米的排斥或合并)。作者运用一个宫廷故事(三卫士之争)创造所罗巴伯在波斯王宫廷上取胜的情节,或许受到又一个故事的积极影响,即尼希米凭借作为王之酒政而具有的与王的亲密关系,从稍后的波斯王(亚达薛西)那里为犹大争取利益之事(《尼希米记》2:1—8)。通过这种方式,尼希米的功绩被归功于所罗巴伯:大卫后裔中的著名人物,在先知哈该和撒迦利亚的作品中备受赞美者。⑤ 抬高所罗巴伯的部分动机或许是——尽管这一点还需要进一步探讨——造成这样一种观念:大卫王朝并未终结,从某种意义上讲,所罗巴伯的胜利中包含了"大卫倒塌帐幕"(《阿摩司书》9:11)的复兴。另一种可能是,赞美这个人物可以吸引早期基督徒优先于《以斯拉-尼希米记》而关注这个版本(《以斯拉上》)的故事,因为推崇所罗巴伯即是为耶稣提供一个更加辉煌的祖先(《马太福音》1:12—13;《路加福音》3:27),从而间接地为将要降生于大卫家族的那个人加增荣耀。

　　另一种可能是作者意欲在这个版本的故事中强调以斯拉的地位。抬高这个人物的趋势在作者赋予他"祭司长"(9:39—40,49)的地位中看得很清楚。以斯拉的改革和恢复律法是该书卷现今形式的高潮,而在《以斯拉-尼希米记》中,以斯拉必须与尼希米平起平坐,并且最后服从于尼希米。《以斯拉上》可能因而反映了始于《马加比传下》(1:18,20—21,31,36;2:13)和《便西拉智训》(49:13)的早期犹太教的一个截

---

　　⑤　将为圣殿奠定根基归功于所罗巴伯(5:56),可能同样表明作者夸大这个人物的愿望。他的前任设巴萨显然已经完成了那项工作(1:18;6:19)。《以斯拉上》的作者两次将那件事归功于设巴萨,而后又将其归功于所罗巴伯,这不但证明了对所罗巴伯的兴趣,还证明了当它成为历史虚构时其敏锐性的匮乏。

然不同的趋向,在那些书卷里尼希米被纪念,而以斯拉被忽略(Myers 1974:10)。

还应注意到《以斯拉上》这些特色中的另一个重点。作者显示了比《以斯拉-尼希米记》更为强烈的对圣殿的兴趣。这可以从书卷对崇拜仪式的注重看出来,从某种意义上讲,本书开始于在耶路撒冷圣殿进行的由约西亚领导的逾越节大典,始终聚焦于圣殿重建的漫长进程,且结束于在圣殿中宣读律法及庆祝住棚节。这种兴趣亦在频繁使用特殊的圣殿崇拜术语"特殊的圣殿崇拜术语":指 *hieron* 和 *naos*,它们区别于较常见的 *oikos*,后者在《以斯拉-尼希米记》的希腊文译本中更为常用。中得以暗示。作者还以自然而然的方式强调了耶路撒冷崇拜仪式之各个方面的神圣性,在十余处附加上形容词"神圣的",而在《以斯拉-尼希米记》的相应章节这个术语都付之阙如。用"新月"一语取代"那月的第一日"也带有崇拜的音响(见 Myers 1974:16)。

《以斯拉上》的考据学价值

由于《以斯拉上》与《以斯拉-尼希米记》之间存在着紧密联系,经文考据家无不注重研究前者对于后者的经文考据(意在确认最初经文)价值。学者们如何使用希腊文《以斯拉上》去合理解决希伯来文《以斯拉-尼希米记》中的问题,取决于各个学者对它们之间关系(包括语言构成)的理解。他们主要有四种观点:

288

第一,《以斯拉上》是一个希伯来文或阿拉米文原本的希腊文译本,该初本重组、修正了正典《以斯拉-尼希米记》。它本身也能偶尔用来校正马索拉经文《以斯拉-尼希米记》中的错误。

第二,《以斯拉上》是一个希伯来文或阿拉米文作品的希腊文译本。该作品源于正典《以斯拉-尼希米记》之编撰者所使用的同一来源。这种观点也指出了《以斯拉上》对《以斯拉-尼希米记》之经文考据的有力作用,因为它可以用作《以斯拉-尼希米记》之资料来源的独立证据。⑥
《以斯拉上》因而成为一种工具,借助于它,并与《以斯拉-尼希米记》联系起来,人们可以重建马索拉经文以前编年史作者的文本。

第三,《以斯拉上》是一部基于《历代志》和《以斯拉-尼希米记》(《以斯拉 B》)之七十子译本而形成的希腊文作品,该文本因而服务于七十子译本《以斯拉-尼希米记》(《以斯拉 B》)而非希伯来文原本的经文考据研究。在目前看来,这种情况的可能性最小,因为这个由于被称为"七十子希腊文译本"才为人所知的文集很可能晚于并独立于《以斯拉上》。

第四,《以斯拉上》是基于一部早于或者至少异于七十子译本的《历代志》和《以斯拉-尼希米记》之希腊文译本而形成的希腊文作品。根据这种理论,《以斯拉上》可以成为七十子译本《以斯拉 B》之前文本的重要证据,能为观察它的"前正确"形式提供窗口。

应当承认,其中一些观点之间的差别是微乎其微的,并且除了第三种选择,它们的证据都不足以对此问题形成严密的结论(Schürer 1986:3.2.710)。趋势是将《以斯拉上》看作一个良好的、持续完成的译自希伯来-阿拉米文原本的译本。现今的学者认为希伯来-阿拉米文的《以斯拉-尼希米记》足以提供这种原初材料(这些材料具有多种不为马索拉经文传统所有的片段,见 Coggins and Knibb 1979:6;Talshir 1999:269—270)。

《以斯拉上》的希腊文优于《七十子希腊文译本·以斯拉-尼希米记》那样呆板的希腊文,因为译者搜拣了对应于希伯来习语的合适的希腊文习语,明智地使用了从属分句,而不是希伯来文中的平行体。的确,其结果是一种流畅的、灵动的希腊文风格,甚至优于七十子希腊文译本大部分篇目对圣经其他书卷的翻译(Cook 1913:3)。⑦ 由于它区

---

⑥ 托里(Torrey 1910:82—87)和法伊弗(Pfeiffer 1949:249)将《以斯拉上》看作编年史著作之第一种希腊文译本的一个片段。

⑦ 塔尔舍(Talshir 1999:181—268)对此做过充分的探讨。

别于进行加工性翻译的编年史译者,《以斯拉上》实际上对于希伯来-阿
拉米文《以斯拉-尼希米记》的经文考据研究鲜有裨益。

　　一个将希伯来文或阿拉米文呆板地替换成希腊文的译者能使经文
考据家轻易地将希腊文"译回"希伯来文或阿拉米文,以便与希伯来圣
经的其他书卷相对照。然而,《以斯拉上》的译者使得辨认闪米特文原
本更加困难。此外,介于作者的文本和希伯来文《以斯拉-尼希米记》之
间的许多"变体"能够归因于试图创造一个自由的、符合语法习惯的希
腊文译本的愿望。大多数其他变体是作者对希伯来文的误解造成的
(包括对字母 *sin* 和 *shin* 或者不同发音的误解,因为这些符号都没有在
作者所依据的希伯来-阿拉米文原本中出现),是由于对如何翻译某些
词语缺乏了解而加以省略造成的,是试图转换闪米特文原本时同时提
供几个同义词的重复造成的,以及疏忽,当然还有《以斯拉上》的希腊文
本自身在被抄写及流传过程中的讹误。尽管如此,源于将《以斯拉上》
译回希伯来文以及/或者阿拉米文的变体——保守估计有 20 种——仍
产生了能够修正马索拉经文的更好读本(Pfeiffer 1949:24)。[8] 所以最
值得一提的是,《以斯拉上》偶尔提供了比《以斯拉-尼希米记》之马索拉
经文形式更佳的原初读本,但就此而言,它所允诺的比人们最初可能疑
惑的更为脆弱。

《以斯拉上》与犹太身份的铸造

　　基于我们对流散后及两约之间犹太教的理解,《以斯拉上》的一个
重要贡献在于它照亮了以色列在公元前 587 年的灾难过后的衰弱中的
重建进程。耶路撒冷被毁一个世纪稍久之后,我们又一次发现一个带
有明确而清晰的身份意识和群体意识的以色列。在流散中的衰微之

---

⑧　　但毕塞尔(Bissell 1899:65—69)却提供了对《以斯拉上》这方面价值的极其否定的
评价。

289

际,犹太人通过各种途径进行重建:在耶路撒冷圣殿恢复祭礼,重建圣殿及传统节期,澄清哪些人真正属于以色列,禁止与异族通婚,以及诵读《托拉》(Harrington 1999:153)。

对于这项进程尤为重要的是编写家谱,既为了在群体周围划出界线,也为了在群体之中确立内部等级和角色。

对于《以斯拉上》的作者而言,就像对于《以斯拉-尼希米记》的作者一样,以色列成员资格显然是一个线形遗传的家谱问题。第5章中那个长长的回归者名单体现出对那些回归者所属之"祖传家族"的注重(5:4,37)。那些回归者的身份取决于每个人与其流散前祖先的关系,从而显示出他们对灾难前以色列的延续。在名单末尾,我们发现它提到一些追随社团回归的人,"虽然那些人无法从宗族谱系中证明自己是以色列人"(5:37)。他们作为"全然站立"的成员重新融入以色列的过程未被提及;由于缺乏一个牢靠的家谱,他们在以色列有失名分。

正如流散前一样,血统亦是确立重建后以色列之内在界线的中心问题。祭司和利未人在其从流散前之利未人或祭司阶层传承来的基础上小心翼翼地被确认身份。事实上,比较《以斯拉上》第5章中的回归者名单与《以斯拉记》第2章和《尼希米记》第7章中的名单即可看出,最为紧密的一致恰恰在于祭司和利未人的名单,这表明对于保存那些血统的完整和确切无疑倾注了特别的关注。在名单结尾处,我们又一次发现那些"自称为祭司,但在祭司册上并没有其记录"的人(5:38)。在官方的名册被确认后,"那些人的谱系却寻不着",结果"他们被取消充当祭司资格",并被禁止"分享圣物",直到其命运被一个有资格的大祭司用圣签、乌陵和土明决定下来(5:39—40)。

确立血统和加强群体界线的方式同时也通过指定潜在的婚姻伙伴而显明自身。当以斯拉宣告同外邦女子的所有通婚都违背了与上帝所立的圣约,号召那些血统纯正的以色列男子不但抛弃其异族妻子,而且与那场婚姻所生的孩子脱离关系时,他确立了纯正犹太血统对于保持一个神圣以色列的重要性。本书明确表达出来并强化了其读者认识的家属关系之意识形态，是那些雅各的后裔因其血统的优长而圣洁；正是其族谱使之与地球上的其他人区别开来，而同神圣的上帝具有一种特殊的圣约关系。因而与异族通婚就成为一种渎神的形式，一种由于"与外邦人混杂"而对"圣洁族类"的玷污（8：70），即如将两种线扭合起来，或将两种动物配合起来一样令人厌恶。因此，以色列的圣洁和命运取决于保存种族和血统的圣洁，以斯拉的改革将《申命记》7：1—6 提升到永久法令、维持以色列之永久路线的地位。

通过讨论这种亲属关系的意识形态，我们可以更充分地评价保罗为了改革以色列成员资格之含义尤其对成员资格之要求而进行的斗争。在这种非常强烈、绝对、自觉地强调"肉身"和血统资格的背景下，我们可以更好地意识到，保罗宣告犹太人和外邦人在信仰耶稣的基础上同归一个以色列是多么激进，在许多犹太人看来又是多么具有反叛性。我们也会赞同将族属关系（亚伯拉罕的后裔）与对上帝恩惠和契约联系的担保相等同，例如，这种联系即见于《约翰福音》8：33—41，并在《马太福音》3：7—10 中被反驳。正如写给希伯来人之书信的作者所描述的那样，《以斯拉上》也为讨论祭司身份的资格问题提供了有益的背景信息。利未族的祭司的确在家族谱系的基础上占据了他们的职位；那些缺乏这种谱系的人（其谱系在官方记录中无法确认）就不能分享祭司职务，或者为祭司划拨的那些份额（《希伯来书》7：5，13—16）。

《以斯拉上》也见证了以色列宗派主义的产生，就像《以斯拉-尼希米记》一样（见 Cohen 1987：138—141）。该书详述了"被掳回归者组成公会"（9：4）的历史，但非所有犹太人都被驱逐到巴比伦，即如公元前 721 年亚述人驱逐后仍有一些以色列人留在北国一样。雅各的这些后裔情况怎样？他们在历史上出现于何处？先知哈该激励回归者和"那地方的人们"在"出埃及时"上帝允诺过他们所有人的基础上一起工作，去重建圣殿（《哈该书》2：4—5）。从出埃及事件看，这两类群体都承受了上帝的允诺，而在《以斯拉上》中"那地方的人们"仅仅显示为"被掳归回者"的敌人(5:66—73)。如果那些在尼布甲尼撒驱逐时存留下来的以色列人全部出现于《以斯拉上》中,在某种意义上他们同被亚述人和巴比伦人重新安置在那里的非犹太人并无二致。

回归者因而被描述为真正以色列的核心,描述为"神圣的种子"。正是这个群体在耶路撒冷庆祝了逾越节(7:13):"被掳回归的以色列人从外邦人的污秽中分别出来,为要寻求主,他们一起吃(逾越节的羔羊)。"《以斯拉上》7:13的第二部分进一步描述了回归者,然而这并非第二个群体。不过,《以斯拉记》6:21已经在观念上清楚地分出两个群体:回归者,和"一切除掉所染当地诸族污秽、归附他们的人"。当然,希伯来文《以斯拉记》的排外性较弱,但也暴露出回归者的宗派性质:必须归附回归者,成为以色列的一部分。《以斯拉上》9:3—4同样强化了以色列中的宗派主义印象:所有未与其外族妻子离婚的人都会被"从被掳回归者组成的公会中驱逐出去"。然而回想一下,以斯拉是在第一批回归者跟随设巴萨返回犹底亚的50年后,稍后于所罗巴伯登场的。那些与来自回归者家族之外的妇女成婚的,正被以斯拉和长老们通告去说明情况的男人们就是这批人(9:4)。这给我们造成一种印象:这个得名"被掳归回者"(在希伯来文中即golah)的群体从所罗巴伯时期起就是一个意义丰富的称号。此外,以斯拉仅仅与管理这个群体相关,而未言及离开故土很久的雅各后裔的婚姻。

因此累积的印象是,在《以斯拉上》中以色列的新生事实上是关于"流放会众"或回归者的诞生。以色列这个"圣洁种族"不会为任何一个游离于该群体之外的人留出位置,这是一种意识形态的准则。对生活于"那地方的人们"中的犹太人没有兴趣;"真正的"犹太人是在流散回归的群体中发现的。在几个世纪以后的耶稣时代,这些界限才变得模糊起来。然而,那时的历史状况为几个群体提供了先例,那些群体不久就会在犹太教中出现,每个人都声称自己才属于"真正以色列"的范畴。库姆兰社团和早期教会可能是这方面的两个最著名的代表。

三卫士之争

由于这场竞赛并未在《以斯拉-尼希米记》的平行历史中出现,且更多地表现出宫廷故事而非编年史的文体特征,学者们对该情节与《以斯拉上》其他部分的联系提出疑问:这是《以斯拉上》原本的一部分吗? 抑或后来插入的?《以斯拉上》相对于《以斯拉记》的材料移位,能够从为那个特殊情节腾出空间方面作出解释。这个事实有力地表明,从来不存在一个缺少"三卫士之争"的《以斯拉上》(Talshir 1999:42—46)。

另一方面,可能早在《以斯拉上》之前就有一个"三卫士之争"故事。《以斯拉上》的作者很可能为之增添了光彩,称胜出者是所罗巴伯(4:13),增加了所罗巴伯请求大利乌的叙述,意欲将一个古老的智慧故事或宫廷故事与犹太复国故事合并起来(Pfeiffer 1949:251;Torrey 1910:23—25,50—56)。这个故事与整个叙述过程不尽吻合,此事表明它的成书时间更早,并非特意为它在《以斯拉上》中的现行位置创作(Talshir 1999:46)。有可能"三卫士之争"最初是用阿拉米文写成的,且为《以斯拉上》的作者所知晓(Torrey 1910:50—51),[9]而后《以斯拉上》的作者将其变形,以便为所罗巴伯进入故事提供一个令人满意的导言。

这个故事与其他智慧传说形成共鸣,意在确定什么是最强大、最难对付或者最优越之物。[10] 在其最初形式中——该形式最有可能是波斯式的(阿拉米文对那个时代的作者或听众来讲应是一种"通用语言")——故事的目的在于将"宇宙秩序"(Zimmerman 1963—1964:189—191)或者用法伊弗(Pfeiffer 1949:253)更为优雅的说法"正义的

---

⑨ 齐默尔(Zimmerman 1963—1964:183)就认为三卫士之争的最初文字是阿拉米文。亦见塔尔舍(Talshir 1999:81—105)之论。

⑩ 塔尔舍(Talshir 1999)提供了对这些民间传说的细致考察,始于印度和萨珊王朝的民间传说,以及早期犹太教和拉比的文本(亦可连同《亚伯拉罕启示录》第7章)。

宇宙秩序与公义",提升为最强大的事物。它在希腊文中逐渐被译为
"真理",但重要的是回忆一下近东的神明,例如玛阿特或阿沙,它们皆
可代表"真理"以及"秩序"和"智慧"。这也使得将真理与个人守护神联
系起来而成为"真理之神"变得极为自然。于是,宇宙秩序较为自然地
不是与"罪恶"之酒、国王和女人,而是与"短暂"或"易逝"之酒、国王和
女人相对立。所以,当人在宇宙中寻找最强大的事物时,必须将目光超
越于不稳定的、短暂的世人及其各种酒饮料,而瞩目于引导和统领一切
现象的宇宙秩序。

这个故事的批评家们质疑了该叙事的可信性。那些卫士如何预知
大利乌会将他们,而非他,提出的那种荣耀授予比赛的胜者?他们(尤
其第三个卫士)怎能在其答案中谈到国王时如此无礼却保住了性命?
第三个卫士为何提供两个答案而非说出唯一的最强大之物却能侥幸成
功(Zimmerman 1963—1964:181—182)?弗拉维斯·约瑟福斯和约西
坡——他们都将《以斯拉上》作为资料来源——也注意到这些问题,并
试图修正它们。例如在约瑟福斯的版本中,在国王提议举行比赛并于
就寝前说出奖赏的情节中,一个额外的场景就被创造出来。齐默尔
(Zimmerman 1963—1964:195—198)收入约瑟福斯和约西坡各自版本
中的相应故事,以确定一种在事件发展中最合逻辑的说法。他提出,在
其最初形式中,背景并非国王的宫廷而是一个家庭,在那个家庭里,主
人向其奴隶们提出这个问题。这样,论及国王的话就不再危险了,因为
国王不在现场,不会听到。同样,那里有四个回答者,以对应于答案的
数目。然而,只有假设最初的故事不存在任何不协调之处或困难,齐默
尔的提议才有分量,况且期望一个宫廷故事或文学虚构去遵守编年史
的准则是不合常理的。

然而,需要考虑的最大不一致之处是第三个发言者给出了两个答
案:"女人是最厉害的,但唯有真理胜过世上的一切。"(3:12)在随后的
三场谈论中,有关女人力量或能力的发言实质上是为其修辞目的服务
的。这是一个为最终答案扫清道路的反驳性议题。第二个卫士的发言

事实上将"男人",而后将"国王",视为最强大(尽管他只是将"国王"写在纸上);所罗巴伯的反驳巧妙地削弱了他们的基础:从一般性的"女人"转向特殊的"阿佩米",国王的妃子。的确,有关女人的发言既是对"酒"也是对"国王"的回应,因为女人既生育了国王也生育了酒商:尽管这只是相当人为的关联,但它至少可以给人一种反对把酒视为强大事物的印象,并且从修辞上讲,这种印象常常表达"无关紧要"之意(Talshir 1999:64)。当然,不能假设第三个卫士会知晓第二个卫士将要说出"国王",从而被合理地期望将"女人"作为反驳的主题;但是我们有可能并非在处理一个历史事件:故事作者通晓所有三个答案,因而能够在随后的辩论中以一种可以导致合意情节发展的方式说出它们。

　　很显然,犹太作者已经整理了这些发言,使之符合其传统(在作者假定的价值语境中或者有意或者不自觉地推进故事)。齐默尔提出,关于"女主人"力量的一段初始言论通过述及《创世记》2:24(4:20,25)而向着"妻子"的方向重写,以使它更易为犹太作者和听众所接受。[⑪] 至于那场关于真理的高潮性发言(4:33—40),塔尔舍通过一个卓越的互文性研究,显示出那段发言是怎样在若干方面被重写,以致与讲述上帝与其造物之关系的七十子希腊文译本形成广泛的共鸣,这种关系影响到有关真理及其事工的所有材料。因此在现今的形式中,对真理的赞美变为对上帝指令并规范宇宙秩序以及对上帝绝对公义的赞美。按照对这个段落的互文性解释,在高潮处宣告"赞美真理之神"并非本书直到最后一分钟才被犹太化,而是一场发言之自然而然的结论,那场发言从开头就有将上帝幻象化的倾向。从故事的第二部分中能看到见于《但以理补篇》和正典《但以理书》、《以斯帖记》、《尼希米记》的文体,在那种文体中,一个犹太人在其异族君王的宫廷中获得极大成功

294

---

　　⑪　齐默尔(Zimmerman 1963—1964:183—187)提供了这段言论之原初阿拉米文的修复本,他提出,这段言论的原初阿拉米文已经被它的希腊文译者曲解了。因此他依据原初阿拉米文的修复本,以及对那些关键词是如何被误译为"外袍"和"荣光"的解释,将4:17重写为"女人为男人带来荣耀,又给予他们子女,没有女人,男人就活不下去"。

(Talshir 1999:79)。这，与第三个卫士是所罗巴伯(4:13)的说法一起，借助一个阿拉米文的民间传说承载起以色列复兴的故事。

所罗巴伯演说的第一部分述及女人，为探寻作者时代男性对女性的看法提供了窗口。尽管被设置在男性统治的世界中，这场演讲坦率地承认女人决定了男性世界的进步和征服，她们是生命的源泉(作为母亲)，生命质量的维持者(作为妻子)，男性活力的狂热激发者(作为情人或妻子)。从这点讲，民族文化可能质疑男性统治女性的假设，甚至得出"女人管辖你们"(4:22)的结论。作者因此承认，尽管统治者的所有正式头衔和面子都属于男人，女人却找到在那个体制中发挥掌控作用的另外方式。然而值得注意的是，发言者仅仅表达出强化"女人位置"的观念，因此将其看作一个开放性的文本在任何意义上都是一种错误。并且，作者不但将男人的积极成就而且将其罪行和破坏性都归结于女人："更有很多男人因女人而绊倒，甚至陷入罪中，毁了自己的一生。"(4:27，见 Schürer 1992:236)。这也降低了那篇言论本应作出的积极贡献，即赞美女人在日常生活中的重要意义。

影响

在公元前后的两个世纪里，《以斯拉上》或许被认作《以斯拉-尼希米记》的替代性版本。在马索拉经文形成以前，同一作品的几种不同文本传统同时存在着。例如，库姆兰圣经手稿显示了《撒母耳记上》和《耶利米书》的两种不同的文本传统，或许它们都作为圣经发挥着作用。这也许能帮助我们解释，约瑟福斯何以虽曾将《历代志》作为《犹太古事记》的资料来源，却使用了《以斯拉上》而非《以斯拉记》。约瑟福斯叙述犹太历史时使用了《以斯拉上》，这是它影响犹太文学的一个明白无误的实例，尽管在正典《以斯拉-尼希米记》定型之后，人们再也看不到任何对《以斯拉上》进一步的犹太式用法。

在早期教会时期，主要由于这篇未见于《以斯拉-尼希米记》的三卫士之争,《以斯拉上》似乎发挥了影响。可以断言,所罗巴伯关于真理的演说是该书卷最常被引用的部分:亚历山大的克雷芒(《论基质》1.21)、奥利金、西普里安、优西比乌斯、亚大纳西、安布罗斯、叙利亚的厄弗冷、约翰·克里索斯托,以及大马士革的约翰都提及或引用过那段文字;奥古斯丁(《上帝之城》18:36)引用了《以斯拉上》3:12,也是由于那里提到真理乃最强大之物。⑫ 至于早期教会的作者们,好像认为《以斯拉上》中的新材料都很有用;而其他作者,则更喜欢《以斯拉-尼希米记》。因而,不论对于书卷的写作还是保存,传播这个宫廷故事其实都是最重要的原因。

路德及其继承者,包括其他改革者,都秉承了哲罗姆对本书价值的负面判断,但是教皇克雷芒将它重新收入拉丁文通俗译本的附录,同时还收入《玛拿西祷词》和《以斯拉下》(=《以斯拉四书、五书、六书》)。它因此才得以保存下来,即使处于《次经》最边缘的位置。

---

⑫ 充分的引证参见迈尔斯(Myers 1974:17—18)及许雷尔(Schürer 1986:3.2.714)的著作。

《玛拿西祷词》 14

"忏悔者的上帝"

玛拿西是公元前 687 年至前 642 年间的犹大王，[①]申命派史家认为他是个恶贯满盈的邪恶君主。他留下一份奇特的遗产。玛拿西狂热崇拜巴力、亚舍拉和其他迦南诸神，把祭坛、偶像和异族神祇引入耶路撒冷圣殿，并和交鬼及行巫术者混在一起（《列王纪下》21:2—9）。玛拿西犯下的罪行成了犹大国灭亡的必然原因（《列王纪下》21:10—15;24:1—4;《耶利米书》15:1—4），尽管约西亚重守《托拉》并竭尽全力把偶像清除出以色列，也未能改变这个判决（《列王纪下》23:26—27）。

《历代志》作者讲述了一个历经重大改革的故事，把玛拿西塑造成一个在上帝面前悔改和自卑的典型（《历代志下》33:21—25）。在列举了同样的罪行后，该作者让上帝惩罚的执行者——亚述王用链子锁住玛拿西，把他带到巴比伦去（《历代志下》33:11）。这时，一件《列王纪下》作者没有给出任何线索的惊人事件发生了，玛拿西王在狱中悔悟了，上帝也接受了他的谦卑忏悔，使他回到犹大，重坐王位（《历代志下》33:12—13）。这次转变的结果是玛拿西毁掉了所有异神偶像和祭坛，成为虔诚的一神论者（《历代志下》33:14—16）。该作者在结尾回顾了

---

① 《列王纪下》21:1 和《历代志下》33:1 都记录他作王五十五年，但此说无法与任何已知的以色列和犹大列王年表相符合，除非假设他生病期间与其公义的父亲希西家共同执政十年（Evans 1992:496）。

玛拿西的统治,并让读者查阅"以色列诸王记"(现已遗失),称那里有他
"对上帝的祈祷"。此外,该作者还提到"何赛的书",说那是另一个可以
发现"他祷告以及神怎样应允他"的地方(《历代志下》33:18—19)。既
然有这样的材料证明玛拿西祷告文本的存在,就直接促使一些虔诚的
犹太人去编写一篇优美的忏悔诗,来填补传统中的空白。

297

　　假如把《玛拿西祷词》与七十子希腊文译本中的语词对观并作语境
重构,似乎表明它是用希腊文写成的,然而查尔斯沃思(Charlesworth
1985:627)却明确告诫道,不要把这种结论教条化。文本太短,以至于
无法全面研究,以便判断它所用的希腊文是原创的还是翻译的,这给断
定它的最佳创作境况带来了困难,难以辨析它是受了七十子希腊文译
本中之亲犹太倾向影响,还是受了后来用希腊文创作的希腊化犹太作
者的影响。此外,文本的创作日期也不应被限定在公元前200和公元
50年之间(Charlesworth 1985:627)。一些学者(如Metzger 1957:
125)声称,文本内容所体现出的是巴勒斯坦犹太神学而非流散犹太神
学,而且,有人更强烈地声称,把文本的明确出处定格在如此不足取的
证据上是不明智的。

　　《玛拿西祷词》的最早文本见于编写于公元2世纪末或3世纪初的
一部叫作"教诲"(*Didaskalia*)的书中,该书详细重述了《列王纪下》第
21章和《历代志下》第33章。这部早期叙利亚文的基督徒作品则作为
六卷著作的第一卷收录于公元4—5世纪的《使徒法典》中(见2.22),
因此希腊文和叙利亚文两个版本的《教诲》都得以保存下来,对于经文
考据家来说,叙利亚文本成了最重要的早期译本(称作"版本")。[②]《玛
拿西祷词》尚有埃塞俄比亚文、古斯拉夫文、亚美尼亚文及拉丁文译本,
哲罗姆未将其收入他的拉丁文通俗译本中,但它确实出现在中世纪某
些拉丁文通俗译本的手抄本中。

　　其希腊文本不仅保存在《使徒法典》中,而且收录在七十子希腊文

---

②　查尔斯沃思(Charlesworth 1985)在其译文中给叙利亚文本以高度评价。

译本之 5 世纪的亚历山大抄本及 7 世纪的图利斯抄本之《颂歌集》中。③《颂歌集》精选了《旧约》和《新约》的一批祈祷词和赞美诗,包括《摩西之歌》(《出埃及记》15;《申命记》32)、《哈拿的祷告》(《撒母耳记上》2:1—10)、《哈巴谷的祷告》(《哈巴谷书》3:2—19)、《以赛亚的祷告》(《以赛亚书》26:9—19)、《约拿的祷告》(《约拿书》2:3—9)、《亚撒利雅祷词》(《但以理补篇》3:26—45)、《三童歌》(《但以理补篇》3:52—88)、《马利亚的赞歌》(《路加福音》1:46—55)、《撒迦利亚的赞歌》(《路加福音》1:68—79)、《以赛亚的葡萄园之歌》(《以赛亚书》5:1—10)、《希西家的祷告》(《以赛亚书》38:10—20)、《玛拿西祷词》、《西面的祷告》(《路加福音》2:29—32)及"清晨赞歌"——一首在许多教堂中被简短地唱为"荣耀归于主"或"荣耀颂"的赞美诗。这些用于礼拜仪式的短诗被收集在一起,作为"赞美诗集"的附录。这就引出了《玛拿西祷词》在那些使用这些抄本的地区是否被当作神圣卷籍的疑问。答案似乎是否定的,因为收入《颂歌集》并不意味着被自动视作圣卷;所有那些类似于"清晨赞歌"的作品肯定都被教会使用,但却不是正典经卷的一部分。可见《颂歌集》证实了《玛拿西祷词》在东方教会中的仪式性作用,也表明它未被收入正典。

　　《玛拿西祷词》似乎一直和玛拿西的名字联系在一起,其"自传式"的细节尤其强化了这种印象。《历代志下》33:3—7 及《玛拿西祷词》第 10 节都提及主人公因设置偶像而激怒上帝,《历代志下》33:11—12 及《玛拿西祷词》第 9—11 节亦提及主人公受到"锁链"的惩罚并以谦卑之心向上帝祈祷。祈祷皆由四部分组成:赞扬上帝的造物大能和怜悯之心(1—8),忏悔罪行(9—10),祈求饶恕(11—14),对上帝的称颂(15)。

　　祷词开头使人想起《历代志上》所载大卫祈祷时所用的话语,"全能之主"与《七十子希腊文译本·历代志上》17:24 中的称呼相呼应;"我们祖先的上帝,亚伯拉罕、以撒、雅各的上帝"尤其令人想起《七十子希

---

③　《玛拿西祷词》根本没有出现在公元 4 世纪的西奈抄本和梵蒂冈抄本中。

腊文译本·历代志上》29：18 中的"亚伯拉罕、以撒、雅各的上帝，我们祖先的上帝"，这种互文性祷词很快就突破《历代志》而扩展到更宽泛的圣经传统中。接着把上帝称作"天地的创造者"，此名更是频繁出现在犹太圣经中（《出埃及记》20：11；《列王纪下》19：15；《尼希米记》9：6；《七十子希腊文译本·诗篇》145：6；《以赛亚书》37：16；以及《创世记》1：1；《以赛亚书》45：18；《彼勒与大龙》5）。此种身份认定通常把以色列上帝与其他"并非创造天地的"神祇（《耶利米书》10：11）区别开来。一个曾经的偶像崇拜者在祷词中能发出这种声音，实在是耐人寻味。此外，对上帝在大海和深渊中之异能的回顾也使人想起圣经对上帝权能的同样描述（见《约伯记》38：8—11；《诗篇》104〔《七十子希腊文译本·诗篇》103〕：6—9；以及《启示录》20：1—3）。

《玛拿西祷词》第 1—4 节详述了上帝的大能，特别是创造和统治世界的大能。第 5 节将这种大能施向罪人，使之如同生活在坟墓中。然后，祷词从叙述上帝的大能对罪人的惩处和威慑，过渡到上帝满怀仁慈地向罪人的心灵投下希望之光（6—8）。在这里，作者说上帝"宽容忍耐，显示怜悯与同情"，乃是借用了《七十子希腊文译本·出埃及记》34：6—7 中上帝向摩西的自称"有怜悯，有恩典，不轻易发怒，并有丰盛的慈爱和诚实"，从而把祷词与《托拉》自我展示其神圣性的最重要时刻之一联系起来。

第 7 节中说到"上帝因人类的罪恶而后悔"，这句话相当含糊，因为"后悔"在这里可能指因人类犯罪而心中忧伤（如同在《创世记》6：5—7 中上帝因忧伤而使罪人灭绝），或是如同《新标准修订版》中所说，看到人类的痛苦而后悔。这的确是《历代志上》21：14—15 所载上帝"后悔"的含义，在那段文字中，大卫因数点以色列民而获罪于上帝，当面临因自己的罪行而需借仇敌之手或上帝之手惩罚以色列民的选择时，大卫选择落在上帝的手里，"因为他有丰盛的怜悯"（《历代志上》21：13）。上帝降下瘟疫除灭以色列人，在毁灭耶路撒冷之前，他看到以色列民的痛苦就"后悔"了。《历代志》中的这种"仁慈"观念可能给《祷词》以更普遍的影响，从而使《历代志上》第 21 章和《祷词》在记述相同情形时能保持一致。玛拿西在流放中受尽折磨，于是乞求上帝垂怜他的苦痛，好像上帝本该如此。

"忏悔"一词体现出上帝由"怜悯人类痛苦"的特性向要求罪人宣誓服从之姿态的转变。"忏悔"一语在第 7—8 节中重复出现本是有意为之，④因为这样能让罪人找到与"义人的上帝"（第 8 节）之间的共同点。事实上，上帝把忏悔"当作"罪人的通途，以便在上帝的关爱里给罪人留出位置，为他们提供与上帝沟通的道路。此外，与《诗篇》第 51 篇的互文性更是丰富了《祷词》的忏悔及祈求部分（见 Charlesworth 1985：630）；在两篇作品中，祈求者对自身罪行及上帝公义惩罚的认知都特别引人注目，都许诺怜悯的降临将使悔悟者赞美上帝。

祈求饶恕的诗行（第 11—13 节）始于谦卑之心这一美好形象："在深深的谦恭中，我鞠躬祷告"，这种情形与玛拿西以前违命拜偶像时的傲慢形成鲜明对比。另一处认罪语"主啊，我犯过罪呀，我犯过罪"与"主啊，饶了我吧，饶了我吧"（第 12—13 节）形成诗意的对比。祈求的诗句终结于把上帝看作"忏悔者的上帝"（第 13 节），这是对上帝的基本描绘，它成为"义人的上帝"（第 8 节）之最佳对应物，使人们确信万民的上帝依然是那些在神示道路上跌倒者的上帝。作为他们的创造者，上帝时刻准备赦免和复兴那些谦卑的悔罪者，因此上帝仍然是"他们的上帝"。

祈求语在结束时揭示了上帝饶恕罪人的两个"动机"，这些动机在正典诗篇中司空见惯。在那些诗中，若上帝拯救其诗篇作者脱离凶险（例见《诗篇》35：28；51：12—14），他们便向上帝许诺以赞美和履行誓言，诸如此类。第一个动机——出现在两约之间——即：上帝饶恕并复兴罪人，是因为这种赦免和仁慈之举将向世人展示其宽容和仁慈的性

---

④　早期希腊文抄本中没有第 7 节，削弱了"忏悔"一词的重要性。《新标准修订版》据叙利亚文本和拉丁文本而收入第 7 节。查尔斯沃思（Charlesworth 1985：636）认为第 7 节本来就存在。

情,使人们敬畏这个如此宽宏大量和富于爱心,以致对如此深重的罪人 ₃₀₀
也予以赦免和关怀的上帝(参见《以斯拉下》8:32,36;《罗马书》3:21—
26)。第二个动机在于,获救者将不停地赞美上帝,不忘上帝的宽容并
表达适度的谢意,以致祈求者能成为一个不失宠爱并结出一定成果的
人。得恩宠向来是一种无功受禄,但绝非无需回报,[⑤]倘若上帝决定赦
免并复兴他,恰恰是后者即玛拿西的字面角色使之注意到这一点。

　　《玛拿西祷词》讲述了"上帝无限的大能"和"真心忏悔的功效"
(Ryle 1913:615;Metzger 1957:126;Charlesworth 1985:629),宣称纵
然是最坏的罪人也能得到上帝的怜悯和宽恕,从而永远鼓励它的读者
和实践者:没有不能赦免的罪行,进而使他们产生与上帝恢复关系的忏
悔和希望。《玛拿西祷词》在犹太教传统中尽管一直显得不甚重要,却
成了东方教会重要的礼拜仪式篇章,且一直被美国圣公会的《公祷书》
收录,用作晨祷圣歌。教皇克雷芒八世编订的拉丁文通俗译本把《玛拿
西祷词》、《以斯拉上》和《以斯拉下》收作《新约》的附录,这一传统为后
世拉丁文通俗译本的多数印刷版本所继承(尽管天主教圣经译本如《耶
路撒冷圣经》和《新耶路撒冷圣经》并未如此)。路德和詹姆士王译本的
翻译者则把它收入《次经》。作出收录的决定无疑是基于一种信念:基
督徒应当永远坚信《玛拿西祷词》见证了上帝的仁慈,并赋予他们一个
合适的悔罪载体。

---

　　⑤　有关恩宠及其施予观念在希腊-罗马时代的文化背景,参见德席尔瓦(deSilva 2000b
第3章)的论述。

《诗篇·151篇》 15

"他使我成了羊群的牧者"

许多正典诗篇都把标题定格于大卫的生活,如《诗篇》第18篇的前言:"当主救他脱离……扫罗之手的那日,"《诗篇》第34篇连结上时间"当大卫在亚比米勒面前装疯时",《诗篇》第51篇则表现出大卫对"与拔示巴同室以后先知拿单来见他"的反应。然而,这些诗篇除了副标题外,其本身并未明确涉及那些事情。具有讽刺意味的是,"大卫的"诗篇中明确关涉大卫生平事件的竟是《次经》的《诗篇·151篇》。

这首诗篇以两种姿态展现在世人面前,希腊文形式保存在七十子希腊文译本的抄本中。梵蒂冈抄本和亚历山大抄本称它"在数目之外",即不属于正典圣诗集;相反,西奈抄本却认为它属于正典,称整个圣诗集为"大卫的151首诗篇"。其原始希伯来文本应当保存在编写于公元68年之前的库姆兰诗卷11QPs[a]中。[①] 仅就文体而言,它可能创作于公元前6世纪(Pigué 1992:537),但它的不少语词直到很晚才在

---

① 在库姆兰发现的诗卷(约40首诗,尽管一些很不完整)包括几篇未列入正典的诗篇,11QPs[a]是其中最完整的一组,由"呼求救赎"、《便西拉智训》第51章中诗歌的一部分、"锡安的呼求"、"造物主的赞美诗"、"大卫的最后言论",一个大卫文集目录,以及诗篇151A、151B、154、155构成。这说明在公元前2世纪《诗篇》可能尚未定型,正典诗篇的数目亦未固定下来;库姆兰诗卷也许不应被当作圣诗的样本,而是一些公众祈祷诗和赞美诗。其译文见维尔弥斯(Vermes 1997:301—318),以及阿伯格、弗林特、乌尔利奇(Abegg, Flint and Ulrich 1999:505—589)的著作。

文学作品中出现,表明它创作于两约之间。这首诗篇与其他四首既不归于大卫也不归于希西家的诗篇一起,亦见于从希腊文本而非希伯来文本译成的古叙利亚文伯西托本圣经中。

希腊文译本(《新标准修订版》的原始文本)删节、合并了在库姆兰发现的标注为151A和151B的两首希伯来诗篇。希伯来诗篇151A用很长篇幅讲述大卫被上帝拣选作王之事,与希腊文译本在前5节用了12行诗相比,诗篇151A用了27行;此外,除了希伯来文本第3节中有一处异议外,希腊文译本并未失其主旨。在那里,赞美诗作者声称由于大山和小山未称颂上帝的荣耀,大卫便把称颂上帝当成自己的奉献。这与其他赞扬自然界述说上帝荣耀和业绩的诗篇(参见诸如《诗篇》19:1—4)不相一致,也许证明了希腊文译本的删节。希伯来诗篇151B不甚完整(只有标题和第1节保存在库姆兰诗篇卷轴中),但其内容与希腊文本《诗篇·151篇》第6节相对应,似乎对大卫战胜歌利亚作了更长的记载。[②]

《诗篇·151篇》好像是大卫用第一人称写成的,回顾了大卫被上帝拣选并膏立为以色列王,坐在扫罗的位置上,以及为百姓取得第一次胜利——战胜歌利亚的过程。如此,它是对《撒母耳记上》第16—17章的惯例重述和删减,开头5节如同《撒母耳记上》所叙述的那样,重点放在大卫兄弟们的地位和漂亮外表上(《撒母耳记上》16:6—10;《诗篇·151篇》4b),然后放在大卫在兄弟中最年幼的事实上(《撒母耳记上》16:7,11;《诗篇·151篇》1);然而,上帝却拣选了大卫(《撒母耳记上》16:12—13;《诗篇·151篇》4b)。撒母耳的角色——上帝膏立君王的使者——在两个文本中都特别重要(《撒母耳记上》16:1—5;《诗篇·151篇》4a)。在《诗篇·151篇》中这部分的中心与《撒母耳记上》第16

---

② 尽管希伯来诗篇151B的开头相当突兀("于是我看到一个非利士人"),希伯来诗篇151A却似乎是一篇完整作品(即库姆兰诗卷并未分割起初完整的诗作),因为它的开头和结尾体现出第1节和第5节之间的首尾呼应,那些诗句的第二行含有同样的措辞"他使我……成为……和……的统治者"(希伯来文:*wysymny…l…wmwšl b…*)。

章的主旨相一致——"人是看外貌,主是看内心"(《撒母耳记》16:7),并做相应的拣选。

　　第 2 节和第 3 节以非常精简的方式(与希伯来诗篇 151A 相比)讲述了大卫的奉献:他敬拜上帝,颂歌上帝的作为,把上帝的荣耀扩展到他看护父亲羊群的旷野。希腊文本和希伯来文本都认为他在崇拜上的奉献——其心因尊敬上帝而喜悦——使之在上帝面前备受关注,因为上帝听到了这个孩子的所有歌唱。

　　最后两节简洁地回顾了非利士巨人歌利亚对以色列人的挑战及大卫的成功应战。歌利亚"指着自己的偶像诅咒(大卫)"的细节使《撒母耳记上》17:43 中的语词再次融入诗中,大卫击败歌利亚的实际过程被忽略了,但有细节显示大卫"拔出(歌利亚)自己的刀",并用它割下死者的头颅(7a;比较《撒母耳记上》17:51)。除掉以色列人的耻辱是这首诗歌的高潮,当大卫初次到达那里且听到非利士人嘲笑时(7b;比较《撒母耳记上》17:26),他正是由于此事而最受关注。

　　为什么记述大卫生活中的这些方面尤其他在崇拜方面的表现如此重要?也许只是由于某个犹太诗人看到许多诗篇仅凭题目与其他事件相联系,而未赞扬大卫人生中的崇拜情景,对此感到奇怪,才作了两首诗篇为《撒母耳记上》第 16 章和第 17 章(后来有诗人对这两章加以删节并合二为一)增添适当的赞美诗效用。另一方面,也可能是这个故事的某些部分透露出了上帝对生活在异族统治下的民众的鼓舞;对于在列国中不再居高位的以色列而言,大卫被膏立提醒他们,上帝不再为外表所打动,而是去寻找敬拜的心灵。大卫的命运则为后人提供了一个历史先例:敬拜上帝之心确实比引人瞩目的外表更能给人带来光辉的前程。歌利亚的失败流露出一个重要的暗示:决定以色列之荣耀和未来的不是强大的武力和军事力量,而是上帝对他们的拣选。大卫战胜了那个嘲笑以色列及其上帝的巨人,则为后人提供了一个先在的希望:上帝将再次从他们周围的巨人中抹去以色列的耻辱,维护他们对上帝的忠诚。

《马加比传三书》 16

"以色列的救主是神圣的"

　　一位傲慢自大且性情乖僻的国王，一份被迫更改的法令，一群等待可怕死亡降临却奇迹般得救的被囚者——它们构成这个发生在托勒密统治埃及时代的戏剧性故事。这个饱含民族仇恨和误解的阴沉故事蕴含着对历史的缅怀，对较晚近文学作品的模仿，对任意治理之潜在的敌对情绪，以及一种未及平安的得救。然而《马加比传三书》对读者依然产生了影响，尤其在煽动读者的情感方面表现出作者的才能。就质疑希腊-罗马时期滋生的反犹主义，了解这种仇恨可能带来的恐惧，以及不可忽略的该作者的某种排外思想而言，这部书提供了重要的文学证据。但是，作品对散居犹太人的信念也有强烈的表达，他们在将自己的命运和前途同耶路撒冷圣殿相联系方面，不亚于其巴勒斯坦的兄弟姐妹们；在获得上帝的宠爱和帮助方面也不逊色。

结构和内容

　　本卷书开篇讲述了托勒密四世斐罗帕托在迦萨南部的拉菲亚抗击安提阿古三世。这样的开端如此突然，以致人们相信本书原初的开端在文本流传过程中遗失了一些内容。① 一个不忠的提奥多图斯妄图在托勒密熟睡时杀死他,但因一名转向希腊生活方式的名为多斯迪乌的犹太人及时提醒,其阴谋被挫败。托勒密在拉菲亚一役战胜安提阿古三世之后,视察巴勒斯坦的城邦以证实当地人对其王权的忠诚,且在战后鼓励他们(1:1—8)。

托勒密视察海岸城邦的圣地,意在通过赠送礼物来增强士气,加强众人对他的忠诚。当托勒密进入耶路撒冷并欲进入圣殿的圣所时,其行为触犯了当地的律法。托勒密未被祭司吓住,宣称他作为国王有权进入其国内的任何地方(1:9—15)。人们涌上街头抗议并祷告,大祭司用庄重的祷告成功地唤来神的干预(1:16—2:20)。最后,托勒密被无形的力量惩罚,在卫士们的围护下被拖出圣殿。他恢复平静后返回埃及,发誓要为他在耶路撒冷受到的侮辱对犹太人施加打击报复(2:21—24)。这就确定了埃及犹太人的命运同巴勒斯坦事件的重要联系,尤其与圣殿命运的紧密关联。

托勒密在埃及推行一种类似安提阿古四世在巴勒斯坦实施的政策,即只有接受狄奥尼索斯的祭礼且接受希腊宗教,犹太人才能充分享受亚历山大的公民权,公民权在当时的埃及是令人向往的身份。拒绝接受者将被登记交纳人头税,并被烙以奴隶的标志;反抗者则被处死(2:25—30)。值得注意的是,那些享有公民权者被期望参与希腊城邦的市民生活,包括宗教生活。犹太人要求公民权,通常在这一点上招来麻烦。从非犹太人的视角看,托勒密的政策只是界定埃及犹太人法定身份的一种方式,然而,作者却视此法令为敌视犹太人的迫害行为。

大约三百名犹太人放弃对唯一上帝的全身心信奉而求得了完全的公民身份。然而,大部分犹太人为了持守祖先的契约,宁可失去公民身份也要公开对那些接受国王恩惠的人表示轻蔑(2:31—33)。托勒密将

---

① 最明显的证据是本书以希腊文反义词 *de*("然而斐罗帕托……")开篇,且未以任何形式介绍"那些返回的人"是谁,为什么被流放(或者,如果他们是流亡者,至少应提到致使他们返回的条件)。但散佚的文字很有限。

此视为该民族病态意志的标志,打算把埃及所有的犹太人(除了变节叛教者)都集中到竞技场上处死(3:1—30)。作者描述犹太人从埃及各处被聚集起来时展现出一幅幅令人哀怜的悲痛场景,以宣泄其强烈的感情(4:1—13)。

现在,上帝为了埃及犹太人的利益而出面干涉。遭受打击、将要被处死的犹太人名单因国王代理人用完了纸和笔而无法继续添加,一些人逃脱了追查(4:14—21)。那些已列入名单并被聚集起来的人面临着被托勒密的大象踩死的危险,那些大象是他专为残害犹太人准备的。为了回应被俘者的祈祷,上帝挫败了托勒密的计划:第一次让他长睡不醒而错过预定的行刑时间;第二次使他忘记了计划,并转而谴责那些策划这一残暴行动的佞臣(5:1—35)。但第三天,国王发出了放开大象践踏犹太人的命令,作者以极大的情感力量描绘出受害者惊惶万状的场景(5:36—51)。混乱之中一位叫作以利亚撒的年长祭司要求大伙安静下来,开始共同祈祷,继而天使吓退了大象并使之转身践踏托勒密的士兵们(6:1—21)。

国王泪流满面地为其行为忏悔,并指责那些引他走向自我毁灭之路的臣子。他释放了犹太人,为他们提供七日盛宴(后来成为一年一度的犹太节期,6:36),并颁布法令保护犹太人在其王国内的权利(6:22—7:9)。犹太人散席回家之前,离开托勒密去处死那些变节者(7:10—16),这使"以色列"得到净化(参见《申命记》13:6—18)。那些未居留于亚历山大的犹太人庆祝第二个七日节期,作为返乡之旅的起始(7:17—23)。在全书结尾处他们损失的财产和声望得以恢复,后来还大大增加(7:21—22)。

作者、日期和背景

该作品的标题用词不当,因为据考它描述的事件发生在马加比起义五十年以前,且大部分事件发生在埃及而非以色列,然而作者所述之事与《马加比传下》中的故事很相似,且与其共用了宗教压迫和神圣拯救的主题,以致它与马加比文学的联系十分明显。某些古代书目中有一个可替代的标题"有关托勒密之事"(*Ptolemaica*),实际上它更为恰当。该书见于5世纪的亚历山大抄本和9世纪的维尼特抄本中,而未见于4世纪的西奈抄本和梵蒂冈抄本。

作者的名字没有保留下来,但他无疑是一位精通希腊文的行家,不仅能灵活支配丰富的文雅词汇,而且能掌握当时的修辞技巧。最值得注意的是作者运用生动的描写来唤起哀伤(使观众产生感情反应)的能力,他对圣殿中的哀悼以及犹太人在埃及被成群押解到亚历山大的哀怨描写尤其感人(这使我们自然而然地想起非洲奴隶运往美洲时途经的所谓"中间通道")。另一种技巧是"具体化"(Prosopopoiia),即使言论适合假定的人物。同希伯来文法对比这一点尤为明显,如西门和以利亚撒的祈祷词使用了简明的文体,托勒密的法令使用了官方的正式语气和形式,作者本人则另有叙述风格(冗余而夸张)。对外邦宗教公开表示轻蔑,对本土埃及人的反犹偏见也表示轻蔑,都表明作者乃是奉行律法的犹太人。

本书的旨趣在于埃及的犹太社区——某些事更让人觉得这是一篇延续到埃及结局故事的巴勒斯坦序幕,连同书中所述特定的社会张力——暗示着《马加比传三书》成书于亚历山大,至少是埃及的某个犹太中心。其隐含读者的身份是犹太人而非外邦人。当外邦读者看到自己被描绘成"令人讨厌的"、"非法的"、"没头脑的"(6:9,11)形象时,只能对这些说法感到疏远(Williams 1995:18—19)。

至于《马加比传三书》创作于何年,没有确切的时间,仅有几种可能的推测。对创作日期的极端见解通常主张上限为公元前217年拉菲亚战役发生时,下限为公元70年,那年作者未曾提及的耶路撒冷圣殿遭到了摧毁。后一日期若严格冷静地分析是存疑的。许多学者分析过《马加比传三书》同其他犹太作品的类同,借以较精确地界定其成书日期。《马加比传三书》6:6回忆了三少年从火窑中得救,即上帝用露水弄湿火窑,使窑中有习习凉风之事,这一细节见于《但以理补篇》(《三童歌》27),而未见于希伯来正典的《但以理书》中。这意味着《马加比传三书》必定成书于《但以理书》(它本身只是汇编,而非完全创作于公元前166年)的希腊文译本产生之后。

《马加比传三书》甚至更突出地显示出与《马加比传下》和《亚里斯提亚书信》的亲缘关系。这两部书都同亚历山大有关(《马加比传下》被送到该地,《亚里斯提亚书信》则源于该地),此事也证实了《马加比传三书》起源于埃及甚至亚历山大之说。《马加比传下》和《马加比传三书》在词汇上有惊人的相似性,这种相似性未见或鲜见于七十子希腊文译本的其他文献;两书亦有类似的风格趋向,例如定冠词的元音融合(表示"the"的希腊语词与紧接在后面的语词直接合并,见 Emmet 1913:156),在这点上,《马加比传三书》同《亚里斯提亚书信》的相似也很明显,尤其是官方书信和法令中的类似之处,进而延伸到共用的词汇和短语(Emmet 1913:157)。此外,下文将要说明,《马加比传三书》能提供模仿《马加比传下》之情节的重要证据。《马加比传下》和《亚里斯提亚书信》的创作日期或许都在公元前2世纪后期,由此该时期也被适当地看作《马加比传三书》有可能写作的最早日期。

《马加比传三书》同《以斯帖记》的希腊文译本亦有显著的类似之处,尤其在形式、内容和王室法令的流畅性方面(《马加比传三书》3:12—30;《以斯帖补篇》13:1—7,见 Moore 1977:195—199)。法令中有同类的对犹太人指控和对维护王国和平方式的提议。哈戴斯(Hadas 193:55)注意到一个重要事实:在两卷书中,重大决定及其撤销都发生在节期的背景中,两卷书对犹太人得知国王诅咒法令后如何反应之描写也大同小异(《马加比传三书》4:2;《以斯帖记》4:3)。在两卷书中,国王意志的转变都在第二封信中指明,该信亦谴责制定计策的邪恶顾问而赞美犹太人对上帝的忠诚。两卷书都以一个针对异族国王的阴谋被某犹太人及时揭发而受挫开始,都以设立一个纪念犹太人得救的节期结束。文学影响因此是相似的,然而也有些确定影响向度的困难,以致更加显示了《以斯帖记》首先以希伯来文存在，而后才有被扩充之希腊文译本的事实。《马加比传三书》可能受到希伯来文《以斯帖记》的启发，反过来又影响了《以斯帖补篇》A 和 B 的写作（Moore 1977：198—199）。然而，其较为简单的解决方式令人推断，《马加比传三书》的作者在为埃及犹太人写作相似的传奇故事时，吸收了多种早期资料，诸如《马加比传下》和希腊文《以斯帖记》。

对埃及莎草纸文献的研究表明，本书的语言运用技巧是准确的，这也使人倾向于认定本书成于托勒密王朝而非罗马时期。就此而言，尤其值得注意的是，官方书信以致敬语开始，以及用"无物"（*outheis*）和"无人"（*oudeis*）轮流替代"也不"（neither）或"不"（not）的用法（"无人"终于在公元前 1 世纪成为标准用语）。在 3：12 和 7：1，书信以"问安并祝身体健康"之语开始，这种写法似乎只流行于公元前 160—前 60 年之间（Emmet 1913：157—158；Williams 1995：20）。当然，作者为使《马加比传三书》看起来更像档案文件而较少现代意味，也可能采用较古老的欢迎辞。倾向于表明成书于罗马时期的术语"登记"（*laographia*）也存在于托勒密时代的应纳税人员名单中，这类人大多是当地的埃及人，而不是希腊人（Emmet 1913：158，165）。

赞成著书于罗马时期（也就是罗马在东方确立权力以后——人们通常以公元前 63 年作为便利的起始点，那年庞培在巴勒斯坦建立了罗马政权）的学者特别强调分析"登记"一词的重要性，尤其主张关注人口调查或人头税与威胁降低身份之间的关系。他们断言，这一关系最深切地反映出那项人口调查是由奥古斯都在公元前 24 或前 23 年实施的（Hadas 1953：3—4；Collins 2000：124—125）。希腊公民被免除那项杂税，而无公民身份之人则需承担那项赋税；因此，"登记"意在阐明犹太人的法律身份而非为其利益服务。哈戴斯（Hadas 1953：20—21）指出，莎草纸文献中缺少人头税的收据，但其中确实包含其他税种的收据。他由此推测，称托勒密时代征收人头税（用以区分公民与非公民）还缺乏充分的证据。然而，据考该税种在公元前 24 或前 23 年已被征收，这对于曾经享受公民身份特权(例如在体育馆中接受教育等)的犹太人和将要失去公民权的人来说,意味着一种社会危机(Parente 1988)。当然,这种形势通过融合对反犹行为的其他插曲——例如托勒密八世菲斯肯因犹太人在内战中支持他姐姐而惩罚他们的计划(参见下文"历史问题")——的回忆而被高度修饰。因此《马加比传三书》不应被当作奥古斯都时代之埃及的讽喻。

科林斯(Collins 2000:126)重新提出一种见解:犹太人在卡里古拉统治下面临的危机"为故事融合预备了诱因",那时亚历山大犹太人的公民权问题显然也遇到激烈争议。在科林斯看来,耶路撒冷圣殿的危机和亚历山大犹太人面临的危机有联系;其联系也能说明这一点,因为只有在卡里古拉统治时期才会有这样的汇合。卡里古拉想在耶路撒冷圣殿中安设他自己的雕像,为犹太人看不见的上帝提供一个让人奉拜的形象,这一渎神行为只是由于卡里古拉在公元 41 年被暗杀才被及时制止。也是在卡里古拉的统治下,亚历山大爆发了反犹太人的暴行。[②]另外科林斯发现,对托勒密放荡行为的描写符合我们所知卡里古拉的疯狂性格。

然而,也有人对这种推测的背景和日期提出异议。安德逊(Anderson 1985a:512)发现,书中令人惊讶地缺乏任何述及国王自我神化或亵渎圣殿之处,即其不仅进入圣殿而且竖起君王的塑像——而这是卡里古拉危机最引人注目之处。安德逊(Anderson 1985a:511)也提出埃及莎草纸文献中的证据,将成书日期界定在托勒密时期。他表明"登记"一词是在纳税人注册的意义上使用的,该词还涉及一种阶层系统,在那个系统中某些精英分子可被免税。

从上面的论述可知,很难教条地断定本卷书的写作日期。一方面,无需因本书讲述了一个危机故事就推测一种危机背景,如发生在卡里古拉的统治下。其核心主题——忠诚于《托拉》终有益处,以色列人无

---

② 参见斐洛的《反驳弗拉库斯》,以及斯莫尔伍德(Smallwood 1976)著作中的分析。

论生活在何处都会得到上帝的保护,异教的反犹行为无论出现在哪里都无法开脱而将受到谴责——在任何时期对流散的犹太人来说都是适当的信息。语言学方面的资料趋向于表明写作于公元前 1 世纪,但是利用古旧的表达手法和形式可能反映了作者为故事赋予古代写作日期的聪明之举。另一方面,对历史的追思趋向于证明成书于罗马时期,特别是奥古斯都统治上半期。可以说作者是通过回忆一系列重大事件——托勒密四世在拉菲亚的胜利,海里奥道拉侵犯耶路撒冷圣殿的企图,托勒密八世复仇行动的失败,庞培以武力进入圣地的成功,亚历山大犹太人之公民权的不时受到威胁——把它们千变万化地编织在为埃及犹太人创作的传奇故事之中。

310

文类和写作意图

《马加比传三书》的文类宜归于"历史传奇"(Anderson 1985a:510)或"希腊传奇"(Hadas 1953:14)。作者的意图并非编史,而是写一篇带有松散历史背景的训诲故事。为使故事显得逼真,此类作品多以介绍历史中的著名人物开始。故事的高潮通常发生在一个真正的公共场所,如竞技场或集会地,涉及"处于危在旦夕局势中的主人公;借助一个似乎体现了神意的代理人,主人公不仅获救,而且得到上天之助"(Hadas 1953:14—15)。其叙述显示出对宗教礼拜和祈祷的兴趣,运用虚构的信件和文档,使用繁复的修辞色彩,尤其强调哀婉之情。所有这些特征都同《马加比传三书》相匹配。但我们也必须承认差异是显著的。《马加比传三书》没有爱的兴趣,也没有中心,主角本身的行为和受难提供了情节的中心线索。然而这些差异可归因于作者对道德旨趣的偏爱,他论及以色列民众在上帝深谋远虑和自身流散生活中的位置。《马加比传三书》同其他较早期的犹太作品如《以斯帖记》和《马加比传下》有类似之处,也指向传奇文体而非历史编纂;作者运用其他文学模式编织一个故事,目的不在于记载历史。

作者为什么写这个故事呢？普遍认为《马加比传三书》的写作不仅仅是为了娱乐听众。更直接的目的可能是解释一个由埃及犹太人持守的实际节期(Hadas 1953:24;Anderson 1985a:515),书中提供了对该节期米吉拉的描述,以致本书能与记叙其他犹太节期的著作(例如记叙普珥日的《以斯帖记》,或记叙哈努卡节的《马加比传下》和《犹滴传》)相媲美。特罗姆普(Tromp 1995:324—328)论及此类主题的变体,断言作者不仅想重述那个传奇故事,而且想在重述时限制反希腊情绪,甚至限制庆祝这种得救时可能产生的过激行为(他恰当地解释了这种庆祝应当包括畅饮葡萄酒之类可能导致情绪激昂的行为)。因而特罗姆普能够解释 3:8—10 对希腊人之明显而笨拙的辩解,以及 1:22—24(连同通篇把犹太人描述成诚信而守秩序的公民)对激烈抵抗的抑制,对祈祷与和平主义的褒扬。

311

大卫·威廉斯(David Williams 1995:23—26,追随 Goldstein 1983:137—151)则提出相当不同的写作目的,认为《马加比传三书》是为流散中的犹太人辩护而写给巴勒斯坦读者看的。他主张本书是对巴勒斯坦犹太人批评流散犹太人的回应,依照其最纯正的同宗教信奉者之见,那些流散犹太人追随的不是《托拉》,而是它不完美的译本(比较《便西拉智训》的序言),他们那"流散中"的真正位置见证了上帝的长久不悦(比较《马加比传下》1:1—9)。威廉斯把《马加比传下》开头的两封信当作巴勒斯坦人与流散犹太人已经有所疏远的标志,因为前者在第一次提出要求却毫无效果后,又在第二封信中力劝后者接受哈努卡节为法定节日。后来的信(在《马加比传下》中其实首先出现)也包含对埃及犹太人之某种可能的批评,或许暗示有读者要求他们的心灵转归《托拉》,体验上帝的宽恕。

与这个假设同样具有吸引力的可能是,它至多保留了一个好建议。例如,威廉斯(Williams 1995:26—27)试图表明,如果上帝响应埃及犹太人的祈祷比响应巴勒斯坦犹太人的祈祷更快,那是言过其实的描写。埃及犹太人或许经历过一些缓刑令,但他们在最后的关头被救,正如其巴勒斯坦同伴在第一幕中所经历的一样。尽管威廉斯正确地指出了巴勒斯坦和埃及犹太人在文学中可能存在的紧张关系,这种关系肯定远未明确到两派的冲突已激烈到值得"辩护"的程度,尤其是当浩如烟海的文学作品中也缺乏证据时(例如,从斐洛或约瑟福斯的作品中,我们能看出这种紧张吗?)以利亚撒肯定《利未记》26:44 是可靠的,它担保了上帝的存在及其对任何土地上的上帝子民的保护。确实,威廉斯正确地指出了这一肯定的重要性。然而,至于它是不是对巴勒斯坦犹太人的辩护而非对埃及犹太人的鼓励,则涉及另一个问题,一个引人入胜却无法论证的问题。

我们能更确切地断言,本故事传达的信息是给埃及犹太读者的。《马加比传三书》直截了当地认定:(1)流散犹太人与耶路撒冷圣殿的命运紧密相连。(2)上帝听到了流散犹太人的祷告并施以拯救,与其在以色列的做法如出一辙。其中后者是一种确切的标志,表明上帝接受了他们对托拉的做法,并完全恢复了对他们的恩宠。

《马加比传三书》与《马加比传下》3:1—10:9 几乎处处彼此平行,这一事实表明前者是为埃及犹太人写作的类似于英雄传奇的作品。两部作品的情节梗概大同小异:某外邦首领威胁要冒犯圣殿,导致犹太人惊慌失措(《马加比传下》3:1—21;《马加比传三书》1:1—29);一位大祭司作了一个灵验的祈祷(《马加比传下》3:31—34;《马加比传三书》2:1—20);③上帝惩罚傲慢的外邦人(《马加比传下》3:22—30;《马加比传三书》2:21—24);紧接着是希腊化危机,导致部分犹太人叛教变节和诚信的犹太人陷于危险中(《马加比传下》4:7—17;16:1—11;《马加比传三书》2:25—33);诚信的犹太人遭到迫害(《马加比传下》6:12—7:42;《马加比传三书》3:1—5:51);上帝介入事件以回应坚定的以利亚撒及其他诚信犹太人的祷告(《马加比传下》6:26—30;7:37—38;8:5;《马加

---

③　这组祷告中有一个重要差异:在《马加比传下》中奥尼阿斯于上帝惩罚海里奥道拉之后祈求上帝饶他一命;在《马加比传三书》中西门于上帝惩罚托勒密之前请求制裁他。

比传三书》6:1—21);④上帝派天使介入,为其子民带来胜利(《马加比
传下》8:5—9:29,天使的活动见于11:6—12;15:22—24;《马加比传三
书》6:18—21);庆祝获救的节期得以设立并永远持守(《马加比传下》
10:1—8尤其10:8;《马加比传三书》6:30—40尤其6:36)。这些平行
之处表明《马加比传三书》对《马加比传下》进行了有意识的文学模仿,
意在用相似的传奇故事向埃及犹太人证实,他们与圣地和故乡的命运
息息相关,同时也证明一个事实,即保护和解救巴勒斯坦犹太人也同样
保护"在其敌人土地上"之犹太人的乃是同一位上帝。⑤ 上帝对埃及犹
太人的关怀通过三次挫败处死犹太人的企图表现出来,在故事情节中
这些看似冗长乏味的描写实际上是为突出神学要旨服务的。⑥

《马加比传三书》达到了另一种效果:强化了犹太民众与其异族邻
居之间的界线。作者直截而详细地说明了外邦人对犹太人的歧视、误
解和憎恶,正如他对外邦人随意发表某种卑劣的看法,认为他们是不法
的、可恶的且远离真理的一样。此外,本卷书表达了神圣拣选(尤其在
西门和以利亚撒的祷告中,《马加比传三书》2:2—20;6:2—15)、神意至
上、叛教的危险(《马加比传三书》2:31—33;7:10—16)以及外邦宗教的
无益无效等主题。这些主题有助于强化听众对犹太传统的信奉,并在
多元文化中强调且维护其种族身份。专门的敌意留给那些为眼前利益
而叛教的犹太人。这部传奇故事对叛教者的描述以其被自己的教友处
死达到高潮,可能是为了激起听众对失节犹太人的愤慨和敌对情绪,并
使行动过程少些哀怜的情调。

313

---

④ 把以利亚撒当作一个年长而可敬的祭司来描述,这方面的相似性也相当显著。

⑤ 特罗姆普(Tromp 1995:318—319)证明,《马加比传下》中的海里奥道拉情节和托勒
密侵犯圣殿的企图具有相似性。特罗姆普(Tromp 1995:321—322)还指出延伸到这一情节
中的文学上的类似,包括对同化和处死的最后陈述,以及一位以利亚撒在转折点上出现,这些
都表现出作者对早期传奇故事的创新。

⑥ 哈戴斯对听众境遇的解释可能不被所有学者接受,他对著书意图的评价颇为激烈:
"再次断言犹太人作为上帝特殊眷顾对象之高贵,在他们面临政治退化时增强其自尊心和终
将被释罪的信念,或许还能给外邦读者留下印象……对他们的困扰和伤害是不公平甚至是危
险的。"(Hadas 1953:23)

历史问题

我们已经对《马加比传三书》做了专门的学术讨论,分析了在多大程度上能确切地将其当作历史材料。故事开始时显然给人以具备历史精确性的印象。托勒密四世斐罗帕托(公元前 222—前 204)的确在拉菲亚一役(前 217)战胜了安提阿古三世,并于战后访问了巴勒斯坦的海滨城市以恢复士气,且察看了当地人的神殿。[⑦] 我们从波利比乌斯的《通史》(5:40—46,61—62)中得知,"某个提奥多图斯"事实上的确在拉菲亚战役后背离托勒密而追随安提阿古三世(引自 Bissel,1899:616);波利比乌斯也证明托勒密有放荡的嗜好(Emmet 1913:159),这同他在《马加比传三书》中的性格相吻合。作者可能使用了被迈迦洛波利斯的托勒密遗失的某种史料,后者对托勒密四世进行了甚至比波利比乌斯更为负面的描述(Emmet 1913:159)。此外,迪迈卢斯的儿子多斯图斯已经作为历史人物出现在埃及的非书面语莎草纸文书中。所以,本卷书开篇伊始作者就给人以种种征兆,示意其报道可资信赖。

这已导致一些人努力维护本卷书的历史真实性(尽管哈戴斯观察到"希腊传奇"应以在历史上似乎合理的情节开始故事)。莫朱泽鸠斯基(Modrzejewski 1995:147—152)把《马加比传三书》视为对托勒密四世斐罗帕托统治下真实事件的反映。他提供种种证据,表明书中准确描写了斐罗帕托性格,多斯图斯确实存在,斐罗帕托的确在拉菲亚战后访问过当地的神殿,他崇拜狄奥尼索斯,[⑧]拥有且使用象群,在他统治下进行的人口普查与为军队征税及为反抗叙利亚人的战争筹款确有联

---

⑦ 后一细节已被庇托姆石柱上的铭文详细确证(Modrzejewski 1995:148)。

⑧ 莫朱泽鸠斯基(Modrzejewski 1995:149)引证一个莎草纸文书,上面有涉及该仪式的王室法令,尽管法令的意图存在不少争议,其内容也不甚明晰。哈戴斯(Hadas 1953:44—45)证实一件事:几枚铸造于托勒密四世统治时期的硬币,铸有头戴常春藤王冠的狄奥尼索斯头像,那常春藤标志可追溯到色雷斯人,起源于祭拜狄奥尼索斯的仪式(然而,该标志被用来显示斐罗帕托本人一类的新继位者,而不是奴隶)。

系。莫朱泽鸠斯基(Modrzejewski 1995:150)提出如下方案:斐罗帕托实施人口调查,惊扰了犹太人的心,因为每当清点亚伯拉罕子孙的数目总有可怕和危险的事件发生(参见《出埃及记》30:12;《撒母耳记下》24),亚伯拉罕的子孙应当"像天上繁星一样不可胜数"。[9] 斐罗帕托没有逼迫犹太人崇拜狄奥尼索斯,反而认为其宗教是狄奥尼索斯崇拜的一种,混淆了主的安息日与"萨巴祖斯"(狄奥尼索斯的另一名字)的区别。* 他之所以混淆,是因为受到一种显著趋势的影响:俄耳甫斯同狄奥尼索斯关系密切,而亚历山大犹太人强调俄耳甫斯崇拜与犹太教的相似性。当斐罗帕托企图整顿这一祭礼时,可能让犹太人送来他们的圣书,他将其与祭拜狄奥尼索斯的文献对比着核查,于是犹太人开始抗议,在混乱中走上街头。斐罗帕托让人放开象群,以便控制人群(用这种方法在首都市内镇压暴乱非常可疑),但他及时意识到错误而避免了灾难。

314

　　然而大部分学者认为《马加比传三书》总体上属于历史小说——博闻广识的历史小说中固然有貌似真实的细节,其中涉及托勒密四世统治下强迫同化和迫害犹太人之事却非出自可靠的材料。作出这种判断的理由可见于近乎被本书模仿的其他文学材料(如《马加比传下》和《以斯帖记》);事实上大象的情节也可能有相当不同的历史背景,约瑟福斯将其置于托勒密八世非斯肯(公元前 146/145—前 117/116)的统治下(充分的文献记载参见《驳阿皮恩》2.50—55)。托勒密非斯肯把在一场王朝内战中支持他姐姐克里奥帕特拉二世的犹太人聚集到竞技场上,使之被灌醉的大象踩踏。不料那些大象却转向非斯肯的士兵;非斯肯本人也被他的妾和混乱的梦境说服,同犹太人讲和。在非斯肯统治后期,他被作为犹太人的保护者来纪念,此事使人毫无疑问地相信,约瑟福斯认定的敌意存在于非斯肯统治的早期,以及那次两败俱伤的冲突

---

　　[9]　关于犹太人对人口普查的反应,帕伦特(Parente 1988:176—177)进行了较充分的探讨。

　　*　安息日:原文为 Sabaoth;萨巴祖斯:原文为 Sabazius,二者易混淆。——译注

中。值得注意的是,约瑟福斯提到埃及犹太人用一个节期来纪念那次得救(《驳阿皮恩》2.55),这确实是他得自其原始资料内容的一部分。⑩

另一些事件或许也反映在《马加比传三书》中。如哈戴斯(Hadas 1953:37)提出,倘若本书写作于罗马统治东方之后,则作者描写托勒密的企图时意识中所想到的或许就是庞培对圣殿的实际亵渎。与此相似,"登记"所涉及的特定情形也可能反映了公元前 24 年奥古斯都统治时的状况。所以不妨认为,《马加比传三书》的作者合并了托勒密王朝之两个不同统治者的两个事件(并非托勒密四世试图进入圣殿的圣所,而很有可能他视察耶路撒冷只是为了印证其臣民在叙利亚-埃及战争过后的士气民心),并将历史上有关圣殿的其他事件和埃及犹太人合并起来,以便达到本书的写作目的,其中之一是讲述一个埃及犹太人同耶路撒冷圣殿的命运相联系的故事(以示他们在这方面与巴勒斯坦的兄弟姐妹没什么区别,尤其是在公元前 167—前 164 年当地的危机过后)。而且,这个故事的形成也深受《马加比传下》和其他犹太文学作品如《以斯帖记》的影响,⑪以为埃及犹太人创作出一个新的传奇故事。

《马加比传三书》作为观察犹太人与外邦人之间紧张关系的窗口

尽管《马加比传三书》对后世犹太人或基督徒作者很少甚至没有发生影响,然而作为探视埃及犹太教及其社会紧张关系的窗口,它却有一定价值。它对早期基督教环境提供了实质性的信息。必须认为,起初并非所有外邦人都怀有反犹情绪。事实上,从不少希腊哲人的思想中

---

⑩ 托里(Torrey 1945:81)认为这是一部以《以斯帖记》和《马加比传下》为蓝本的文学故事,皆以设立一个纪念得救的节期为高潮。但若依据约瑟福斯之见,《马加比传三书》显然自成一体,文学故事之说也是令人怀疑的。

⑪ 特罗姆普(Tromp 1995:315—324)中肯而详尽地说明了得救传奇和《马加比传下》被用为现存文本材料的方式。

能发现对犹太生活方式、它的节俭及其他美德的真诚赞美。[12] 然而可以公正地说,外邦人对犹太人更典型的态度是猜疑,甚至是侮辱和嫌恶。[13]

反对犹太人者攻击的焦点是犹太人排外。他们唯尊独一上帝,更特别的是他们否认其他所有神祇的存在,这是他们对外邦邻居之敏感性的独特攻击。此外,这位上帝命令其子民同周围民族"相分离",虔诚地奉行《托拉》,这导致他们与非犹太人的交流及其对外界的开放非常有限。于是,希腊-罗马时期的反犹太态度便与两种主要指控相衔接:外邦人觉得犹太生活方式显示出无神论色彩以及厌恶人类的意味。[14]

埃及当地的反犹情绪进而被本土民众对希腊-马其顿统治的敌意所推动。[15] 犹太人在军事诚信和侍奉方面对托勒密王朝特别有用,而且在当地"维护和平"的军队中表现出色,这使犹太人遭到本土居民的厌恶(Hadas 1953:51; Modrzejewski 1995:136; Gabba 1989:635—647)。犹太人希望享受希腊城邦如亚历山大的公民权,同时却未显示出对泽被城邦生活之神的尊重(参见约瑟福斯《犹太古事记》12.125—126),亦未在饮食和持守宗教节期方面团结非犹太公民,这种反常现象又激起希腊人的不满。

一位早期的反犹太情感证人是阿得拉的赫卡提乌斯,他责难摩西把犹太人引入"一种不合群的、褊狭的生活模式"(引自Modrzejewski 1995:140)。反犹太的偏见也被波希多纽报道,据他说,安提阿古·西得提斯的朝臣曾于公元前132年劝告他:"要消灭犹太人,因为在所有人中唯独他们拒绝与其他种族发生任何关系,他们把所有人都视为自己的敌人。"那些顾问还说:"犹太人对全人类的憎恨得到其法律的鼓

---

[12] 参见费尔德曼和莱因霍尔德(Feldman and Reinhold 1996:105—146)搜集的材料。

[13] 一如表现亲犹太态度的材料,费尔德曼和莱因霍尔德(Feldman and Reinhold 1996:305—396)也两次以上搜集表现反犹太态度的材料。

[14] 犹太人在那段时期的辩解,如《马加比传四书》和《亚里斯提亚书信》,明显聚焦于论证犹太生活方式体现了对上帝最纯粹的虔诚和对其他民族的公正,不管他们是哪个宗教。例如,《亚里斯提亚书信》第168节把《托拉》写成训练犹太人向全人类展示公平和仁爱的律法。

[15] 比如,一篇埃及启示作品"陶工的预言"期望在一个新的法老带领下驱逐异族人,使埃及重获独立和强大。

316

励,法律禁止他们同外邦人同桌进餐,或者向外邦人显示出任何仁慈之心。"(Gabba 1989:645)一个名叫利希马丘的埃及人也具体阐释了反犹观念中"无神论"和"憎恶世人"两方面的内容。他玩味语源学,从解构"耶路撒冷"(Hierosolyma)一词提出犹太民族乃是建立在"渎圣罪"(hierosyla)的基础上(参见约瑟福斯《驳阿皮恩》1.304—1.311)。

另一位批评犹太教的外邦人阿波罗努斯·莫隆被约瑟福斯(《驳阿皮恩》2.148)记载下来,为后代子孙所知:"与阿皮恩不同,阿波罗努斯没有把他的谴责汇编起来,而是让它们分散在作品各处,在一处斥责我们是无神论者和恨世者,在另一处责备我们是懦弱者,而在别处,又反过来非难我们蛮勇鲁莽和不计后果地疯狂。"人们也可以转向罗马时期的作者,诸如朱文纳尔(《讽刺诗》14.6—106)、塔西佗(《历史》5.5),以及西西里的狄奥多罗斯(《历史丛书》34/35.1—4;40.3.4),来寻找相同的论述。摩西律法被责备为"不合群的、褊狭的生活方式"(狄奥多罗斯《历史丛书》40.3.4),被责备为一连串"古怪的法律",为犹太人远离其他种族而设计(狄奥多罗斯《历史丛书》34/35.1.1)。据说犹太人彼此之间"极端诚信,总是乐意表达同情怜悯之心,然而对其他所有人,他们体验的却只有憎恨和敌意。他们吃饭时与外邦人分席而坐,睡觉时分床而卧,……且禁绝与外族妇女交往"(塔西佗《历史》5.5)。⑯

在这样的背景中,我们可以转向《马加比传三书》第 3 章,来充分理解那里描述的张力。作者提供了外邦人控诉犹太人的一个相当稳妥的理由(3:3—7)。由于他们的饮食规则和对独一上帝的排外性尊崇,犹太人倾向于站在远离多数人的社会之外,既不介入日常交往,也不出现在公众的节期中(Tracy 1928:248)。⑰ 这种"拒绝混合"(*amixia*)被视

---

⑯ 一个偏激的传闻指责犹太人涉嫌以一年一度献祭的形式进行仪式性凶杀,在圣殿把一个希腊人吃掉(参见约瑟福斯《驳阿皮恩》2.91—2.96)。这与外邦人感觉犹太人憎恨异族人密切相关,因为这种献祭与一个敌视希腊人的诅咒相联系。依照阿皮恩,这一野蛮行径亵渎了圣殿,而安提阿古四世闯进圣殿,则及时救出希腊公民,使之免于仪式性的凶杀。西西里的狄奥多罗斯和塔西佗也把安提阿古四世当成反对犹太人厌恶人类和野蛮行为的改革家来纪念,且来哀悼他的失败。

⑰ 面对外邦人的迷惑和误解,《亚里斯提亚书信》128—166 和《马加比传四书》1 及 5 都寻求对饮食律法作出外邦人能赏识的解释。

为对公民团结之美德的拒斥,甚至被视为潜在地扰乱社会治安的标志。
较大的社群都觉得犹太人在他们中间既非关注城邦公共利益的同道市
民,亦非可靠的朋友。《马加比传三书》像《以斯帖补篇》一样,为这一常
备剧目添加了新的因素:有关犹太人对国王不忠以及在国内形成了不
安定因素的流言(3:7;希腊文《以斯帖记》3:8;13:4—5)——对公共安
宁和政府稳定构成了威胁。这一发展可能反映了外邦人诽谤的新依
据,源于犹太人在托勒密八世和克里奥帕特拉二世的争执中站在失败
者一方而受的牵连,也源于外邦人对马加比起义的看法(Gabba 1989:
641)。第一及第二次犹太起义将极大地强化这种理解。

　　然而,作者强调这些体验毫无根据。就实际行动而言,犹太人是慈
善的、爱和平的,也是托勒密的忠实仆人。在作者看来,所谓不能忍受
其他种族人民之说是有人对犹太人所作所为的"造谣",导致了民族关
系的紧张。《马加比传三书》3:3—7中就表现出这种自相矛盾:犹太人
在"任何"时候都有好名声,然而他们又由于奇特的风俗而在各方面被
诽谤——一个作者简直不可能自圆其说的自相矛盾之论——这反映出
犹太作者们对此问题的认知并不一致,毫无疑问,其听众的认知也不一
致。犹太人对美德和慈善的追求应当使那些非犹太邻居承认犹太生活
方式的高贵可敬,然而同意培养犹太人合乎美德的生活方式,难免给人
以犹太人高人一等的印象,并含有排斥其他民族、不尊重非犹太宗教风
俗的成分。

　　在另一点上《马加比传三书》反映了作者显然正处于一种紧张的反
犹环境之中:托勒密建立的公民权与参与外邦礼拜之间相联系。当托
勒密在法令中把后者当作得到前者的先决条件时(2:28—30),他表达
了外邦人的普遍感情:想在城邦生活中拥有平等权利的犹太人理应崇
拜那个城邦的神祇。亚历山大、安提阿和爱奥尼亚的不少城邦都重复
发生过"平等公民权"的争论:"他们如果是市民,为什么不敬拜我们所
拜的神?"(约瑟福斯《犹太古事记》12.121—123,125—126)

　　当托勒密就犹太人对其举动和法令的反应发表看法时,《马加比传

三书》的作者让一个外邦人用令人惊骇的率真和明确讲话,申述犹太人
如何反应才能被理解或误解(3:12—24)。托勒密把自己描述成犹太民
族之遭受挫折的恩人。他作为慈善的赞助人接近圣殿,是希望以相称
的赠品使那一区域更雅致。但该地的奇特风俗阻碍了他,犹太人拒绝
他进入圣地,这件事成为一种特殊的进攻,通过对统治者和本省赞助人
的侮辱打击了他。这种标准和价值观的不相容也体现在对公民身份和
获得公民身份之代价的不同见解中(2:24—30;3:23)。托勒密认为他
赐予犹太人以"无价的公民身份"之恩惠,而犹太作者却认为他"造成了
公共耻辱",因为他所提供的涉及完全加入市民生活,包括偶像崇拜。
托勒密认为犹太人不领情(3:17—19)。如同不公正(对立的一方只能
服从),一旦保护和恩惠成为社会秩序的基础,那个社会就会出现最坏
的缺陷。在对所谓的利益表示蔑视(通过拒绝全面参与希腊社会而获
得利益)时,犹太人表明其行动皆以深思熟虑为基础(3:15—24)。表现
在叙述世界中的这些张力揭示了真实世界中原始材料的相互误解。

《马加比传三书》也让我们看到反犹主义的另一面:反外邦主义。
《马加比传三书》述及外邦人时常常缺乏同情心,这样说肯定不是信口
胡言和乱扣帽子。总体上看,外邦人被描述成"傲慢"(5:13;比较 6:
4—5)、"没头脑"、崇拜"空虚事物"者(6:11);作为一个人群,他们"令人
憎恶且非法生存"(6:9)。当托勒密赞扬其偶像时,显示出自己已远离
有关独一上帝和真正宗教的真理(4:16),而很清楚,这种指责可以轻易
地扩展到所有涉及偶像崇拜的外邦人。这种一部分外邦人"狂傲自大"
的印象——最明显地透过托勒密表现出来——无疑是由于外邦人拒绝
荣耀犹太人承认的独一上帝,拒绝尊重上帝颁布的律法,拒绝承认以色
列人的特殊身份。

在《马加比传三书》总体上反外邦人的框架中,有一个值得注意的
异常现象:希望将犹太人与希腊人之间的敌意最小化,说希腊人在犹太
人陷于危难时安慰并援助他们,那时甚至有外邦人对犹太人的苦难幸
灾乐祸;同时将本土埃及人与犹太人之间的敌意最大化(4:1)。作者想

使人产生一种感觉:亚历山大的希腊居民并非犹太人的真正敌人。科林斯(Collins 2000:126—128)指出,约瑟福斯的作品《驳阿皮恩》2.68—70中有类似的动态,约瑟福斯声称血统纯正的希腊人和马其顿人从来没有反犹行为,而是那些获得希腊(亚历山大)公民身份的本土埃及人在利用其新近获得的政治权势伤害犹太人。与此相似,斐洛(《弗拉库姆》17;29;166—170)也发现反犹主义的根源在于低劣的"埃及性格"而非希腊精神。这导致不仅在《马加比传三书》而且在更宽泛的犹太文学中都存在同情部分外邦人和憎恨所有外邦人之间的张力。

《马加比传三书》对外邦人及其反犹感情的反映明显区别于《亚里斯提亚书信》。特蕾茜甚至认为《亚里斯提亚书信》是对《马加比传三书》稍后的回应,如果不是对其文本的直接回应,至少也是对它激起的犹太人反异教怒火的回应。亚里斯提亚"对这部较早文献中的愚蠢见解进行了调和"(Tracy 1928:246)。亚里斯提亚不赞成反外邦人和《马加比传三书》之过度保守的倾向,认为犹太教可以同异族文化和平共存、相互尊重。在这方面,值得注意的是《亚里斯提亚书信》处理食物的方式:犹太客人出席托勒密的宴会,共用外邦人的桌子而不是避开。在公正地处理犹太人事务方面(通过在另一个七日宴会上提出问题并予以答复),它展示了托勒密式的更富于哲学意味也更文雅的训导教育方式。

《马加比传三书》中的另一社会动向值得密切关注,即背教犹太人的境遇。事实上,许多犹太人确实发现,答应同化比保持对祖先传统忠诚的回报更加诱人(至少依据严格的解释是如此)。当《马加比传三书》描写那些不惜付出代价也要完全奉行《托拉》的犹太人时(尽管其回报肯定是罕见的奴役或死亡),它正确地反映了这种境遇。然而,那些变节者似乎忍受了诚信犹太人所用的羞辱方式:"他们痛恨那些与其分道扬镳的人,考虑到他们是犹太民族的敌人,便取消了他们的伙伴关系,不再与其相互帮助。"(2:33)简言之,我们通过这扇狭小的窗口可以瞥见施予变节犹太人身上的压力,毫无疑问,这压力首先是让他们回到奉

319

行《托拉》的人生正道上来。⑬ 托勒密对这些压力的解释也富有启发性：犹太人是如此不正常，他推测，他们甚至憎恨"他们中间极个别真诚对待"其他种族的人（3：22—24）。犹太人这种内部冲突的张力最终演变成对堕落同胞的根除（7：10—16），这使人不得不回想起犹太·马加比及其兄弟们的类似举动，他们在最初的进攻中杀死的是自己队伍中那些背弃了犹太生活方式的人。

《马加比传三书》所载诚信犹太人对变节犹太人的敌视，为基督徒犹太人和非基督徒犹太人对那些已觉察到背弃诚信之约者的敌视都提供了一个重要背景。在那些承受着社会压力、责难乃至肉体摧残的人中，最显著的是保罗，他的使命乃是探索一条消除数百年的隔膜和偏见之路。毫无疑问，保罗对于持守《托拉》的放松对教会内部的犹太人来说，堪称另一个希腊化运动；对与上帝立约子民之正直诚信来说，堪称又一种威胁。

神学

《马加比传三书》的作者讲述了一个揭示上帝属性和承诺的故事，这两个方面都通过书中的情节和主要人物——例如西门和以利亚撒——谈论上帝时揭示出来。作者提到上帝或让祭司们论述上帝时，使用了一系列未见于（至少是非常罕见于）七十子希腊文译本的名号。于是，上帝是唯一的统治者，设立了犹太民族的祖先，是强大有力之神，恨恶妄自尊大者，是可尊敬的、非常荣耀的、所有圣者（或圣地）中的圣者，是理所当然的主、奇迹创造者、以色列的救主（汇集于 Emmet 1913：162）。上帝有自存的仁爱，作者知道，崇拜、祈祷和奉献祭品之发生皆非由于上帝体验的任何缺乏必须被其创造物来填充。上帝也被认

---

⑬ 羞辱的手法通常是，首先尝试纠正偏离正道者；对那些未及时悔改者（即不遵从教规者），社团可能会选择清除异己分子，以便儆戒他人，净化团体。

为毫无限制地存在于空间之中,能随意进入任何特殊场所如圣殿;更合适的观点是,圣殿是上帝的住处,是上帝慷慨拣选以色列的标志,也是上帝接近其子民的特殊担保。这些说法沿着最合于希腊人理解神性的方向,发展了所罗门奉献圣殿时的祷告(《列王纪上》8:27—30)。

尽管被公认为万物的创造者,上帝还是展示给犹太人特别的神圣关怀,无论他们在什么地方。以利亚撒的祷告以引用《利未记》26:44达到高潮,该节认定上帝甚至"在敌人的国土上"(6:15)也关怀犹太人。这种关怀能被视为奇迹,也能被那些对上帝大能之手缺乏感知者仅仅视为巧合或幸运,例如纸和墨恰在登记民数时用尽,这使许多犹太人得以不被注意地逃脱。作者确认的申命派历史神学亦见于《马加比传下》:深信外邦人的压迫和犹太人命运的逆转皆出于罪。罪被视为不幸的先决条件,而悔改被视为得救所必需的先决条件(2:13,19—20)。

正如我们已看到的,专门关怀一个民族的隐秘方面,容易使所有其他民族变成上帝关怀犹太人的观众,而非那种关怀的承受者。因而,犹太人在竞技场上祈祷上帝"向傲慢自大的外邦人显示你全能之手的威力"(5:13);与此类似,以利亚撒也祈祷道:"主啊! 向所有外邦人显示你与我们同在。"(6:15,重点在第9节)在故事结束时托勒密做了忏悔,不是由于上帝对所有民族的父爱,而是由于"天上的上帝理所当然地保护犹太人,总是扮演父亲对待孩子的角色"(7:6;比较7:9)。当人们结束对这些段落的阅读时,耳边会响起保罗的疑问:"难道上帝只是犹太人的上帝吗? 不也是外邦人的上帝吗?"(《罗马书》3:29)

《马加比传三书》提供了一个领略希腊化时期犹太人祈祷的窗口,尤其在大祭司西门的祈祷(2:2—20)和以利亚撒的祭司式祈祷(6:2—15)中。这两篇祷告都遵循了与赞美诗相同的模式,把对上帝以往拯救行为的回顾作为期待上帝当下救赎的基础。这些祷告表明,当事人确信上帝过去的行为是其不变性格的一部分,能提供理解上帝在现时情形下会怎样行动的根据。在西门的祷告中,恳求帮助建立在认定上帝将审判骄傲自大者的基础之上(2:3)。继而,这种理解被诸多实例所支

321

持,如洪水惩罚巨人(2:4;比较《创世记》6:1—4 及其发展)、毁灭所多玛(比较《创世记》19:15—29)、惩罚法老(2:6—8;比较《出埃及记》1—14)等。最后一例中隐藏着上帝审判(因而盼望上帝现在帮助)的另一基本原理:正是通过粉碎自大者,上帝使自己的荣耀在世上为人所知且认可。该祷告的第二个主要前提是,上帝拣选以色列并选择耶路撒冷为其特殊住所,这使无所不在的上帝能够被人类接近,并意味着上帝保护以色列人和耶路撒冷城,上帝的性格和契约成为祷告和盼望的依靠。

　　以利亚撒的祷告遵循一个相似的逻辑。在外邦压迫者恐吓以色列儿童的情形下,他恳求上帝为了他的特选子民而多施干预。在拯救的陈述中法老又一次显著地出现(6:4),而且又增加了西拿基立,他自夸能摧毁上帝的圣殿(6:5;比较《列王纪下》19),却由于自傲被击倒。然后,以利亚撒回忆了更多的个人得救故事:但以理传说中的三少年在火窑中(6:6;比较《但以理书》3;《亚撒利雅祷词》;《三童歌》),但以理在狮子坑中(6:7;比较《但以理书》6),以及约拿从大鱼腹中被解救(6:8;比较《约拿书》2—3)。以利亚撒的祷告中有一个有趣的转折,他问上帝是否当真因犹太人不敬虔而毁灭他们,若的确如此,也要亲自这样做,以免给外邦人留下嘲笑上帝的机会(6:10—11)。这显示出以色列人祷告背后的另一个重要前提:上帝本身在世间的荣耀同其子民——即那些少数在世上呼求独一上帝之名者——的命运不可分割地捆绑在一起(《但以理书》9:15—19 中有见于犹太人祷告的另一论据)。至于以利亚撒背诵的《利未记》26:44,这一远古的经典依据为本故事提供了道德上的寓意:"即使他们在其仇敌之地,我也不忽略他们。"(6:15)以利亚撒信赖地祈祷上帝允许这样保留其子民的见证,正如上帝允诺将会如此一样。叙述中至关紧要的结合点是,即使他们流散于天涯海角,背诵《利未记》26:44 也能为听众提供一个有关其身份的重要暗示;甚至在异域他们仍然同上帝亲近而密切地联系着,并依然是"以色列人"——上帝亲自拣选的子民。

《以斯拉下》

"至高者惦记着你们"

　　我们所知的《以斯拉下》实际上由三部分组成。其中最早也是最主要的部分是《以斯拉四书》(等同于《以斯拉下》第 3—14 章),这是一部犹太启示作品,著于公元 70 年耶路撒冷沦陷、圣殿被罗马军队捣毁后数十年。耶路撒冷的沦陷,特别是罗马的持续繁荣使当时人们对传统的犹太信仰产生了怀疑,《以斯拉四书》竭力使人们恢复对这种信仰的信心。为什么信奉犹太教、忠于以色列的上帝,以及在一个没有圣殿的世界中如何遵守圣约? 公元 1 世纪末是人们重新思考这些问题的重要时期。《以斯拉四书》中烦闷的祈祷者及其对话都见证了那一时期的挑战,该书的作者,用约翰·弥尔顿的话来说,试图"维护永恒的上帝,证明上帝对待男人(和女人)的方式"(《失乐园》1.25—1.26)。

　　《以斯拉四书》首先要克服的是在犹太人的经验和基本信仰冲突的重压下犹太世界观塌陷的威胁。如何理解处于外邦人铁蹄之下的以色列人是上帝的选民? 当上帝用罗马这一罪恶深重的民族惩罚以色列这种上帝所选的、至少尽力去荣耀上帝的民族,却对罗马更深的罪恶不闻不问之际,该如何证明上帝的公正? 当以色列人在罪恶与人性中的邪恶倾向之力的牵引下显然无从持守圣约时,该如何理解圣约中的规定? 这些就是作者在从迷惑、痛苦到重拾对上帝的信心和对上帝律法的忠诚过程中竭力回答的重大问题。

目力所及的世界并没有给这些难题提供任何解决线索,因此作者试图超越可见世界及普通人的经验领域,建构"更宏大的图景",以求对现实的形势作出解释。启示著作的说服力有若干基本功能,其一在于它把日常琐事放到一个更广的范围中看待,从而对解释那些经历提供视角。对其他领域和对人类原初以及未来历史的揭示为理解现实事件提供了背景,使一个受到威胁的世界结构再次焕发生机(见 deSilva 1993)。

作者的第二个目的是重申即使在这么多灾难之后,遵守《托拉》仍是通往生命与得到拯救的道路。作者要求读者与其犹太伙伴们聚集起来,勤勉奉行《托拉》,以这个获取拯救的关键为中心来组织他们的整个生活,最终达到全身心地回应《申命记》的要求,为他们自己"选择生活"。《以斯拉四书》与形成于公元 1 世纪末的另一部犹太启示著作《巴录二书》有不少呼应之处:两书都肯定神意并要求读者或听众全身心地遵守《托拉》,以求在现世和将临的世代都能得到上帝为忠诚者所预备的荣耀和恩宠。既然上帝依然控制着历史并不断驱动它朝着业已注定的终点行进,那么上帝所规定的行为依然是目前荣耀而有利的生活方式。

《以斯拉下》的开头两章和最后两章是后来插入较早的犹太启示著作中的基督教作品。《以斯拉五书》(等同于《以斯拉下》第 1—2 章)宣称在上帝的计划中,教会将取代背信弃义的以色列,这部分很可能是在第二次犹太起义(公元 132—135)之后,作者遭受其犹太同胞迫害时期写给犹太裔基督徒的。《以斯拉六书》(即《以斯拉下》第 15—16 章)写作于 3 世纪末,劝告那些住在东罗马帝国的基督徒,不论他们已经或将要面对罗马人怎样的迫害与镇压,都要忠诚于上帝。在接下来的论述中,我们将完全讨论《以斯拉四书》,只在最后一部分探讨"影响"时再讨论《以斯拉五书》和《以斯拉六书》。

结构与内容

《以斯拉四书》由界限清晰的七部分组成,每一部分讲述一种异象,部分与部分之间是对异象目击者之禁食、祷告行为的叙述,其行为为下一异象的到来作出准备。

第一部分:3:1—5:20

第二部分:5:21—6:34

第三部分:6:35—9:26

第四部分:9:27—10:59

第五部分:11:1—12:51

第六部分:13:1—58

第七部分:14:1—48

325

作者对这七部分的编排恰好使读者可以看到以斯拉——据称为本书作者——的思想成长或变化过程:从对上帝怀疑绝望到对上帝及其律法价值的信任。

《以斯拉四书》的第一部分以一段怨言开篇,这是一段"对上帝公正性的质疑"(Stone 1991:350)。这段祈祷(3:4—27)表达了人类处于上帝的诫命与"邪恶之心"或"邪恶倾向"之间的矛盾状态。通过重提亚当的堕落、无数罪恶交织导致的大洪水、亚伯拉罕及其从雅各延续之子孙后代的受选,以斯拉提出第一个令人不解的难题:当上帝向以色列传授《托拉》时,并没有同时带走亚当承载的"罪恶之心",以至于罪征服了亚当,也征服了他的子孙后代。这使《托拉》无法结出上帝期待的果子。尽管上帝兴起了大卫,选择了锡安作为圣城,以色列人依然犯罪并自食其果导致灭亡。以斯拉不再为以色列的失败指责上帝,而是清楚地认为以色列正处于一种极度困难的处境中,这是一个人类存在的难题。天使将证实这种处境的困难性,但会要求以斯拉不再责怪上帝,为人类开脱罪行。

以斯拉接着提出一个更具体的问题(3:28—36):巴比伦的罪恶比以色列深重得多,他们根本不认识上帝,更不用说遵守圣约了,而他们为什么能繁荣、富裕、得天独厚?以色列因罪受罚,但巴比伦罪恶更重却能逍遥法外,其中的公正何在?在以斯拉看来,巴比伦犯了罪却受到赏赐,而以色列辛辛苦苦地遵守上帝的律法,尽管不那么完美,却"永远得不到自己劳动的收益"(3:33)。

天使乌瑞尔(以斯拉的对话者)并未立刻回答这些问题。像上帝答复约伯一样,乌瑞尔用谜语回答以斯拉,聚焦于人的头脑理解上帝的局限性方面(4:1—25)。以斯拉抱怨假如他没有出生,"倒比茫然无知地生活在这个罪恶与苦难的世界上强多了"(4:12)。接下来是典型的启示文学内容,以斯拉不再要求探索天上世界和目所不及之处的秘密,只要了解上帝在人类可见世界之历史和日常生活中的行为方式(Stone 1991:257)。

现在乌瑞尔开始回答以斯拉的第一个怨言:关于邪恶之心的事实。乌瑞尔指出罪恶的种子一旦种下与丰收的季节必将到来之间的因果关系,罪恶已经玷污了当今时代,使上帝的诺言无法向义人实施(4:26—32),可是,收割的时间已经确定,任何事物都不能加速或延迟它的到来。天使告诉以斯拉时间已经快到了,邪恶的终结和正义的奖赏都为时不远(4:33—52)。乌瑞尔最后向以斯拉显示了一系列征兆和信号,来预示那个时代的终结,并吩咐他禁食祈祷七日(5:1—20)。

第二部分一开始,以斯拉就向上帝哀诉:为什么上帝把自己的选民和城邦交给许多国家,听凭他们受那些未经拣选之人的蹂躏(5:23—30)。这个怨言的提出乃基于犹太人相信自己是上帝选民的身份[①]和他们遭受未经拣选之人蹂躏的经历。乌瑞尔再次批评以斯拉以为自己比以色列的创造者——上帝更爱以色列人,并再次提醒他人类理解力的局限性(5:31—40)。为上帝代言的乌瑞尔说以斯拉的心智没有能力懂得"上帝的审判,或者上帝将爱施与自己的人民的目的"(5:40),然而,已有征兆表明现世正在逐渐衰弱并走向灭亡(5:50—55)。乌瑞尔

---

① 例如,参见《利未记》11:44—45;19:2;20:24b—26。德席尔瓦(deSilva 2000b,第7章)曾予以讨论。

宣称正是上帝,也唯有上帝创造了这个世界,同样,"也是我,且唯有我"
(6:1—6)才能将其结束。这一说法与传统观点中关于智慧是上帝创世
中的伙伴和代理人、弥赛亚在某些末世计划中的关键作用之说相背离。
也许有人认为那是因为作者有意反驳那种思想潮流,但作者更可能仅
仅希望以这种方式强调上帝对宇宙从头至尾的最高统治权。[②] 上帝最
后以自己的声音回答了以斯拉的主要怨言(上帝的选民以色列何以被
上帝未选且罪恶更深之民所统治),他保证对那些违背上帝而犯下罪恶
者的惩罚之日正在临近。这将会发生在"锡安的屈辱终结时",而这就
把当前的问题(锡安的受辱)巧妙地转化为一个信号:解决之道已近在
眼前(6:13—28)。

又经过七日的禁食哀伤,以斯拉以另一段抱怨的祈祷进入第三部
分(6:38—59)。他以优美的文字洋洋洒洒地重述了《创世记》第1章,
最后得出结论:上帝创世的目的并未达到,因为上帝为其创世的以色列
(6:55)不但没有从中获得任何好处,反而受到许多外邦人的统治。如
果上帝之言在创世中具有如此威力(见6:38,43,47—48),为何在他的
选民身上却无效验(6:55,59)?乌瑞尔再次回答,那是因为这个世界由
于亚当的罪而要承受审判;而下个世界,却可以使那些经受住现世困难
的义人享受遗产(7:1—16)。

为了维护上帝及其律法的荣耀,必须惩罚那众多无视上帝之人(7:
17—25;亦见7:60;8:55—61;9:9—12)。一个非常完整的末世日程被
展开(包括将持续四百年的过渡性弥赛亚王国,很像《启示录》中的千年
国度),并在对否认与背弃上帝者的审判中达到高潮(7:26—44)。然
而,以斯拉不必担心得到拯救的人数量极少,因为在上帝眼中越少越珍
贵,而那些形形色色的被诅咒者数量极多,却只能表明他们一文不值。
少数人之于多数人,犹如金子之于尘土(7:45—61)。

327

② 斯通(Stone 1990:155)依据叙利亚文本把这一段理解为上帝去惩罚那些国家的始
末,它始于人手而终于上帝之手。而埃塞俄比亚文本则把审判的开始交于弥赛亚,结束交于
上帝,这就解决了这段话与其他让弥赛亚在兴起审判时发挥重要作用的篇章之间的矛盾。

乌瑞尔揭示说,人死后,那些不信上帝、不将荣耀归于上帝及其律法者将即刻遭受苦刑,而义人会有七天时间来享受由于对抗"邪恶之心"、由于忠诚和恪守律法而得到的奖赏。然后,他们将与其剩余之民团聚,等候复兴(7:75—101)。在审判日不可为他人代祷,因为那日是现世之终、来世之始(7:102—115)。以斯拉哀诉那些不守戒律者的情况,乌瑞尔强调恪守《托拉》和今生与罪恶坚决斗争的重要性,对摩西告诫人们"拣选生命"而存活进行了语境重构(7:127—129;比较《申命记》30:19)。

以斯拉发现多数人的毁灭不符合圣经所论上帝的怜悯、宽容之德(7:132—140)。毕竟,如果上帝从生到死照顾一个人,最终却除掉了他,当初还造他干什么(8:4—19)?因此以斯拉乞求上帝关注义人,不考虑罪人,以"怜悯那些没有留下任何显身扬名之光辉业绩者",来显示神圣的"义与善"(8:20—36)。[3] 乌瑞尔回答时再次强调了上帝的经济论,并加上:以斯拉不能比人类的创造者更爱人类;大多数人毁灭并非由于上帝不爱他们,而是因为他们误用了上帝赐予的生命,不荣耀上帝的名,辜负了造物主(8:46—62;9:9—12,18—19)。第三部分的目的在于提升恪守圣约的重要性,乌瑞尔强调,这才是体验上帝在降临世代为义人预留之承诺的方式。

所有评论家对第四部分都取得了共识,认为这是对作品情节发展和以斯拉转变起关键作用的一段。场景的变换(以斯拉从自己的房间来到一片原野)和饮食的变化(从禁食到可以吃些田地里生长的植物)都标志着情节发展到一个新阶段。像前几部分一样,以斯拉也以一段祈祷性独白开始。但这次不是抱怨,只是哀叹一桩看似荒谬实则有理之事:通常当容器破碎时,里面装的东西就会洒掉,可是当《托拉》的容器即以色列被消灭时,《托拉》却不会被消灭(9:26—37)。就在这时,他

---

③ 这段祷告被称为"以斯拉忏悔录",出现在拉丁文祷告书中。尽管在最初的背景中它未得到上帝肯定的回答,但很明显,它当时被用为请求宽恕的祈祷文。

看到一个妇人正为失去了自己唯一的孩子而哀哭呼喊,悲痛欲绝(9:
38—10:4)。以斯拉指责她只想到自己的损失,而"锡安——我们所有
人的母亲"正在遭受灾难,绝大部分民众正在审判中死去。他让她想想
更巨大的痛苦,不要为自己那么难过,相信上帝的公正,这样就能够摆
脱痛苦,甚至在来世找回自己的儿子(10:5—24)。就在这时以斯拉见
到第一个异象。这个妇女的脸突然放出光来,接着她变成一座巨大而
美丽的城池(10:25—28)。④ 天使乌瑞尔向以斯拉解释说,因为以斯拉
真诚为耶路撒冷悲伤,上帝允许他看到最终的耶路撒冷,看到锡安在来
世被上帝赋予的壮观景象(10:29—59)。

　　整个第五部分的结构是故意甚至非常明确地(参见 12:11—12)按
照《但以理书》第 7 章安排的。第二天晚上,以斯拉做了一个梦,看到一
只长有三个脑袋和十二个翅膀的鹰正在统治全世界(11:1—35)。它身
体的各个部分互相取代其他部分而轮流统治。那鹰遇到一头狮子,狮
子指责它推行镇压、欺骗、暴力、不公正,迫害义人。上帝已经注意到这
一切,此世的末日已经来临,鹰要被消灭,大地将重获新生(11:36—
46)。狮子对鹰的指责终于回答了以斯拉的第一个重要疑问:巴比伦的
罪恶远比以色列深重得多,但它为何能以肮脏的手毁灭以色列并享受
繁荣。第 12 章主要是对异象中每一细节的解释,它把真实作者和听众
置于现世的末尾,等待弥赛亚到来,毁灭罗马帝国,开创一个全新的世
代(12:1—39)。当民众来见以斯拉时,他终于可以肯定地宣布:"至高

---

　　④　所以这个妇女被认为代表了锡安,可是严格地说,并非为尘世锡安之毁灭而哀悼的
天上的锡安(如 Breech 1973:272、Longenecker 1995:68 所论)。相反,天使对这个人物的解
释却暗示它是尘世的锡安,因为据说该城已有一段时间失去圣殿,后来在所罗门统治时期才
有人居住并举行圣殿的仪式。可以肯定,这不是天上的锡安而是尘世的锡安,她由于失去圣
殿及其仪式以及所期待的孩子而哀哭。这时妇女变成了圣城,是要告诉以斯拉,尽管耶路撒
冷失去了孩子,痛苦哀伤,却不失荣耀。上帝已经预备一个永恒的锡安,以便尽管尘世的锡安
破败荒芜,在以斯拉看来依然前途光明(不错,虽然它不被视为尘世锡安的重建,而被纳入
约翰之"新耶路撒冷"的传统,参见《启示录》21:2)。故妇女变成圣城,构成了尘世锡安与上帝
的永恒锡安之间的强劲纽带;后者代表未来,它和前者的重建并非没有直接关系,像是哭泣的
旁观者。

者惦记着你们。"(12:46)

在第六部分,经过在原野中的七天独处,以斯拉看见一个人从海中飞出、在带着闪电的云彩上飞翔,他辟出一座高山,飞了上去。他毁灭了一群与他打仗的人——这被解释为弥赛亚对无视律法者的指责与处决(13:1—11,25—28)——并在自己周围聚集了一群爱好和平的民众。他们是《托拉》的奉行者,来自流散之地和巴勒斯坦(13:12—13,39—50)。这部分的结尾非常精彩。本书大部分篇幅都是以斯拉对其信仰的质疑,如今,他终于能够"赞美至高的上帝",因为上帝控制着所有世代(13:57—58)。

最后,在第七部分,以斯拉发挥了新摩西的作用。上帝在树丛中向他讲话(14:1—3),并让他在今后四十天里把新的《托拉》传播给人民(14:23,36,42—44)。⑤得知自己很快就要上天堂,以斯拉请求上帝恢复在被掳时期损毁的经卷,以便在自己离开人民之后,那些经卷可以作人民的指导(14:8—22)。上帝同意了。以斯拉于是喝下一种火红色的圣液,在接下来的四十天里口述了二十四卷犹太经书和七十卷其他的书。前者是给所有人看的,后者则收藏起来,只给"聪明人"阅读(14:44—47)。这两组书的灵感皆直接来自上帝,这暗示作者对正典和次典著作的灵感均有很高评价。以斯拉的最后演讲显示出他已完全恢复了对上帝的信奉(14:28—36);在以色列的命运中,上帝的公正确切无疑地显示出来。现在,人们必须严格遵守《托拉》,管制邪恶之心,只有这样才能获得生命。

文本的流传

在 19 世纪,学者们对《以斯拉四书》的原始文字是希腊文还是闪族

---

⑤　以斯拉共花了四十天进入第七异象。《以斯拉下》6:35 述及三周的斋戒,虽然第一周(可能在第一部分之前)在第 3 章并未叙述。再加上第四和第六部分前面各一周,第五部分前面两天,第七部分前面三天,总共为四十天。参见斯通之论(Stone 1990:35 注释㊽)。

语文存在争论。19 世纪末,朱利斯·威尔豪森宣称它起初用希伯来文写成,此说为当时的人所普遍接受。⑥ 最初,这部书被译为希腊文,又被一些基督徒从希腊文译成其他几种古老语言。希伯来原本和希腊译本都未能幸存,今天流传的《以斯拉四书》源于由希腊文转译来的拉丁文本、叙利亚文本、埃塞俄比亚文本、亚美尼亚文本以及格鲁吉亚文本和科普特文本的片断。拉丁和叙利亚文本得到普遍重视(见 Coggins and Knibb 1979:110);一些学者也不同程度地强调了其他译本(Stone 1990:1—9)。《以斯拉五书》和《以斯拉六书》(即《以斯拉下》第 1—2 章和第 15—16 章)仅仅发现于某些拉丁文献的手抄本中。

一个重要的文字考据问题是拉丁文通俗译本中缺失了 7:36—105(《新标准修订版》和《今日英文译本》对此作了说明)。有人认为该缺失是因为这段文字的最后话语给人一种印象:禁止为死者祈祷(Longenecker 1995:111)。实际上,在早期教会中,这段话被用来反对这种行为,并且人们很容易就看到反对这种行为的好处。⑦ 可是,如果教义审查也支持这段缺失,那么人们就必须遵行 7:106—15,这段文字保留在拉丁文通俗译本中。其实,这段文字讲的并非在审判日不能为死者祈祷,而是不能互相为对方代祷。

那么这段缺失更可能是偶然的。约翰·吉尔德迈斯特发现一本 9 世纪的拉丁文通俗译本的抄本,其中一页的底部被撕去,丢失的文字恰好就是 7:36—105。吉尔德迈斯特由此推断,其他拉丁文抄本之《以斯拉四书》中这段文字的缺失皆源于此(Stone 1990:3—4),而缺失界限的随意性进一步证明了偶然缺失理论的正确。缺失之页在 7:35 处打断了一处完全不会令人失望的段落,同时只缺失了半段令人不快的在审判日不能代祷的段落。钦定本的译者们没有得到这些缺失的语句,

330

---

⑥ 参见迈尔斯(Myers 1974:115—117)对威尔豪森观点的讨论,他认为希伯来文本出现于拉丁文译本之后,曾遭遇大段散佚。

⑦ 见哲罗姆《反对弗吉兰提乌》6。哲罗姆的谈话对象举出《以斯拉四书》来支持自己的论点,反对为死者祈祷。哲罗姆则认为从"一本次经"里取出的证据不足为凭。

可是从 18 世纪（Bensly 1895）以后，在一些德文译作中，它们被补入
《以斯拉下》，此后亦出现在英文译本中。

作者及其背景

这本书称其作者是以斯拉，写于公元前 587 年，也就是圣殿被毁、
犹大精英被掳往巴比伦三十年之后。然而，此例中把作者归为以斯拉，
却是这类书的惯用手法。所有犹太启示文学都用签署假名的技巧把近
期的"启示"和一个古人的名字联系起来，以增加其权威性。真正的作
者以以斯拉自谓，也同样地回首耶路撒冷沦陷，不过这次灾难发生在公
元 70 年，犹太人第一次反抗罗马统治的起义遭到包围和镇压，耶路撒
冷被罗马司令提多和罗马皇帝韦斯巴芗之子攻破。很清楚，此书写于
这个事件发生一段时间之后。3:1 中的三十年是个概数，却也很接近
事实。可以肯定的是，作者为耶路撒冷的沦陷而烦恼，更令他困惑的是
罗马的持续繁荣（3:28—36）。作者一直期待看到上帝对罗马的愤怒，
可是三十年过去了，罗马却什么事也没发生。⑧

331

第五部分中的鹰之异象更证实了著书年代是公元 70 年的三十年
后。鹰本身就是罗马的象征，因此在这里作者的影子更为明显。鹰的
头和翅膀代表着罗马统治者的更替，间或有些重叠，十二只大翅膀代表
着从裘利乌斯到多米提安的十二个罗马皇帝（其中第二个皇帝奥古斯
都的统治时间确实超过后来任何一个皇帝的两倍，11:16—17）。那些
小翅膀代表所有觊觎王位者和王权竞争者，与塔西佗《编年史》中所记
载的相同。三只鹰头令人更细心地观看最后三个翅膀的统治：11:28—

---

⑧ 类似情况也出现在《所罗门诗篇》第 2 章和第 8 章中，讲的是公元前 63 年庞培侵入
圣地亵渎圣殿的行为和上帝之公正终于在公元前 48 年由庞培遭刺杀事件显现出来时所传达
的轻松和喜悦。虽然公元前 63 年耶路撒冷的被围困与受辱或许能被归因于犹太领导人的罪
恶，上帝惩罚的代理人也不会被允许逃脱分割圣地的罪过。十五年来，这些诗篇的作者观望
着，等待着上帝的公正显现出来。

35 的神秘描写使人看到弗拉维安王朝的命运。裘利乌斯·恺撒的王朝随着尼禄于公元 68 年自杀而结束。经过一年灾难性的混乱内战,韦斯巴芗从四个争夺王权者及其敌人中胜出,于公元 69 年取得政权(12:17—18)。十年后,他实际上是死于"自己的床上"(12:26)。他的大儿子提多继承了王位,两年后提多死于发热,可有传言说他的死是其弟弟(也是王位继承者)多米提安造成的。多米提安的统治从公元 81 年到 96 年(12:22—28)。⑨

这个异象的焦点,特别是弥赛亚在第三只鹰头统治期间对鹰的指控,使大多数学者认为此书著于多米提安统治最后几年。然而,由此却不能推断出作者希望这段统治结束(Longenecker 1995:13),因为文中又让两个小翅膀在第三只鹰头消失后继续施行统治(12:1—3)。实际上,多米提安之后是内尔瓦,他是个老臣,统治时间很短(公元 96—98)。可是,接下来"预言"并未实现,⑩因为第二个小翅膀图拉真是自奥古斯都本人之后最成功的皇帝。他统治了二十年,并把王国的领土扩张得空前辽阔。因此作者著书很有可能是在内尔瓦统治年间,甚至延至图拉真统治初年。这样我们就得出此书写于公元 100 年,也就是耶路撒冷沦陷后"第三十个年头"(3:1)的结论。若如此,作者把上帝的弥赛亚起诉罗马看作已经完成之事——审判已经结束,判决很快就要执行——就太令人惊叹了。

"以斯拉"在"巴比伦"写作,由此一些学者认为本书著述于罗马(那个时期由于罗马重复了巴比伦的罪恶,特别是继巴比伦之后再次摧毁了圣殿,当时的犹太-基督教文本亦称之为"巴比伦")。本书起初可能

332

---

⑨ 斯通(Stone 1990:368 注释㊼)建议读者参考卡修斯的《罗马史》66.26、苏埃托尼乌斯的《多米提安传》2,《西卜林神谕》12.120—123,以及奥勒利乌斯·维克多的《论恺撒里乌斯》10,11。

⑩ 启示作品的一个共同特征是以预言的伪装讲述一段世界历史。从托名作者如"以斯拉"或"以诺"的视角看,所讲事件是未来的事,所以能用预言的形式讲述;而从真实作者的视角看,绝大多数事件已成为过去,故这种形式被称作 Vaticinium post eventum,即"事后的预言",写作时间通常是"预言"中止反映已知历史事实的时候。

是用希伯来文写成的,它与《巴录二书》(同时期的另一部巴勒斯坦犹太启示著作)的话语尤其接近,这一事实表明其成书地点应是以色列。

作者处于启示文学的传统中,把但以理看作"兄弟"(12:11),这表明其作品和《但以理书》有紧密关系。但作者试图把启示传统和经卷传统结合在一起,特别是在第七异象中,"启示"的顶点是得到恢复的二十四卷希伯来犹太经籍和七十卷留给聪明人阅读的文本(很可能包括诸如《以斯拉四书》一类早期犹太启示作品)。

文类和写作意图

《以斯拉四书》属于典型的启示文体。在过去三十年里,启示文体得到学者们的广泛关注和富有成果的研究。[①] 学者们在相当多的(尤其是)犹太和基督教作品中发现了诸多相互关联之处,包括《但以理书》、《以诺一书》、《巴录二书》、《以诺二书》、《亚伯拉罕启示录》、《利未遗训·第2—5章》、《禧年书》、《启示录》、《赫马牧人书》。一批学者把这些作品和其他类似作品的文学特征列举出来,得出下面这个对此类文体的完整定义:

> "启示作品"指一种启示文学类型。它有某种叙述框架,由一个超自然存在物把启示透露给某个人间接受者,揭示出一种超验的现实。这个启示既是时间的,面对的是末世救赎;又是空间的,要面对超自然的世界(Collins 1986:346)。

这个定义的首要目的是为启示作品划定界线,同时说明这类作品的中心特征以及读者对它的盼望。《以斯拉四书》讲述了上帝如何通过一种超自然的存在,借助以斯拉和天使乌瑞尔的谈话,以及乌瑞尔对异象的解释向人类透露启示。主宰《以斯拉四书》的中心是末世救赎,可

---

① 见斯通的编著(Stone 1984)及科林斯著作(Collins 1986、1987)对启示作品现代研究的介绍。

是它也怀有对超自然世界的兴趣。上帝造锡安的异象和超验存在物
(天使和上帝)与以斯拉的对话带给读者另一个世界的事实。《以斯拉
四书》和其他启示作品也表达这样一种观点:上帝完全控制历史。它们
强调改朝换代、帝王统治时间的长短,甚至末后的时间都是上帝预先安
排好的。因此,启示作品的形成得益于以色列智慧传统,这一点在《以
斯拉四书》中得到充分的印证和表现(von Rad 1972:263—286)。

这种文体本身为达到特定写作目的提供了一种重要手段。这种以
直接方式来揭示另一世界和未来事实的手法很生动,使读者可以"看"
到他们被教导接受的观点,有力地坚定他们的世界观。如果说以斯拉
(和读者)在本书开始时由于亲历之事与其信仰不符而导致犹太世界观
一点点破碎的话,那么在本书结束时,他对这个世界观已完全恢复了信
心(即使在此过程中有些方面被重塑)。启示作品把天堂展示给人间,
就好像天使们和上帝突然降临人间,使人们认识到什么是"真正的事
实"。但它远不仅仅是揭示一种世界观中蕴藏的事实。《以斯拉四书》
所提倡的态度和行为也很容易被观众所接受,认为这是对世间生活的
适宜回答,是"理所当然的"。[12] 这种回答对《以斯拉四书》的读者来说,
就是全身心地以对上帝的感恩和忠诚之心奉行《托拉》。因为上帝赐予
人们生命,始终不离不弃地监督他们奉行真理,且终将奖赏那些荣耀上
帝的人。这一观点在第三部分尤其得到连篇累牍的强调,遵守《托拉》
者终将受奖赏,背弃《托拉》进而弃绝上帝者则终将受罚(Mueller
1982:262)。

对《以斯拉四书》12:37—38 和 14:26,45—46 所作的公众或私人
用途的区分也影响到对本书写作目的的确定。书中有许多暗语和隐
喻,亦有不少对神义论等重大问题的疑问,因此,它所面对的可能是知

---

⑫　朗格纳克(Longenecker 1995:17)下过一个很好的定义,概括了启示作品的形式特
征,也简洁地指出这类作品的创作目的:"启示作品是一种叙事性文体,其间有神圣的存在物
向人传递启示,使人能在超越的、其他世界的或末世的现实之观照中解释尘世的情况,从而使
启示采纳者接受上帝要求的某种信仰和行为模式。"

识阶层（Knibb1982：72—73）。这些饱学之士是整部书及其他此类艰涩之书的读者，他们受到指责把通往生命的"道路"告诉了大众（以致对博学的以斯拉之书采取了错误的做法）。⑬ 这种观点值得肯定，因为作者完全有理由把这个末世论猜想的知情者限制在少数能够正确控制它的人手中，而不是以它来煽动反叛。确实，启示性的末世论主张义人以暴力推翻外邦统治者，它的灾难性在第一次犹太起义和公元 132—135 年的巴尔·科赫巴起义中已得到证实。以这种方式，末世论赋予这些社群领导人以勇气和权力，使他们可以把人们召集起来，奉行《托拉》，并完全相信这是一条通往生命和有福之未来的道路。

创作时所受的影响

和大多数启示作品一样，《以斯拉四书》也深深植根于犹太教圣经，只是揭示了历史中的上帝对其虔诚信徒的新"启示"。它主要的思想资源是《创世记》、《约伯记》和《但以理书》。以斯拉的第一次和第三次抱怨性祷言详细提到《创世记》第 1—3 章中的创世和人类被逐出伊甸园之事，同时简略提及《创世记》第 1—11 章和第 15—17 章的内容。《以斯拉四书》和《约伯记》有相通之处，两者都围绕上帝的公正性展开讨论、都以对话形式进行（尽管《以斯拉四书》比《约伯记》更像一个真正的对话录）、讨论的范围都很广泛、都特别强调人类理解力的局限性，以及只有通过神圣启示才能得到最终的答案（Knibb 1982：70—71）。《但以理书》被明确视为《以斯拉四书》12：11—12 的来源。作者所表现的鹰之异象重现了但以理所见的第四王国。作者要把新的鹰之异象放在《但以理书》的背景中，使新异象更具重要性和劝说力。《以斯拉四书》

---

⑬ 但《以斯拉四书》似乎并非在一个脱离以色列主体、自我封闭、具有自我意识的教派群体中写成，因其作者好像与堪称主流的作品如《巴录二书》、《亚伯拉罕启示录》、伪斐洛的《圣经古事记》都有交流（Longenecker 1995：101）。此外，它始终关注教化人民，而不是脱离人民，这也表明了重视与多数人沟通的社会背景。

第 11—13 章的形式非常类似《但以理书》第 7—12 章；目击者或正在禁食或孤身独处或在睡梦中进入异象；他呼求上帝解释异象；一只鹰出现，解答了目击者所提出的所有问题。《以斯拉四书》第 13 章尤其继承了《但以理书》第 7 章中"人子"和 2：34—35 中"非人手凿出来的石头"的但以理式表现手法。

　　这里不可能一一列举犹太教圣经对《以斯拉四书》的创作影响，因为书中几乎每一句话都和犹太圣典彼此关联。仅举一例来说明影响的无处不在，且看 13：3—11，[14]其中第 3、5、6、8 节不断重复"我看见……"（见《标准修订版》），与《但以理书》7：2、6、7、13 中的语式如出一辙。这种简洁的模式能给听众一种"真实感"，使所述的异象听起来更加真切。"我一眼望去，这风从海上带出一物，状如男子，他在云彩上飞翔"（13：3）对《但以理书》7：13 进行了语境重构。"他所望见的一切全都开始颤抖"（13：3）与《诗篇》104：32 对上帝眼光的描写类似。"当他说话时，凡是听见声音的，全都如同蜡在火中一样熔化了"（13：4）如同《诗篇》97：5、《弥迦书》1：3—4 对上帝降临时山峦反应的描述一样。高山由神力所造（13：6—7）让人想起《但以理书》2：34—35，44—45 所论石头变成高山；男子口中喷出烈火毁灭了邪恶者（13：10—11）则源自《诗篇》18：8；97：37 和《以赛亚书》11：4；66：15—16 对上帝的类似记述。《以斯拉四书》为了适应新形势的挑战而对传统进行了重塑和翻新，由于它与圣经文本有着如此密集的共鸣，全书也承袭了传统的神圣权威。

　　除了圣经，作者似乎还使用了口头及书面启示文学的传统写作手法。19 世纪和 20 世纪初期的许多学者都聚焦于辨别并找出《以斯拉四书》的资料来源，以致将注意力分散在各个部分而很少顾及由局部构成的整体。最为繁缛的资料来源理论由理查·卡毕施提出（Richard Kabisch 1889），由 G. H. 鲍克斯引入英语（Box 1913）而广为流行。作者在 3：1 中自称为萨拉铁（施勒铁的希腊文形式），后来被牵强地称为

335

---

　　[14]　参见尼布（Knibb 1982：71）和朗格纳克（Longenecker 1995：79）的论述。

以斯拉(尽管施勒铁在其他地方是所罗巴伯的父亲,如《以斯拉记》3:2、《尼希米记》12:1、《哈该书》1:1、《以斯拉三书》5:5),这说明作者创作时借鉴了早期的《萨拉铁启示录》(Box 1913:549)。

发现一个源头后,卡毕施和鲍克斯大胆地试图找出此书所有的源头。分解的线索包括文字暗示("我,萨拉铁"最具代表性)、各种各样不相吻合的末世计划和观念,以及对传统形式的辨别。[⑮] 他们得出如下结论:

> 《萨拉铁启示录》:3:1—31;4:1—51;5:13b—6:10;6:30—37:25;7:45—48;62;9:15—10:57;12:40—48;14:28—35。
>
> 《以斯拉启示录》:4:52—55:13a;6:13—29;7:26—44;8:63—9:12。
>
> 《鹰之异象》:11:1—12:51。
>
> 《人子异象》:13:1—58。
>
> 《关于以斯拉恢复经书的传统故事》:14:1—48。

336

据析,某编者把这些资料汇集起来,并使之互相建立起联系。

然而学者们已开始认识到,这样的研究方法不仅不能使我们理解本书的现存形式,也不能使人明白作者是如何写作这本书、使之以目前的面貌呈现给世人的。这本书的首要成就是以斯拉(及伴随他的读者们)的发展、成长和转变,但所有这些都被资料来源批评家所遗忘,甚至模糊了。这种研究方法是从错误的假设出发研究启示文学的,例如末世预言和观念中的绝对连贯性(Stone 1983)。

作者也许确实使用了其他来源的资料,比如人子异象(尽管作了重新解释)、哭泣妇人的故事(9:43—10:4)及其他类似的简短段落和材料,但他把这些原材料编织成了一部崭新的作品,来达到新的目的(Stone 1990:22)。要想断定一段话是以往已存在的资料还是作者的

---

⑮ 参见斯通(Stone 1990:11—12)关于这类研究的评论。

创新,很难找到确凿的依据,因为作者可能有意为作品赋予一个完整的结构,有其清楚的开头和结尾。《以斯拉四书》7:78—79 是一个自成首尾的杰出例子,它有完整的开头"至于死后的问题,其回答是这样的:……"(7:78),也有结尾"我所跟你讲的这些赏赐乃是为义人之魂所预备的"(7:99),并且结构精致,内容平衡。有人可能认为这暗示作者使用了过去已存在的某部作品,但因此就下这个结论未免过于仓促,缺乏根据。学者们在辨别来源材料时,常常不假思索,武断地得出这样的结论。

最后,我们必须注意到,作者也可能融入了自己的宗教体验(Stone 1990:33)。用来表达这种体验的语言中充满与犹太圣经和其他启示文学作品的暗合,这并不意味着启示主义是一种纯粹的文学现象,而仅仅证实了圣经对人们深刻的指导作用,使人们在变化了的意识状态下去认同预言家的体验,同时也为他或她提供一种语言,来表达他们日常生活体验以外的意识领域。

《以斯拉四书》的劝导策略

我们前面已经提到,《以斯拉四书》的主要目的是强调遵守《托拉》乃 1 世纪末犹太人正确的和必要的价值观。这部启示著作的主要内容是把作者对上帝信仰的确切思考及持守犹太生活方式的永恒价值告诉读者。那么作者是如何达到这个目的的呢?[16]

337

在古罗马世界,辩论的第一个要素是树立讲话者或作者的威信:首先要使听众相信他们所听到的声音是可以信赖的,是为他们着想的,对问题的讨论是专业的。[17]《以斯拉四书》成功地做到了这一点,它把作者自己的声音遮掩于上帝、天使乌瑞尔一类超自然存在物和以斯拉的

---

[16] 详见德席尔瓦(deSilva 1999)之论。

[17] 例如,参见亚里士多德在《修辞学》1.2.4;2.1.3—5 中对民族精神或社会风气(ethos)的讨论。

声音之中。上帝、天使是凡人难以接近的,故对作者遇到超自然对象的叙述越真实,那些神圣声音就越能增强文章的可信度,后者以斯拉也越被描述为一个品德高尚之人(他被上帝和天使多次证实为义人,见 6:32—33;7:76—77;8:48—49;10:38—39)。他心中除了对人民听众的关心,别无其他。他为他们哀祷,替他们求情。⑬ 由于听众认同道出了他们问题和疑问的以斯拉,他们就能随着以斯拉从沮丧转向恢复信心的。他说出了人们认识的不协调性,并以自己的心路历程为人们开辟出一条可追随之路。

由于以斯拉的历程代表了听众的必经之路,以斯拉从怀疑上帝的公义(3:28—36)到赞扬上帝对世界的统治(13:57—58),这种转变就值得我们仔细琢磨。在最基本的层面上,"以斯拉所提出的问题很尖锐,有一种释放感情的效果。它们表达了公元 70 年的灾难后一个敏感又敏锐的犹太人的恐惧与沮丧"(Collins 1987:168)。提出这些问题本身就是迈向复兴的一步。可是这些问题是否得到了完满的回答?学者们常批评天使的回答回避主要问题,是些陈词滥调,没有直接回答以斯拉关注的要点。然而,这种研究方法没有体会到作者是如何利用乌瑞尔的回答来改变听众对其所关心问题的看法的。天使的发言运用了重复手法:即使问题已经变化,乌瑞尔仍能给出他想让以斯拉听取的答复。重复手法本身有一种"平息恐惧、建立信任"的潜能,能"通过多次的肯定和保证"来消解疑虑(Collins 1987:162)。然而乌瑞尔回答中的自由性暗示出对话中的某种活力。两个对话者的地位不平等,以斯拉代表知识有限的人,这种有限性是他所有抱怨和控诉的来源;而天使则从拥有对"真相"之无限知识的高度来辩论。这样,只是乌瑞尔才有权威来

338

---

⑬ 以斯拉不可能代表作者的反对者立场,因为它引领听众认同并深深同情以斯拉。更为谨慎的观点是把以斯拉和那个天使看作同一个作者的两面:他知道问题的正确答案,却努力用那些答案解释他的日常经验及其对过去伤害性事件的回忆(《以斯拉四书》写于耶路撒冷沦陷的三十年后)。两者在第四部分最终合为一体,从抱怨者转为安慰者,从只顾个人发泄和提问转为担负起教牧的责任。

主导谈话,决定它的进程。因此,他没有回答以斯拉提出的所有问题。

无论以斯拉如何认为上帝应该宽恕那些罪人,特别是以色列的罪人,乌瑞尔都知道上帝不会宽恕。无论以斯拉如何认为上帝犯了错,没有把人心的邪恶倾向连根拔出,使之可以更容易而情愿地遵守《托拉》,乌瑞尔都知道上帝并没有错,人类本身应该对自己负责,要么打一场美好的战争,要么被罪恶战胜,上帝将站在义人一边,意在完善他们。以斯拉只有顺从"本真之路",才有望得到安慰,得到力量去鼓励和指导其同胞走上正路。以斯拉的确接受了天使的某些观点,取得一些进步,例如,上帝为人类预备了两个世代,在第二个世代恶人受惩罚,义人受奖赏(尽管这一点带来新的疑问或难题,比如上帝所造之人将大部分消失);末世到来的时间和发生的事件都是上帝事先安排好的,不能延迟也不能提前。到了第六部分开端处,以斯拉已经从怀疑上帝的公义发展到"对神圣行为困惑不解"(Stone 1990:27),这无疑已向着解决问题迈出了一大步。

只靠理智的询问来完成整个转变历程是不行的,还需要上帝的启示,特别是以视觉体验的形式使以斯拉的视线能超越人眼可见的现世中令人沮丧的现实,"看到"人眼不可见的来世令人对上帝更加忠诚的现实。"哭泣的妇人变成一座令人惊叹的城",此异象被普遍视为该历程中的关键一步(见 Longenecker 1995:第 5 章;Stone 1990:24—33)。当以斯拉以劝告者或安慰者的身份向泣妇讲话时,他首先显示的是自己已基本接受了乌瑞尔对他的启示(10:10,16),也可能是这种田园诗式的时刻感化了他,使之更完全地接受了乌瑞尔的观点。[19] "城市的异

---

[19] 斯通(Stone 1990:30—33)对这一转折提供了精彩的分析,即使古代作者或许也不能理解其分析的心理学性质:"他在第四异象中所见的哭泣妇人也是他自己经验的一个方面——她代表他的痛苦和对锡安的失望,在安慰她的过程中,他经历了戏剧性的变化,一种彻底的思想转变。那些他身体外的事物,诸如'上帝'和'天使',突然融入他的身心而发挥支配作用;他却看到自己那外在化了的痛苦和沮丧,……这种突然转变的意义只有不把它视为作者刻意为之,而是意在推动某些与他人无害的见解,且把它当作深奥的宗教体验时才能体会得到。"

象"是回答以斯拉前面所抱怨的罗马强盛和锡安被毁的第一个希望的异象。锡安在上帝计划中有着辉煌的未来,以斯拉看到这个未来后肯定了上帝对其选民和圣名之城的眷顾,而在此之前他对这一点则持怀疑态度。梦中异象(特别是鹰和狮的异象)继续回答了犹太人受制于罗马统治的问题:正如对耶路撒冷所做的那样,上帝已经决定在何时、以何种方式使罗马也为其罪恶受到惩罚。在论及天使对以斯拉的回答时,人们倾向于把讨论范围局限在他们的对话中。然而,在启示作品中,异象实际上比对问题的直接回答更具说服力。

启示文体也开启了其他一些劝导策略。首先,匿名的惯例使作者能将公元 90—100 年间的事实放在历史的情境中去解释——特别是放在公元前 587 年耶路撒冷第一次沦陷和圣殿被毁之后的一段时间中。犹太人民曾遭受过这样的危机,并找到了顽强信奉上帝及其律法之道。而且,自公元前 587 年始,犹太人民已经存活了七个世纪,而他们的毁灭者巴比伦却未能幸存。所以看一看以斯拉和大流放及流放后时期犹太人的遭遇,就能对公元 70 年以后的局势产生希望。上帝依然能够保护犹太人而消灭其敌人。

第二,启示作品允许作者把近期发生的事件放到圣经经文的情境中,特别是放到《但以理书》(该书被视为鹰之异象的源头,12:11—12)中。把近期发生之事置于《但以理书》第 7 章的情境中去解释,宣称罗马帝国的统治已濒于上帝"时间的末端",能使人产生一种期望:罗马将被弥赛亚王国而非任何外邦帝国所取代。《但以理书》之极其重要的特征是强调上帝对外邦王国的绝对统治权。上帝已经安排好了他们的统治顺序,分配好了他们的统治时间(《但以理书》4:17,32;5:18—28)。这方面的内容在《以斯拉四书》11:39 中尤其得到体现,断言罗马统治以色列乃是上帝计划于"时间末尾"发生之事的一部分,很早就已安排妥当。

第三,这种文体使作者得以把现在的事实置于上帝即将对历史进行干预的情境中加以解释。上帝的审判即将到来,恶人受罚、义人得福

的启示给作者的经验提供了有意义的参考架构。就此而论,启示作品
所提供的正是一些标准修辞模式(如训诫和书信文体)所不能提供的。
亚里士多德写道:"在慎重的修辞体中,叙事是不常见的,因为没有人能
描述将来的事。"(《修辞学》3.6.11)而将来的事却正是启示文学所能够
讲述的。通过展望未来,作者能让听众生动地看到其世界观与其经验
之间的矛盾的解决。

340

　　也正是借助讲述未来,并引入诸如天使乌瑞尔一类权威人物,或其
他诸如梦中异象一类超自然的认知渠道,作者能够持续甚至加倍地把
遵守《托拉》倡导为有益而值得尊敬的行动方向。以斯拉在本书开头提
出的主要问题,其实是遵守《托拉》(或背弃《托拉》)是不是受奖赏(或受
惩罚)的决定性因素。如果《托拉》是上帝制定的绝对规范,那么为什么
那些完全不把上帝的律法放在心上的人(如外邦人,特别是罗马人)能
够生活得很好,而那些尽管犯了错误,却至少还试图去遵守圣约的人
(犹太人),竟至被上帝抛弃? 对于荣耀上帝的律法或者抛弃那律法会
分别导致什么结果,乌瑞尔能够作出权威而确切的描述(见 7:31—44,
70—73,78—99 等)。这样就重申了遵守《托拉》的重要性。尽管以斯
拉在自己的环境中无法看到这些结果,如果某人领悟到了更大的图
像——上帝已预备的两个世代,如果他的眼光能够超越死亡的隔膜而
看到身后之事(乌瑞尔就让以斯拉和观众简短地看到死后的景象),那
么,以斯拉问题的答案就明晰起来了。

　　除了描述义人和恶人的不同结果,表达善恶报应的主题,作者还透
过天使乌瑞尔运用正义和荣耀的主题,倡导把遵守《托拉》作为听众的
中心价值观。人们普遍把知恩图报作为一种高尚的品德、正确的行
为。[20] 作为所有生命的赐予者和所有事物的创造者,上帝应该得到所
有从其得益者的感激;而所有得到上帝恩惠的人都有完全的责任在自

---

　　[20]　参见兰萨库斯的阿那克西米尼《修辞的艺术》1421. b37—1422. a2;伪西塞罗《何伦尼乌
修辞学》3.3.4;塞内加《论天命》1.3.2—3;1.4.4;2.25.3;3.1.1;3.17.1—2;克里索斯托《演说词
31》31.7,37—38,65。更多的详细讨论参见德席尔瓦之著(deSilva 2000b;第 3—4 章)。

己力所能及的范围内荣耀上帝,把自己奉献给上帝,以表达自己的感恩之情。那些无视上帝律法者所玷辱的正是他们所应荣耀和侍奉的上帝(7:21—24;8:60—61);相反,那些遵守上帝律法的人则是正确而高尚的人,他们返还给恩人以应得的回报。通过遵守《托拉》,"他们现在赞美我,荣耀我,并且传扬我的名"(7:60),结果是忠义的人使上帝喜悦,并继续享受上帝的恩宠。

此外,遵守《托拉》是使人能最终赢得价值的高贵品质(见《便西拉智训》10:19—24)。那些无视戒律者被比作铅和土块,而心怀上帝者则像宝石;正是由于数量少,他们在上帝眼中才比那些行恶者更有价值(7:52—58;8:1—3)。从犹太人当时的环境看,他们可能会被当作最缺乏价值的国家或人民,而实际上,上帝把他们看作灰尘与沙土中的珍宝。在大流放中,那些令人称道的犹太精英按上帝的准则恪守《托拉》而显示出高贵,他们离开外邦人的土地,以便"遵守自己的律法,这律法他们过去在本国没有遵守"(13:39—42)。就是这些人能在末世享受上帝的赞许,得到上帝的赦免和拯救。这些因素使听众把自己认同为遵守戒律者,并把自己勤谨地遵守戒律与确认自身的价值联系在一起。

在第七部分,犹太圣经被置于舞台的中央,(和其他诸如《以斯拉四书》一样的辅助性秘传卷籍一起)成为得到神圣启示和指导的文献,《托拉》由上帝自己的声音推崇为"在最后的日子"能使人"获得生命"的"道路"(14:22)。于是,遵守《托拉》就能逃避这个世代的灾难,并在下个世代获得奖赏(或者在此世结束、末日审判以前,上帝的子民在弥赛亚王国中受到奖赏,见12:34)。以斯拉在向人们(也向读者)所作的最后演讲中,再次强调了乌瑞尔先前的观点,他教导说:"如果你们乐意训练自己的思维而又乐意学习的话,就会保住此生平安无事,并在死后获得怜悯。"(14:34)这些话说明以斯拉接受了乌瑞尔在7:127—129所简要阐述的"生命之意义":生命就像一场斗争,人类遵守上帝的律法,就能赢得它;向邪恶倾向屈服,就会输掉它。乌瑞尔所引用《申命记》30:19的一句话"要为生命而选择生活"(7:129),证明了《申命记》的世界观在听众当时所处的环境中仍有意义。更为显著的是，这句引语来自摩西演讲的结尾部分，它也肯定了遵守《托拉》的可能性（《申命记》30:11,14），读者应能意识到这种联系。以斯拉抱怨邪恶倾向必然使人在生命的斗争中失败，对此乌瑞尔没有承认，而是肯定人以竞赛者的严格精神全身心地奉行《托拉》的可能性和必要性，以此来推翻那种观点。

纽斯纳（Neusner 1984:93）把《以斯拉四书》对于毁灭后时期犹太教的成就和约哈南·本·撒该的成就相提并论是有道理的，因为后者寻求为"修复犹太灵魂和重建以色列国家的社会和政治生活提供实用的指导"，而前者则显然没为日常生活提供任何细节的指导。但是，纽斯纳（Neusner 1984:90）把启示主义和早期拉比犹太思想的界限划得过于清晰了："过分沉浸于过去的苦难中，带来的是对未来赎罪奥秘的一种神经质的妄想；不断地思考现在和直接的困难则带来一个健康而实用的计划。通过这个计划，以色列可以真正得到从灾难中拯救出来的东西。"我们不能把《以斯拉四书》简单地归入第一类，因为作者寻求"将来的赎罪之道"，或者更恰当地说，上帝守信的秘密在于制订一个实用的计划，使以色列能够在末世存活下来。因为《以斯拉四书》的作者和约哈南·本·撒该及（另一部著名的启示著作）《巴录二书》的作者一样，认为持守《托拉》就是维护圣约和赎罪的希望，而非必须对"末世景观"和"现世人生的具体行动"作出非此即彼的选择，以超越该历史时刻的难题（Neusner 1984:94）。"末世景观"可以作为一个大的方向指导人们坚定信心，完成"现世人生的具体行动"。

神学重要性

《以斯拉四书》致力于重新界定由《旧约》发端来的圣约神学。上帝拣选以色列的教义仍保留其意义，但以色列现在并非所有从种族意义上界定的犹太人，而是那些以忠实奉行《托拉》"储备起信仰宝库"（6.5）的人们（Longenecker 1991:150）。公元 1 世纪后半期，早期教会对以色列的重新界定也十分关注。保罗亦肯定"从以色列生的不都是以色列人"(《罗马书》9:6),同时把犹太裔基督徒看作以色列的余民(《罗马书》11:1—6)。对保罗和《以斯拉四书》的作者而言,重新界定以色列成了一种手段,被用以理解上帝如何仍然忠实于信守圣约之民。[20]

尽管《以斯拉四书》强调遵守《托拉》是决定得救抑或被毁灭的决定性因素,却不能由此推断该书表明圣约宗教退化成了守法主义宗教(Longenecker 1991:153 注释①)。朗格纳克(Longenecker 1991:152)写道:"上帝的恩典除了在末世对那些以自身行为自救者有所反应外,在他处一概没有表现。"这种观点过于夸张。在此,恩典被定义为神恕罪人和审判之际神的怜悯;恩典的意义被过度限制为审判之际神对罪过的"掩盖"或故意"睁只眼闭只眼"。

我们不该以清教徒的恩典观念来判断《以斯拉四书》中是否有恩典,而应该仔细观察,看它怎样说明上帝的慷慨和襄助与人同在,以及如何号召人既然接受了上帝的馈赠,就该对上帝知恩图报。上帝的恩赐给人以生命,并一直维持着他成长(8:4—14:60),人一生都离不开上帝赐福(9:10),现在那些接受恩赐者应负起责任来,以高贵、感恩的态度去回报上帝。那些荣耀上帝之名、遵守上帝之法的人将会继续享受上帝的恩宠——在将临的世代获得生命(7:60)。而那些否认上帝为恩赐者、无视律法且辱没上帝之名(7:22—24;8:55—61;9:10—12)的卑劣者只能在受到轻视的庇护者手中遭受惩罚。

有人认为《以斯拉四书》的作者过于强调人类对上帝的感恩和责任,实际上书中也描述了不少上帝对人的恩宠。律法本身就是一种恩赐(3:19),它规定了对上帝的恩赐应如何作出妥当的回应,并为遵从律法者培养"果子"(3:20),果子成熟时便可得永生。最后,天使在9:21—22 的话(实际上是上帝的发言,因为"我"并不代表天使的行为而

---

[20] 朗格纳克(Longenecker 1995:31)很好地抓住了《以斯拉四书》对种族特权的否认:"《以斯拉四书》重新界定了传统的圣约主义,缩小了上帝恩宠的范围,把圣约的成员限制到只包括一个余数,比全部以色列人少得多。"

代表上帝)是对上帝恩惠的解释;并非要求人类仅靠一己之力来完美地遵守《托拉》,而是让他们了解到,只有上帝才能使被拯救者臻于完美。这就是以斯拉所求怜悯和帮助的标志——并非简单地将邪恶连根拔起,而是"世上每个人都必须与邪恶作斗争"(7:127),上帝会作为人类的伙伴与人类并肩作战。⑳ 乌瑞尔并未否认圣约神学或恩惠在上帝法理中的位置,而是拒绝任何不守《托拉》的种族向上帝求恩的意图。《以斯拉四书》可协助《新约》的读者思考早期基督教领袖是否当在基督里接受神恩,并同样认真地负起责任来回报上帝。

前三部分表达出圣经有关上帝的一桩多年未解的难题:上帝是怜悯的还是公正的? 以斯拉一开始就大声疾呼公正的上帝痛击巴比伦,因为它比其受害者以色列的罪恶更为深重。当他逐步发现上帝是何等公正时,又大声疾呼,要求怜悯的上帝不要忽略违法者而宽恕罪人,使之与义人同列。在这个难题中,为了避免读者过于同情以斯拉,为以色列和人类而悲伤,天使乌瑞尔两次提醒以斯拉没有哪个人比上帝更爱他的创造物(5:33;8:47)。上帝本身就存在无法调和的矛盾:爱与公正,怜悯与正义。上帝无法如以斯拉所要求的(8:26—36),在公正与怜悯之间作出选择。相反,以斯拉必须了解到,正是上帝的本质使之不能不公正地表达他的爱。

《以斯拉四书》也讨论了上帝由爱和善统治之世界里的邪恶问题。此书的观点是邪恶必定自我表现。罪的种子一旦种下,就必定生根、发芽、成长,直到耗尽精力。不能把罪恶及其后果归咎于上帝,罪恶是从亚当开始的,由执意违背律法的人种下,上帝则像父母对待孩子一样不加庇护,而是让他们承受自己选择带来的后果,让那些后果自然发展。然而在此过程中,上帝像个好父母,在那些不幸的后果中通过《托拉》向人类提供指导,甚至和人类一起,帮助他们追寻正途,顽强地斗争。上帝是慷慨的,因为它为人类预备了不止一个世代,而是两个。由于上帝

344

---

⑳ 这一点颇类似有人从库姆兰古卷中的发现,比较1QH7.29—32。

想让义人享受的美好事物不能在此世代得到，就预备了另一个，使义人届时有可能享受。

当然，我们能和以斯拉一样，希望上帝不这么做，他本可以简简单单地把由我们整个种族造成的负面结果轻轻地去除，使世界"太平无事"。作者要求我们，像他要求自己一样，使我们的有限智慧服从于上帝的无限智慧。尽管这个要求或许没有什么吸引力，特别对西方人的思维而言是如此，但这是作者终于发现的唯一通往安慰与力量之路。

《以斯拉四书》最大的吸引力也许在于它把悲痛和神学事业联系起来的方式。以斯拉为个人如何经历悲痛的各个阶段（尤其是与上帝"角逐"时）提供了范本。以斯拉一开始就以自己在"真实"世界里的经验斥责上帝，质问他的公正性。当他经历了质问阶段，渐渐得到并理解了问题的真实答案以后，依然是痛苦，不过这已是在相信上帝的公正性和上帝会为义人提供光明未来之前提下的痛苦。这一点在他安慰哭泣的妇人时尤为明显。他继续热切地寻求上帝的方式（以斯拉的主动性不能被忽视，因为他用了四十日去禁食、祈祷，到孤寂幽深之处去寻找上帝），直到最终再次肯定上帝统治世界的公正性（13:57—58）。这是人们在像以斯拉一样与痛苦（不论是国家还是个人的不幸）作斗争时保持希望的典范。

就其本身而言，《以斯拉四书》还发出如下忠告：并非所有问题都能得到答案，但接受并确信上帝的善与公正不在于得到所有答案；如果不是全心身地以严肃而主动的态度去寻求上帝，人就无望熬过疑问和悲痛的困难时期。重要的是在祷告中真实地敞开自己的心扉，特别是在悲痛和绝望之富于挑战性的境况下；同样重要的是，在未听到神圣对话者的声音以前不要离开祈祷之地。即使那些回答只是再次强调了我们已知的关于上帝的事实，或是回避了我们在悲痛和气愤中所提出的问题，它们仍能像指导以斯拉一样，指导我们恢复信心。

此书还为早期犹太神学研究提供了有趣的观点。首先在于它对弥赛亚有相当成熟的定义（尽管第三部分和后面的异象之间尚有不一致之处)。我们在 7:28—29 中发现了它对短暂的弥赛亚王国的盼望,据说它将持续四百年,随着弥赛亚的死去而结束。随后,世界回到其原始的寂静中去,直到七日后一个新的世代觉醒。这和其他几种犹太文献的观点相合,包括犹太-基督徒的启示经卷《启示录》,主张在永恒的上帝之国开始前建立一个暂时的弥赛亚王国(Bailey 1934)。

第五和第六部分讲了更多关于弥赛亚的活动(11:37—12:1;12:31—34;13:3—13,25—52)。由于本书关心的主要问题之一是上帝在历史中的公正性,而其中特别明显的不公正是上帝允许对自己和人类都犯有罪恶的罗马享受持续的繁荣,作者以弥赛亚作法人代表来控诉罗马的罪恶,对它进行宣判并执行判决,就是自然而然的事了。[23]一般说来,弥赛亚理想集中于复兴大卫王朝,或者至少在外邦列国中恢复以色列的政治自主权,甚至超过那些外邦列国。《以斯拉四书》表现了弥赛亚理想是如何借助末世论提供的对具体问题的解决方式而成型的。[24]弥赛亚是在末日审判前的历史舞台上解决以斯拉在第 3 章所提出问题的执行者。在这之后的末日审判中,则由上帝全权判决罪恶的巴比伦,使以色列正义的余民得到复兴。

论述弥赛亚的工作是这部启示著作的另一重要特征,约翰的《启示录》也有此特征。启示著作是表达某种观念反对其他观念的有力武器,从一个超越可见世界之更高、更可靠的视角告诉人们"世界的真实面目"。在《以斯拉四书》11:36—46 中,作者不是以某处之无力反抗者的声音来反驳罗马帝国至高的观念,而是以上帝末世审判时的公正声音直接言说。关于罗马重要性的主要思想收录在普卢塔克的论文"论罗马的命运"中:"在上帝的帮助下,时间建造了她,运用命运和美德的特

---

[23] 斯通(Stone 1987:213—214)认为,第六部分的异象乃是作者取自某个更古老的来源而赋予其新的解释,不再把政治标准和作为"神之斗士"的弥赛亚当作焦点,而转向弥赛亚的司法或审判作用。尤其参见 13:37—38。

[24] 类似的情况与库姆兰古卷有关。在库姆兰古卷中,作为君王的以色列和作为祭司的亚伦构成双重弥赛亚,共同揭示出恢复纯洁的圣殿仪式对会众的向心作用。

殊力量为全人类建成一个神圣而繁荣的家园,她是一根牢牢的绳子,一个坚固的基础,一个在动荡不安、变幻莫测的世界里的锚。"(《道德论丛》317A)以下是这种思想的所有基本观点:罗马的建造是神(或朱庇特)的意志;㉕罗马的作用是保持和平稳定和保证法律的实施;㉖罗马受神之恩宠表现为一时的繁荣。《以斯拉四书》拒绝为神圣罗马的繁荣而粉饰它获得繁荣的手段:以暴力镇压敢于讲真话的人,因为那些话不符主流思想。罗马镇压所带来的痛苦绝不会被忘记或放在一边;而且,对所有这一切,上帝和读者(感谢作者)都了然于心。作者不允许罗马把自己美化成带来黄金时代的亲切女神,而是利用《但以理书》第7章(以及同时代的《巴录二书》第39—40章、《启示录》13章和约瑟福斯《犹太古事记》10.276)中的材料,把罗马描绘成进入黄金时代的最后障碍。启示主义对作者来说不是麻醉剂,而是政治批评的有力武器。

《以斯拉四书》的另一个有趣之处是见证了第二圣殿时期其他几种理论的发展,比如把亚伯拉罕和摩西描绘成受到启示、得知末世秘密的预言家(3:14;14:5),这和其他犹太文献如《禧年书》和《亚伯拉罕启示书》的记载相同;认为伊甸园和其他将受到末世审判之物都是在创世前造出来的;㉗当然还有,亚当之罪和邪恶之心的关系在每个人身上都有所反映(3:7,20—22,26)。

影响

《以斯拉四书》在基督教而非犹太教圈子中保持着活力。它被亚里山大的克雷芒、西普里安、德尔图良、《使徒法典》、科莫迪亚努斯,尤其

㉕ 参见维吉尔《伊尼德》1.234—1.237,维纳斯对朱庇特谈起特洛伊城的幸存者时说:"根据你的诺言,罗马人一定会从这些人中过来,统治海洋及其周围的所有陆地。"

㉖ 参见维吉尔《伊尼德》4.231—4.232,朱庇特概括埃涅阿斯的使命为"使整个世界归于法制"。

㉗ 参见斯通(Stone 1990:68 注释 46)列出的能进一步证明此观点的塔古姆和拉比文献目录。

是安布罗斯阅读或引用过；它被基督徒出于自身需要而译为多种语言，被基督教的若干派别保存，这些事实都证明了它在早期教会中的价值。⑳

　　《以斯拉四书》的境遇和其他犹太启示著作如《以诺一书》或《亚伯拉罕启示书》并无不同。它们都被犹太人所摒弃，而被基督徒所阅读。早期犹太教在重新形成时期，对末世的兴趣越来越少。实际上，思考末世会使人联想到第一和第二次犹太起义及其可怕的灾难性后果。《以斯拉四书》正印证了这种担忧，它寻求把末世的秘密传递给有识之士，而不是普通大众，以免被误用。基督教则不同，它从一开始就深受启示文学影响，并在 1 世纪的发展时期不断创作并阅读启示文学（实际上直到现在）。

　　从广义上来讲，《以斯拉四书》和《新约》的末世论有明显的相似之处（比如《希伯来书》对天上圣城和安息的期待），这使《以斯拉四书》被早期教会所接受。基督徒也很欣赏它对构建以色列的重新界定。《以斯拉四书》拒绝以种族来界定上帝应许的范围，这与《新约》的强调相一致。作者认为只有那些恪守《托拉》的人才属于以色列，这一点很容易被忽视，而《新约》的相关段落对此也有论述，如保罗就认为基督徒是那些追随耶稣及其教导、履行《托拉》的人（见《罗马书》8：2—4）。最后，《以斯拉四书》强调的由亚当开始的"邪恶之心"像疾病一样传播到整个种族，被理解为与保罗所教导的亚当之罪的群体性（见《罗马书》5：12—21）相一致。《以斯拉四书》尽管很流行，却只在斯拉夫教会获得正典地位。它也被收入拉丁文通俗译本之某些抄本的附录中，不过不是因为它的权威性，而是为了确保它不致失传。

　　《以斯拉四书》对早期教会的影响还能从《以斯拉五书》和《以斯拉六书》的存在看出。尽管《以斯拉五书》的作者想使其书独立于《以斯拉四书》而流传，他依然选择了使用《以斯拉四书》匿名处理见异象者的方

347

---

⑳　关于早期教父作品中引用与摹仿的详细资料，参见迈尔斯（Myers 1974：131—134）的论述。

式。由于很难重构一个濒危的文本,也很难对圣经典故和引语进行教条化的处理(Stanton 1997:69),《以斯拉五书》只以拉丁文本保存下来。那本书表现的是公元 135 年第二次犹太起义(亦称巴尔·科赫巴起义)末期一个犹太裔基督徒对耶路撒冷沦陷的反应,似乎特别想回忆那段时期犹太基督徒在犹底亚所遭受的迫害(Stanton 1997:70,72)。㉙斯坦顿(Stanton 1997:70—71)认为,2 世纪中期这个著书时间似乎不能证明新约文献已广为人知。《以斯拉五书》强调教会取代以色列而非两者的差别(前者是较典型的早期基督教护教论),书中对基督教预言者的活动有积极的期待(这些在 2 世纪之后就相当少见了),同时还强调末世论和将临的终局而非对敌基督者、天堂和地狱的思考(后者在以后的基督教启示著作中较为常见)。另外,对耶路撒冷遭受蹂躏的描写相当生动而鲜明,表明它与公元 135 年事件很接近。因此《以斯拉五书》提供的是对耶路撒冷最终毁灭的基督教理解。

　　《以斯拉五书》的主题是以色列最终被上帝抛弃和上帝把自己的诺言及以色列的特权转给了愿奉上帝的"别国",把他们作为自己的百姓(1:24)。该作品展示了早期基督徒对《马太福音》的运用和发展,特别是讨论同一主题的《马太福音》第 21 和第 23 章(Stanton 1997:"处处可见")。将《马太福音》关于邪恶佃户的寓言(《马太福音》21:33—43,尤其 21:40,43)与《以斯拉五书》1:24 所载上帝宣布变更选民相比较,将耶稣在《马太福音》23:37—38 对耶路撒冷的哀悼与《以斯拉五书》1:30,33 所载上帝对以色列的哀悼相比较,将《马太福音》23:34—35 所载耶稣预言犹太首领必弃绝和杀害他的先知与《以斯拉五书》1:32 所载上帝出于同样原因对以色列的斥责相比较,能使人特别受启发。㉚

㉙　参见查斯丁(殉道士)《护教文》31.6。

㉚　还有其他与《马太福音》相照应之处,如《以斯拉五书》2:13 对应于《马太福音》24:42 和 25:13 中的要求"警醒";《以斯拉五书》1:37 中的"小孩子们"(《新标准修订版》中的"孩子们";拉丁文作 parvuli)对应于《马太福音》18:6,10 中耶稣为其王国选成员(对后一个对应的分析参见 Stanton 1997:82)。

上帝斥责以色列的理由是忘恩负义,包括拒不从命。作者在《以斯拉五书》1:4—32中回忆上帝对以色列人的慷慨恩赐与眷顾:带领他们出埃及,过旷野,征服传统;至派遣先知去警告他们、召唤他们对上帝作出正确的回应时达到高潮。[31] 在讲述上帝"伟大恩赐"的前后文(1:9),上帝揭露出以色列人的倒行逆施,他们背弃上帝的律法(1:8—9)、忘记上帝(1:14),那时他们本应牢记上帝的恩典,因他的恩赐而喜乐。上帝问道:"难道你们忘记了我给你们的祝福了吗?"(1:17)这是上帝对他们的谴责,因为他们不以接纳祝福的方式生活,不荣耀上帝之名、不信任上帝(1:15—16),还犯有其他恶行。而且,只有基督徒社群的感恩之心能见证上帝初选之民(1:37)的不义,[32]证明上帝谴责和弃绝以色列,把祝福转给"别国"(1:24)是正确的。

斯坦顿(Stanton 1997:76)似乎认为犹太裔基督徒重视的是对《托拉》的完全持守,因为书中述及被拯救者是那些"完整地持守主之律法"者(2:40);然而,保罗说过这样的话:"使律法的公正要求成就在我们身上。"(《罗马书》8:4)很清楚,他没有把大段的摩西训诫(特别是关于洁净和饮食的规章)包括在内。但斯坦顿认为,《以斯拉五书》在神学领域与同时代的马西昂截然对立,这一观点是正确的。他强调《旧约》中的上帝选民和基督教社群(以及《旧约》的启示和《新约》的启示)具有完全的连贯性。

把耶路撒冷以母亲形象引入文本,强调了神恩从以色列向教会的转移。在2:1—7中,这位母亲见证了以色列人的罪恶,哀诉她现在一定会痛失他们,因为他们会被驱散到别国去,"他们的名······会被人从地上涂抹";然而在2:15—24中,这位母亲被吩咐去拥抱她的儿女,高高兴兴地哺育他们,那些儿女是上帝所选的"其他"子民(2:10—14)。

---

[31] 《以斯拉五书》的第一部分采用了从被掳前先知那里学到的"*rib*"或"诉讼"形式。上帝以这种形式正式控诉其子民未履行其在圣约中的义务。

[32] 这句话有明显的劝告目的,要求听众从以色列的故事中学到教训,正确表达对上帝的感恩之心。

在上帝改换选民的故事中,有一段对圣约要求的简短概括(2:20—24),能引起对《申命记》中的社会原则和被掳前先知们的回忆。那些要求代表了耶稣训诫中所强调的《托拉》的有关方面,对当时的教会亦有约束力。

在《以斯拉五书》末尾,以斯拉召唤各族人民去寻找他们的牧羊人,迎接王国的到来(2:33—48)。他们被呼召和以斯拉一起看到最后的对象:那些"受主标志,应邀赴宴的人"(2:38)。锡安再度接纳教会中人,特别是那些"勇敢地捍卫过主"(2:47)的忠诚信徒和上帝的见证人,来凑足上帝配给的名额。作者特别关心那些由于信仰而遭到迫害者,此乃2世纪教会愈益关注的问题。

这个景象清楚地表明《启示录》7:4—17的影响。"站起来看看这些受主标志者的人数吧"(2:38)呼应了《启示录》7:4:"我听见以色列人受印的数目……。"而"我看见一大群人站在锡安山上,人数多得数不过来"(2:42)则对《启示录》之"我观看,见有许多的人,没有人能数过来"(7:9)进行了语境重构。在两部作品中,人群都被描绘为歌唱着赞美主;《以斯拉五书》2:39—40称受主标志者从主手里接受了"闪光洁白的衣裳",这让人想起《启示录》3:4—5;7:9中的重要母题——白色衣裳;2:45中的棕榈枝回应了《启示录》7:9中的相同细节;最后,2:44—45的形式与《启示录》7:13—17相似,而且在两者中,天使都回答了"这些人是谁"(《以斯拉五书》2:44;《启示录》7:13)的问题,其回答都涉及成功地战胜迫害者及其所受的奖赏(《以斯拉五书》2:45,47b;《启示录》7:14—17)。③ 这使《以斯拉五书》成为2世纪运用《马太福音》和《启示录》的宝贵见证。

《以斯拉六书》是更晚出现的基督徒增补,从《以斯拉四书》结尾到《以斯拉六书》开头的转折非常自然:没有引入新角色,上帝仍派以斯拉

---

③ 此外,《以斯拉五书》2:14"我是活着的上帝"对《启示录》1:18中的耶稣自称"我是那存活的"进行了语境重构。

传达或记下他的圣言,给人一种前后浑然一体的感觉。这说明《以斯拉六书》的作者非常熟悉《以斯拉四书》,有意把《以斯拉六书》的章节写成《以斯拉四书》的附录。然而作者并未继续采用启示文体,而是采用了《旧约》中先知预言的形式。此附录很可能著于3世纪后半期的罗马帝国东部。学者们认为15:10—44所说天灾人祸即将降临于埃及的典故乃是加列努斯在位期间(公元260—268)灾荒的映射。同样,15:28—33所讲的景象则指沙卜尔一世统治时(公元240—273)帕提亚人入侵叙利亚(Metzger and Murphy ed.,1991:336—337)。

　　《以斯拉六书》是一系列预言,讲述地中海周围不信上帝的国家将要遭受的命运,从埃及开始(15:11—13),到一般而言的帝国全境(15:14—28)、东部各省特别是亚细亚(15:28—63),最后又回到整个帝国(16:1—34)。附录最后劝诫上帝之民和教会去理解他们所处时代的本质,约束自己"像无家可归的人那样生活",准备忍受各种形式的镇压和迫害,以示对上帝的忠诚(16:35—78)。《以斯拉六书》像《以斯拉五书》一样,与《旧约》及《新约》卷籍有着千丝万缕的联系。㉞

　　教会遭受迫害是过去的记录(15:22,52—53),也是目前和将临的现实(15:3,10;16:68—75),这一观点很适合后狄西安时期的背景。《以斯拉六书》讲述了愤怒的社会对基督徒实施的阴谋(15:3),阴谋中充满杀戮(15:10)。作者述及其邻族企图强迫他们"吃拜偶像的祭物"(16:68),以迫使他们归顺主流文化。作者预言了对基督徒的暴动和大屠杀,对其财产的掠夺和毁坏,使信徒在暴徒的手下一无所有。当然附录的目的是鼓励基督徒坚守对上帝的忠诚,即使这忠诚会使之与周围

　　㉞ 请比较《以斯拉六书》15:15("这些国家要武装起来跟那些国家打仗")与《马太福音》24:7;《以斯拉六书》15:35("战争之血深及马腹")与《启示录》14:20;《以斯拉六书》16:18("灾难将至")与《马太福音》24:8;《以斯拉六书》15:10("我以民如同羊群一样被牵到屠夫面前")与《诗篇》44:22。另外《以斯拉六书》15:11参照了出埃及时降临于埃及的灾难;《以斯拉六书》16:40—42乃以《哥林多前书》7:29—31为蓝本,甚至直到末世时"好像……不……"的生活方式;《以斯拉六书》16:73把试炼理解为了解选民品质的过程,恰如烈火识真金,它对应于《彼得前书》1:6—7;《以斯拉六书》15:46—48把巴比伦(及其追随者)称为妓女,表明对《启示录》第17—18章很熟悉。

的邻族发生冲突。同时作者必须使读者不受如下观念的诱惑：放弃上
351　帝和弥赛亚会使他们在现世过得轻松些。耶稣在《马太福音》10：28 中
说："那杀身体不能杀灵魂的，不要怕他们；唯有能把身体和灵魂都灭在
地狱里的，正要怕他。"在某种程度上，这整本附录乃是对这句话的叙述
性详解。这样，《以斯拉六书》的高潮就是"上帝是你们的法官，因此要
惧怕他，停止作恶吧，弃绝你们的罪行吧"（16：67）。

　　所以，作者以上帝的声音召唤基督徒们与其周围的社会现实保持
距离，不被污染（16：50—52）。他要求他们"像无家可归的人"那样生
活，对世界上发生的日常事件保持平常心，因为世界的命运在任何时候
都可能发生变化（16：40—48）。因而他们必须和那些诱使他们放弃信
仰的东西保持距离——这个社会为了"收复"他们而要掠夺走的东西，
就让他们拿走吧。但作者应许道，迫害者的头目必将受罚，而忠信之人
必将得福（15：4，21—22，52—53；16：67，74—75）。

　　奇怪的是，从各种迹象分析，作者为何选择把这篇劝诫文当作一部
犹太启示作品的附录？当时他可能认为，将这些言论置于一部较大著
作的背景中，比它们本身更能产生有力而广泛的影响。《以斯拉四书》
想在罗马压迫的环境中努力证明上帝的公正和全能，这无疑使《以斯拉
六书》的作者和读者产生了共鸣。《以斯拉四书》对弥赛亚（《以斯拉六
书》的作者回顾并称之为耶稣者）将要控诉罗马并对其执行审判的确
信，对弥赛亚战胜异族、使"和平之民"复兴的想象，肯定也使斗争中的
基督徒看到了希望。因此，尽管《以斯拉六书》第 15—16 章描写的事件
在《以斯拉四书》第 11—13 章的末世计划中并无位置，但是几个世纪以
来，《以斯拉四书》中"三个鹰头"和"两个小翅膀"异象所预示的王国改
朝换代与真实情况大致相同；在这一切事件应验了很长时间之后，处于
新历史背景下的《以斯拉四书》仍然是对基督徒盼望的补充和支持。

《马加比传四书》

18

"反抗是高尚的"

一位犹太作家再次回到有关希腊化危机、残暴压制持守《托拉》的人和犹太民族特性的问题上,但这次并非旨在合法化某位犹太君主的王权,或是提倡人们奉守一个新的节日,而是对"虔诚的理性支配感情"(1:1)这一论题进行一次"极具哲学性的讨论",被安提阿古四世迫害的殉道士们为该论题提供了最确凿的证据。然而,《马加比传四书》绝非仅仅是一部哲学专著。它雄辩有力地证明了犹太人的生活方式是一种高尚的追求,因为它引导人们完善了那些连希腊和罗马的评论家们都甚为推崇的美德。作者以这种方式鼓励听众和读者,即使在面对那些怀疑和蔑视犹太人的敌对势力时,也要忠于他们祖先的律法和神圣的恩主。

结构和内容

作者开篇点题:"虔诚的理性支配感情"(1:1)。作者宣称,这是一个值得听众注意的话题,因为如果要过正直的生活,就必须控制感情。感情和情欲会以自己的方式阻碍公义、勇气和节制。许多事例能证明这一论点,但作者断言,最无可辩驳地证明了这一点的是那些在安提阿古四世的迫害下(《马加比传下》6:1—7:42)"为了美德而牺牲"(1:8)的犹太人。作者论证伊始便提出,理性是选择智慧的能力,这种智慧来自

《托拉》的教导,它产生了被希腊道德家们称赞的四种基本美德:明智、公义、勇敢和节制(1:15—18)。这四种美德装备起来的头脑能够支配"帕特"(*pathē*),一个有关感情、情欲和所有感官体验的复杂用语(1: 19—30)。接着作者又用旧约故事和《托拉》的具体规章向人们展示,那些敬畏以色列上帝和服从其律法者是如何超越了人性的缺陷而行施正义之举的(1:31—3:18),从而把我们带入作者希望集中观众注意力的事件当中。

353

　　作者详述了与《马加比传下》第3—6章所载相似的殉道事件(比较《马加比传四书》3:21—5:3),从而引起读者的关注。第一个受难者(或参赛者,按作者的观点)是年迈的祭司以利亚撒。作者主要通过增加安提阿古和以利亚撒的对话,扩展了《马加比传下》6:18—31对该殉道事件的描述。安提阿古劝诱以利亚撒放弃其空洞哲学,因为它藐视大自然的馈赠;大自然教给人们什么是真正可耻或可行的,而一个少数民族狭隘之无足轻重的律法则无法做到这一点(5:5—13)。以利亚撒回答道,即使处理希腊人认为微不足道的事情,他也不会违背《托拉》。《托拉》以自制、勇敢、公义和敬虔训练着它的信徒,它为大自然的创造者所赐,这位创造者能更好地判断哪些是适合人们遵循的事物。他宣布为了神圣的律法而甘愿受死(5:14—38)。为了强迫他屈服,敌人剥光了他的衣服并毒打他,但他的坚毅比打手们的耐力更持久。当国王的随从退而求其次,建议他吃下一些貌似猪肉的熟肉时,他断然拒绝,以免为年轻人树立背逆的榜样。他强烈呼吁自己的犹太同胞们"为你们的信仰高尚地死去"!然后就被折磨致死。他最后的话是一篇祷词,祈祷自己的生命作为犹太人的赎价被上帝接纳,并消除耶孙统治时期因人们背弃《托拉》而激起的上帝之怒(6:1—30;比较4:19—21)。作者暂停了叙述,以便高度赞扬以利亚撒的勇气、信奉和忍耐,并指出本书的论题已被证明:所有在《托拉》中训练自己的人,都具有为《托拉》忍受任何苦难的理性(6:31—7:23)。

　　在下一部分中,安提阿古又将注意力转移到七兄弟身上(比较《马加比传下》第 7 章)。他明确表示比起要他们的命,他更愿意用希腊文化去同化他们,并提出要做他们的庇护人——这可是大多数希腊人连做梦都不敢想的政治和经济利益。如果他们拒不接受他提供的舒适生活,则只有死路一条。他再次诱惑道,即使他们的上帝也会原谅他们在被逼无奈时对律法的违背(8:1—14)。作者在此处加入一段假设的话,即如果这七兄弟生性懦弱,他们会说什么话,这样就加强了文章的戏剧性效果(8:15—26)。然而,他们无愧于亚伯拉罕的子孙,他们告诉暴君:用违背律法换来的安全比死亡更令人痛苦。他们拒绝了他的建议,要求他来证明他们的勇气,证明他们与年迈的以利亚撒一样勇敢(8:27—9:9)。安提阿古被他们的不识好歹激怒了,用最惨无人道的刑罚依次折磨死了他们每一个人。但在此过程中,七兄弟也证实自己得到上帝的维护:为上帝律法而牺牲的人会得到赏赐,而暴君必将因其残暴、不义和失敬受到惩罚(9:10—13:18)。人们着实要感谢安提阿古,因为他帮助他们获得了这样一个机会,去证明他们为律法作出的忍耐并由此在上帝眼中蒙福(11:12)。作者再次暂停叙述,去思考这桩殉道事件,指出对《托拉》的献身(即虔诚的理性)甚至战胜了兄弟之爱中深厚的、与生俱来的感情。即使是兄弟间彼此的感情也没有使他们背叛对美德(忠诚、勇敢和虔诚)的持守。相反,当他们并肩奋战、互相鼓励为了上帝而忍耐时,都在默契中完善了自我(13:19—14:10)。

最具说服力的典范是七兄弟的母亲,作者将她一直保留至结尾。她在《马加比传下》第 7 章只占有短短几句话的篇幅,却成为四个章节的焦点。天性教导所有父母尤其是母亲,要怜爱自己的孩子,不惜一切代价地保全他们的生命。作者再次插入一段假设的话,如果这位母亲是"懦弱的",这番话也许已经说出口了。然而,尽管她在儿子们被残忍地折磨致死时强烈地感受到自然的母爱和对孩子们的依恋,她并未设法保全他们现世的生命,以免孩子们失去上帝承诺给信徒们的蒙福生活。为了给孩子们保全一个更好的生命,她克制住了母亲的天性(14:11—15:28)。作者歌颂了这位母亲,并宣布她的勇敢和坚毅强有力地证明了作品的主题。确实如此,在七兄弟和母亲的事迹中我们都能发现,《托拉》能比天性更好地引导人们走向美德之路。天性无法通往美德之路,而实际上只能阻碍正义的实现,但《托拉》和敬虔的训导却能成功地将人引上美德之路。作者又写了另一段话,母亲借助它鼓励儿子们出于对上帝的感恩而忍受苦难,因为上帝是他们的恩人,他对荣耀的生命提出了完整要求。这位母亲在自己的身体被外邦人亵渎之前,自我终止了生命(15:29—17:6)。

作者以描写殉道的意义收篇。他们因着忍耐击败了暴君,使他以后再也无法实施阴谋——他们树立的崇高典范极大地激发了本民族的勇气和反抗力。他们的牺牲之所以高尚,不仅仅在于他们是为美德献身,还因为他们就像抵抗异族侵略的守城士兵一样,为了全民族而牺牲。他们用生命作为族人犯罪的赎价,被上帝所接受(再次比较 4:19—21)。作者鼓励读者竭力仿效这些高尚运动员的信奉,把献身于《托拉》作为通向美德和荣耀之路(17:7—18:5)。作品结尾描写了一幅迥然不同的七兄弟的家庭生活场景:他们的母亲是如何奉守女性之自制美德的,他们的父亲又是如何用《托拉》和其中有关信仰和神圣救赎的诸多规范来教导他们的(18:6—24)。

作者、写作年代和背景

人们在大量重要的手抄本(西奈抄本、亚历山大抄本和威尼图斯抄本)中发现了该作品的全部文本,但未找到有关作者的任何线索。约瑟福斯作品的一些手抄本中含有题为"论理性之王权"的《马加比传四书》,但约瑟福斯的著作权遭到广泛的质疑(Townshend 1913:656—657;Anderson 1985b:533)。这位不知名的作者是个虔诚的犹太人,认为《托拉》不可侵犯,并使这一观念在同代人中发扬光大。但作者又完全置身于希腊化的大环境中,以至于表现出对希腊哲学的熟悉和浓厚兴趣。尽管作者可能并未受到希腊化时期任何具体哲学流派的正规教育,他(其哲学为犹太信仰)仍十分熟悉这一时期的"流行哲学",绝非只是粗略地了解斯多葛派和柏拉图派的道德准则。这位作者写得一手标准流利的希腊文,且表现出非凡的修辞才能。

辨别写作时间是一个演绎和虚构的问题。作者极有可能直接使用了《马加比传下》的相关章节,而非借用普通的原始资料,故作品的成书时间必定晚于《马加比传下》。有人认为成于公元 2 世纪早期的某时期,可能与第二次犹太战争(公元 115—117 年)的时间差不多,或是哈德良在犹底亚压迫犹太人(公元 130—135 年)[①]的某时期。但没必要去假定本书完成于犹太社群遭到极端仇视的某个时期。选择殉道士为正直、高尚的典范,对于最初的读者来说并不意味着人们又要殉道或遭受肉体的迫害。作者呼吁读者竭力仿效的不是殉道士们荣耀的结局,而是他们对《托拉》的忠诚——对希腊-罗马时期的犹太读者来说,这是一个适时的信息。

毕克曼(Bickerman 1976)为确定本书的写作年代提供了最经得住考验的证据。首先,他注意到作品中出现的两个希腊语词(*thrēskeia* "信仰"和 *nomikos* "精通律法")直到罗马时期,尤其奥古斯都(公元前 30 年—公元 14 年)统治时期才被广泛使用。他进而发现,作者曾提到塞琉古任命的总督亚波罗纽统治着"叙利亚、腓尼基和薛利西亚"(4:20),这不同于《马加比传下》3:5 中对他管辖权的描述,在那里他是"基利叙利亚和腓尼基的统治者"。只有在罗马统治时期,即从大约公元 19 年至 72 年,叙利亚、腓尼基和薛利西亚才被合并成一个管辖区域,所以我们从中能推断出的年代乃是公元 1 世纪上半叶(van Henten 1997:74)[②]的某个时期。考虑到《马加比传四书》与新约文献的相关之

---

① 对这些观点的概述参见德席尔瓦(deSilva 1998:15—18)之著,通常可参阅那里提供的书目。

② 另有人把时间进一步缩小在卡里古拉统治时期,他曾扬言仿效安提阿古四世去亵渎圣殿,其言行激起了堪与《马加比传下》3:14b—21 和《马加比传三书》1:16—29 所载等同的反抗示威。但此观点更多地迎合了我们的需求,即了解更多尚待证实的东西。

处,以及它在早期教会教父中的流行,作品最可能创作于公元 1 世纪上半叶的某个时期。

作品的成书地点更难确定。由于人们对埃及亚历山大的大型犹太社群已相当了解,与亚历山大相关的斐洛和其他学者都熟知希腊哲学,所以把亚历山大作为《马加比传四书》著述地点的呼声总是络绎不绝(Grimm 1857:293;Townshend 1913:654;Pfeiffer 1949:215)。然而,在地中海世界几乎不存在公开演说的诡辩家和哲学家不时常光顾的城市中心。我们的作者对希腊哲学的了解程度还未使他具备这种能力,即在某一重要城市的集市和柱廊中,凭借演说和讲话吸引众人的注意。叙利亚的安提阿是个值得关注的提议,因为它与那些殉道士的遗体有关,并受到早期教会的膜拜(Dupont-Summer 1939:67—88)。的确如此,作品的演说形式与纪念性悼词有些相似,以致有人认为本书是为每年的纪念活动中在殉道士墓前演说而创作的。这种较为具体的建议也有矛盾之处,即崇拜死者不符合标准的犹太行为规范。凡亨顿(van Henten 1994)提出一个有价值的观点,称 17:9—10 中殉道士的墓志铭与薛利西亚的犹太碑文极为相似,这反映出该地区的一种风尚。我们最能肯定的是,《马加比传四书》产生于东方犹太人散居地,有可能是小亚细亚(在那里繁缛的文风极为盛行)和叙利亚(传为那些殉道士的安葬地)之间的某地,在一个居有大型犹太社群的城市中心。那里的读者会欢迎作者提出的忠于律法的告诫,但也要看到,即使按照希腊的道德标准,恪守律法的生活也是正直而高尚的,即便信仰的差异不会使这两种文化和平共处。

文类和写作意图

《马加比传四书》属于哪种文学类型,它的文学样式为我们提供了有关作者写作意图和预期效果的什么线索? 本书属于一种叫作"赞咏"的修辞文类,或是一种论证的演讲术。这样限定其类别实在是差强人意，的确如此，对那些既非庭议（忠告的）亦非诉讼（评判的）演说辞来说，它成了一种总揽一切的类别。作者使用的语言表现出该类别的特征：论证的语言 *epideiknysthai*（1：1）、*apodeixix*（3：19）、*apodeiknymi*（16：22）符合作者宣扬某种哲学观点的意图，并在文章开头就明显地表述出来；赞颂的语言适合葬礼上的纪念性演说辞，或单纯的道德训诫。*epainos*（1：2）、*epainein*（1：10）。

《马加比传四书》与古代葬礼上的演说辞或纪念性演说辞有很多相同之处（Lebram 1974）。那些演说辞开篇都是通过把他或她表现为某一具体美德或一组美德的典范来加以赞美。演说不仅是为了尊崇死者，也是为了促使生者学习其美德。的确如此，古时候的演说家都知道，只有在听众能够仿效模范们的美德并由衷地纪念他们时，人们才会相信并接受对死者的颂扬。葬礼上的演说辞经常以直接的劝勉作结，以便人们注意到被歌颂的高尚生活并确立自己的奋斗目标，即按照符合自己生活状况的方式去表现同样的美德（参见修昔底德《伯罗奔尼撒战争史》2.43—44；狄奥·克里索斯托《演说辞 29》21）。我们的作者同样以这种劝勉作结："啊，以色列的儿女、亚伯拉罕的后裔们，以各种方式来恪守律法、敬虔行事吧。"（18：1）

然而，这篇演说辞实际上是以对一个命题的哲学论证来构架的（例如 1：1,13），其中殉道士们成了最好的证据（1：7—9）。在公元 1 世纪，这种集哲学论证和对特定生命之赞美性思考于一体的混合文体并不罕见。尼禄的导师斯多葛派学者塞内加写了一部名为《论智者不惑》的专著，在书中为自己的观点作出大量论证，但依赖最多的还是小加图和麦格拉的斯蒂勃的事迹，他们展现了该哲学在人生困境中是如何发挥作用的。只有信奉斯多葛派哲学才能战胜伤害和堕落，这一回忆使该哲学在塞内加读者中的影响力经久不衰。

也许描述《马加比传四书》的最好方法是把它当成一种哲学的劝勉演说，它集哲学论证及体现其哲理的生动事例于一体，讲述它所承诺的东西，所有这些都是为了使该种哲学更可信（参见 7：9），更有号召力，更值得人们全心全意地信奉。不必认为这部作品意在吸引外邦人加入由这种哲学限定的"生活方式"（参见 2:8；4:19），相反，其意在鼓励信徒（或生来就按那种方式生活的人，即如犹太人）恪守那种生活方式，尤其在主流文化无视其高尚和理性时更应如此（参见 5:7—11）。《马加比传四书》意在加强犹太人对本民族生活方式的恪守，并通过论证和事例的双重展示来表明这种生活方式是可信的、理性的和高尚的。

回到场合问题，文章本身证明了这篇演说辞适合发表在某一特殊日子（1:10）和时节（3:19），对此我们可以大胆提出一些建议。一些学者认为这篇演讲是为殉道士的纪念日创作的（Dupont-Summer 939：67—73；Hadas 1953：103—107），如果公元 1 世纪存在这样的时节，那将是一个合适的时机，但是在犹太原始资料中我们并未发现有关该节日的证据，尽管在后来的基督教礼仪历法中人们会庆祝这个日子。

已经得到某些支持的一种说法是，创作《马加比传四书》是为了在哈努卡节宣读，在该节中人们要庆祝犹大·马加比及其部队解放并洁净了圣殿。当然，事实是，由犹大结束的希腊化危机中确实发生过殉道事件，因此在庆祝以色列犹太教的复兴时，缅怀死于压迫的人也是情理之中的事。有人不断反对此说，认为《马加比传四书》并未把荣誉归于哈斯蒙尼家族的英雄们，也没有赞扬他们战胜了安提阿古的军队，而他们正是那些理应在哈努卡节占据中心舞台的人（Townshend 1913：667）。然而，对哈斯蒙尼王朝尤其对它后继者的不满，也许妨碍了犹太社群对该王朝奠基者的庆贺，从而也妨碍了对一个实际上颇有争议之统治时期的合法化。而且，任何对犹大及其兄弟们战功的提及，都会背离作者本人对那一危机的阐释。是那些殉道士而非战士打败了暴君，并迫使他撤离那片土地（1:11；17:20—22；18:4—5）。他们为《托拉》所做的自我牺牲对以色列摆脱安提阿古军队的控制是至关重要的，因为它消除了上帝的愤怒，保证了上帝对以色列人民的重新恩宠和救助（4:19—21；6:27—29；17:21—22；比较《马加比传下》4:13—17；5:17—20；6:12—17；7:32—33，37—38；8:5）。因此，这些虔诚的殉道士成为希腊化危机中的真正英雄。可见对于这样一篇"叙述性地论证"忠于《托拉》和忠于上帝与犹太人之间恩主-受益人之契约的文章来说,哈努卡节不失为一个合适的场合。

第二个场合可能是庆祝颁布《托拉》的某一节日,例如五旬节(Shavuoth)或《托拉》喜庆节(Simchath Torah),尽管这种说法也许有所不妥。《马加比传四书》劝勉的不当之处在于,不管在外邦人统治的世界中需要付出何等严重的生命代价,人们都该把《托拉》奉为通向美德和永恒荣耀的最为确定且完美的唯一道路(参见 18:1—2)。对这类事例的选取也许乍看起来并不适合这些节日,但事实并非如此:在庆祝《托拉》和奉守其生活方式之美德的节日里,谈起那些宁死也不愿抛弃这种生活方式的人们是合适的。

359

《马加比传四书》与希腊-罗马哲学

这篇演说辞凭借其与希腊化哲学之间深刻的相互影响而迥然有别于《次经》的其他篇章。可以确定地说,尽管《所罗门智训》显示出与希腊哲学语言的诸多相关之处,它仍不能与《马加比传四书》相提并论,因为后者与斯多葛派和柏拉图派的哲学教义,尤其与其伦理学有着广泛的联系和对话。这里我们将讨论《马加比传四书》与斯多葛派、柏拉图派和逍遥派在思想上的联系(见 Renehan 1972),从而更好地彰显其作为一篇哲学文献对犹太民族独特性的论证和重构,及其能与希腊最好哲学一较高下(并胜出)的性质。

作者的论点"虔诚的理性支配感情"(1:1;6:31;13:1;16:1;18:2)呼应了希腊和拉丁学者对以下问题的频繁讨论,即"帕特"这种包含了情绪、感情、欲望以及感官体验等与人类非理性和肉体特质相关联的混合体,与理性的关系是怎样的?传统的斯多葛主义认为,理性应该以毁灭或根除感情为目的,而非简单地控制和节制它们(西塞罗《图斯库兰论争》4.57,83—84)。其他的斯多葛派(如波西多尼乌斯和后来的盖伦)、逍遥派哲学家以及折中主义伦理学家如普卢塔克都主张,应该控制人类天性中的感情和欲望层面,并将其引至亚里士多德的"中庸状态",防止其过度,而非彻底消灭它。这也是《马加比传四书》的立场:上帝把"情感和性情的倾向"放在人心里(2:21),但又立理性为王,因此人们不能毁灭上帝的这一创造,而要在理性对情感和欲望的支配下过一种井然有序的生活。

为什么伦理学家都把"帕特"当作目标?因为它们生来就会妨碍道德的生活。畏惧(实际上是灵魂的一种感情)如果得到许可去压制正义的理性,就会损害人们勇敢行动的决心,而且使人懦弱(对安全的寻求重于荣誉)。愤怒也许会破坏明智的美德,导致人去做正义理性禁止之事。肉体上的感觉同样会破坏理性对美德的信奉。痛苦会使人停止追求勇敢的道路,或使之违背忠诚而离弃公义的美德。愉悦同样是危险的,它使人放纵于食欲或性欲之中,或通过许诺给他们生命中更大的享乐,诱惑他们抛弃自己的义务。公义、勇敢、节制和明智之所以是最基本的美德,乃是因为社会为了自己的长久生存,要依赖它的个体按照特定方式行事,而避免另一些特定行为。理性有助于这一努力;感情则因其会危及对美德的信奉而受到怀疑。于是,尽管哲学家们在理性活动范围的程度上莫衷一是,在理性位居首位的必要性上却达成实质性的共识。

但是《马加比传四书》的作者又为此平衡引进一些新事物:不是单纯的理性,而是"敬虔的"或"虔诚的"理性(*eusebēs logismos*)才能战胜感情,它只有受过上帝律法的训练时才有能力去支配感情——这不是斯多葛派珍视的大自然的律法,而是上帝赐予犹太人的《托拉》。在界定理性和智慧时,作者与斯多葛派哲学家是志同道合的:"理性乃是智者做抉择时的判断能力,而智慧则是关乎上帝和世人的知识及其肇因。"(1:15—16;比较西塞罗《图斯库兰论争》4.26.57)但是在下述演说中,作者与他们产生了局部分歧:"我们能通过律法学到上帝的事,又学到对我们有益的世事。"(1:17)在这句话中,作者遵循的是犹太智慧传统的引导,尤其是便西拉发展的教义之引导。遵循律法便是智慧的全部内容(比较《便西拉智训》19:20;1:14—18,26—27)。

关于举例,作者也只是从《旧约圣经》中援引事例,既讲述具体故事,亦说明犹太律法的具体诫命,表明犹太人的敬虔约束了那些诱人犯罪、远离美德的力量。由此,常被外邦人嘲笑的犹太饮食规章实际上奉守着节制或自制(*epikrateia*)的美德(1:31—35);律法规定要借钱并留下禾场上的麦穗给穷人,便制止了人的贪欲(2:8—9);即使在敌对关系中,律法也制约了过度的愤怒(2:14)。而且,圣经中的英雄们也表现出委身上帝的律法是如何克制性欲(约瑟,2:1—4)、愤怒(摩西,2:16—20)和非理性欲望(大卫,3:6—18)的。当然,这些殉道士本身也证明虔诚的理性能战胜美德最强大的敌人——肉体的极度痛苦,并证实了在对《托拉》的献身中,男女老幼都会产生极度的自我控制、勇气和公义(即使直面压迫也不离弃神圣庇护者的契约)。

随着演说的深入,作者又进一步提出《托拉》可以加强人的美德。是《托拉》使理性实施它那被神圣授予的权力,去支配感情和欲望(2:21—23)。但是,在叙述以利亚撒的坚定不移之后,这一结论变得更加专断。他承受的极度痛苦以及不为外界压迫所屈服的坚忍不拔,都使作者断言:"唯有那些全心全意信靠神的人才能战胜肉体的情欲,因为他们相信自己会像我们的祖先亚伯拉罕、以撒和雅各一样,都没有死,而是在上帝里活着。"(7:18—19)对犹太人祖先的提及具体化了"信仰"这一普通用语:唯有虔诚的犹太人才能坚定不移地行进在美德之中,任何感情、情欲和感官体验对他或她的理性发起的攻击都不会奏效。七兄弟中长子的话再次表明了这一点:"我必藉着一切刑罚向你证明,在事关美德之处唯独希伯来子孙是不可战胜的。"(9:18)

在哲学演说中这些话确实杰出地论证了犹太律法。有位斯多葛主义者认为,大自然的律法优于众多少数民族和国家的律法,但他歪曲了道德生活的本质。狄奥·克里索斯托(一位生活在公元1世纪末叶的演说家)就是这一观点的代表,他责备人们盲从人造的律法和习俗,而无视能为其带来高尚生活的宇宙法则(参见《论解放》[演说辞 80]80.5—6),这番话便代表了该学派的观点。作者借安提阿古四世之口说出任何一个斯多葛主义者谈到犹太律法时都会说出的话:作为一个少数民族特有的法律准则——它看起来在许多方面都与自然相抵触——它似乎并不比奴役或迷信好些,当然更不能与真正的哲学相提并论。拒绝大自然的礼物(例如鲜美的猪肉)被他斥责为忘恩负义和愚蠢之举。在他看来,以利亚撒坚持的是"一种有关真理的无用观点",如果他一味固守这种"愚蠢的哲学",将为自己招致祸端(5:7—11)。

以利亚撒的回答是一次重要的反击。《托拉》的哲学价值已被它结在个体中的果实所证实:要按照四种基本美德生活(5:23—24)。而且,它的来源也优于斯多葛派的自然法则。斯多葛派的目标是按照"大自然的法则"(*kata physin*)生活,但是犹太人有一位更高的权威,他创造了自然且使它井然有序,还将《托拉》赐予人类;因此,《托拉》确实能把人更好地引向美德之路,因为它的创造者是大自然的立法者。

作者详细地思考了兄弟之情和母性之爱,进一步证明,唯有《托拉》而非天性才能完善道德且绝对支配感情。作者叙述了他们相继赴难且互相鼓励要为了上帝而死,之后又详细谈起激发七兄弟之间深厚怜悯和精神团结的力量:他们孕育于同一母腹,承继了同一血脉,吮吸着同样的乳汁,成长在"共同的养育和朝夕相处、大众教育和上帝律法的教诲之中"(13:19—22)。这样的论题(除《托拉》以外)在希腊化时期论述各种友谊的伦理思考中是常见的,在友谊的诸多类型中,兄弟之情(*Philadelphia*)是一种尤为强烈的情感。亚里士多德(《尼可马可伦理学》9.44.1161.b30—35)用这些论题表明兄弟"虽然是分开的个体,但在某种意义上又是一体"(亦见色诺芬《居鲁斯传》8.7.14)。天性就是这样使兄弟深爱对方,且寻求彼此的幸福、生存和快乐。但是《马加比传四书》却坚信七兄弟战胜了天性赋予他们的感情(13:27);比起维持彼此的生命,他们更愿意持守对《托拉》的忠诚。

母亲的事迹在《马加比传下》中最简短,在这里却被作者扩展为论

证的高潮,从她身上人们看到虔诚的理性战胜感情的最大胜利,因为母
爱被视为最强烈的感情。作者像该时期任何一位伦理学家也许都会做
的那样论及母爱(在普卢塔克的《论对子女的感情》中能发现惊人的相
似之处),并注意到在非理性动物的例子中,天性本身是如何教导父母
对待子女之道的(14:13—20)。天性驱使动物们不惜一切地保护后代
的生命,甚至牺牲自己也在所不惜。天性劝说的声音也传到这位母亲
的耳中(15:25),诱惑她去敦促儿子们向国王屈服以挽救他们的生命。
但是她那被律法教导出来的理性能力使她为孩子们选择了忠诚和公义
之路,而非救他们脱离迫害。她甚至还鼓励他们为了虔信上帝而勇敢
地面对苦难和死亡(16:18—19)。作者指出天性本身并不能很好地将
人引向美德之路,因为它无法战胜兄弟之爱和父母之情。即使是最睿
智的外邦人所推崇的向导,也比不过犹太人的《托拉》。

斯多葛派的伦理学家对人们如何面对苦难的问题很感兴趣。这是
检验哲学是否有用之处,真正的哲学家会与美德的信徒为伍。真正的
智者,尤其像斯多葛派定义的那样,是超然于压迫之上的。任何外来的
压力和威胁都无法动摇他或她委身于美德的决心,他们把身外之物(财
产、名声甚至生命本身)置之度外。由此,爱比克泰德(公元 50—120
年)断言"愉悦、邪恶、名誉、财富都无法撼动的人,只要碰到合适时机,
就会在压迫者面前舍弃他整个微不足道的身躯且献出生命"(《论文集》
3.24.71)。恺撒能夺取人的财产、地位和生命,却无法征服智者的意
志,因为对智者而言,所有这一切对他或她的利益来说都只是"身外之
物"(《论文集》4.1.60,87)。所以,书中的暴君在强迫别人违背理性原
则时是无能为力的。

这些殉道士们亦被作者描绘成智者的典范,他们能够战胜最惨无
人道的强迫手段。安提阿古两次向他们作保,强迫下的背叛是不会受
到审判者惩罚的(5:13;8:14),但即使背叛是可以原谅的,殉道士们也
绝不接受这一耻辱行为。他们绝不允许自己的道德原则被暴君扭曲
(5:38),而要因此"使其暴政无效"(8:15;11:24)。那些殉道的犹太达观者

们征服了暴君,即使他们遭到肉体上的毒打并被折磨致死,暴君想迫使他们背离宗教信仰的图谋终未得逞(11:25—27)。斯多葛派哲学家们教导人可以凭借忍耐取得胜利,斐洛(《每个好人都是自由的》26—27)描写决斗场上的两位决斗士时借用了该观点,其中一个用尽各种手段击打对方,另一个却藉着自己坚固的身体和忍耐精神忍受着打击,当攻击者精疲力竭时,挨打者赢得了最后胜利。"在我看来,义人就像那个胜利者,强有力的理性彻底坚固了他的灵魂,因此在他被迫违背信念之前,他反而迫使逼迫者不得不因疲倦而住手。"正是如此,《马加比传四书》中的殉道士们凭借忍耐战胜了压迫他们的人,这忍耐只有通过敬虔和《托拉》的教育才成为可能(1:11;6:10;7:4;9:30)。

塞内加的《论智者不惑》详释了斯多葛主义伦理学的另一基本原则:"智者既不会受到伤害,也不会受到侮辱。"智者知道一个人仅有的牢固财产便是美德;其他一切都在人的掌控之外。肉体上的伤害不算伤害,因为肉体生来就是要经受痛苦和死亡的;财产或地位的丢失也不算损失,因为它们原本就不受我们的管辖。只要智者仍恪守美德,他或她的财产就是牢固的,他或她就会将苦难置之度外。殉道士们反抗安提阿古时就表现出这样的姿态:"如果你因我们信仰的缘故而取走我们的生命,不要以为你能伤害我们。我们必因受苦而得着美德的赏赐且与上帝同在,我们就是为他受苦的。"(9:7—8)拥有美德并盼望它的赏赐(当然,此处与斯多葛派的观点明显不同)使伤害成为不可能之事。他们真正的幸福是牢固的,因为美德必将带来在上帝面前蒙福的生命(17:18)。

确实如此,殉道士们以这些折磨为契机去显示他们为《托拉》所做的忍耐(11:12),并以此证明其美德。苦难成为一件优美的礼物,殉道士们可用它证明自己当得上帝的赏赐。这一点明显仿效了斯多葛派对聪明、正直之士的描述。塞内加(《论智者不惑》9.3)就写道,智者"甚至认为伤害是有益的,因为通过伤害,他找到了证实、考验自己美德的途径"。因此,苦难证明了七兄弟的美德(9:7),以利亚撒得以为作者和读者宣布了它的重要意义:"父啊,你藉着忍耐,坚固了我们对律法的忠诚,……藉着你的行为,使你论圣洁的话成为可靠的哲理。"(7:9)

在古代社会,人身攻击会有损于人的尊严。一巴掌就是侮辱,肉体刑罚会给人带来耻辱,人们以此来标注越轨的和不能容忍的行为。折磨殉道士是为了迫使他们遵从主流希腊文化的价值观,表现主流文化对犹太生活方式的蔑视。但是,作者采用了一个与柏拉图派和斯多葛派哲学家们相似的观点,使这种耻辱不复存在。例如,柏拉图强调不公的施暴者比含冤的受害者要可耻得多(《高尔吉亚篇》508C—E)。行不义之事往往比受不白之冤更加可耻。塞内加(《论智者不惑》16.3)在此问题上仿效了柏拉图,提出患难中的人应该扪心自问:"我是否应该受到这样的虐待?如果我罪有应得,就毫无耻辱可言——它是公义之事;如果我不应受罚,那么行不义之事的人才该羞愧。"

《马加比传四书》的作者直截了当地指出,殉道士所受的折磨是不公义的。日益疏远唯一上帝的暴君("上天公义的敌人",9:15)甚至不明白什么行为是真正荣耀的,什么行为是理应受罚的(11:4—6)。的确如此,折磨只能说明安提阿古自己的耻辱,因为他极其残忍地虐待和他一样有着血肉之躯的人,行不义之事,虐待赐予他王国的上帝的仆人(12:11—14)。这里人们又回到如下现实,即作者并非简单地参与哲学论争,而是在努力创作一篇演说,该演说将鼓励读者在主流文化蔑视《托拉》和上帝并由于排外的价值观而敌视、怀疑犹太人民时,仍能恪守犹太人的生活方式。但作者运用主流文化本身的道德话语使读者坚信,这样的压迫决不表明犹太人的耻辱,而只能昭示敌人的道德沦丧。

《马加比传四书》的修辞情状及策略

作者的哲学论辩是为一个更基本的目的服务的:使犹太人相信其生活方式是保持美德、维护自尊之路;鼓励他们固守自己的生活方式,从而赢得荣誉和值得赞美的纪念。犹太作家们时常感到,需要为其同胞辩护犹太教的高尚和合法性,因为外邦的希腊和拉丁作家们经常反对它,而且反犹偏见时常激化为反犹行为。③ 当官方普遍对犹太教持宽容态度时,许多希腊-罗马人仍然怀疑、敌视犹太人。

365　希腊-罗马人的宗教是相当随和的:一些新神时常被吸纳到旧的神谱中,因为它们被视为一位更著名的荷马史诗中的神在当地显灵。参加城邦的膜拜仪式以表明自己对那些神的虔诚,是成为希腊-罗马社会可靠成员的先决条件。一个向神献祭的人,和众人一道祈求神灵护佑城邦的人,就是"我们中的一员",人们就相信他或她在为大众的福祉尽着一己之力。

　　犹太人只委身于唯一之神而忽视——甚至否定其他一切神灵。这种信仰的排他性在其社会交往中表现出来。饮食规章和《托拉》中有关洁净的律法隔绝了希腊化城邦中的犹太人与其外邦邻居们。犹太人只与自己的同胞密切交往,这种习俗为他们招致"憎恨人类"(*Misanthrōpia*)和"憎恨外邦人"(*misoxenia*)的名声。这种对犹太人的抱怨声响彻在希腊和拉丁文学中。狄奥多罗斯(西西里的,《历史丛书》34.1—4;40.3.4)、塔西佗(《历史》5.5)、朱文纳尔(《讽刺诗》14.100—104)以及阿皮恩(根据约瑟福斯的《驳阿皮恩》)都曾指责犹太人只帮助自己的同胞,而对外邦人不怀好意。忠于《托拉》的犹太人身体力行着饮食规章和社交上的限制性诫命,这一维护种族界线和凝聚力的有效途径却招致外邦人的反犹诽谤。

　　也许在作恶者看来,《马加比传四书》中描写的反犹行为是为了纠正或改造一个离经叛道的民族,意在使之与希腊化社会的主体和全球文化建立良好的关系。当安提阿古质疑犹太生活方式的合理性时,他提到许多这方面的内容(5:7)。犹太人在饮食(禁食猪肉经常成为外邦人嘲笑和思索的对象)、洁净和崇拜上的限制是如此稀奇古怪,以至于也许在外邦人看来,把这些人从奇怪的迷信中解救出来,使他们享受世

---

③　亦见《以斯帖补篇》和《马加比传三书》对希腊化及罗马时期反犹偏见的相关论述。

界性的希腊文化的普照,着实是一种解放行为。当希腊化为人们带来
更广阔的政治和贸易网络,使之获得更多的认可和更好的名声,得到更
有力的保障等明显的便利时,犹太人的抵制的确令人费解。我们发现,
《马加比三书》为人们了解外邦人的精神世界提供了窗口:犹太人蔑视
希腊人最为推崇的东西,他们对遵循祖先和本民族生活方式的喜爱甚
于享受文明世界的利益(《马加比三书》3:21—23)。这使得犹太人在外
邦人眼中显得奇怪而无耻。我们在《马加比传四书》中再次捕捉到这一
观念的闪现,安提阿古提出不仅要赦免七兄弟的刑罚和死罪,还要赐给
他们希腊生活能给予的最好事物——朝廷中的高位,这可是国王对其
臣民异常宝贵的赏赐(《马加比传四书》8:5—7)——但是由于对本民族
律法和习俗的忠诚,七兄弟拒绝了这些希腊人视为最珍贵的赏赐。

366

　　《马加比传四书》论及的是一个压力四伏的社会文化环境。犹太人
面对的是一个强权的主流文化,它也许会容忍其信仰,但绝不会尊重其
生活方式。在面对被社会赞许的希腊式价值观和那些用充分参与城邦
生活来显示对传统神灵的忠诚并履行义务的人们时,犹太人如何才能
抵挡住想得到外邦人尊重的欲望,仍旧忠于会招致质疑和误解而非赞
同和尊敬的生活方式? 我们的作者非常及时地回答了这一点。

　　作者的辩论对象是谁? 有些人认为是外邦人:作者希望向外邦人
证明,犹太信仰是一门理性的哲学,无论在哪方面都可与希腊的哲学论
著一较高下。然而,外邦人是不会被这部作品说服的。对绝大多数人
而言,他们不会去专一信奉犹太教假设出来的那位地方神,因此也不会
把一个少数民族特有的法律准则当作至高上帝的启示加以接受。作者
的论证应该是面向犹太同胞的,他们会在本质上认同作者预先假定之
事,即使在以此为基础的生活方式上动摇也会如此。这才是作者明确
的隐含读者,"父啊,你坚固了我们对律法的忠诚,……你藉着你的行为
使你论圣洁的话语成为信实的哲理"(7:9)。正是读者心中潜在的对
《托拉》的忠诚,需要由纪念殉道士而来的力量。与此类似,文中最后的
告诫也是面向以色列同胞的:"啊,以色列的儿女,亚伯拉罕的后裔,处

处遵守律法且敬虔行事吧,要知道虔诚的理性能控制所有感情,不只是内在的痛苦,还有外来的灾难。"(18:1—2)这些哲学论证(18:2)并非意在说服那些犹太人的敌对者,而是为了坚定遵守《托拉》的犹太人,鼓励他们在自己的生活方式受到外邦人藐视时断然不可动摇。

由此《马加比传四书》意在向那些已经信奉这条路的人倡导一种生活方式,以使他们继续忠实于《托拉》,且与那些似乎理性的、高尚的和明智的异族文化划清界线。它旨在说明忠实于犹太信仰能带来实际利益,而背叛祖先的生活方式尽管在外邦人(阴险且强大)的压迫面前有利可图,但终将招致祸端。在这里藻饰性演说和辩论性修辞之间表现出十分密切的关系——这是一个常被古代修辞学家注意到的事实。例如,亚里士多德(《修辞学》1.9.35—36)就曾谈到"赞颂和劝告同属一个方面,因为劝告中的建议只需略加改动,就成了颂词,……因此,如果你意在赞颂,要留意你会建议的东西;如果你意在建议,则留意你会赞颂的东西"。我们的作者赞颂为高尚和明智的东西将成为——如果写作成功的话——被读者广泛采纳的建议,因为他们向往高尚、明智的生活。

作者试图证明那些具有"虔诚理性"的人会获得至高的荣耀。勇敢、公义和节制是基本的美德——它们会为拥有它们的人带来赞扬,而虔诚的理性能战胜这些美德的障碍物。这些殉道士被拣选为美德的典范(1:8),因而是值得赞扬的(1:10);那些与他们一样按照虔诚理性生活的人也会得到同等荣耀,且受到类似的值得赞美的纪念。除了理性的培养,其他所有声称和寻求荣耀的方式都只是"虚荣"、"傲慢"和"自夸"(1:26;2:15)。

我们已经发现,虔诚的理性实际上就是受到《托拉》教导的、按《托拉》行事的精神。它约束着感情且使人从事善行。"人只要遵照律法生活"(2:8),就会战胜有碍公义之举的感情。与此类似,在论述上帝造人过程中为人类规定的美德时,作者说:"他将律法赐给理性;人若按律法生活,便能统治自制的、公义的、良善的和勇敢的王国。"(2:23)作者为《托拉》更确定地宣称,唯有那些全心全意信奉犹太信仰的人,才能真正地支配感情,且完善自己的美德(7:18—19;9:18),这也加强了作品的劝勉目的。作者为追求这种生活方式的人作出大量承诺,并断言唯有犹太信仰才是通往美德和荣耀之路,这使听众更加彻底地信奉《托拉》。

《马加比传四书》是一部藻饰性演说的修辞之作,提倡了一整套当得赞美和仿效的价值观与生活方式。作者在叙述中编排了一些重要的辩论元素,它们强化了作品的藻饰性演说特征,进一步告诫人们要加强对《托拉》的信奉,且提前处理反对的声音(例如,以安提阿古为代表的外邦人的反对,以及假设的七兄弟和母亲言论中的犹太叛教者的反对)。

首先,作者开门见山地告诫读者,出于该篇承诺的道德收获,要"小心思考其中的哲理"(1:1)。这是一个标准的劝勉吸引手法,吸引读者出于美德的缘故去思索一种特殊的生活方式。但这门"哲理"除了尊奉《托拉》别无其他内容。由于这一点,开篇处要求人们小心这种哲理的鼓励,因其到结尾处才能转换为劝诫(18:1—2)。作者的目的乃是坚固读者对《托拉》的忠诚,以此作为其他一切行为的根本。

其次,作者在叙述中营造了一个论辩性的世界。有两位辩护人为了得到殉道士的支持而竞争,就像在集会礼堂中两位陈述人正在演说,竭力使自己提倡的行为方式显得比对手的更优越一样。七兄弟坦言他们忠于"律法和我们的导师摩西",拒绝了"犯罪的引诱者"安提阿古的建议(9:2—3)。作者用安提阿古的引诱代表读者内心深处正在进行的思想斗争,一方面外邦人对犹太教的蔑视侮辱了他们,而另一方面安提阿古承诺的提拔、荣誉和利益又诱使一些人愿意向他妥协,甚至抛弃《托拉》,以此与外邦施恩者建立必要的关系(8:5—7)。那些殉道士坚守摩西和《托拉》授予的神圣诫命,因此得到作者的赞颂,证明了摩西和《托拉》而非安提阿古的导向作用。因而读者也应该把对荣誉和保障的希望寄托在奉守《托拉》上,而不要指望背叛上帝会实现其愿望。作者通过在8:16—26和16:5—11中假设七兄弟和母亲的另一种表现,强化了文章的辩论氛围。但作者用这些假设的言论表明:向希腊文化屈服是可耻的、"怯懦的和胆小的"(8:16)。这种指责使读者在选择也许

368

是可耻的道路之前,不得不三思而后行。

　　出现在劝诫中的第三个辩论因素是殉道士之间的对话。因为整篇演说都是面向读者而发的,读者被引导着在各个方面向殉道士学习,故而读者也是训诫的对象。以利亚撒拒绝装出吃猪肉的样子,以告诫结束了他的演说:"因此,亚伯拉罕的儿女啊,为你们的信仰高尚地死去吧!"(6:22)这一普通的呼吁把读者包括进去是必要的(他们都是"亚伯拉罕的后裔",18:1)。母亲对儿子们的最后劝诫也会影响到她的同胞:"我儿,这样的反抗是高尚的。上帝呼召你们为我们的民族作见证,你们当为我们祖宗的律法热心抗争,……当纪念你们在世上有份,又享受了生命,这都是上帝所赐,因此你们要为他忍受一切苦难。"(16:16,18—19)毫无疑问,读者也会听到这一训诫,至少会考虑这些建议在其自身境遇中的适用性。

　　作者用藻饰性演说的修辞手法告诉人们,对《托拉》和上帝的信奉是高尚的选择,是唯一与至高美德和高尚品格相伴的选择。那些屈服于压力而被异族文化同化的人,或在异族价值观中寻求荣誉的人,不会在上帝眼中获得真正的荣耀,相反会像西门(4:1—5)和耶孙(4:19)一样,背负着"卖国贼"、"破坏社会和谐者"、"背叛神圣恩主的人"一类罪名而遗臭万年。用背弃《托拉》和远离上帝的代价换取在外邦社会中的发达,这样的恶行激怒了上帝,且为整个民族招致了上帝的审判(4:21)以及落在个人头上的永恒灾难(9:9,32;10:21;11:23;12:12,14,18;13:15;18:5,22)。这样的选择不仅是"怯懦的、胆小的"(8:16),而且也阻碍了美德之路(《托拉》藉着它引导人们去"治理节制的、公义的、良善的和勇敢的王国",2:23),玷污了唯一之神,神会给那些不敬畏、不服从他的人降下现世的和永恒的灾难(4:21;13:15)。

　　唯有那些勇于反抗者才能享有"尊贵"(*kalokagathia*,一个指称具有最高水准之高贵品质的词,1:10;11:22;13:25;15:9)和"美德"(*aretē*,1:8;7:21—22;9:8;10:10;11:2)。敬虔(外邦人认为犹太人在忽视传统神灵时缺乏这一点)和勇敢(在希腊文化中备受推崇)的美德是那些《托拉》的殉道士们及其所有虔诚的追随者们拥有的财富("敬虔",*eusebeia*,5:31;7:16;9:6,24;13:8,10;15:1,3;"勇敢",*andreia*,或其替换词,1:11;7:23;15:23,30;17:23—24)。

尽管在敌人看来,殉道士们是以一种极度屈辱的方式因愚蠢而死去的(8:5;10:13;12:3),但在作者的颂词中,他们的死被赞颂为高尚(6:30;9:24;10:1,15;11:12;12:1,14;15:32;16:16)。外邦人对他们的看法本是建立在谬误、不敬上帝(9:32;10:11;12:11)和道德沦丧(10:17;11:4)的基础上,因此不值一提。不被外邦人尊重的犹太人由此为外邦人的名誉带来更多的东西。借助这种方法,作者使读者漠视希腊人对他们的看法,而只注重他们在上帝眼中(17:5)以及在后世子孙(也包括各位祖先,他们没有死,而是组成了一个迎接信徒的重要团体,13:17)中的名声。这种法庭的裁定具有永久性,因为上帝眼中的荣耀比外邦人眼中的荣耀宝贵得多(9:8;17:5,17—19;18:23)。这是为了解除读者亲身体会到的压力,将他们从中解放出来,使之在面对社会的敌对时仍旧忠于祖先的传统,持守他们的文化和信仰。

《马加比传四书》殚精竭虑地帮助犹太人固守本民族的生活方式。它鼓励他们反抗异族社会的蔑视,把对犹太信仰的忠诚作为获得荣耀的真正途径——这荣耀建立在甚至连希腊人也应认可的美德之上。那些贬低犹太信仰的批评又反转来批判了贬低者,因为犹太人现已发现其信仰实现了希腊文化甚为推崇的美德。他们也许会问自己外邦人何以否认其价值,但他们绝不会受到引诱去寻求外邦人对其价值的认可。

《马加比传四书》和早期基督教语境

由于《马加比传四书》写作于公元1世纪中叶,*故其与《新约》之

---

* 此处称《马加比传四书》写作于公元1世纪"中叶",与356页称它"最可能创作于公元1世纪上半叶的某个时期"不相吻合。似应为"上半叶"。——译注

间任何直接的书面联系都难以论证。这里我们不去辩论它对《新约》的影响，而是要思考《马加比传四书》对公元 1 世纪的犹太教和基督教语境有怎样的揭示，尤其对理解新约文本的神学、社会和修辞特征及其背景和意图有何启发。

神学语境

作为守护神的上帝

在公元 1 世纪的地中海世界，庇护是一种基本的社会风俗，社会中的每个成员都知道它的具体职责和义务：恩赐和受惠是"构成人类社会主要纽带的行为"（塞内加《论天命》1.4.2；参见 deSilva 2000b：第 3—4 章）。人类在忠诚和庇护之网中凝聚成一个整体，这样的关系是永久的，因为其重要性从未被准确地表述过。守护神使人们享受物质利益、快乐和升迁；成功甚至生存都有赖于投靠一位大能的守护神来实现。作为回报，受恩者也要履行义务，即通过公开这种恩惠来宣扬神的美名，并通过发誓绝对忠于神、服从神的任何要求来加强神的权能。在这样的社会中，感恩是一种必不可少的美德，忘恩负义则诚然是卑劣的罪行。受恩者表示感激，且通过不断增加神的荣耀（当然绝不能给神带来耻辱）和坚守他或她对神的忠诚，来继续享受神恩。这种忠诚是宝贵的，正如塞内加（《论伦理书函》81.27）所说：

> 某人除非已经学会蔑视那些扰乱民众心智的事端，否则便不会感恩；如果你希望对一种恩赐有所回报，必须甘愿背井离乡，或是流血，或忍受贫穷，或……甚至让你的清白受到玷污且遭受可耻的诽谤。

塞内加所论感恩关注的是对恩人强烈的忠诚，这样人们才会认为服侍恩人比自己在家乡的住所、身体健康、财产和名声有更大的价值。在希腊-罗马社会中，受惠者和守护神的关系，或者应该加上的互惠朋友之间的关系,就是这样成为一种神圣的契约。

《马加比传四书》的作者在演说中明显采用了这种社会关系。殉道士对上帝的服从和忠诚至死不渝,是因为他们知道自己亏欠其神圣恩主——上帝的感恩债。他们不能用违背上帝的诫命在敌人面前离弃其恩主,或是玷污其名声(比较《罗马书》2:24)。因此那位母亲鼓励其孩子为了服从上帝的律法而牺牲自己,这律法建立在上帝恩惠的基础上:"当记念你们在世上有份,又享受了生命,这都是上帝所赐,因此你们要为他忍受一切苦难。"(16:18—19;比较13:13)殉道士们希望以此得到其恩主更多的赏赐,既是为了上帝把犹太民族从政治压迫中解救出来(6:27—28),也是为了自己在上帝面前得到永生(7:19;9:8;15:2—3;8:16;13,25;17:18—19)。因此作为高尚的受惠者,他们把希望寄托在恩主身上(16:25;17:4)。

在这部作品中,"信仰"(*pistis*)一词表现出明确的含义,该含义对后来的新约作者也有重要意义。在此它并非单指"信仰",而是指他们对神圣恩主的"忠诚",就像但以理及其三个同伴所表现出的那样(16:21—22)。我们可以在文本的8:5—7,即安提阿古许诺给那些背弃《托拉》者的好处中,发现"信仰"的另一层含义(七兄弟拒绝其恩赐,必定是出于对上帝的忠诚)。在那里,安提阿古力图使他们相信自己施恩的好意和兑现承诺的能力(8:7)。由此信仰表现出受益人对恩主的正确态度,以及对恩赐的恰当回报。

在《新约》中上帝继续以守护神和恩人的身份出现。耶稣实际上已成为中保,他保证上帝的恩惠即作为恩主的上帝的恩惠抵达人们面前(《希伯来书》4:14—16)。就这样,受益人对恩主之义务的全部要素,尤其是信任和忠诚("信仰")都呈现在人们面前。寻求上帝的恩惠比寻求任何人间恩主(例如皇帝或其任何代理人)的恩惠都重要,不能为了得到一些次要恩主的赏赐而违背对上帝的忠诚。对《希伯来书》的读者来说,马加比文献中的殉道士们就是这一信仰(忠实并信赖神圣的恩主)的典范(11:35;比较11:6),而《希伯来书》在书面上表现出对《马加比

372 　传四书》的最为紧密的依赖。④

作为通往美德之路的《托拉》

　　《马加比传四书》所论述的理性指借助持守《托拉》的生活能克服有碍于公义和其他美德的情欲和感情,保罗在加拉太遭遇困境时便得到这种理性的帮助。《加拉太书》的结尾两章不单是附录,而且是一次重要的修正;或改善了一处明显的不足,从而使犹太派基督徒接受了外邦的加拉太基督徒。那些反对保罗观点的犹太经师们除了书面论争割礼和奉守《托拉》的重要性外,还可能辩称《托拉》提供了《加拉太书》之原始福音中所缺少的东西:这是一个在美德和公义上不断进步的稳妥方法,而上帝在其子民中所寻找的就是公义和美德(Barclay 1991,尤见第2、4章)。于是,当加拉太的信徒们凭借信仰有了良好的开端时,亦凭借律法继续完善了上帝在这方面(公义)的事业(参见《加拉太书》3:3)。保罗尤其强调圣灵以一种律法无法做到的方式战胜了"情欲"(5:16—17),这与其对手们的观点截然相反(义是无法藉着律法得到的,2:21;律法不能叫人得生,3:21)。但如果因此就说保罗的对手们使用了《马加比传四书》,则言过其实了,因为看起来更像是《马加比传四书》发展了犹太派"福音教义"所秉承的观点,这些细节在《加拉太书》中有所

---

　　④ 《希伯来书》在内容和形式上都仿效了《马加比传四书》中的一些章节。在《马加比传四书》6:9中,作者是这样描写以利亚撒的:"但是他忍受着折磨,轻看肉体上的痛苦。"《希伯来书》12:2与此惊人地相似,在那里耶稣坚守对上帝的信仰,"就轻看羞辱,忍受了十字架的苦难。"同样,在《马加比传四书》17:4中,作者插入激励母亲坚守信仰的字符:"向上帝持守坚持到底的盼望",这也影响了《希伯来书》3:6"将可夸的盼望和胆量坚持到底"和3:4"将起初的信心坚持到底"(上述各引文皆为希腊文——译注)的用词和思想。

　　最后,《希伯来书》的作者详述了那些殉道士在严刑拷打中如何"不肯苟且得解放"(《希伯来书》11:35),认为他们也许会以此得着更美的复活。在《马加比传下》中,对以利亚撒和七兄弟的折磨只是在他们拒不服从暴君后才开始的,而且折磨从头至尾没有停息过。但在《马加比传四书》9:16中,我们发现卫兵们提出"吃这肉吧,这样你就不必继续受罚"时,兄弟中的老三予以拒绝,并强烈要求敌人用最残酷的手段折磨他。以利亚撒在受刑过程中也有一次短暂的间歇,那是国王的侍从们劝他装出吃猪肉的样子以救自己一命之际,该提议同样遭到拒绝(6:12—23)。

反映。

《马加比传四书》帮我们极大地了解了异族社会中的犹太人,以及该社群内部即使采用了主流文化语言,仍要信奉《托拉》的强烈呼声。及时了解犹太社群内部正在发生之事有助于解释犹太人对福音书,尤其是对保罗身体力行的那部分教义的抵制。保罗的教义弱化了对《托拉》的委身,把人们从对它的严格持守中解放出来,以此证明了犹太人与外邦信徒在一个新的以色列(即基督的身体)中的联合。犹太人为《托拉》,及其对犹太人与外邦人关系的主导作用辩护,他们生活在压力四伏的时期,绝不允许这样侮辱其民族的伟大缔造者。的确如此,在许多人看来,保罗像是另一个希腊化的倡导者,他寻求适应异族文化的途径,通过违背律法促进犹太人与外邦人之间的相互影响。因而他们对保罗传教的反应并非源于仇恨,而是希望维护其民族的基本价值观,抵制希腊化的不断侵蚀——对他们来说,这一冒险正体现了对上帝的忠诚。他们饱含同样的激情,把恪守《托拉》作为忠实于上帝的表达方式,这亦可视为当地犹太基督徒(亦包括其他犹太基督徒和非基督徒的犹太人)维护《托拉》的内在动力,因而也是保罗在安提阿和加拉太遭遇困境的原因。

《马加比传四书》亦与《罗马书》7:7—24形成鲜明对比。这位犹太演说家断言了一个事实,即"律法说,不可贪恋人的妻子并他一切所有的"证明了"理性能够控制人的情欲"(2:4—6)。诚命被认为能够抵制人的贪心之罪。作者用诚命去说明,上帝使虔诚的理性能够战胜不道德的感情且选择正义之举。但保罗却对这同一诚命提出相反看法,认为"不可起贪心"之诚命唤起了人们对罪的认知,使邪恶的力量"叫诸般的贪心在我心里头发动,……那本来叫人活的诚命,反倒叫我死"(《罗马书》7:7—10)。对其中一位作家来说,诚命使理性支配了感情(即意志战胜了罪);而对另一位来说,诚命却为犯罪提供了机会,无法实现生的承诺。《马加比传四书》否认了《罗马书》第7—8章中的某些解释,尤其是以下说法,即基督徒生命的根本不同在于罪得到了抵制,而在此之

373

前它是毫无辖制的；以及保罗的断言——使律法的义只成就在我们这仅仅随从圣灵者的身上（参见《罗马书》8：4）。所有一切均已成就在《托拉》的信徒而非基督徒的生命中。

替代的赎罪

《马加比传四书》对早期教会神学环境的一个重大贡献是，它用代赎来隐喻殉道士之死造成的影响（de Jonge 1988）。它藉此发展了《以赛亚书》52：13—53：12 中仆人之歌的思想，该思想正如人们在《罗马书》3：25、《希伯来书》1：3；9：11—15、《彼得前书》1：19、《约翰一书》1：7 中所发现的那样，十分类似于早期基督徒对耶稣之死的看法。最有意味的莫过于殉道士的绝对服从与其赎价之功效的联系。在《马加比传四书》中，那些希腊化的犹太统治阶层（4：21）背弃了（实际上是置之不理）犹太人与上帝的契约，因此激怒了上帝。不忠导致审判，故而当以利亚撒临死仍忠于上帝时（确实是"至死服从上帝"），他希望其忠诚能唤起上帝对全体子民的宽恕，用他的义来弥补众人的罪：

> 上帝啊，你知道我不能救自己一命，我将为律法在这火刑中耗尽生命。但求你怜悯你的民，愿我们为他们受罚。愿你以我的血洁净他们，又以我的命作他们的赎价（6：27—29）。

"洁净"（*katharismos*）一词亦出现在《希伯来书》1：3 中，它谈到耶稣的使命"洗净了人的罪"。《马加比传四书》的作者通过隐喻这种灵验的牺牲，又借助另一个对《新约》救恩论具有重要意义的词语 hilasterion，进一步解释了殉道士的死，称之为一种赎回众人罪过的血祭："他们实在成了我们罪孽的赎价。藉着义人的血，又因着他们的死（hilastērion），神圣的上帝会拯救备受欺凌的以色列。"（17：21—22；比较《罗马书》3：25）

义人由于信奉上帝而死也许会为上帝盛怒下的人们赎罪，这种可能性理所当然地在《新约》谈到耶稣死于罗马人之手时得到充分发展。

就像那些殉道士们一样,他的死并不可耻,而是给众人带来了恩惠——
与上帝和好的恩惠。因此较之古代的以人献祭,或《旧约》中的以动物
献祭(当然,它们都是从这一形式发展而来的),对耶稣之死的思考与马
加比文献对殉道士之死的解释有更多的共同点。它并非简单的"流血"
或"死亡",而是具体指义人为上帝作出了牺牲,其中表现的服从感动了
上帝,致使其接受并拯救他的子民(比较《希伯来书》10:4—10,见 van
Henten 1993:101)。

修辞语境

运动员的比喻

希腊化和希腊-罗马时期的体育竞技场是一个能为个人赢得巨大
荣耀和名誉的地方。它是一个可以展示并证明勇气和耐力的场所,也
是军事竞技场将追逐功名之人拒之门外时,和平时期仅存的这种场所。
所有体育项目(拳击、赛跑、摔跤、操练兵器)的参赛者都会紧绷肌肉或
承受痛苦的打击,以便赢得人们对其技艺、英勇或仅仅是强于对手之忍
耐力的认可。

竞技场用语很快成为比喻其他展示勇气和忍耐力之举的重要手
法。人们用它赋予那些追求以高尚的色彩,那些追求的对象往往是不
被多数人的或主流的文化所认可、甚至可能被它嘲笑或指责的事物。
例如,哲学家们就用这种比喻使听众铭记,唯一值得奋斗和赢取的比赛
乃是为了美德和排除障碍物的比赛。在一篇论述美德的演说词中,狄
奥·克里索斯托(《论美德》[演说词 8]11—18)谈到西诺普的第欧根
尼,说他参加了在哥林多附近的伊斯米安举行的比赛,声称自己参与的
乃是一场值得奋力赢取的竞赛;与苦难和享乐做斗争;参加那场比赛并
非为了赢得一小枝月桂树枝,而意在追求"毕生的幸福和美德"。这个
正直的人已用苦难摆好了架势,

375

即使他必须承受笞刑或遭受刀砍或焚烧之苦,他也毫不示弱。

饥饿、流放、名誉扫地以及类似之事都无法令他畏惧；不仅如此，他还把它们看得微不足道，……如果我们蔑视苦难且甘愿承受它们，它们对我们就会难以奏效。

忍受痛苦和肉体上的打击绝非耻辱之源，而会成为一场为荣誉和胜利而战的高尚比赛，正如在体育竞技场上发生的一样。

这是《马加比传四书》的作者在描写"苦难的竞技场"（11：20）中发生之事时使用的第一个比喻，在那里殉道士们为神圣和美德而战（12：14），至死都在忍受着折磨，绝不屈服于暴君的淫威；对他们而言这本是一场光荣的胜利。即使在肉体的极度痛苦之下，他们也不服输："我儿，这样的反抗是高尚的，上帝呼召你们为我们的民族作见证。你们当为我们祖宗的律法热心抗争。"（16：16）作者把殉道士们赞美成参赛者，他们在充当观众的世人面前击败了其对手安提阿古。"结果敬虔得胜了，并为她的参赛者加冕。谁不钦佩神圣律法的得胜者？谁不感到惊奇？"（17：15—16）

新约作者们亦广泛运用了运动员的比喻，致使忍耐非信徒的敌意和反对、全身心追求福音奖赏的行为成为一次高尚而光荣的冒险，甚至在面临痛苦的斥责和羞辱时也应赋予参赛者以尊严：

> 我们既有这许多的见证人，如同云彩围绕着我们，就当……心存忍耐，奔走那摆在我们前头的路程，仰望为我们的信心创始成终的耶稣……，你们与罪恶（antagōnizomenoi）相争，尚未抵挡到流血的地步。
>
> （《希伯来书》12：1—4，本书作者的译文）

> 岂不知在场上赛跑的都跑，但得奖赏的只有一人？你们也当这样跑，好叫你们得着奖赏。凡较力争胜的，诸事都有节制，他们不过是要得能坏的冠冕；我们却是要得不能坏的冠冕。所以，我奔跑，不像无定向的；我斗拳，不像打空气的。我是攻克己身，叫身服我。
>
> （《标准修订版·哥林多前书》9：24—27；亦见《腓利门书》3：12—14）

希腊化时期犹太人使用过这一重要比喻的文献有许多种,《马加比传四书》乃其中之一。就像在《马加比传四书》中那样,我们在《新约》中亦能发现,那种受到怀疑、蔑视且经常招致考验与敌意的生活方式,被描绘成一场为美德而战的有众多对手参赛的高尚竞赛。但是,通过屈服于对手的打击而与他们握手言和并非胜利,胜利在于忍耐其敌意的行为之中,在于坚守到获得上帝承诺给胜利者的奖赏之际。

376

军人的比喻

《马加比传四书》对军队语言的运用也取得了相似的效果。作者把殉道士们比喻成忠于职守、坚守阵地、斗争到底的战士(9:23—24)和一座正被围攻的城池(7:4)。连那位母亲也被赞美成"为信仰而战的上帝的勇士"(16:14)。战场可能是赢得奖赏和荣誉的最传统的场所,勇敢和忍耐在那里得到极度的宣扬,因为一个民族的安危极为密切地维系在那些正直的战士身上,他们坚守阵地,宁死不屈。我们的作者用这一比喻去赞美那些犹太人,他们为了维护自己的文化——在希腊化世界中的一种少数民族文化,固守阵地,宁愿惨烈地死去也不苟且偷生。尽管在旁观者看来,他们的反抗也许是可怜的、不光彩的,但事实上那些反抗有力地打击了敌人,他们用大无畏的牺牲战胜了暴君(1:11;9:30;11:24—27;18:4)。

由于坚持到底而取得军事胜利的范例(即如斯巴达人在著名的温泉关战役中的表现)亦非常明显地出现在耶稣基督对约翰的启示中。当基督徒必须作出抉择——要么绝对忠于独一上帝和羔羊耶稣,要么服从世俗的权威——之际,约翰向前瞭望,看到将临的未来,使基督徒们作好准备,凭借对上帝的至死不渝来赢得胜利。殉道士们战胜了敌对上帝的制度,因为他们没有向那种制度投降。藉着这样的行为,殉道士们"战胜"了上帝的敌人以及自身灵魂的敌人(《启示录》12:10—11;15:2)。这一范例亦出现在约翰对耶稣之死的解释中,因为耶稣藉着死战胜了他的敌人。世人眼中屈辱的十字架已变成对上帝之敌的强大胜利(《启示录》5:5—6)和上帝子民的赎价(5:9—10),它融合了《马加比传四书》中的两个中心意象:作为胜利的死和作为赎价牺牲的死。

暂时利益与永恒利益

《马加比传四书》的第三个修辞特征亦出现在新约文献的用语中,即对暂时利益和永恒利益的比较。在辩论性话语中,两位(或更多的)演讲者会提出两种不同的行为准则,每人都试图使听众相信其准则优于对方的准则,进而希望听众去信奉自己的准则。对永恒来世生活的信仰为现世的人们提供了两条选择道路,其依据便是它的永久结局。柏拉图在《高尔吉亚篇》中写到苏格拉底做了这样的事,奉劝人们追求正义、敬虔和美德——即使它们会招致暂时的不幸,也仍将带给人们永恒的利益。尽管哲学家无法在今生用朋友和金钱来保护自己不受侵犯,他或她却会在来世永远过着幸福生活,而那些沉溺于世俗事物、无视自己灵魂得救的人则会远不及他们。

因此在《马加比传四书》中,我们亦发现这位犹太作者使用了此一修辞策略。七兄弟接受了暂时的失利,即由严刑拷打和剥夺生命带来的痛苦,却因而避免了无尽的灾难,即由背叛上帝带来的危险(13:14—15)。该主题在对母亲的赞颂中得到更充分的表现:

> 她面前有两个选择,一个是敬虔,一个是按暴君的承诺暂时保全她的七个儿子。但她更爱慕敬虔,因为敬虔使他们永远长存,直到永生,正如上帝所说的。……但因敬畏上帝的缘故,她放弃了孩子们暂时的安全,……她没有选择使儿子多活片刻的途径。
>
> (15:2—3,8,27,着重号是本书作者所加)

这一修辞策略就像对运动员和军人比喻的运用一样,使忍受暂时耻辱和损失的行为对那些忍受者来说,是理性而高尚的,因为他明白眼前的痛苦结束后,随之而来的乃是永恒的利益和荣耀。妥协于主流文化绝不再是诱人的选择,因为它真正剥夺了一个人可以藉着当下忍耐而得到的更大利益。

新约作者亦发现这是一种加强信徒信仰的有效的论证方式,这不足为奇。例如,保罗就权衡过他本人为福音遭受的苦难与永恒奖赏之间的关系:

> 我们不丧胆,……我们这至暂至轻的苦楚,要为我们成就极重无比永远的荣耀,原来我们不是顾念所见的,乃是顾念所不见的;因为所见的是暂时的,所不见的是永远的。
>
> (《哥林多后书》4:16—18)

保罗在犹太人中丧失了地位和尊严,忍受着漂泊的生活,还被不信的人所羞辱,这些构成暂时的困境,但是,他对基督的忠诚将换来永久的利益,故暂时的逆境是值得忍耐的。

《希伯来书》的作者也许最广泛地使用了这种比较。他通过一系列事例阐明信仰的美德(比较《马加比传四书》16:20—22),也包括摩西在内,"他宁可和神的百姓同受虐待,也不愿享受罪中的短暂欢乐",因为他"盼望所要得的赏赐"(11:25—26)。信仰必将得到上帝承诺的永久恩惠(或"更美长存的家业",10:34;"一个更美的家乡,就是在天上的",11:16;"更美的复活",11:35),而反对用分裂神之百姓和遵守这背逆社会之生活方式换来眼前的利益。信仰深知前者的巨大价值,甘愿承受后者的损失以便获得它(见10:34)。这位作者也毫无保留地谈到上帝将会给那些蔑视其恩赐者降下永久的祸端,因为他们选择了世俗的认可和许诺,而无视上帝的恩惠(6:4—8;10:26—31,35—39)。

《马加比传四书》为我们洞察1世纪的早期基督教语境提供了许多帮助。作品除了有力地论证了信仰、忠诚以及藉服从上帝来排除信仰的障碍外,还将有益的阳光普照在新约文献的神学和修辞策略上。

影 响

当教会继而遭到罗马当局更为强烈的反对时,马加比文献中的殉道士典范对那些当时因"同样信仰上帝"(16:22)而面临类似威胁的人们来说变得愈发重要,殉道士文学作为鼓励教会抗争到底的精神动力也变得更加重要。其中最早被人称颂的基督教殉道士是安提阿主教依纳爵,他死于公元 110 年左右。作为主教,他管辖着《马加比传四书》可能成书的地方,所以或许直接受到这部作品的影响。他即将殉道时把它看成一份"恩惠"和一次"佳美"的死亡,就像《马加比传四书》中的殉道士们所认定的那样(9:29;11:12,见 Frend 1967:152)。依纳爵谈到自己的死亡时,认为它代表着其他基督徒的生命(《致以弗所人书》21.1;《致士每拿人书》10.2;《致波利卡普书》2.3;6.1),这一见解借用殉道士观念的可能性比借用基督论的可能性更大。2 世纪中叶的《波利卡普殉道记》亦可能体现出《马加比传四书》的观点,尤其表现在总督劝阻波利卡普的话语中,即不要固守死亡之路(《波利卡普殉道记》9.2—3);以及体现在波利卡普拒绝其诱惑的言辞中:"你用那稍燃即逝的火焰来威胁我,因为你无视未来审判的烈火和永久的惩罚,这些都是给不敬神的人准备的。"(《波利卡普殉道记》11.2)思考眼前利益与永久利益孰更重要,正如我们已经发现的那样,是这部犹太著作的一个重要特征。在作者笔下,殉道士之死被描绘成新生(《波利卡普殉道记》18.3;依纳爵《致罗马人书》6.1;比较《马加比传四书》16:13);殉道士必赢得奖赏(《波利卡普殉道记》17.1;比较《马加比传四书》9:28;15:29;17:12);对殉道士所作见证的奖赏乃是一顶"不朽的王冠"(《波利卡普殉道记》17.1;19.2;比较《马加比传四书》17:12,15)。

379

当迫害加剧并蔓延时,这部作品的影响更加显著。奥利金的《对殉难的劝勉》描写了公元 235 年马克西敏迫害基督教士时期的两位该撒利亚副主教,在讲道学上它是对《马加比传下》第 6—7 章和《马加比传四书》第 5—18 章所载殉道事件的复述。但是仔细观察奥利金的语言,会发现他显然主要受到后一文本的影响,尤其表现在对运动员比喻的运用和对因"美德"或"虔诚"而死的关注上。而且《马加比传四书》16:18—19 中母亲讲话的思路也被奥利金采用,他宣称上帝恩惠之正直的接受者会寻求报答该恩惠的途径,而最完美的报答方式就是殉道。

　　君士坦丁的皈依和法令实际上消除了政府的迫害,但即使在这一威胁消失后(后来变成教会对异教徒的迫害),《马加比传四书》仍继续在基督徒中广为流传。(拿先斯的)贵格利和约翰·克里索斯托布道时都赞颂了这些殉道士,并将他们的事迹介绍给会众,贵格利显然已将《马加比传四书》牢记于心,因为他提到"这是一部哲学地思考理性战胜感情的书"。这部作品连同它讲述的故事,继续鼓励着基督徒在以美德对抗"扰乱灵魂的感情"的竞赛中高贵地战斗,它也继续提醒读者,即使一个人的身体被迫害者蹂躏,即使他在外背负着恶名,他仍能享有尊严。理性受到上帝教导的人会采取必要的手段,去反抗任何旨在使人违背良知和背弃上帝的压迫。

380

参考文献

Abegg, M., P. Flint, and E. Ulrich. 1999. *The Dead Sea Scrolls Bible*. San Francisco: HarperSanFrancisco.

Abel, F.-M. 1949. *Les livres des Maccabées*. Paris: Gabalda.

Ackroyd, P. R., and C. F. Evans, eds. 1970. *The Cambridge History of the Bible*. Vol. 1, *From the Beginnings to Jerome*. Cambridge: Cambridge University Press.

Anderson, G. W. 1970. "Canonical and Non-canonical." Pp. 113–59 in Ackroyd and Evans, eds., 1970.

Anderson, H. 1985a. "3 Maccabees (First Century B.C.): A New Translation and Introduction." Pp. 509–29 in Charlesworth, ed., 1985.

———. 1985b. "4 Maccabees (First Century A.D.): A New Translation and Introduction." Pp. 531–64 in Charlesworth, ed., 1985.

Attridge, H. W. 1986. "Jewish Historiography." Pp. 311–44 in Kraft and Nickelsburg, eds., 1986.

Baars, W. 1972. "Apocryphal Psalms." Vol. 4.6 of *The Old Testament in Syriac according to the Peshitta*. Leiden: Brill.

Bailey, J. W. 1934. "The Temporary Messianic Reign in the Literature of Early Judaism." *JBL* 53: 170–87.

Bailey, K. E. 1972. "Women in Ben Sirach and in the New Testament." Pp. 56–73 in *For Me to Live: Essays in Honor of James Leon Kelso*, edited by R. A. Coughenour. Cleveland: Dillon/Liederbach.

Ball, C. J. 1888. "Judith." Pp. 241–360 in Wace, ed., 1888, vol. 1.

———. 1913. "The Epistle of Jeremy." Pp. 599–611 in Charles, ed., 1913, vol. 1.

Bar-Kochva, B. 1989. *Judas Maccabeus: The Jewish Struggle against the Seleucids*. Cambridge: Cambridge University Press.

Barclay, J. M. G. 1991. *Obeying the Truth: Paul's Ethics in Galatia*. Minneapolis: Fortress.

———. 1996. *Jews in the Mediterranean Diaspora from Alexander to Trajan (323 B.C.E.—117 C.E.)*. Edinburgh: Clark.

Bartlett, J. R. 1998. *1 Maccabees*. Sheffield: Sheffield Academic Press.

Beckwith, R. 1985. *The Old Testament Canon of the New Testament Church and Its Background in Early Judaism*. Grand Rapids: Eerdmans.

Beentjes, P. C. 1997. *The Book of Ben Sira in Hebrew*. Leiden: Brill.

Bennett, W. H. 1913. "Prayer of Azariah and Song of the Three Children." Pp. 625–37 in Charles, ed., 1913, vol. 1.

Bensly, R. L. 1895. *The Fourth Book of Ezra*. Texts and Studies 3.2. Cambridge: Cambridge University Press.

Berger, P. L. 1967. *The Sacred Canopy: Elements of a Sociological Theory of Religion*. Garden City, N.Y.: Doubleday.

Bergren, T. A. 1990. *Fifth Ezra: Text, Origin, and Early History*. Atlanta: Scholars Press.

Bickerman, E. J. 1933. "Ein jüdischer Festbrief vom Jahre 124 v. Chr. (2 Makk 1, 1–9)." *Zeitschrift für die neutestamentliche Wissenschaft und die Kunde der älteren Kirche* 32: 233–53.

———. 1944. "The Colophon of the Greek Book of Esther." *JBL* 63: 339–62.

———. 1950. "Notes on the Greek Book of Esther." *Proceedings of the American Academy of Jewish Research* 20: 101–33.

———. 1976. *Studies in Jewish and Christian History*. Arbeiten zur Geschichte des antiken Judentums und des Urchristentums 9. Leiden: Brill.

———. 1979. *The God of the Maccabees: Studies on the Meaning and Origin of the Maccabean Revolt*. Translated by H. R. Moehring. Studies in Judaism in Late Antiquity 32. Leiden: Brill.

Bissell, E. C. 1899. *The Apocrypha of the Old Testament*. New York: Scribner.

Blenkinsopp, J. 1995. *Wisdom and Law in the Old Testament*. Oxford: Oxford University Press.

Boccaccini, G. 1991. *Middle Judaism: Jewish Thought 300 B.C.E. to 200 C.E.* Minneapolis: Fortress.

Boitani, P. 1996. "Susanna in Excelsis." Pp. 7–19 in Spolsky, ed. 1996.

Bow, B., and G. W. E. Nickelsburg. 1993. "Patriarchy with a Twist: Men and Women in Tobit." Pp. 127–43 in *"Women Like This": New Perspectives on Jewish Women in the Greco-Roman World*, edited by A.-J. Levine. Atlanta: Scholars Press.

Box, G. H. 1913. "4 Ezra." Pp. 542–624 in Charles, ed., 1913, vol. 2.

———. 1917. *The Apocalypse of Ezra*. London: SPCK.

Box, G. H., and W. O. E. Oesterley. 1913. "The Book of Sirach." Pp. 268–517 in Charles, ed., 1913, vol. 1.

Breech, E. 1973. "These Fragments I Have Shored against My Ruins: The Form and Function of 4 Ezra." *JBL* 92: 267–74.

Brownlee, W. H. 1966. "Le livre grec d'Esther et la royauté divine." *Revue biblique* 73: 161–85.

Brüll, N. 1877. "Das apokryphische Susanna Buch." *Jahrbuch für jüdische Geschichte und Literatur* 3: 1–69.

———. 1887. "Die Geschichte von Bel und dem Drachen." *Jahrbuch für jüdische Geschichte und Literatur* 8: 28–29.

Burke, D. G. 1982. *The Poetry of Baruch: A Reconstruction and Analysis of the Original Hebrew Text of Baruch 3:9–5:9*. Chico, Calif.: Scholars Press.

Callaway, M. C. 1997. "The Apocrypha/Deuterocanonical Books: An Anglican/Episcopal View." Pp. xxxv–xxxix in Kohlenberger, ed., 1997.

Camp, C. V. 1991. "Understanding a Patriarchy: Women in Second-Century Jerusalem through the Eyes of Ben-Sira." Pp. 1–39 in *"Women Like This": New Perspectives on Jewish Women*, edited by A.-J. Levine. Atlanta: Scholars Press.

Caponigro, M. S. 1992. "Judith, Holding the Tale of Herodotus." Pp. 47–60 in VanderKam, ed., 1992.

Carson, D. A. 1997. "The Apocrypha/Deuterocanonicals: An Evangelical View." Pp. xliv–xlvii in Kohlenberger, ed., 1997.

Charles, R. H., ed. 1913. *The Apocrypha and Pseudepigrapha of the Old Testament in English.* 2 vols. Oxford: Oxford University Press.

Charlesworth, J. H. 1985. "The Prayer of Manasseh (Second Century B.C.–First Century A.D.): A New Translation and Introduction." Pp. 625–38 in Charlesworth, ed., 1985.

———, ed. 1983. *The Old Testament Pseudepigrapha.* Vol. 1, *Apocalyptic Literature & Testaments.* Garden City, N.Y.: Doubleday.

———, ed. 1985. *The Old Testament Pseudepigrapha.* Vol. 2, *Expansions of the "Old Testament" and Legends, Wisdom and Philosophical Literature, Prayers, Psalms and Odes, Fragments of Lost Judeo-Hellenistic Works.* Garden City, N.Y.: Doubleday.

Charlesworth, J. H., and J. A. Sanders. 1985. "More Psalms of David (Second Century B.C.–First Century A.D.): A New Translation and Introduction." Pp. 609–15 in Charlesworth, ed., 1985.

Cheon, S. 1997. *The Exodus Story in the Wisdom of Solomon: A Study in Biblical Interpretation.* Sheffield: Sheffield Academic Press.

Chroust, A. H. 1964. *Aristotle: Protrepticus. A Reconstruction.* South Bend, Ind.: University of Notre Dame Press.

Clarke, E. G. 1973. *The Wisdom of Solomon.* Cambridge: Cambridge University Press.

Clines, D. J. A. 1984. *The Esther Scroll: The Story of the Story.* Journal for the Study of the Old Testament: Supplement Series 30. Sheffield: JSOT Press.

Coggins, R. J. 1998. *Sirach.* Sheffield: Sheffield Academic Press.

Coggins, R. J., and M. A. Knibb. 1979. *The First and Second Books of Esdras.* Cambridge: Cambridge University Press.

Cohen, S. J. D. 1987. *From the Maccabees to the Mishnah.* Philadelphia: Westminster.

Collins, J. J. 1984. "Apocalyptic Literature." Pp. 383–442 in Stone, ed., 1984.

———. 1986. "Apocalyptic Literature." Pp. 345–70 in Kraft and Nickelsburg, eds., 1986.

———. 1987. *The Apocalyptic Imagination: An Introduction to the Jewish Matrix of Christianity.* New York: Crossroad.

———. 1993. *Daniel.* Hermeneia. Minneapolis: Fortress.

———. 1997a. "The Apocryphal/Deuterocanonical Books: A Catholic View." Pp. xxxi–xxxiv in Kohlenberger, ed., 1997.

———. 1997b. *Jewish Wisdom in the Hellenistic Age.* Louisville: Westminster/John Knox.

———. 2000. *Between Athens and Jerusalem: Jewish Identity in the Hellenistic Diaspora.* 2nd ed. Grand Rapids: Eerdmans.

Constantelos, D. 1997. "The Apocryphal/Deuterocanonical Books: An Orthodox View." Pp. xxvii–xxx in Kohlenberger, ed., 1997.

Coogan, M. D., ed. 1998. *The Oxford History of the Biblical World.* Oxford: Oxford University Press.

Cook, H. J. 1969. "The A-Text of the Greek Versions of the Book of Esther." *Zeitschrift für die alttestamentliche Wissenschaft* 81: 369–76.

Cook, S. A. 1913. "I Esdras." Pp. 1–58 in Charles, ed., 1913, vol. 1.

Cowley, A. E. 1913. "The Book of Judith." Pp. 242–67 in Charles, ed., 1913, vol. 1.

Craven, T. 1983. *Artistry and Faith in the Book of Judith*. Chico, Calif.: Scholars Press.

Crenshaw, J. L. 1975. "The Problem of Theodicy in Sirach: On Human Bondage." *JBL* 94: 47–64.

———. 1981. *Old Testament Wisdom*. Atlanta: John Knox.

Dagut, M. J. 1953. "2 Maccabees and the Death of Antiochus IV Epiphanes." *JBL* 72: 149–57.

Davies, T. Witton. 1913. "Bel and the Dragon." Pp. 652–64 in Charles, ed., 1913, vol. 1.

Davies, W. D., and L. Finkelstein, eds. 1984. *The Cambridge History of Judaism*. Vol. 1, *The Persian Period*. Cambridge: Cambridge University Press.

———, eds. 1989. *The Cambridge History of Judaism*. Vol. 2, *The Hellenistic Period*. Cambridge: Cambridge University Press.

de Jonge, M. 1988. "Jesus' Death for Others and the Death of the Maccabean Martyrs." Pp. 142–51 in *Text and Testimony: Essays on New Testament and Apocryphal Literature in Honor of A. F. J. Klijn*, edited by T. Baarda et al. Kampen, Netherlands: Kok.

de Lange, N. 1978. *Apocrypha: Jewish Literature of the Hellenistic Age*. New York: Viking Press.

Delcor, M. 1971. *Le livre de Daniel*. Paris: Gabalda.

———. 1989. "The Apocrypha and Pseudepigrapha of the Hellenistic Period." Pp. 409–503 in Davies and Finkelstein, eds., 1989.

Deselaers, P. 1982. *Das Buch Tobit: Stuiden zu seiner Entstehung, Komposition, und Theologie*. Göttingen: Vandenhoeck & Ruprecht.

deSilva, D. A. 1992. "The Revelation to John: A Case Study in Apocalyptic Propaganda and the Maintenance of Sectarian Identity." *Sociological Analysis* 53: 375–95.

———. 1993. "The Construction and Social Function of a Counter-Cosmos in the Revelation of John." *Forum* 9: 47–61.

———. 1995. *Despising Shame: Honor Discourse and Community Maintenance in the Epistle to the Hebrews*. Society of Biblical Literature Dissertation Series 152. Atlanta: Scholars Press.

———. 1996. "The Wisdom of Ben Sira: Honor, Shame, and the Maintenance of the Values of a Minority Culture." *CBQ* 58: 433–55.

———. 1998. *4 Maccabees*. Sheffield: Sheffield Academic Press.

———. 1999. "Fourth Ezra: Reaffirming Jewish Cultural Values through Apocalyptic Rhetoric." Pp. 123–39 in *Vision and Persuasion: Rhetorical Dimensions of Apocalyptic Discourse*, edited by G. Carey and L. G. Bloomquist. St. Louis: Chalice Press.

———. 2000a. *Perseverance in Gratitude: A Socio-Rhetorical Commentary on the Epistle "to the Hebrews."* Grand Rapids: Eerdmans.

———. 2000b. *Honor, Patronage, Kinship, and Purity: Unlocking New Testament Culture*. Downers Grove, Ill.: InterVarsity Press.

———. 2000c. "Why Did God Choose Abraham?" *Bible Review* 16: 16–21, 42–44.

Di Lella, A. A. 1966a. *The Hebrew Text of Sirach: A Text-Critical and Historical Study*.

The Hague: Mouton.

————. 1966b. "Conservative and Progressive Theology: Sirach and Wisdom." *CBQ* 28: 139–54.

————. 1979. "The Deuteronomistic Background of the Farewell Discourse in Tob 14:3–11." *CBQ* 51: 380–89.

————. 1992. "Wisdom of Ben-Sira." Pp. 931–45 in Freedman, ed., 1992, vol. 6.

————. 1995. "Women in the Wisdom of Ben Sira and the Book of Judith: A Study in Contrasts and Reversals." Pp. 39–52 in *Congress Volume: Paris 1992,* edited by J. A. Emerton. Vetus Testamentum Supplements 61. Leiden: Brill.

————. 1996. "The Wisdom of Ben Sira: Resources and Recent Research." *Currents and Trends in Research* 4: 161–81.

Doran, R. 1980. "The Martyr: A Synoptic View of the Mother and Her Seven Sons." Pp. 189–222 in *Ideal Figures in Ancient Judaism,* edited by J. J. Collins and G. W. E. Nickelsburg. Chico, Calif.: Scholars Press.

————. 1981. *Temple Propaganda: The Purpose and Character of 2 Maccabees.* Catholic Biblical Quarterly Monograph Series 12. Washington, D.C.: Catholic Biblical Association.

Downing, J. 1963. "Jesus and Martyrdom." *JTS* 14: 279–93.

Dubarle, A. M. 1966. *Judith: Formes et sens des diverses traditions.* 2 vols. Analecta biblica 24. Rome: Pontifical Biblical Institute.

du Boylay, J. 1976. "Lies, Mockery, and Family Integrity." Pp. 389–406 in *Mediterranean Family Structures,* edited by J. G. Peristiany. Cambridge: Cambridge University Press.

Duesberg, H., and P. Auvray. 1958. *Le livre de L'Ecclésiastique.* Paris: Cerf.

Dupont-Sommer, A. 1935. "Les impies du livre de la Sagesse sont-ils des Épicuriens?" *Revue de l'histoire des religions* 111: 90–112.

————. 1939. *Le quatrième livre des Machabées.* Paris: Champion.

Eissfeldt, O. 1964. *The Old Testament: An Introduction.* Translated by P. R. Ackroyd. New York: Harper & Row.

Emmet, C. W. 1913. "The Third Book of Maccabees." Pp. 155–73 in Charles, ed., 1913, vol. 1.

Enns, P. 1997. *Exodus Retold.* Atlanta: Scholars Press.

Enslin, M., and S. Zeitlin. 1972. *The Book of Judith.* Leiden: Brill.

Eron, L. J. 1991. "'That Women Have Mastery over Both King and Beggar' (T. Jud. 15.5)—The Relationship of the Fear of Sexuality to the Status of Women in the Apocrypha and Pseudepigrapha: 1 Esdras (3 Ezra), Ben Sira, and the Testament of Judah." *Journal for the Study of the Pseudepigrapha* 9: 43–66.

Esler, P. F. 1994. "The Social Function of 4 Ezra." *Journal for the Study of the New Testament* 53: 99–123.

Evans, C. A., and S. E. Porter, eds. 2000. *Dictionary of New Testament Background.* Downers Grove, Ill.: InterVarsity Press.

Evans, C. D. 1992. "Manasseh, King of Judah." Pp. 496–99 in Freedman, ed., 1992, vol. 6.

Feldman, L. H. 1986. "How Much Hellenism in Jewish Palestine?" *Hebrew Union College Annual* 57: 83–111.

Feldman, L. H., and M. Reinhold, eds. 1996. *Jewish Life and Thought among Greeks and Romans.* Minneapolis: Fortress.

Fischer, T. 1992. "Maccabees, Books of." Pp. 439–50 in Freedman, ed., 1992, vol. 4.

Fitzmyer, J. A. 1995a. "The Aramaic and Hebrew Fragments of Tobit from Cave 4." *CBQ* 57: 655–75.

———. 1995b. *Tobit.* Discoveries in the Judean Desert 19. Oxford: Oxford University Press.

Freedman, D. N., ed. 1992. *The Anchor Bible Dictionary.* 6 vols. Garden City, N.Y.: Doubleday.

Frend, W. H. C. 1967. *Martyrdom and Persecution in the Early Church: A Study of Conflict from the Maccabees to Donatus.* New York: New York University Press.

Gabba, E. 1989. "The Growth of Anti-Judaism or the Greek Attitude towards the Jews." Pp. 614–56 in Davies and Finkelstein, eds., 1989.

Gardner, A. E. 1984. "The Relationship of the Additions to the Book of Esther to the Maccabean Crisis." *JSJ* 15: 1–8.

Gaster, M. 1894–95. "The Unknown Aramaic Original of Theodotion's Additions to the Book of Daniel." *Proceedings of the Society for Biblical Archaeology* 16: 280–90, 312–17; 17: 75–94.

Gerould, G. H. 1950. "The Words of Ahiqar." Pp. 427–30 in Pritchard, ed., 1950.

Gilbert, M. 1973. *La critique des dieux dans le livre de Sagesse (Sg 13–15).* Analecta biblica 53. Rome: Biblical Institute Press.

———. 1984. "Wisdom Literature." Pp. 301–13 in Stone, ed., 1984.

Glasson, T. F. 1959. "The Main Source of Tobit." *Zeitschrift für die alttestamentliche Wissenschaft* 71: 275–77.

Goldstein, J. 1984. "The Origins of the Doctrine of Creation Ex Nihilo." *Journal of Jewish Studies* 35: 127–35.

———. 1987. "Creation Ex Nihilo: Recantations and Restatements." *Journal of Jewish Studies* 38: 187–94.

Goldstein, J. A. 1976. *I Maccabees.* AB 41. Garden City, N.Y.: Doubleday.

———. 1983. *II Maccabees.* AB 41A. Garden City, N.Y.: Doubleday.

Goodman, W. R. 1992. "Esdras, First Book of." Pp. 609–11 in Freedman, ed., 1992, vol. 2.

Grabbe, L. L. 1991. "Maccabean Chronology: 167–164 or 168–165 B.C.E." *JBL* 110: 59–74.

———. 1992. *Judaism from Cyrus to Hadrian.* Vol. 1, *The Persian and Greek Periods.* Vol. 2, *The Roman Period.* Minneapolis: Fortress.

———. 1997. *Wisdom of Solomon.* Sheffield: Sheffield Academic Press.

———. 2000. "Jewish History: Roman Period." Pp. 576–80 in Evans and Porter, eds., 2000.

Grant, R. M. 1967. *After the New Testament.* Philadelphia: Fortress.

Green, P. 1990. *Alexander to Actium: The Hellenistic Age.* London: Thames and Hudson.

Gregg, J. A. F. 1913. "The Additions to Esther." Pp. 665–84 in Charles, ed., 1913, vol. 1.

Grelot, P. 1966. "Les versions grecques de Daniel." *Bib* 47: 381–402.

Grimm, C. L. W. 1857. "Das zweite, dritte und vierte Buch der Maccabäer." Pp. 283–370 in *Kurzgefasstes exegetisches Handbuch zu den Apokryphen des Alten Testaments,* edited by O. Fritzsche. Part 4. Leipzig: Weidmann.

———. 1860. *Das Buch der Weisheit.* Leipzig: Hirzel.

Habicht, C. 1976a. *2 Makkabäerbuch. JSHRZ* 1.3. Gütersloh: Mohn.

———. 1976b. "Royal Documents in II Maccabees." *Harvard Studies in Classical*

Philology 80: 1–18.

Hadas, M. 1953. *The Third and Fourth Books of Maccabees.* New York: Harper.

———. 1959. *Hellenistic Culture: Fusion and Diffusion.* New York and London: W. W. Norton & Co.

Hallo, W. W., ed. 1997. *The Context of Scripture: Canonical Compositions from the Biblical World.* Vol. 1. Leiden: Brill.

Halpern-Amaru, B. 1996. "The Journey of Susanna among the Church Fathers." Pp. 22–41 in Spolsky, ed., 1996.

Hanhart, R. 1959. *Maccabaeorum liber II.* Septuaginta 9.2. Göttingen: Vandenhoeck & Ruprecht.

———. 1966. *Esther.* Septuaginta 3. Göttingen: Vandenhoeck & Ruprecht.

———. 1974. *Esdrae liber I.* Septuaginta 8.1. Gottingen: Vandenhoeck & Ruprecht.

———. 1979a. *Iudith.* Septuaginta 8.4. Göttingen: Vandenhoeck & Ruprecht.

———. 1979b. *Text und Textgeschichte des Buches Judith.* Göttingen: Vandenhoeck & Ruprecht.

———. 1983. *Tobit.* Septuaginta 8.5. Göttingen: Vandenhoeck & Ruprecht.

———. 1984. *Text und Textgeschichte des Buches Tobit.* Göttingen: Vandenhoeck & Ruprecht.

Harrington, D. J. 1988. *The Maccabean Revolt: Anatomy of a Biblical Revolution.* Wilmington, Del.: Michael Glazier.

———. 1994. "Sirach Research since 1965: Progress and Questions." Pp. 164–76 in *Pursuing the Text: Studies in Honour of Ben Zion Wacholder on the Occasion of His Seventieth Birthday,* edited by J. C. Reeves and J. Kampden. Journal for the Study of the Old Testament: Supplement Series 184. Sheffield: Sheffield Academic Press.

———. 1999. *Invitation to the Apocrypha.* Grand Rapids: Eerdmans.

Harris, R. 1915–16. "A Quotation from Judith in the Pauline Epistles." *Expository Times* 27: 13–15.

Harrison, R. 1994. "Hellenization in Syria-Palestine: The Case of Judea in the Third Century B.C.E." *Biblical Archaeologist* 57: 98–110.

Hartman, L. F., and A. A. Di Lella. 1978. *The Book of Daniel.* AB 23. Garden City, N.Y.: Doubleday.

Harwell, R. R. 1915. "The Principal Versions of Baruch." Ph.D. diss., Yale University.

Hayes, J. H., and S. R. Mandell 1998. *The Jewish People in Classical Antiquity: From Alexander to Bar Kochba.* Louisville: Westminster/John Knox.

Hengel, M. 1974. *Judaism and Hellenism.* 2 vols. Philadelphia: Fortress.

———. 1980. *Jews, Greeks, and Barbarians.* Philadelphia: Fortress.

Holmes, S. 1913. "The Wisdom of Solomon." Pp. 518–68 in Charles, ed., 1913, vol. 1.

Howorth, H. H. 1901–2. "Some Unconventional Views on the Text of the Bible." *Proceedings of the Society of Biblical Archaeology* 23: 147–49, 305–25; 24: 147–72, 332–40.

Jacob, B. 1890. "Das Buch Esther bei dem LXX." *Zeitschrift für die alttestamentliche Wissenschaft* 10: 241–98.

Jansen, H. L. 1937. "La composition du Chant de Judith." *Acta orientalia* 15: 63–71.

Jeffrey, D. L. 1996. "False Witness and the Just Use of Evidence in the Wycliffite Pistel of Swete Susan." Pp. 57–72 in Spolsky, ed., 1996.

Jobes, K. H., and M. Silva. 2000. *Invitation to the Septuagint.* Grand Rapids: Baker.

Julius, C. 1903. "Die griechischen Danielzusätze und ihre kanonische Geltung." Biblische Studien (Frieburg, 1895–). 6: 1–183.

Kabisch, R. 1889. *Das vierte Buch Esra auf seine Quellen untersucht.* Göttingen: Vandenhoeck & Ruprecht.

Kaplan, M. L. 1996. "Sexual Slander and the Politics of the Erotic in Gartner's Susanna." Pp. 73–84 in Spolsky, ed., 1996.

Kappler, W. 1967. *Maccabaeorum liber I.* Septuaginta 9.1. Göttingen: Vandenhoeck & Ruprecht.

Kay, D. M. 1913. "Susanna." Pp. 638–51 in Charles, ed., 1913, vol. 1.

Klauck, H.-J. 1989. *4 Makkabäerbuch. JSHRZ* 3.6. Gütersloh: Mohn.

Kloppenberg, J. S. 1982. "Isis and Sophia in the Book of Wisdom." *Harvard Theological Review* 75: 57–84.

Knibb, M. A. 1982. "Apocalyptic and Wisdom in 4 Ezra." *JSJ* 13: 56–74.

Kohlenberger, J. R., III, ed. 1997. *The Parallel Apocrypha.* New York: Oxford University Press.

Kolenkow, A. B., and J. J. Collins. 1986. "Testaments." Pp. 259–86 in Kraft and Nickelsburg, eds., 1986.

Kraft, R. A., and G. W. E. Nickelsburg, eds. 1986. *Early Judaism and Its Modern Interpreters.* Philadelphia: Fortress; Atlanta: Scholars Press.

Kuhl, C. 1930. *Die drei Männer im Feure. Beihefte zur Zeitschrift für die alttestamentliche Wissenschaft* 55. Giessen: Töpelmann.

Larcher, C. 1969. *Études sur le livre de la Sagesse.* Paris: Gabalda.

Lebram, J. C. H. 1974. "Die literarische Form des vierten Makkabäerbuches." *Vigiliae christianae* 28: 81–96.

Lee, G. M. 1968. "Apocryphal Cats: Baruch 6:21." *Vetus Testamentum* 18:488–93.

Lee, T. R. 1986. *Studies in the Form of Sirach 44–50.* Society of Biblical Literature Dissertation Series 75. Atlanta: Scholars Press.

Lehmann, M. R. 1961. "'Yom Kippur' in Qumran (and Ben Sira)." *Revue de Qumran* 3: 117–24.

Leon, H. J. [1960] 1995. *The Jews of Ancient Rome.* Rev. ed. Peabody, Mass.: Hendrickson.

Lévi, I. 1933. "L'histoire de 'Suzanne et les deux vieillards' dans la littérature juïve." *Revue des études juives* 95: 157–71.

Levine, A.-J. 1991. "Tobit: Teaching Jews How to Live in the Diaspora." *Bible Review* 8: 42–51, 64.

———. 1992. "Sacrifice and Salvation: Otherness and Domestication in the Book of Judith." Pp. 17–30 in VanderKam, ed., 1992.

———. 1998. "Visions of Kingdoms: From Pompey to the First Jewish Revolt." Pp. 467–516 in Coogan, ed., 1998.

Levison, J. 1985. "Is Eve to Blame? A Contextual Analysis of Sirach 25:24." *CBQ* 47: 617–23.

Lindenberger, J. M. 1985. "Ahiqar (Seventh to Sixth Century B.C.): A New Translation and Introduction." Pp. 479–507 in Charlesworth, ed., 1985.

Longenecker, B. W. 1991. *Eschatology and the Covenant: A Comparison of 4 Ezra and Romans 1–11.* Sheffield: JSOT Press.

———. 1995. *2 Esdras.* Sheffield: Sheffield Academic Press.

Mack, B. L. 1973. *Logos und Sophia.* Göttingen: Vandenhoeck & Ruprecht.

———. 1985. *Wisdom and the Hebrew Epic: Ben Sira's Hymn in Praise of the Fathers.* Chicago: University of Chicago Press.

———. 1989. "Sirach." Pp. 65–86 in *The Apocrypha and the New Testament,* vol. 2 of *The Books of the Bible,* edited by B. W. Anderson. New York: Scribner.

MacKenzie, R. A. F. 1983. *Sirach.* Wilmington, Del.: Michael Glazier.

Mantel, H. 1976. "Hsydwt Qdwmh [Ancient Hasidim]." *Studies in Judaism* 60–80.

Martin, R. A. 1975. "Syntax Criticism of the LXX Additions to the Book of Esther." *JBL* 94: 65–72.

Mendels, D. 1992. "Jeremiah, Epistle of." Pp. 721–22 in Freedman, ed., 1992, vol. 3.

Metzger, B. M. 1957. *An Introduction to the Apocrypha.* Oxford: Oxford University Press.

Metzger, B. M., and Roland Murphy, eds. 1991. *The New Oxford Annotated Apocrypha.* New York: Oxford University Press.

Meurer, S., ed. 1991. *The Apocrypha in Ecumenical Perspective.* Translated by Paul Ellingworth. United Bible Societies Monograph Series 6. New York: United Bible Societies.

Middendorp, T. 1973. *Die Stellung Jesus ben Siras zwischen Judentum und Hellenismus.* Leiden: Brill.

Modrzejewski, J. M. 1995. *The Jews of Egypt from Ramses II to Emperor Hadrian.* Philadelphia: Jewish Publication Society.

Moffatt, J. 1913. "2 Maccabees." Pp. 125–54 in Charles, ed., 1913, vol. 1.

Momigliano, A. 1982. "Biblical Studies and Classical Studies: Simple Reflections about Historical Method." *Biblical Archaeologist* 45: 224–28.

Montgomery, J. A. 1927. *A Critical and Exegetical Commentary on the Book of Daniel.* International Critical Commentary. New York: Scribner.

Montley, P. 1978. "Judith in the Fine Arts: The Appeal of the Archetypal Androgyne." *Anima* 4: 37–42.

Moore, C. A. 1967. "A Greek Witness to a Different Hebrew Text of Esther." *Zeitschrift für die alttestamentliche Wissenschaft* 79: 351–58.

———. 1973. "On the Origins of the LXX Additions to Esther." *JBL* 92: 382–93.

———. 1977. *Daniel, Esther, and Jeremiah: The Additions.* AB 44. Garden City, N.Y.: Doubleday.

———. 1982. "Prolegomenon." Pp. xix-xcix in *Studies in the Book of Esther,* edited by C. A. Moore. New York: Ktav Publishing House.

———. 1985. *Judith.* AB 40. Garden City, N.Y.: Doubleday.

———. 1989. "Scholarly Issues in the Book of Tobit Before Qumran and After: An Assessment." *Journal for the Study of the Pseudepigrapha* 5: 65–81.

———. 1992a. "Why Wasn't the Book of Judith Included in the Hebrew Bible?" Pp. 61–72 in VanderKam, ed., 1992.

———. 1992b. "Esther, Additions to." Pp. 626–33 in Freedman, ed., 1992, vol. 2.

———. 1992c. "Jeremiah, Additions to." Pp. 698–706 in Freedman, ed., 1992, vol. 3.

———. 1992d. "Daniel, Additions to." Pp. 18–28 in Freedman, ed., 1992, vol. 2.

———. 1992e. "Judith, Book of." Pp. 1117–25 in Freedman, ed., 1992, vol. 3.

———. 1996. *Tobit.* AB 40A. Garden City, N.Y.: Doubleday.

Mueller, J. R. 1981. "A Prologemenon to the Study of the Social Function of 4 Ezra." Pp. 259–68 in *Society of Biblical Literature 1981 Seminar Papers,* edited by K. H. Richards. Chico, Calif.: Scholars Press.

Murphy-O'Connor, J. 1976. "Demetrius I and the Teacher of Righteousness (1 Macc. x.25–45)." *Revue biblique* 83: 400–420.

Myers, J. M. 1974. *I and II Esdras*. AB 42. Garden City, N.Y.: Doubleday.

Nestle, E. 1899. "Zum Buche Tobias." Pp. 22–35 in *Septuagintastudien,* vol. 3. Stuttgart: Maulbronn.

Neuhaus, G. O. 1974. "Quellen im 1. Makkabäerbuch?" *JSJ* 5: 162–75.

Neusner, J. 1984. "Judaism beyond Catastrophe: The Destruction of the Temple and the Renaissance of Torah." Pp. 89–99 in *Judaism in the Beginning of Christianity,* edited by J. Neusner. London: SPCK.

Neyrey, J. H. 1993. "Deception." Pp. 38–42 in *Biblical Social Values and Their Meanings,* edited by J. J. Pilch and B. J. Malina. Peabody, Mass.: Hendrickson.

Nickelsburg, G. W. E. 1972. *Resurrection, Immortality, and Eternal Life in Intertestamental Judaism.* Cambridge: Harvard University Press.

———. 1984. "Stories of Biblical and Early Post-biblical Times" and "The Bible Rewritten and Expanded." Pp. 33–156 in Stone, ed., 1984.

Oesterley, W. O. E. 1913. "1 Maccabees." Pp. 59–124 in Charles, ed., 1913, vol. 1.

———. 1935. *An Introduction to the Books of the Apocrypha.* London: SPCK.

Oikonomos, E. 1991. "The Significance of the Deuterocanonical Writings in the Orthodox Church." Pp. 16–32 in Meurer, ed., 1991.

Orlinsky, H. L. 1974. "The Canonization of the Hebrew Bible and the Exclusion of the Apocrypha." Pp. 227–84 in *Essays in Biblical Culture and Bible Translation.* New York: Ktav Publishing House.

O'Fearghail, F. 1978. "Sir 50,5–21: Yom Kippur or the Daily Whole-Offering?" *Bib* 59: 301–16.

Parente, F. 1988. "The Third Book of Maccabees as Ideological Document and Historical Source." *Henoch* 10: 143–82.

Paton, L. 1908. *A Critical and Exegetical Commentary on the Book of Esther.* International Critical Commentary. New York: Scribner.

Perry, B. E. 1967. *The Ancient Romances: A Literary-Historical Account of Their Origins.* Berkeley: University of California Press.

Petrie, W. M. F. 1909. *Personal Religion in Egypt before Christianity.* London and New York: Harper & Brothers.

Pfeiffer, R. H. 1949. *History of New Testament Times, with an Introduction to the Apocrypha.* New York: Harper & Brothers.

Pigué, S. 1992. "Psalms, Syriac [Apocryphal]." Pp. 536–37 in Freedman, ed., 1992, vol. 6.

Pilch, J. J. 1992. "Lying and Deceit in the Letters to the Seven Churches: Perspectives from Cultural Anthropology." *Biblical Theology Bulletin* 22: 126–35.

Pitt-Rivers, J. 1966. "Honour and Social Status." Pp. 21–77 in *Honour and Shame: The Values of Mediterranean Society,* edited by J. G. Peristiany. Chicago: University of Chicago Press.

Pohlmann, K. F. 1980. *3. Esra-Buch. JSHRZ* 1.5. Gütersloh: Mohn.

Pritchard, J. B., ed. 1950. *Ancient Near Eastern Texts Relating to the Old Testament.* Princeton: Princeton University Press.

Purdie, E. 1927. *The Story of Judith in German and English Literature.* Paris: Champion.

Purinton, C. E. 1928. "Translation Greek in the Wisdom of Solomon." *JBL* 47: 276–304.

Rahlfs, A. [1935] 1979. *Septuaginta.* Stuttgart: Deutsche Bibelgesellschaft.

Reese, J. M. 1965. "Plan and Structure in the Book of Wisdom." *CBQ* 27: 391–99.

———. 1970. *Hellenistic Influence on the Book of Wisdom and Its Consequences.* Rome: Biblical Institute Press.

———. 1993. "Wisdom of Solomon." Pp. 803–5 in *The Oxford Companion to the Bible,* edited by B. M. Metzger and M. D. Coogan. Oxford: Oxford University Press.

Reider, J. 1957. *The Book of Wisdom.* New York: Harper & Brothers.

Renehan, R. 1972. "The Greek Philosophic Background of Fourth Maccabees." *Rheinisches Museum für Philologie* 115: 223–38.

Ringgren, H. 1947. *Words and Wisdom.* Lund: Ohlsson.

Roiron, F. X. 1916. "Les parties deutérocanoniques du livre d'Esther." *Recherches de science religieuse* 6: 3–16.

Roitman, A. D. 1992. "Achior in the Book of Judith: His Role and Significance." Pp. 31–46 in VanderKam, ed., 1992.

Roth, C. 1952. "Ecclesiasticus in the Synagogue Service." *JBL* 71: 171–78.

Roth, W. 1975. "For Life, He Appeals to Death (Wisd 13:18): A Study of Old Testament Idol Parodies." *CBQ* 37: 21–47.

———. 1980. "On the Gnomic-Discursive Wisdom of Jesus Ben Sirach." Pp. 59–79 in *Gnomic Wisdom,* edited by J. D. Crossan. *Semeia* 17. Chico, Calif.: Society of Biblical Literature.

Ryle, H. E. 1913. "The Prayer of Manasses." Pp. 612–24 in Charles, ed., 1913, vol. 1.

Sanders, J. T. 1979. "Ben Sira's Ethics of Caution." *Hebrew Union College Annual* 50: 73–106.

———. 1983. *Ben Sira and Demotic Wisdom.* Society of Biblical Literature Monograph Series 28. Chico, Calif.: Scholars Press.

Sanders, J. A. 1965. *The Psalms Scroll of Qumran Cave 11.* Discoveries in the Judean Desert 4. Oxford: Oxford University Press.

Saracino, F. 1982. "Resurrezione in Ben Sira?" *Henoch* 4: 185–203.

Sauer, G. 1981. *Jesus Sirach.* Gütersloh: Mohn.

Schaberg, J. 1982. "Major Midrashic Traditions in Wisdom 1,1–6,25." *JSJ* 8: 75–101.

Schechter, S. 1891. "The Quotations from Ecclesiasticus in Rabbinic Literature." *Jewish Quarterly Review* 3: 682–706.

Schuller, E. M. 1992. "The Apocrypha." Pp. 235–43 in *The Women's Bible Commentary,* edited by C. A. Newsome and S. Ringe. Louisville: Westminster/John Knox.

Schunk, K.-D. 1954. *Die Quellen des I und II Makkabäerbuches.* Halle: Niemeyer.

———. 1980. *1 Makkabäerbuch.* JSHRZ 1.4. Gütersloh: Mohn.

Schürer, E. 1986. *The History of the Jewish People in the Age of Jesus Christ (175 B.C.–A.D. 135).* 3 vols. in 4. Revised and edited by G. Vermes, F. Millar, and M. Goodman. Edinburgh: Clark.

Semler, C. 1943. "Traces of the 'Sayings of the Seven Sages' in the Liber Ecclesiasticus." *CBQ* 5: 264–74.

Siebeneck, R. T. 1959. "May Their Bones Return to Life!—Sirach's Praise of the Fathers." *CBQ* 21: 411–28.

————. 1960. "The Midrash of Wisd. 10–19." *CBQ* 22: 176–82.

Simpson, D. C. 1913a. "Tobit." Pp. 174–241 in Charles, ed., 1913, vol. 1.

————. 1913b. "The Chief Recensions of the Book of Tobit." *JTS* 14: 516–30.

Skehan, P. W. 1962. "Why Leave Out Judith?" *CBQ* 24: 147–54.

————. 1963a. "The Hand of Judith." *CBQ* 25: 94–109.

————. 1963b. "Didache 1,6 and Sirach 12,1." *Bib* 44: 533–36.

————. 1971. *Studies in Israelite Poetry and Wisdom.* Catholic Biblical Quarterly Monograph Series 1. Washington: Catholic Biblical Association.

Skehan, P. W., and A. A. Di Lella. 1987. *The Wisdom of Ben Sira.* AB 39. New York: Doubleday.

Smallwood, E. M. 1976. *The Jews under Roman Rule.* Leiden: Brill.

Snaith, J. G. 1974. *Ecclesiasticus.* Cambridge: Cambridge University Press.

Soll, W. 1988. "Tobit and Folklore Studies, with Emphasis on Propp's Morphology." Pp. 39–53 in *Society of Biblical Literature 1988 Seminar Papers,* edited by David Lull. Atlanta: Scholars Press.

Sparks, H. F. D. 1970. "Jerome as Biblical Scholar." Pp. 510–41 in Ackroyd and Evans, eds., 1970.

Speiser, E. A. 1923–24. "The Hebrew Origin of the First Part of the Book of Wisdom." *Jewish Quarterly Review* 14: 455–87.

Spolsky, E. 1996. "Law or the Garden: The Betrayal of Susanna in Pastoral Painting." Pp. 101–18 in Spolsky, ed., 1996.

————, ed. 1996. *The Judgment of Susanna: Authority and Witness.* Society of Biblical Literature Early Judaism and Its Literature 11. Atlanta: Scholars Press.

Stanton, G. N. 1997. "5 Ezra and Matthean Christianity in the Second Century." *JTS* 28: 67–83.

Steinmann, J. 1953. *Lecture de Judith.* Paris: Gabalda.

Steussy, M. J. 1993. *Gardens in Babylon: Narrative and Faith in the Greek Legends of Daniel.* Society of Biblical Literature Dissertation Series 141. Atlanta: Scholars Press.

Stone, M. E. 1983. "Coherence and Inconsistency in the Apocalypses: The Case of 'The End' in 4 Ezra." *JBL* 102: 229–43.

————. 1987. "The Question of Messiah in 4 Ezra." Pp. 209–25 in *Judaisms and Their Messiahs,* edited by J. Neusner et al. Cambridge: Cambridge University Press.

————. 1990. *Fourth Ezra.* Hermeneia. Minneapolis: Fortress.

————. 1991. *Selected Studies in Pseudepigrapha and Apocrypha.* Leiden: Brill.

————, ed. 1984. *Jewish Writings of the Second Temple Period.* Assen: Van Gorcum; Philadelphia: Fortress.

Stone, N. 1992. "Judith and Holofernes: Some Observations on the Development of the Scene in Art." Pp. 73–94 in VanderKam, ed., 1992.

Stuhlmacher, P. 1991. "The Significance of the Old Testament Apocrypha and Pseudepigrapha for the Understanding of Jesus and Christology." Pp. 1–15 in Meurer, ed., 1991.

Suggs, M. J. 1957. "Wisdom of Solomon 2:10–5: A Homily Based on the Fourth Servant Song." *JBL* 76: 26–33.

Sundberg, A. C. 1964. *The Old Testament of the Early Church.* Cambridge: Harvard University Press.

Swete, H. B. 1894. *The Old Testament in Greek According to the Septuagint.* 3 vols. Cambridge: Cambridge University Press.

Talshir, Z. 1999. *I Esdras: From Origin to Translation.* Society of Biblical Literature Septuagint and Cognate Studies 47. Atlanta: Society of Biblical Literature.

Tcherikover, V. [1959] 1999. *Hellenistic Civilization and the Jews.* Peabody, Mass.: Hendrickson.

Tedesche, S., and S. Zeitlin. 1950. *The First Book of Maccabees.* New York: Harper & Brothers.

———. 1954. *The Second Book of Maccabees.* New York: Harper & Brothers.

Thackeray, H. St. John. 1903. "Notes and Studies: The Greek Translators of Jeremiah." *JTS* 4: 245–66.

Thompson, A. L. 1977. *Responsibility for Evil in the Theodicy of IV Ezra.* Missoula, Mont.: Scholars Press.

Torrey, C. C. 1910. *Ezra Studies.* Chicago: University of Chicago Press.

———. 1944. "The Older Book of Esther." *Harvard Theological Review* 37: 1–40.

———. 1945. *The Apocryphal Literature: A Brief Introduction.* New Haven: Yale University Press.

Tov, E. 1975. *The Book of Baruch, Also Called I Baruch (Greek and Hebrew): Edited, Reconstructed, and Translated.* Society of Biblical Literature Texts and Translations 8. Missoula, Mont.: Scholars Press.

———. 1976. *The Septuagint Translation of Jeremiah and Baruch: A Discussion of an Early Revision of the LXX of Jeremiah 29–52 and Baruch 1:1–3:8.* Harvard Semitic Monographs 8. Missoula, Mont.: Scholars Press.

Townshend, R. B. 1913. "The Fourth Book of Maccabees." Pp. 653–85 in Charles, ed., 1913, vol. 2.

Tracy, S. 1928. "III Maccabees and Pseudo-Aristeas: A Study." *Yale Classical Studies* 1: 241–52.

Trebilco, P. R., and C. A. Evans. 2000. "Diaspora Judaism." Pp. 281–96 in Evans and Porter, eds., 2000.

Trenchard, W. C. 1982. *Ben Sira's View of Women: A Literary Analysis.* Chico, Calif.: Scholars Press.

Tromp, J. 1995. "The Formation of the Third Book of Maccabees." *Henoch* 17: 311–28.

van Henten, J. W. 1993. "The Tradition-Historical Background of Romans 3.25: A Search for Pagan and Jewish Parallels." Pp. 101–28 in *From Jesus to John: Essays on Jesus and New Testament Christology in Honour of Marinus de Jonge,* edited by M. C. De Boer. Journal for the Study of the New Testament: Supplement Series 84. Sheffield: Sheffield Academic Press.

———. 1994. "A Jewish Epitaph in a Literary Text: 4 Macc. 17:8–10." Pp. 44–69 in *Studies in Early Jewish Epigraphy,* edited by J. W. van Henten and P. W. van der Horst. Leiden: Brill.

———. 1995. "Judith as Alternative Leader: A Rereading of Judith 7–13." Pp. 224–52 in *A Feminist Companion to Esther, Judith and Susanna,* edited by Athalya Brenner. Sheffield: Sheffield Academic Press.

———. 1996. "The Song of Praise for Judas Maccabeus: Some Remarks on I Maccabees 3:3–9." Pp. 199–206 in *Give Ear to My Words: Psalms and Other Poetry in and around the Hebrew Bible,* edited by J. Dyk. Kampen, Netherlands: Kok Pharos.

————. 1997. *The Maccabean Martyrs as Saviours of the Jewish People: A Study of 2 & 4 Maccabees.* Leiden: Brill.

VanderKam, J. C., ed. 1992. *"No One Spoke Ill of Her": Essays on Judith.* Atlanta: Scholars Press.

Vermes, G. 1997. *The Complete Dead Sea Scrolls in English.* New York: Allen Lane/ Penguin.

von Rad, G. 1972. *Wisdom in Israel.* London: SCM.

Wace, Henry, ed. 1888. *The Holy Bible according to the Authorized Version (A.D. 1611).* 2 vols. London: John Murray.

Wacholder, B. Z. 1978. "The Letter from Judah Maccabee to Aristobulos: Is 2 Maccabees 1:10b–2:18 Authentic?" *Hebrew Union College Annual* 49: 89–133.

Wambacq, B. N. 1959. "Les prières de Baruch (i 15–ii 19) et de Daniel (ix 5–19)." *Bib* 40: 463–75.

————. 1966. "L'unité de livre de Baruch." *Bib* 47:574–76.

Weisengoff, J. P. 1949. "The Impious in Wisd. 2." *CBQ* 11: 40–65.

Weitzman, G. 1996. "Allusion, Artifice, and Exile in the Hymn of Tobit." *JBL* 115: 49–61.

Wenham, D. 1992. "Abomination of Desolation." Pp. 28–31 in Freedman, ed., 1992, vol. 1.

White, S. A. 1992. "In the Steps of Jael and Deborah: Judith as Heroine." Pp. 5–16 in VanderKam, ed., 1992.

Whitehouse, O. C. 1913. "The Book of Baruch." Pp. 569–95 in Charles, ed., 1913, vol. 1.

Williams, D. S. 1994. "The Date of Ecclesiasticus." *Vetus Testamentum* 44: 563–65.

————. 1995. "3 Maccabees: A Defense of Diaspora Judaism?" *Journal for the Study of the Pseudepigrapha* 13: 17–29.

Winslow, D. F. 1974. "The Maccabean Martyrs: Early Christian Attitudes." *Judaism* 23: 78–86.

Winston, D. 1971–72. "The Book of Wisdom's Theory of Cosmogony." *History of Religion* 11: 185–202.

————. 1979. *The Wisdom of Solomon.* AB 43. Garden City, N.Y.: Doubleday.

————. 1986. "Creation Ex Nihilo Revisited: A Reply to Jonathan Goldstein." *Journal of Jewish Studies* 37: 88–91.

Wright, A. G. 1965. "The Structure of Wisdom 11–19." *CBQ* 27: 28–34.

————. 1967. "The Structure of the Book of Wisdom." *Bib* 48: 165–84.

Wright, B. G., III. 1989. *No Small Difference: Sirach's Relationship to Its Hebrew Parent Text.* Atlanta: Scholars Press.

————. 1999. "'Put the Nations in Fear of You': Ben Sira and the Problem of Foreign Rule." Pp. 77–93 in *Society of Biblical Literature 1999 Seminar Papers.* Atlanta: Scholars Press.

Wright, R. B. 1985. "Psalms of Solomon." Pp. 639–70 in Charlesworth, ed., 1985.

Wylen, S. M. 1996. *The Jews in the Time of Jesus: An Introduction.* New York: Paulist.

Yadin, Y. 1965. *The Ben Sira Scroll from Masada.* Jerusalem: Israel Exploration Society.

Young, R. D. 1991. "The 'Woman with the Soul of Abraham': Traditions about the Mother of the Maccabean Martyrs." Pp. 67–82 in *"Women Like This": New Perspectives on Jewish Women in the Greco-Roman World,* edited by A.-J. Levine. Society of Biblical Literature Early Judaism and Its Literature 1. Atlanta: Scholars Press.

Ziegler, J. 1954. *Susanna, Daniel, Bel et Draco.* Septuginta 16.2. Göttingen: Vandenhoeck & Ruprecht.

———. 1957. *Ieremias, Baruch, Threni, Epistula Ieremiae.* Septuaginta 15. Göttingen: Vandenhoeck & Ruprecht.

———. 1980. *Sapientia Salomonis.* Septuaginta 12.1. 2nd ed. Göttingen: Vandenhoeck & Ruprecht.

Zimmermann, F. 1958a. *The Book of Tobit.* New York: Harper & Brothers.

———. 1958b. "Bel and the Dragon." *Vetus Testamentum* 8: 438–40.

———. 1963–64. "The Story of the Three Guardsmen." *Jewish Quarterly Review* 54: 179–200.

作者索引*

Abegg 阿伯格 68 注 4,157 注 4,301 注 1
Abel 阿柏尔 246
Anderson,G. W. G. W.安德逊 33
Anderson,H. H.安德逊 309,310,355
Attridge 阿特里基 251,272
Auvray 奥弗瑞 160 注 11
Bailey,J. W. J. W.柏勒 345
Bailey,K. E. K. E.柏勒 181
Ball,C. C.巴尔 94 注 8,95,215,216,
217,218
Barclay,J. M. J. M.巴克莱 47 注 2,59
注 12,59 注 13,60,60 注 14,60 注 15,62
注 16,128 注 1,137,372
Bartlett,J. R. J. R.巴特里忒 247,248,
250 注 6,251 注 8,251 注 9,252 注 10,
253,253 注 12,254,254 注 14,255,
264,272
Beckwith,R. R.柏克威斯 22,22 注 4,27
注 6,29,36
Beentjes,P. C. P. C.宾特杰斯 157 注 4
Bennett,W. H. W. H.柏尼特 223,224,
224 注 3
Bensly,R. L. R. L.本斯利 330
Berger,P. L. P. L.伯杰尔 218
Bickerman,E. J. E. J.毕克曼 51,51 注
10,115,116 注 7,117 注 8,119,120 注
12,355
Bissell,E. C. E. C.毕塞尔 90,90 注 4,
96,99,101,203,222 注 1,283,284,289 注
8,313
Blenkinsopp,J. J.布伦金斯普 176
Boccaccini,G. G.伯卡西尼 160 注 11,
165,176,176 注 29,182 注 31,186,
189,191
Boitani,P. P.伯塔尼 236
Bow,B. B.伯欧 81
Box,G. H. G. H.鲍克斯 157 注 5,186,
193 注 38,197,335
Breech,E. E.布瑞奇 328 注 4
Brownlee,W. H. W. H.布罗恩利 120
Brüll,N. N.布瑞尔 232,240
Burke,D. G. D. G.布尔克 201,202 注 3
Callaway,M. C. M. C.卡拉维 39
Camp,C. V C. V,凯姆普 182 注 31,
184
Caponigro,M. S. M. S.卡波尼格罗 97
注 13,98
Carson,D. A. D. A.卡逊 38,40
Charlesworth,J. H. J. H.查尔斯沃思
297,297 注 2,299,299 注 4,300
Cheon,S. S.柴昂 139
Chroust,A. H, A. H,克罗斯特 134
注 18
Clarke,E. G. E. G.克拉克 135,136
Clines,D. J. A. D. J. A.克里尼斯 114,
114 注 2

* 本书以下各索引所标页码为英文版页码,请参见中文版边码。——编注

主题索引

圣经及其他古代作品索引

Apocrypha 次经

Old Testament　《旧约》

New Testament《新约》

Old Testament Pseudepigrapha　《旧约伪经》

Jewish Sources　犹太资料

Classical Sources　古典(希腊罗马)资料

译后记

　　为什么翻译《〈次经〉导论》？自然是由于这部著作重要,有着沉甸甸的知识含量和学术价值,值得向中国读书界推介。这部著作的价值归根结底依托于《次经》本身的价值,欲了解希腊化时期(大致相当于两约之间时期)犹太文化的基本面貌和成就,进而探讨犹太精神的内质及"二希"文化融会并生的规律性,《次经》是不容忽略的经典文献之一。

　　五年前,我在《凤凰的再生——希腊化时期的犹太文学研究》中将《次经》列为该时期犹太主流文学的主要体现者之一。[①] 在那批古代文献陆续形成并流传的年代里,犹太民族不仅遭遇希腊化国家的政治压迫,而且历经其深层次的文化渗透,可谓处于生死存亡的边缘。依本书著者德席尔瓦之见,《次经》的基本内容便涉及"犹太人如何回应希腊主义的挑战,如何作为一种弱势文化在希腊世界中顽强地生存"。[②] 犹太文化(或希伯来文化)与希腊文化在历史上曾两次大规模地正面相遇,每次都孕育出足以改换后世面貌的新文化,第一次即希腊化时期,成果是在随后的欧洲中世纪一花独放的基督教文化;第二次在文艺复兴和宗教改革时期,成果是充当了近现代欧美文化主角的资产阶级文化。中国学者对"二希"的第二次相遇已有不少论述,对第一次则关注得很

---

　　① 梁工等著:《凤凰的再生——希腊化时期的犹太文学研究》,商务印书馆,2002,第2页。

　　② 本书第16页。

少。因而,深入研讨包括《次经》在内的那批犹太著作,认真开掘其嬗变规律和创作经验,对于探索犹太文化发展史,进而整体把握世界文化的构架和走势,为我国当前的新文化建设提供可资借鉴的经验,均有重要的理论意义。所幸的是,20 世纪上半叶我国已刊行《次经》的汉译文言译本,1986 年商务印书馆又出版了张久宣用现代汉语翻译的《圣经后典》(实即《次经》),为了解那批著作提供了基本的文献依据。

《次经》既然如此重要,对它的全面认识和深度把握就很有必要。然而由于奇特的历史原因,有关《次经》的研究著作非常贫乏。《次经》虽然是犹太作家的手笔,却未能收入犹太教的正典即《希伯来圣经》,而仅见于它的七十子希腊文译本,后来则被收入基督教某些教派的典籍。宗教改革时期马丁·路德将《次经》排斥于基督新教的《新旧约全书》之外,尽管他承认那批著作富于训诲价值。天主教和东正教固然认可那批著作的正典地位,亦将其列入《旧约》之中,但又觉得它们比正典逊色,只能算"第二正典"。于是,犹太教和基督新教学者都很少关注《次经》,天主教和东正教学者仅把那批著作置于旧约卷籍中一并评介,而很少予以专门论述。20 世纪 90 年代初,为了撰写《圣经指南》中的《次经》部分,我去天主教上海教区光启社搜集资料,只从思高圣经学会出版于 1947—1952 年的一套旧约导读书中找到不多的篇目。大约十年后,为了撰写"圣经文化解读书系"中的有关章节,我又辗转求助于天主教在香港的某知名文化机构,但当几经周折终于接到所求的资料时,发现居然还是那套思高圣经学会之旧约导读书中的篇目!在此前后,我从香港中文大学崇基学院图书馆(据称为全世界藏书最丰富的华人基督宗教资料中心)寻索英文版的次经学术资料,所获亦相当有限。

在这种情况下,我于 2004 年 11 月出席美国宗教学会(AAR)的年会之际在书展上意外发现这部刚出版不久的《〈次经〉导论》,真有喜出望外之感。细读之后,喜悦感进一步加深,因为它不但是一部填补空白之作,而且具有很高的学术品位,诚如"旧约伪经"研究领域的首席专家、美国普林斯顿神学院教授(亦即本书序言的撰写者)查尔斯沃思所言："这部书肯定是《旧约·次经》的最佳导论。"亦如美国福勒神学院教授哈格纳所论："由于其体系之严谨和学术品质之精良，在未来许多年中这部书注定会成为，而且能长久保持为《次经》的标准导论。"其作者立足于当代西方的最新学术成果，对次经全书及各卷的一些基本问题进行了条分缕析且极富说服力的释读，涉及其成书时间、地点、历史背景、文化语境、作者身份、著书意图、原始语言、内容和观念、结构和文类、修辞策略、重点章节评析、版本考据、与《旧约》和《新约》的关联、受前代文化的影响，及其对后世尤其基督教会的影响等。对于某些学术重点和难题，诸如两约之间的犹太价值观、犹太人与外邦人的张力、特殊恩宠论与普世论的关系等，作者均辟出专节深入研讨。与此同时，全书又立足于"导论"或"概论"（introducing），主要讨论基础性议题而不纠缠偏冷怪异的问题。所有这些，都使之能够充分适应包括基督徒在内的中国各界读者了解《次经》的基本需要，堪称一部研讨古犹太经典的高水准学术专著。

本书翻译"圣经"一词时均未用书名号，这是因为在西方文化语境中，圣经不仅指那部作为文集的古代经典，还特指一种独具内涵的文化对象。众所周知，英文中的"圣经"——The Bible——是毋需以表示书名的斜体字处理的。但"旧约"、"新约"、"次经"等作为中心词出现时均冠以书名号，作为限定语或修饰语出现时则未用书名号（如"新约作者"、"次经卷籍"等）。

多年来河南大学圣经文学研究所一直尝试将研究生教学与科研和翻译相结合，使学生在实际工作中得到训练和提高，本书即这方面探索的一项成果，由我和 2004 及 2003 级的部分硕士研究生在研讨原著、译出原文并反复修改译稿的基础上合作完成。其中我执笔第 1 章、卷首的序言、前言，卷末的三套索引和封底的书评等，并对全部译稿进行校阅和修订。其余章节的执笔人（按章节顺序排列）依次是——第 2、14、15 章：王鹏；第 3、18 章：吴珊；第 4 章：崔彦超；第 5、9 章：赵晓芳；第 6 章：王海辉；第 7、8 章：薛春美；第 10 章：徐海冰；第 11 章：赵军涛；第

12 章:陈莹;第 13 章:邱业祥;第 16 章:张松林;第 17 章:黄凌、刘颖。初稿送交出版社后,出版社编辑对译文提出一些修订意见,依据其意见,吴珊对全书做了认真的加工整理。此后梁工又通读译文,消除各种遗留问题。

本书对次经文本的翻译参考了张久宣的《圣经后典》。翻译过程中遇到的疑难问题得到香港信义宗神学院希腊文和释经学教授崔天赐博士(Dr. Ted Zimmerman)、该校系统神学助理教授汤旭勤博士(Dr. Jochen Teuffel),以及河南大学文学院教授贺渭滨博士的热情解答。在此对他们一并表示衷心感谢。

由于专业知识贫乏和移译能力欠缺,书稿中难免存在种种不妥之处,诚邀各路方家不吝指正。

梁工　2006 年 2 月 28 日初稿,

2007 年 6 月 1 日修订稿,

于古城汴梁铁塔湖畔

图书在版编目(CIP)数据

次经导论/(美)德席尔瓦著;梁工等译.—北京:商务
印书馆,2010(2024.2重印)
 ISBN 978 - 7 - 100 - 07278 - 6

 Ⅰ.①次… Ⅱ.①德… ②梁… Ⅲ.①圣经-研究
Ⅳ.①B971

 中国版本图书馆 CIP 数据核字(2010)第 129084 号

次 经 导 论
信息、语境和意义
〔美〕大卫·A. 德席尔瓦 著
梁工 吴珊 等译

商 务 印 书 馆 出 版
(北京王府井大街 36 号 邮政编码 100710)
商 务 印 书 馆 发 行
北京虎彩文化传播有限公司印刷
ISBN 978 - 7 - 100 - 07278 - 6

2010 年 9 月第 1 版 开本 710×1000 1/16
2024 年 2 月北京第 2 次印刷 印张 32¾
定价:148.00 元